皇室事典　文化と生活

皇室事典編集委員会＝編著

角川文庫
21584

文庫版の刊行に寄せて

この『皇室事典』は、一〇年前の平成21年（二〇〇九）4月、初版が刊行されました。編集委員会では、「皇室の伝統（歴史）と文化を、その始まりから現代にいたるまで、総合的に俯瞰できる便利で充実した事典」を目指して「従来にない新たな特色」を盛り込むことに努めました。

もちろん、決して十分なものではありませんが、幸い多くの方々に歓迎され活用されているようです。そのうえ、このたび約二〇〇年ぶりの「譲位」による御代替わりを目前に、本書が二分冊の形（『皇室事典 制度と歴史』『皇室事典 文化と生活』）で、一〇年ぶりに文庫本化されることになりました。

ただ、代表編者の一人髙橋紘氏が平成23年（二〇一一）9月に他界しました。そこで、関西在住の米田雄介氏と関東転居の所功とで協議を重ね、髙橋氏執筆分は小田部雄次氏などに検討を頼み、それ以外は原執筆者が最小限の修訂を施しました。

また「読む事典」としての利用しやすさを考え、構成を変更した部分があります。なお、原則として新天皇即位の5月1日時点の状況を前提とし、可能な限り記述を見直しました。

この文庫本化にあたり、前回同様、KADOKAWA辞書事典編纂室の関係各位などに多大なご尽力をいただきましたことに、心から感謝しています。

平成31年(二〇一九)4月10日

皇室事典編集委員会　所　功

目次

5　皇室の伝統文化　399

資料編

コラム

別巻

『皇室事典　制度と歴史』目次

ご利用いただくにあたって

本事典は、皇室にかかわるさまざまな事項や用語を、大中小62のテーマごとに節を分けて解説した。各テーマは、ゆるやかに以下の五のグループにふり分けて配列した（詳細は目次参照）。

1　象徴・栄典
2　皇室の住と衣食
3　皇室の人生儀礼
4　皇室と宗教文化
5　皇室の伝統文化

また、テーマごとにできるかぎり体系的な理解ができるよう、解説文のなかの要語については太字で示した。節ごとに独立して読んで理解できるよう、難語については重複をいとわず注記や解説を盛り込んだ。

【本文解説の形式と方針】

○難読語

難しい読み方の用語には極力読み仮名をふった。

〔例〕杖刀人《じょうとうにん》、首《おびと》

○年号、年月日の示し方

原則的に年号＝元号で示し、必要な場合に西暦を小字で括弧内に付した。

〔例〕天応元年（七八一）4月3日

括弧内の西暦は、明治5年の改暦前に関しては、およその目安としての簡易換算年を示した。年号の年度内の大部分と重なる西暦年を示している。

○書紀紀年

推古朝（五九三～六二八）以前については、書紀紀年（『日本書紀』の紀年法）のままで示した。また、歴史の推移は大まかに西暦の世紀で示した。

〔例〕辛酉年の春正月一日

○南北朝期の年号

両朝の年号を併記した。南朝に関することには南朝年号を先に、北朝に関することには北朝を先に示し、両朝に関わることは南朝・北朝の順で記した。

〔例〕建武3＝延元元年（一三三六）…南朝事項の場合および両朝関係事項

延元元＝建武3年（一三三六）…北朝事項の場合

○改元のあった年の年号

月や月日を明示している場合には、改元以前か以後かを区別して示した。

〔例〕　慶応4年（一八六八）の8月

明治元年（一八六八）の10月13日

月、月日を示していない場合には、原則として改元後の年号を示した。ただし、注意を喚起するため両方を併記した場合もある。

〔例〕　明治元年（一八六八）

慶応4＝明治元年（一八六八）

○人名の示し方

歴代天皇名

前近代の天皇名については、冒頭に公的な「皇統譜令」に基づく皇統譜の代数を四角囲み数字で示した。同じ天皇名が続けて出てくる場合には省略した。

〔例〕　[50]桓武天皇の皇太子安殿《あて》親王が……

○敬語・敬称

解説文中では、原則として敬語・敬称や敬体表現を使用しないこととした。現存者にも敬称は省略した。各執筆者が平常使用している表現とは必ずしも一致していない。ただし、「御」のつく用語で定着していると認められるもの、特別な意味をもつもの、規式上での表現を示しているものなどについては、いわゆる敬語・敬称とは別扱いをした。

〔例〕御《お》常《つね》御《ご》殿《てん》

『年中行事御障子《ねんじゅうぎょうじのみしょうじ》』

黄櫨染御袍《こうろぜんのごほう》

「御五衣《おんいつつぎぬ》・御唐衣《おんからぎぬ》・御裳《おんも》」

※索引では「御」がつくことのある用語とその場合の読み方（ご・ぎょ・み・おん）の使い分けについても極力示すこととした。

○史料・文献の引用

短い史料引用については「　」で括り、長い場合には2字下げにして出典史料名を示した。漢文は読み下し文とし、片仮名は平仮名に改め、濁点・句読点を加えた。難語に引用者の注記を括弧で加えたり、難読語には標準的な読みを施したりした場合もある。

〔例〕およそ禁中（宮中）の作法、神事を先にし、他事を後にす。旦暮《たんぼ》（朝夕）敬神の叡慮、懈《け》怠《たい》なかるべし。……

○人物の年齢の数え方

明治5年（一八七二）12月3日の改暦後は満年齢で示した。明治改暦前であっても、改暦後に没した人物については、すべて満年齢で通した。明治改暦前に没した人物については数え年で示した。

〔例〕 9世紀の半ばごろに、56清和天皇がわずか九歳で皇位に即き、……

○表記および読み

律令制の官司名、内裏の殿舎名、儀式名などには複数の表記のしかたや読み方もあるが、あえて統一を図らなかった。

〔例〕 賢所（かしこどころ・けんしょ）
内侍司（ないしのつかさ・ないしし）

○略号

→〔30〕　30の節を参照
→〔資4〕　資料編4を参照
→別巻〔12〕　『皇室事典　制度と歴史』12の節を参照

○略語・略称

文脈上、なにを指しているかが明らかな場合には略語・略称を使用した。

〔例〕 典範、旧典範、GHQ

○その他

平成の天皇・皇后については刊行後、「天皇の退位等に関する皇室典範特例法」

により「上皇」「上皇后」となることを考慮した表記にしたところがある。

1 象徴・栄典

［1］御璽・国璽

璽《じ》とは、もともと玉に刻んだ印を指し、王者の印とするが、日本では玉とする説、印章のこととする説があり、璽の意味は確定していない。しかし古代においては、璽を用いた語に、神璽《しんじ》・御璽《ぎょじ》・鈴璽《れいじ》があり、近代にも国璽《こくじ》という例がある。

神璽

『養老令』の「神祇令」に「凡《およ》そ践祚《せんそ》の日には、中臣《なかとみ》、天神の寿詞《じゆし》を奏せよ、忌部《いむべ》、神璽の鏡・剣を上《たてまつ》れ」とあり、『日本書紀』や斎部広成《いんべのひろなり》著『古語拾遺《こごしゆうい》』にも類似の記載が見え、神璽は八咫《やた》鏡と草薙《くさなぎ》剣のこととする。一方、『養老令』の「公式令《くしきりよう》」に「天子の神璽」とあり、その説明に「践祚の日の寿《よごと》の璽《じ》は宝にして用いず」とあり、続けて**内印《ないいん》**（「天皇御璽」）、**外《げ》印《いん》**（「太政官印」）、さらに諸司印、諸国印が記されている。これらから、神璽は印ではなく、八坂瓊曲玉《やさかにのまがたま》のことを指すと考えられる。

御璽

御璽は天皇の印のこと。「公式令」によると、内印は天皇の用いる印で、五位以上の**位記**や諸国に下す**公文**に捺印するという。またその規定によると、一辺の大きさは三寸（八・五センチ）、「天皇御璽」と陽刻されている。外印は太政官の用いる印のことで、一辺二寸半（七・〇センチ）、六位以下の位記や太政官発給の文書に押捺するもので、材質は内印・外印ともに銅であるという。

令制によると、御璽は印の中ではもっとも大きく、明治維新で造り直されるまで、何度か改鋳されていることは、印自体の実例は存在しないが、御璽の印影《いんえい》を留めている文書を整理すると明らかになる。

【天皇御璽の早い例】

現存する文書で「天皇御璽」の印影を確認できるもっとも古い文書は、静岡県平田《へいでん》寺《じ》蔵の天平感宝《かんぽう》元年（七四九）閏5月20日の「**聖武天皇施入勅願文**」である。この文書は二紙を貼り継いだもので、タテ二九・七センチ、全長九五・八センチのものであるが、文書の全面に「天皇御璽」が押印されており、その数は三〇か所におよんでいる。ついで「東大寺献物帳」の一つ「国家珍宝帳《こっかちんぽうちょう》」（宮内庁正倉院事務所蔵）には、全長一四七四センチの全面に「天皇御璽」が四八九か所に押印されている。同年7月8日付けの「法隆寺献物帳」（東京国立博物館蔵）はわずかに二紙分であるが全面に「天皇御璽」が押印されている。御璽の印影によると、その規模や文字などは、いずれも令の規定に沿っている。

【天皇御璽の印影に変化】
時代によって御璽の印影に相違があり、奈良時代から平安時代初頭にすでに一度改印されていることが印影の一部に相違が見られることから確認できるが、大きさは令の規定に沿っている。しかしその後も何度も改鋳されており、平安時代末から江戸時代末に至る間の文書に押印されている印影によると、奈良時代のものとは明らかに変化しており、印そのものの大きさも少しばかり小さくなっている。

鈴璽　鈴印《れいいん》と記すこともある。鈴は駅鈴、駅馬使用の許可を与えるもの。軍事的要請によって、兵を挙げたときなど、至急に駅馬を使用するとき、その鈴に刻まれている数に応じて駅馬の数が決まるという。
『続日本紀』によると、天平宝字元年(七五七)7月、橘奈良麻呂が藤原仲麻呂打倒のクーデターを起こし、皇太后の宮に置かれていた鈴印を奪おうとした。また天平宝字8年(七六四)9月に恵美押勝《えみおしかつ》(藤原仲麻呂)がクーデターを企てていることを察した孝謙上皇側は淳仁天皇の御所にあった鈴印を納めさせた。一方、押勝方が急遽その鈴印を奪い返そうとした。このような鈴印の争奪戦は、これが天皇大権の象徴であって、兵の動員や勅命の発布に不可欠のものであったからである。

【近代の御璽・国璽】

明治4年(一八七一)に、従来の銅印を改めて石製の御璽・国璽を新造した。明治7年(一八七四)4月にさらに改刻するに際し**金製の御璽・国璽を鋳造した**。ともに二・八キロ、大きさは九センチ四方、御璽は従来と同じく、「**天皇御璽**」とあり、**詔書**、**勅書**、**法律・勅令・条約の公布文**、**認証官の官記・解任の辞令**、**四位以上の位記等に押印される**。

一方、国璽は「**大日本国璽**」とあり、**条約の批准書**、**大公使の信任状および解任状**、**全権委任状**、勲章とともに渡される勲記に押印されている。御璽・国璽は、明治時代には内大臣府の尚蔵するところであったが、昭和20年(一九四五)11月の内大臣府の廃止により、宮内庁侍従職内記係が管理している。　［米田］

［2］国号

現在の国号は「**日本国**」が用いられる。「**日本**」の国号の発生は7世紀後半と考えられている。それ以前は、おそらく王都の所在地から「**やまと**」と自称し、中国からは「**委**」「**倭**」と呼ばれていた。わが国でも「**倭**」「**大倭**」の字が用いられたが、8世紀半ばから「**大和**」が、のちには「**和**」も用いられるようになった。

「日本」の国号の成立は、遣隋使の持参した国書にいう「日出る処」と同じく「日の本《もと》」を意味するから、その成立を推古天皇期とみる説など諸説ある。しかし、史料上では、『大宝令』の「公式令」に規定があり、また大宝2年(七〇二)に入唐した遣唐使が自称し唐に認められたことが確認でき、天武天皇3年(六七四)～大宝2年(七〇二)の間に成立したとの推定が有力である。「飛鳥浄御原令」で定められたと限定する説もある。制定の理由は、天武朝以後の太陽神＝アマテラスへの信仰の高まりと皇位を「**天つ日《ひ》嗣《つぎ》**」と述べるような「日」の観念の高揚、中国と対比した東の意識によると考えられている。「日」への信仰を否定し対外関係を重視する見解もある。

読み方は、呉音《ごおん》の「ニッポン」か漢音の「ジッポン」であったと考えられ、養老4年(七二〇)成立の『日本書紀』では「ヤマト」の読みも宛てられている。平安時代には「ヒノモト」とも読まれた。「ニホン」という読みも発生し、安土桃山期の宣教師が作成した辞書では、「ニッポン」「ニホン」「ジッポン」を挙げている。

近代に入り、『大日本帝国憲法』で「大日本帝国」と称し、戦後の『日本国憲法』で「日本国」と称している。ただし国号を規定する単行の法令は存在しない。

読み方は「ニッポン」と「ニホン」が併存している。昭和9年(一九三四)文部省の臨時国語調査会が、「ニッポン」に統一し、外国に発送する書類には「Nippon」を用いるとの案を出したが、実現に至らなかった。東京オリンピック前には、政府が公式制度連絡調査会議を設置し、国号・国旗・国歌・国事行為などを検討したが、国号・国旗・国歌については結論が出なかった。現在も統一されていないが、紙幣や切手には「Nippon」が用いられている。なお、外務省は公式の英語表記に Japan を用いている。

［西川］

［3］国旗・国歌

【国旗（日の丸）】

平成11年（一九九九）8月13日公布の「国旗及び国歌に関する法律」で、国旗は「**日章旗**」、すなわち「**日の丸**」と定められた。制式は、横縦比が三対二、日の丸の直径と縦の比が三対五、日の丸の中心を旗の中心とする。

日の丸は太陽をデザインしたもので、太陽への信仰と関わりが深いと考えられ、古来愛好された。96後《ご》醍《だい》醐《ご》天皇の与えた「**錦《にしき》の御《み》旗《はた》**」は、錦に金銀の日月を刺繍した物という。

江戸幕府は、初期の将軍の御座船である安宅丸に日の丸の印を用いたが、延宝元年（一六七三）「御城米廻船」に日の丸を付けるよう命じ、日の丸は幕府の船印とされるようになった。嘉永6年（一八五三）ペリー来航に際し、島津斉彬は外国船との区別のため「白帆ニ朱ノ丸」の旗の制作を提案。翌年（一八五四）7月9日、幕府は日本総船印に「白地日ノ丸幟」を用いることを決定した。

明治3年（一八七〇）1月27日「郵船商船規則」（のち「郵船規則」）が公布され、「御国旗」として日の丸が定められ、寸法・比率（横縦比一〇対七、日の丸の直径と縦の比三対五）・日の丸の位置（のちに百分の一旗竿に寄ると解釈される）が明示された。10月3日には海軍御国旗が定められ、横縦比三対二、直径と縦の比三対五、ただし二〇分の一風下に長さを加えるとされた（のち日の丸の中心は中央と変更）。こうして日の丸が国旗として扱われるようになったが、統一した規格はなかった。明治5年（一八七二）11月28日、政府は翌年元日に国旗掲揚を許す旨を東京府に達し、以後府県の伺があるごとに許した。こうして緩やかに国民の中に浸透していった。明治20年（一八八七）には『尋常小学読本』巻六に「御国の旗は、……日の旗ぞ」と記され、明治44年（一九一一）には文部省唱歌「日の丸の旗」が登場している。

太平洋戦争敗戦後、GHQの占領下では自由に掲揚できず、日本政府は式典使用には許可を求めることを通例とした。昭和24年（一九四九）のマッカーサーの年頭メッセージで、無制限使用が認められた。文部省は、昭和25年（一九五〇）10月17日入学式・卒業式などには国旗掲揚・国歌斉唱が望ましいとする文部大臣天野《あまの》貞祐《ていゆう》の談話を通牒し、昭和33年（一九五八）の学習指導要領で祝日の儀式の際の国旗掲揚を望ましいと規定した。しかし戦前の国家主義の象徴として、言論界・教育界の反対が長く続いたため、上記の法律が制定された。

【国歌（君が代）】

平成11年(一九九九)8月13日公布の「国旗及び国歌に関する法律」が、国歌を「**君が代**」とし、歌詞と楽曲を定める。

歌詞は「君が代は　千代に八千代に　さざれ石の　いわおとなりて　こけのむすまで」で、その原歌《もとうた》は、『古今和歌集』巻七にある「題しらず　読人しらず」の「わが君は　千世に八千世に　さゞれ石の　巖となりて　苔のむすまで」という長寿を祝う古歌であるとされる。文治元年(一一八五)成立の『古今集註』では、初句を「君が代」とするのが普通であると述べている。中世・近世には、「君が代」の初句で、賀歌として広まっていった。

明治2年(一八六九)頃薩摩藩に軍楽を教授していたイギリス公使館軍楽長フェントンJohn William Fenton が、大山巌《いわお》が薩摩琵琶歌「蓬莱山」から選んだ「君が代」に曲を付けた。明治3年(一八七〇)初演と伝えられる。しかしこの曲は歌詞と合わず不評であった。そこで明治13年(一八八〇)、宮内省式部寮一等伶人《れいじん》(雅楽師の職名)**林広守**《はやしひろもり》が、同10年(一八七七)東京女子師範学校からの委嘱により伶人**奥好義**《おくよしいさ》らが作曲し林の名で発表していた保育唱歌「君が代」を、海軍省に提示した。この曲は、海軍省の軍楽教師**エッケルト** Franz Eckert によって和声が付けられ、同年11月3日天長節宴会で演奏された。これが現在の「君が代」である。

一方文部省では、明治15年（一八八二）の『小学唱歌集』に別の曲の「君が代」を選定していたが、宮中と軍の礼式とで用いられた林広守の「君が代」が広まり、明治26年（一八九三）に文部省の制定した「祝日大祭日歌詞並楽譜」には林作曲の「君が代」が収められている。正式な法令はないが、時代が下るにつれ国歌として用いられるようになった。昭和12年（一九三七）の国定教科書『尋常小学修身書』巻四では「国歌」とされ、このころ統一した歌唱法も広まった。

戦後、歌詞の内容から、「日の丸」とともに忌避される風潮も強かった。文部省は、昭和25年（一九五〇）10月17日入学式や卒業式などには国旗掲揚・国歌斉唱が望ましいと通牒し、昭和52年（一九七七）の学習指導要領で「君が代」を「国歌」としたが、教育界・言論界の反発は強かった。平成に入ってからも対立が続いたので、上記の法律が制定された。その際「君が代」の「君」は国家・国民統合の象徴である天皇をさす、と政府は説明している。

［西川］

［4］紋章・国章

紋章

皇室の紋章には菊花が用いられる。菊が用いられるようになった起源ははっきりしない。82後鳥羽天皇は特に菊を愛用し、自作の刀剣にも菊章を刻み、その刀は**菊御《きくご》作《さく》**・**菊作太刀《きくつくりのたち》**と呼ばれたと伝えられる。その後も菊を用いる天皇が現れ、徐々に公家が使用を憚るようになり、天皇の紋として定着したといわれる。

明治元年(一八六八)3月28日、政府は皇室の紋章の乱用を禁止した。明治2年(一八六九)8月には親王家に十六葉の菊紋の使用を禁じ、明治4年(一八七一)6月17日に皇族以外の菊紋の使用を禁じ、皇族の紋を**十四葉一重裏菊**と定め、図示した。したがって皇室の菊花紋は**十六葉八重表菊**を指したと思われるが、法令上図示されたのは明治4年(一八七一)9月15日の、臨時行幸の際に捧持する旗章を定めた際であった。その後も使用は制限されたが、兵営・外国公館・官庁発給の免状などには使用が許されており、天皇大権の記号ともなったといってよいであろう。大正15年(一九二六)10月21日の「皇室儀制令」で、改めて天皇・三后(皇后・太皇太后・皇太后)・皇太子・同妃・皇太孫・同妃の紋章が十六葉八重表菊形（図1）、他の皇族の紋章が十四葉一重裏菊形（図2）と定められた。戦後禁令は廃止されたが、商標法上は引き続き登録できない。なお各宮家では、菊花をアレンジしたそれぞれの**宮家の紋**を定めている。

また96後醍醐天皇の頃から**桐紋**も使われた。桐は瑞鳥である鳳凰が住む樹とされ、鳳凰や鳳凰が実をついばむ竹とともに、少なくとも12世紀半ばには天皇が用いる黄櫨《こうろ》染御袍《ぜんのごほう》の文様として用いられていた。桐の葉と花からなる紋に図案化され、五七の桐、五三の桐などがある（総称して桐臺《きりのとう》）。後醍醐天皇が桐紋を足利尊氏《たかうじ》に与えたといわれ、さらに足利氏が有功の武将に与えたことから、武家に尊重された。豊臣秀吉も拝領している。維新後は「**五七の桐**」が大礼服の文様や勲章に用いられたが、特に皇室の紋章とする規定はなく、使用の禁止令もなかった。現在「五七の桐」は政府や首相の紋章として慣例的に使用され、たとえば平成15年（二〇〇三）から首相官邸の記者会見の演台に付けられている（図3）。

天皇旗

天皇の所在を示すために用いられる。明治3年（一八七〇）10月3日海軍が、天皇旗・**皇族旗**・国旗を定めたことに始まるが、このときは赤金地の錦布に金日章、裏面に銀月章で、菊花は用いられなかった。前述のように、翌明治4年（一八七一）に行幸の旗章が定められ、菊花が用いられた。明治8年（一八七五）12月10日、海軍も菊花を用いる旗章に改

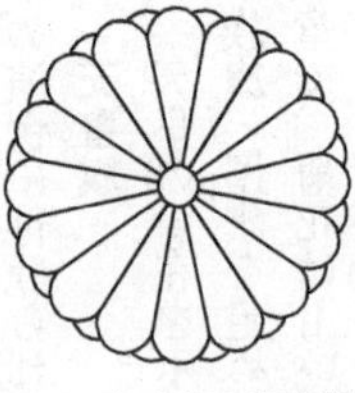

図1　十六葉八重表菊

図2　十四葉一重裏菊

図3　演台の五七の桐

正した。明治22年（一八八九）9月30日、天皇旗以下が定められ、天皇旗は紅地に金の菊章、旗面の中心に菊心を配し、皇后はじめ**三后の旗**は天皇旗の燕尾開裂型とし、**皇太子旗**は菊章に白の輪郭を施し、**親王旗**は白地に金の菊花、縁を紅とした。大正15年（一九二六）の「皇室儀制令」ではこの規定が引き継がれたが、ほかに天皇旗に白縁を施した**摂政旗**、皇太子旗を燕尾形にした**皇太子妃旗**・**皇太孫妃旗**を設け、皇太孫旗は皇太子旗と同様、他の皇族は親王旗と同様と定められた（図4）。なお親王旗以下の使用は、天皇皇后の名代として朝儀に臨む場合か特旨によると、使用が規定された。

昭和22年（一九四七）に「皇室儀制令」は廃止されたが、「皇室儀制令」に準じて、国体・植樹祭などの行幸啓の際、馬車列・自動車・艦船に使用されている。

旗といえば、**錦旗**・**錦の御旗**は、天皇の軍であることを示す旗で、承久の乱の際に

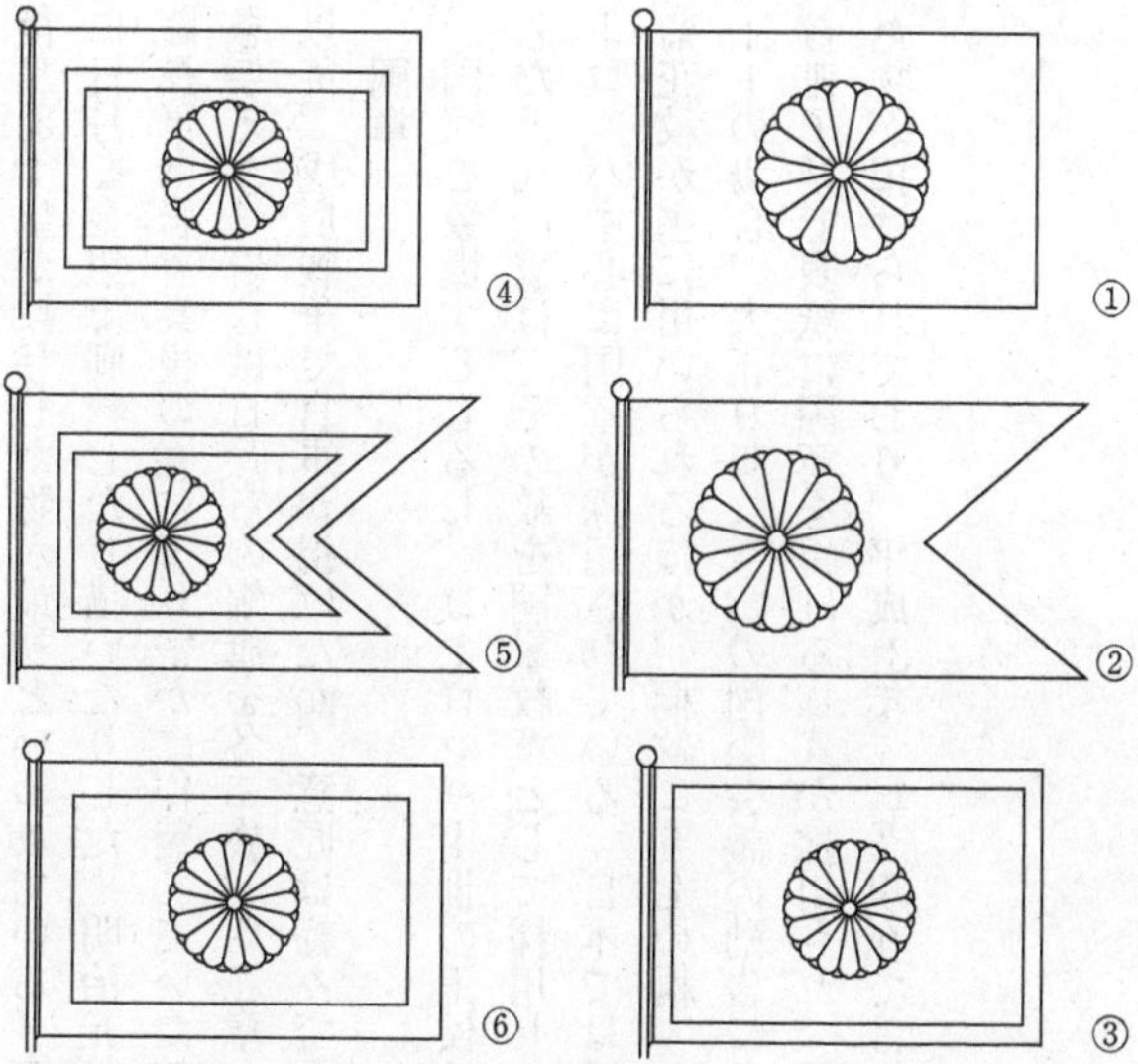

①天皇旗　②太皇太后旗·皇太后旗·皇后旗
③摂政旗　④皇太子旗·皇太孫旗
⑤皇太子妃旗·皇太孫妃旗
⑥親王旗·親王妃旗·内親王旗·王旗·王妃旗·女王旗

図４　天皇旗ほか

後鳥羽上皇が授与した物が最初といわれている。南北朝時代にも用いられ、赤い錦地に日月を金銀で刺繡したり描いたりした。明治元年（一八六八）の鳥羽伏見の戦の際には、薩長軍は岩倉具視《いわくらともみ》の案により密かに作製していた錦旗を掲げ、旧幕府軍の士気に影響を与えた。岩倉は日月章の錦旗を各二旒、菊花章の紅白旗を各十旒作製させたという。以後、戊辰戦争で官軍が掲げたが、意匠は様々であった。

国章

国家を象徴するしるし。ヨーロッパ中世の王侯は紋章を用いていたが、王家が継続した近代国家は、その紋を国家紋章として採用した。新たに制定した場合を含め、ヨーロッパ中心に国章が採用されている。日本では国章は正式には定められておらず、菊花紋が主に用いられるほか、桐紋（五七の桐）や、日章が用いられている。パスポートの場合、大正9年（一九二〇）の国際会議の勧告に基づき、大正15年（一九二六）1月1日から冊子型で表紙に国章を掲げる様式が採用され、国章に代えて菊花紋をデザイン化した物が掲げられており、平成31年（二〇一九）現在では十六葉一重表菊が用いられている。

［西川］

［5］栄典制度

国家的ないし公共的事業に従事した者を顕彰する制度が**栄典制度**である。栄典のうち最も古いのは**位階**（→別巻［13］）である。聖徳太子の冠位十二階に由来し、律令制度で官位相当制として整備された。位階は、元来は官僚（廷臣）の序列を示したが、鎌倉幕府成立後も朝廷は位階と律令制の**官職**を授ける権能を保持し続け、廷臣以外にも位階と官職を授与した。武士もみずからの権威付けのために朝廷から官位を受けようとした。江戸時代には、朝廷では律令以来の官位が存続し、武家には朝廷とは別の幕府の申請に基づく官位が授けられた。徳川家茂は将軍宣下の際、正二位、内大臣、征夷大将軍などを朝廷から与えられている。ほかにも神官や職人集団の長に、朝廷は官位を授けている。

明治維新後、勲章・褒章・爵位が新設され、位階が整備された。『大日本帝国憲法』では、第一五条に天皇大権の一つとして**栄典大権**が規定されている。『日本国憲法』では、第七条天皇の国事行為の七に「栄典を授与すること」があり、第一四条に「栄誉、勲章その他の栄典の授与は、いかなる特権も伴はない。栄典の授与は、現にこれを有し、又は将来これを受ける者の一代に限り、その効力を有する」と規定されている。

【位階】

国家・公共に功績があった者に「**位**」が与えられる。

明治新政府は、律令制に基づきつつも新たな序列の体系を必要とし、明治2年(一八六九)7月8日に、新しく**官位相当表**を定めている。しかし公家・大名が保持する旧来の位階を否定できず、維新の功績・実力の序列と混在することとなった。明治4年(一八七一)8月10日には**官等**という新しい官僚の階層秩序が導入され、官位相当制は廃止されたが、位階そのものは廃止されなかった。新たな恩典として、勲等(勲章)・褒章・爵位が整備されたのち、ようやく明治20年(一八八七)5月4日に「**叙位条例**」が定められた。正一位《しょういちい》から従八位《じゅはちい》までの一六階とし、従一位は公爵の、以下正従四位は男爵の礼遇を受けることとなった。

大正15年(一九二六)10月21日にあらためて「**位階令**」が出され、一六階とし、勲功者・有爵者とその相続人・在官在職者を対象とすることなどが規定され、各種の**叙位進階内則**(官職と年数などによって叙位・昇位を規定)も改定された。このような経緯から、恩典としては、歴史がありながらも爵位・勲等より扱いが軽いと考えられる。

昭和21年(一九四六)5月3日生存者に対する叙位叙勲は停止され、また翌年(一九四七)5月3日に有爵者に関する事項が削除されたが、現在も「位階令」と内則によって、死亡に際し死亡の日に遡り叙位が行われている。平成13年(二〇〇一)10月29日の「栄典制度の在り方に関する懇談会」の報告書では、改正して存続させることが適当としているが、具体的な提言はない。

近代では、正一位は、三条実美《さねとみ》が死の直前に授けられただけである。明治24年(一八九一)の叙位進階内則以後、高齢華族以外は内則にしたがって従一位《じゅいちい》に叙せられるのはほぼ不可能で、そののち死亡特旨叙位によって従一位を授けられたのは五四名。そのうち戦後は、牧野伸顕、松平恒雄、幣原《しではら》喜重郎、吉田茂、佐藤栄作の五名。

故人に特旨を以て贈る**贈位**という制度がある。明治以後行幸や大礼の際に特に行われ、国民統合に一定の役割を果たした。戦死した軍人にも行われる場合があった。戦後はあまり例がないが、昭和35年(一九六〇)8月に終戦一五年に当たって鈴木貫太郎に従一位が贈位されている。

【勲章】

勲章は、大きな功績を表彰する場合に授与され、近代栄典制度の中心に位置する。日本の最初の勲章は、慶応3年(一八六七)のパリ万国博覧会に出品していた薩摩藩が、尽力した外国人（ナポレオン三世を含むと言われる）に贈った**薩摩琉球国勲章**とされる。儀礼用に作られたもので、記念章・功労章に近いと思われる。この博覧会には幕府も参加しており、幕府側の向山隼人正《むこうやまはやとのしょう》は、薩摩藩への対抗上勲章制定の必要性を上申している。幕府内部でも招聘していたフランス軍人が佩用《はいよう》していたことから勲章制定の必要性が認識されており、草案が作成されたが、実現前に幕府が崩壊した。

明治新政府になって、明治3年（一八七〇）の江藤新平の意見書を始めとして**勲章制度**は着目されるようになり、明治4年（一八七一）9月には左院で制度の検討が始まった。外交儀礼上の必要性と、位階に代わる勲功の体系を形成しようという意図であったと考えられる。取調の中心の一人は、幕府で勲章を企画していた大給恒《おぎゅうゆずる》（松平乗謨《のりかた》）であった。

明治8年（一八七五）4月10日「**賞牌《しょうはい》制定の詔**」が出され、「国家に功を立て績を顕す者」を「褒賞」するため「勲等賞牌」の制を設けることが宣言され、同日の「賞牌従軍牌を定む」（太政官布告第五四号、のち「勲章従軍記章制定の件」とよばれる）で、勲一等から八等までの**勲等**が設けられ、賞牌が与えられることとなった。これが**旭日《きょくじつ》章《しょう》**で、翌年（一八七六）11月15日に**勲章**と改称された。12月27日には**大勲位《だいくんい》菊花大綬章《きっかだいじゅしょう》**と**大勲位菊花章**が設けられた。のちに菊花章は副章と解釈された。明治21年（一八八八）1月4日に大勲位の中で特に与えられる**大勲位菊花章頸飾《けいしょく》**、**旭日大綬章**に上級の**勲一等旭日

表1　旧制度の勲章

順位	種類	
1	菊花章	大勲位菊花章頸飾
2	菊花章	大勲位菊花大綬章
3	旭日章	勲一等旭日桐花大綬章
4	旭日章	勲一等旭日大綬章
7	旭日章	勲二等旭日重光章
10	旭日章	勲三等旭日中綬章
13	旭日章	勲四等旭日小綬章
16	旭日章	勲五等双光旭日章
19	旭日章	勲六等単光旭日章
22	旭日章	勲七等青色桐葉章
25	旭日章	勲八等白色桐葉章
なし	文化勲章	文化勲章

順位		
5	宝冠章	勲一等宝冠章
8	宝冠章	勲二等宝冠章
11	宝冠章	勲三等宝冠章
14	宝冠章	勲四等宝冠章
17	宝冠章	勲五等宝冠章
20	宝冠章	勲六等宝冠章
23	宝冠章	勲七等宝冠章
26	宝冠章	勲八等宝冠章

順位		
6	瑞宝章	勲一等瑞宝章
9	瑞宝章	勲二等瑞宝章
12	瑞宝章	勲三等瑞宝章
15	瑞宝章	勲四等瑞宝章
18	瑞宝章	勲五等瑞宝章
21	瑞宝章	勲六等瑞宝章
24	瑞宝章	勲七等瑞宝章
27	瑞宝章	勲八等瑞宝章

※菊花大綬章は明治9年（一八七六）12月27日制定。旭日大綬章〜白色桐葉章は明治8年（一八七五）4月10日制定。文化勲章は昭和12年（一九三七）2月11日制定。それ以外は明治21年（一八八八）1月4日制定。

桐花大綬章、女性を対象とする宝冠章《ほうかんしょう》、実質的には同等では旭日章に次ぐ瑞宝章《ずいほうしょう》が設けられた。大正8年〈一九一九〉5月22日、女性にも瑞宝章が与えられることとなり、宝冠章が瑞宝章より上位に当たることが明瞭になった（表1）。

なお明治10年〈一八七七〉7月25日の「勲等年金令」により、旭日章受章者には年金が支給される場合があったが、昭和16年〈一九四一〉6月28日に廃止されている。廃止時勲一等旭日桐花大綬章で年一五〇〇円、勲八等白色桐葉章で四〇～五〇円。

第二次世界大戦の敗戦後、昭和21年〈一九四六〉5月3日生存者に対する叙位叙勲を停止する閣議決定が行われ、外国人対象と文化勲章を除き叙勲が停止された。政府はその後三度にわたって法制化することで叙勲制度の復活を試みたが成立に至らず、昭和38年〈一九六三〉7月12日旧来の制度に基づいて、生存者叙勲を復活させることを閣議決定し、翌年〈一九六四〉春から春秋叙勲が行われるようになった。

平成に入り、五種二八階級ある勲章制度について、数字による等級表示がふさわしくないこと、複雑であること、男女の差があること、官僚優先であることなどから改革の論議が高まり、平成12年〈二〇〇〇〉9月26日総理大臣の下に「栄典制度の在り方に関する懇談会」が設けられた。その報告書を基に、平成14年〈二〇〇二〉8月7日に「栄典制度の改革について」が閣議決定され、8月12日に「勲章従軍記章制定の件」（明治8年〈一八七五〉太政官布告第五四号）を改正する政令が出された。翌年〈二〇〇三〉5月20日には

「勲章の授与基準」（以下「授与基準」）が閣議決定され、同年秋の叙勲から新制度に移行した。

新制度の内容は、数字による等級表示を廃止すること、「顕著な功績を挙げた者」（「授与基準」）に旭日章を、「公共的な業務に長年にわたり従事し」「成績を挙げた者」（「授与基準」）に瑞宝章を授与すること（したがって両章には質的な差はあるが、ランクの差はない）、旭日章・瑞宝章については、勲七等・八等に相当する勲章の授与を廃止し、六段階の勲章を授与すること、両章は男女共通とし、女性に授与されていた宝冠章も八等から六段階として名称も変更し、特別な場合にのみ授与すること（皇族や外国人への儀礼上など）、勲一等旭日桐花大綬章を**桐花大綬章**とし旭日大綬章・瑞宝大綬章の上に置くこと、公務部門に偏らないこと、自己を犠牲にして社会に貢献した者に配慮し、警察官・自衛官など危険な業務に精励した者への叙勲の種類を設けること、などである。なお**勲記**も「勲…等に叙し……章を授与する」から「……章を授与する」に改められている。

現行の勲章は、次ページの表の通り（表2）。デザインは、菊花章は日章に旭光を配し、菊花と菊葉で囲み、鈕《ちゅう》には菊花を用いている。桐花章は旭光付き日章を桐花で囲み、鈕には桐花を用いる。旭日章は旭光付き日章で、鈕には桐花を用い、瑞宝章は古代の宝鏡を中心に一六個の連珠を配し、鈕には桐花を用い、宝冠章は古代の女帝の

表2　勲章の種類（平成15年秋の叙勲以後）

種類		授与対象
大勲位菊花章	大勲位菊花章頸飾	旭日大綬章又は瑞宝大綬章を授与されるべき功労より優れた功労のある方
	大勲位菊花大綬章	
桐花大綬章		
旭日章	旭日大綬章	国家又は公共に対し功労のある方　功績の内容に着目し、顕著な功績を挙げた方
	旭日重光章	
	旭日中綬章	
	旭日小綬章	
	旭日双光章	
	旭日単光章	
瑞宝章	瑞宝大綬章	国家又は公共に対し功労のある方　公務等に長年にわたり従事し、成績を挙げた方
	瑞宝重光章	
	瑞宝中綬章	
	瑞宝小綬章	
	瑞宝双光章	
	瑞宝単光章	
宝冠章	宝冠大綬章	皇族と外国人に対する儀礼叙勲など、特別な場合に女性にのみ授与
	宝冠牡丹章	
	宝冠白蝶章	
	宝冠藤花章	
	宝冠杏葉章	
	宝冠波光章	

※内閣府ＨＰより作成

冠を中心に真珠・竹枝・桜で囲み、鈕には大綬章は桐の花を、以下の各章は章名となった物を用いている（牡丹章なら牡丹の花）（図1～6）。

また菊花大綬章以下重光章《じゅうこうしょう》までは副章と略綬が、中綬章以下は略綬が与えられる。

授与には、昭和天皇誕生日であった「昭和の日」の4月29日付、「文化の日」の11月3日付で行われる春秋叙勲、同日付の危険業務従事者叙勲、毎月1日付の高齢者叙勲（叙勲を逃した八八歳以上）、緊急叙勲（公共の業務で殉じた人）、死亡叙勲、外国人叙勲がある。大勲位以下大綬章までは、天皇から親授、重光章は宮中で内閣総理大臣から伝達され、その他は関係大臣から伝達される。いずれの場合も天皇に拝謁する。なお勲章に代え、菊紋の銀杯ないし木杯が授与されることもある。

平成の天皇（上皇）は即位後、大勲位菊花大綬章頸飾を佩用している。皇族には戦前の「皇族身位令」が準用され、実際は成年に達するに際して、親王には大勲位菊花大綬章が、内親王には勲一等宝冠章（改正後は宝冠大綬章）が、女王《じょおう》には勲二等宝冠章（改正後は宝冠牡丹章）が、また皇太子妃・親王妃は結婚に際して勲一等宝冠章（改正後は宝冠大綬章と推定される）が授与される。

皇族王族以外で大勲位菊花大綬章頸飾を受けたのは一三名、戦後では吉田茂と佐藤栄作が死亡日付で授与されている。

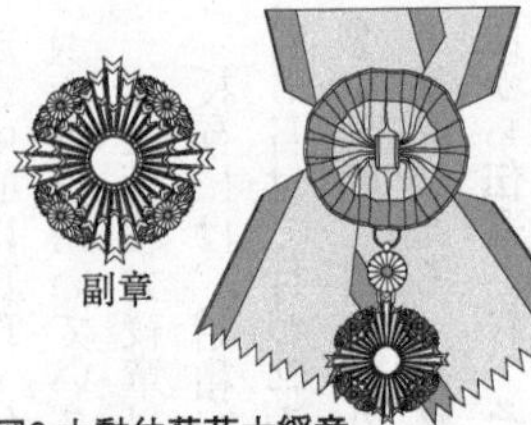

図2 大勲位菊花大綬章

図1 大勲位菊花章頸飾

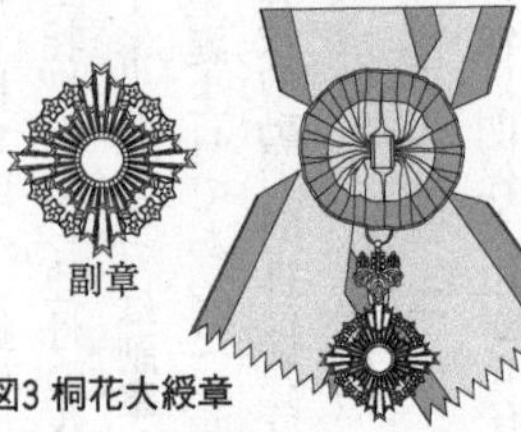

図3 桐花大綬章

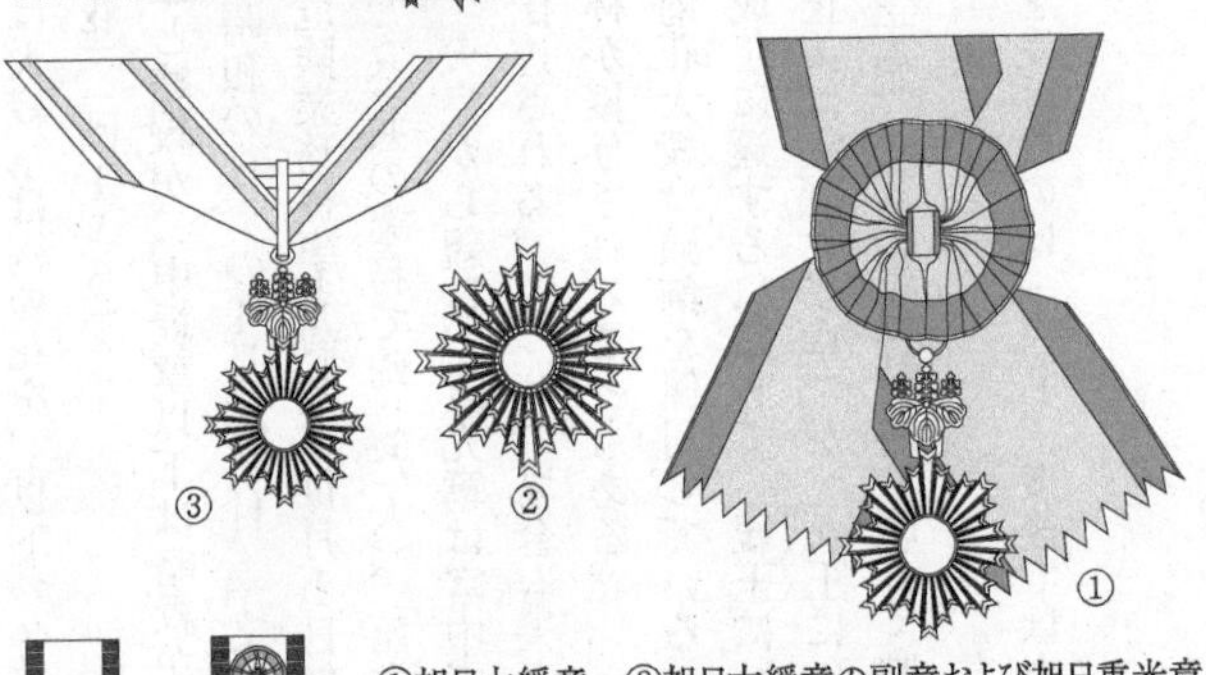

①旭日大綬章　②旭日大綬章の副章および旭日重光章
③旭日重光章の副章および旭日中綬章　④旭日小綬章
⑤旭日双光章および旭日単光章
※大綬章の副章と重光章、重光章の副章と中綬章、双光章と
単光章は同じ形状

図4　旭日章

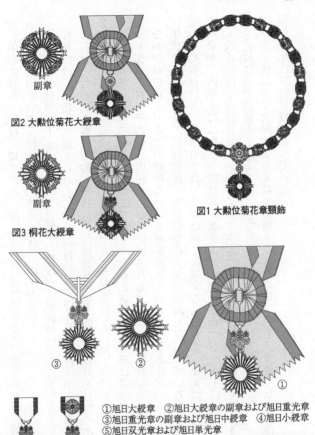

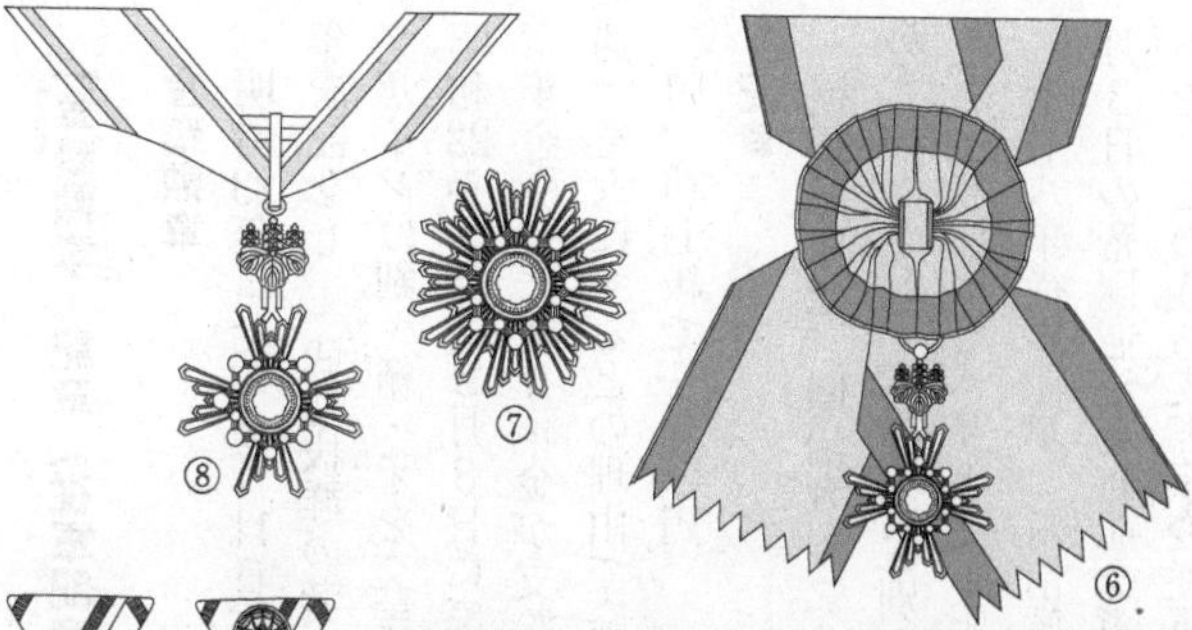

⑥瑞宝大綬章　⑦瑞宝大綬章の副章および瑞宝重光章
⑧瑞宝重光章の副章および瑞宝中綬章　⑨瑞宝小綬章
⑩瑞宝双光章および瑞宝単光章
※大綬章の副章と重光章、重光章の副章と中綬章、双光章と単光章は同じ形状

図5　瑞宝章

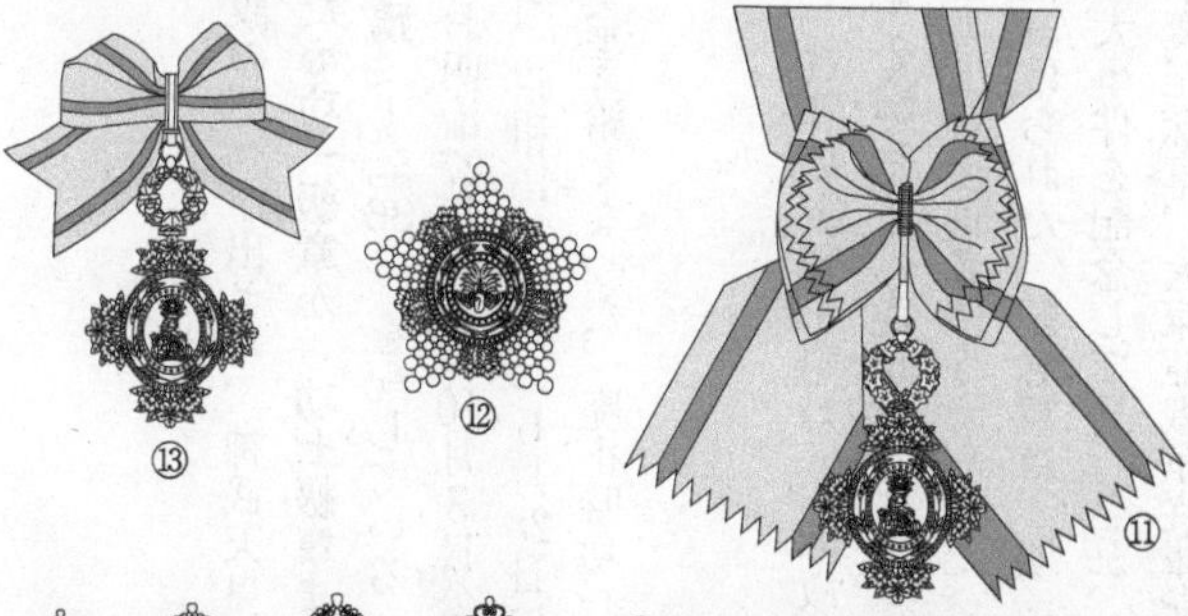

⑪宝冠大綬章　⑫宝冠大綬章の副章
⑬宝冠牡丹章　⑭宝冠白蝶章
⑮宝冠藤花章　⑯宝冠杏葉章
⑰宝冠波光章
※白蝶章、藤花章、杏葉章、波光章の綬は牡丹章と同じものを使用

図6　宝冠章

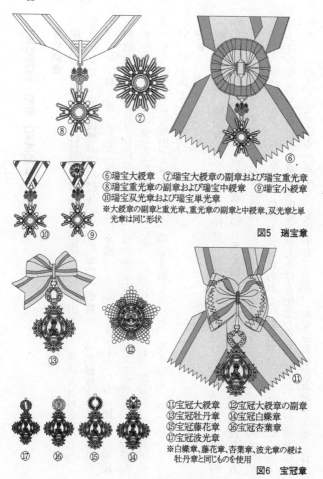

【金鵄《きんし》勲章・記章（従軍記章・記念章）】

金鵄勲章

明治23年(一八九〇)2月11日、「金鵄勲章創設の詔」が出され、神武天皇登極二五五〇年を記念し、「武功抜群の者に授与」するため**功一級章**から**功七級章**まで設けられた。デザインは剣《つるぎ》・楯《たて》・矛《ほこ》を交差させ上部に**金鵄**（→［36］）を配している（図7）。戦後昭和22年(一九四七)5月3日に廃止された。なお明治27年(一八九四)10月3日公布の「金鵄勲章年金令」により年金が支給されていたが、昭和16年(一九四一)6月28日に、「精神的殊遇」を大にするとの理由で廃止され、一時金支給となった。廃止時功一級で年一五〇〇円、功七級で一五〇円。

記章

従軍記章は、明治8年(一八七五)4月10日「賞牌従軍牌を定む」（太政官布告第五四号）が出され、「将卒の区別なく軍功の有無を論せす」「従軍せし徴」として授与されることとなった。翌年従軍記章と改称。台湾出兵従軍者に与えられた。そののち明治二十七八年従軍記章（日清戦争）以後七種設けられた。**記念章**は、明治22年(一八八九)8月3日の帝国憲法発布記念章以後国家の重大事件を記念して発行され、一二種設けられた。このうち支那事変従軍記章、支那事変記念章、大東亜戦争従軍記章（後二者は

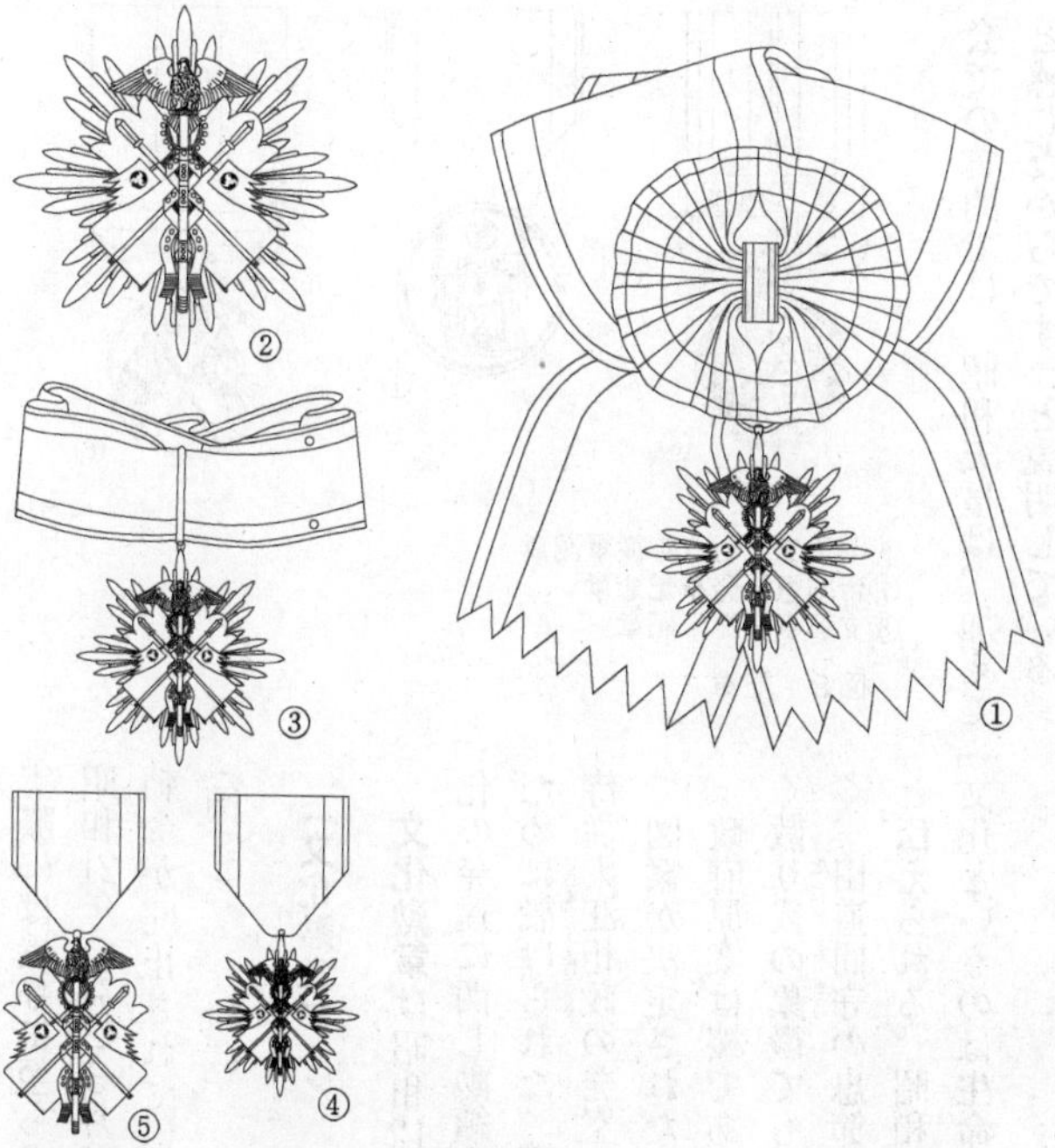

①功一級金鵄章　②功一級金鵄章副章および功二級金鵄章　③功二級金鵄章副章および功三級金鵄章　④功四級金鵄章および功五級金鵄章　⑤功六級金鵄章および功七級金鵄章
※功一級の副章および功二級、功二級の副章および功三級は同じ形状

図７　金鵄勲章

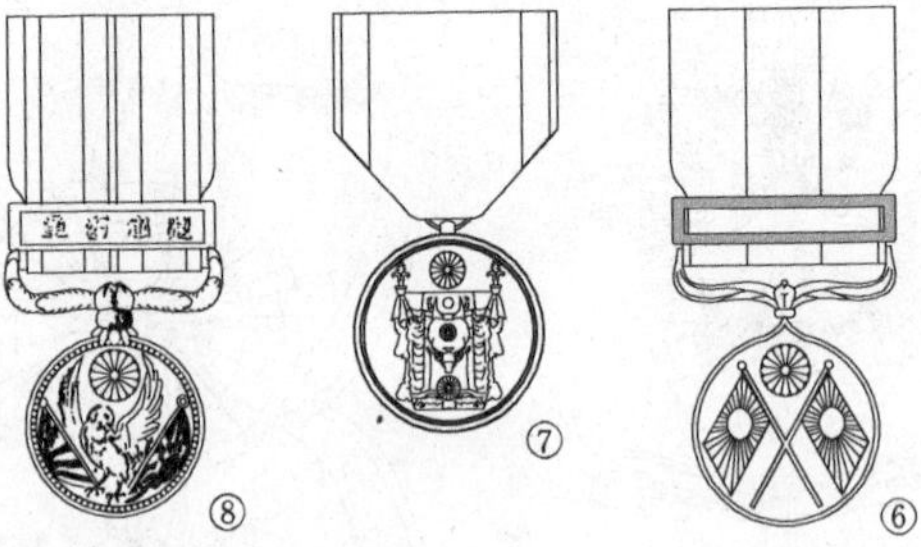

⑥明治二十七八年従軍記章
⑦帝国憲法発布記念章
⑧支那事変従軍記章

図８　記章

実際には授与に至らなかった）については、昭和21年（一九四六）3月30日にその根拠となった勅令が廃止されている。戦後の授与はない（図8）。

【文化勲章】

文化勲章は昭和12年（一九三七）2月11日、「文化の発達に関し勲績卓絶なる者に之を賜ふ」ために設けられた。**橘**を図案化した勲章で、侍従入江《いりえ》相政《すけまさ》の発案を基に、昭和天皇の意向で図案が決定された（図9）。

政府原案は桜であったが、天皇が、桜は潔く散り武の象徴でもあり、常緑樹で香りも高く、田道《たじ》間守《まもり》の忠節の故事もある橘を勧めたと伝えられる。昭和51年（一九七六）夏の宮内記者会での質問では、昭和天皇は、加えて「文化というのは生命が長くなければならない、と感じたからです」と説明している。

第一回受章者は、物理学者の長岡半太郎《ながおかはんたろう》ほか九名であった。当初は数年おきであったが、昭和23年（一九四八）10月に**文化の日**に授与と閣議決定され、以後原則として毎年文化の日に授与されるようになった。生前に授与する通例であることから死亡日にさかのぼって授与した場合（尾上《おのえ》菊五郎《きくごろう》など）や、アポロ宇宙飛行士に授与されたときは、文化の日ではなかった。

平成9年（一九九七）には、天皇の前での**伝達**から、天皇より**親授**されることに変更された。文化勲章制定の際、宮中席次制定は見送られており、勲章の序列の中に位置づけることは避けられたと考えられるが、授与の形式から、旧体系で第七位、変更後は大綬章と同格ないし大綬章の末席と捉える傾向がある。また文化勲章受章者には年金はないが、受章者顕彰を目的とし、憲法に抵触せず支給するために、昭和26年（一九五一）4月3日公布の文化功労者年金法によって**文化功労者**に年金を支給することとし、当初は文化勲章受章者から文化功労者を指定することを主とした。昭和50年代前半から文化功労者から受章者を選ぶようになり、現在ではそれが原則となっている。受章者が文化功労者でない場合は同時に任命される。したがって、文化功労者は勲章に次ぐ顕彰となってい

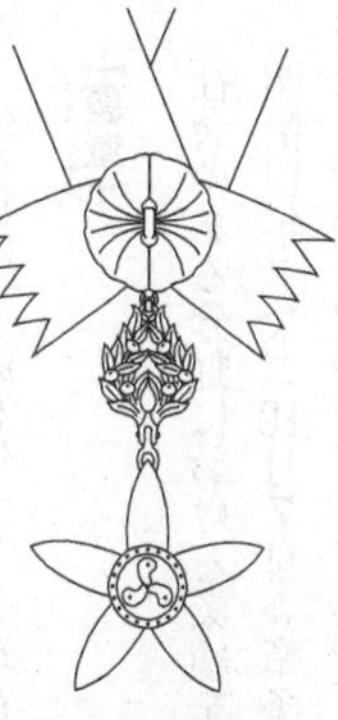

図9　文化勲章

る。年金額は平成30年（二〇一八）現在年三五〇万円。

【褒章《ほうしょう》】

社会のある分野における業績を顕彰する制度。

明治14年（一八八一）12月7日褒章条例が定められ、人命救助を行った者を表彰する**紅綬《こうじゅ》褒章**、「徳行卓絶」な者を表彰する**緑綬褒章**（のちに「実業に精励」を加える）、「公衆の利益を興し」た者を表彰する**藍綬《らんじゅ》褒章**（のちに「学術技芸上」の功績を加える）が設けられた。明治20年（一八八七）5月24日「私財を献納し防海の事業を賛成するもの」への**黄綬《おうじゅ》褒章**、大正7年（一九一八）9月19日に「公益の為私財を寄附し」た者への**紺綬《こんじゅ》褒章**が追加された。戦後昭和22年（一九四七）5月3日黄綬褒章が廃止され、昭和28年（一九五三）以後は「徳行卓絶」が時代にそぐわないとして緑綬褒章の授与がなくなった。昭和30年（一九五五）1月、大野伴睦《ばんぼく》らが提出した褒章制度拡充の決議が国会でなされ、1月22日に、黄綬褒章が対象を「業務に精励」した者に替えて復活し、「学術芸術上」の功績者への**紫綬《しじゅ》褒章**が設けられた。あわせて緑綬褒章・藍綬褒章の対象が限定された。

勲章の項で述べた平成14年（二〇〇二）の「栄典制度の改革について」によって積極的な活用が図られることとなり、8月12日に褒章条例が改正された。紅綬褒章の対象については人命救助に尽力した者と要件を緩和し、緑綬褒章の対象にボランティア活動従

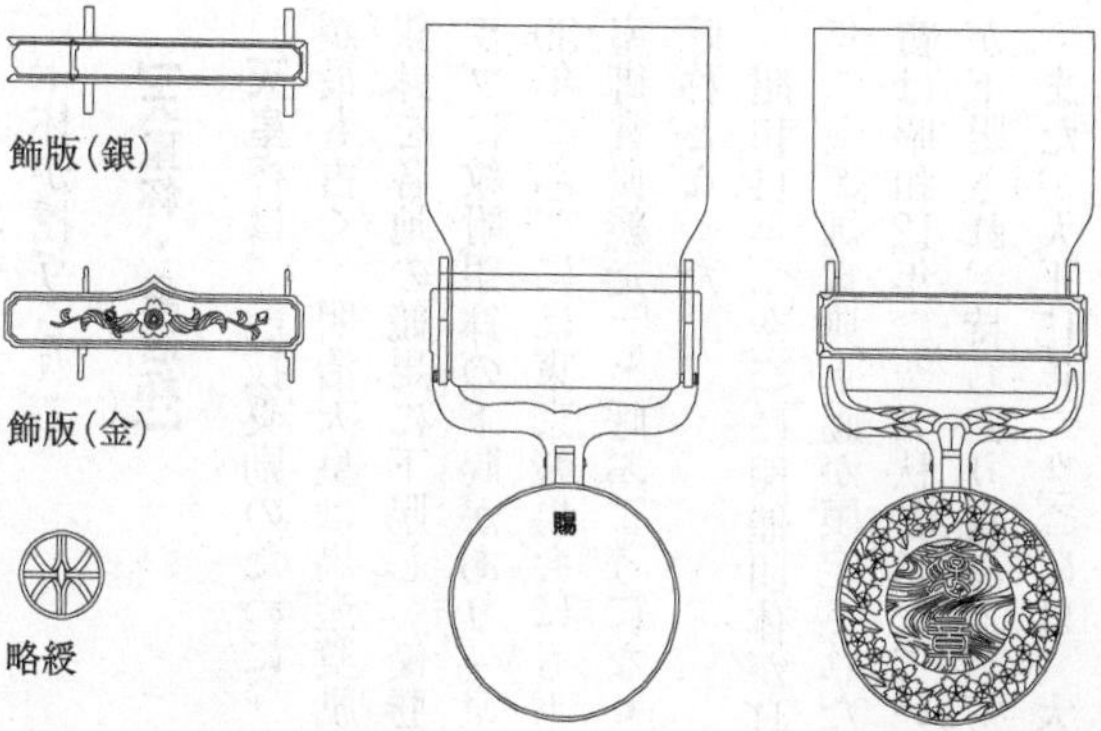

図10　褒章

事者を含むこととし、紫綬褒章については運用で五〇歳以上としていた年齢制限を撤廃するなどの改革が行われた。整理すれば、紅綬褒章は人命救助に尽力した者、緑綬褒章は社会奉仕活動に従事し徳行顕著な者、黄綬褒章は業務に精励した者、紫綬褒章は学術・芸術上の事蹟の著しい者、藍綬褒章は公衆の利益を興しまたは公同の事務に尽力した者、紺綬褒章は公益のために私財を寄附した者（平成30年現在個人で五〇〇万円以上）を、それぞれ対象としている。

デザインは「褒章」の二文字を桜花で飾った円形メダルで、綬の色が章名に応じて異なる。略綬の色も章名に応じている。また同種の褒章を授与される場合は、綬に付ける飾版が追加して与えられ、五個に達したときは金の飾版に引き替えられる（図10）。該当者が死亡した場合は桐紋の銀杯または褒状が、寄付額が多い紺綬褒章の場合は褒章とともに木杯が授与される。

【天皇杯・皇后杯】

天皇杯は、競技奨励のために、宮内庁を通じて、運営団体に**下賜**されている。**競馬**が最も古く、明治天皇は馬産奨励のため明治10年代から御賞典と呼ばれる花器、のち銀鉢《ぎんばち》を各地の競馬に下賜し、優勝者が獲得していた。明治38年(一九〇五)に日本レースクラブに紋附銀鉢の下賜があり「皇帝陛下御賞盃」としてレースが開催され、また明治39年(一九〇六)には東京競馬会にも下賜があったが、そのレースを翌年(一九〇七)新聞が「帝室御賞典競走」と呼ぶようになり、以後日本レースクラブを含め下賜のあるレースの呼称となった。

昭和11年(一九三六)に開催団体が日本競馬会に統一され(のちの日本中央競馬会)、翌年(一九三七)御賞典下賜が限定されたため、春秋二回の開催となった。現在第一回の**天皇賞**は昭和12年(一九三七)秋とされている。戦争による中断後、昭和22年(一九四七)10月16日楯が下賜され、持ち回り賞品として天皇賞競走が行われるようになった。

また、大正15年(一九二六)には、大日本相撲協会(のちの日本相撲協会)で摂政殿下下賜杯が、東京六大学野球連盟で**東宮杯(摂政杯)**が出されるようになった。前者は、前年（一九二五）4月29日の皇太子台覧《たいらん》相撲の際の下賜金を基に純銀製で製作され、現在の天皇賜杯となる。後者は、大正15年（一九二六）10月23日、連盟の協力の下に落成した神宮球場の開場記念試合に皇太子が出席し、授与した賜杯である。昭和21年（一九四六）にあらためて天皇杯が下賜された。以後スポーツの競技団体に下賜されるようになった。

競馬と大相撲以外は、元来はアマチュア競技に下賜されていたが、競技会が変化しプロが参加するようになったものもある（サッカーなど）。また一競技につき一団体に下賜されるため、硬式野球などは競技全体には与えられていない。平成に入り女子スポーツへの**皇后杯**下賜が増え、平成30年（二〇一八）には障がい者スポーツへの下賜が行われた。現在は競馬と大相撲以外に二三のスポーツ競技と、日本農林漁業振興会の農林水産祭の七部門に下賜されている。皇后杯は天皇杯と共通の競技に一三、単独に一つ下賜されている。なお団体によっては「盃」の字を使用している場合もある。高校総体の陸上競技優勝校に贈られる**秩父宮杯**・**秩父宮妃杯**など、**皇族杯**もある。宮様スキー大会国際競技会には、**常陸宮杯**はじめ多くの皇族杯が下賜されている。

なお天皇杯などは、栄典制度として確立しているものではない。また国民栄誉賞は内閣総理大臣より授与され、天皇が授与するものではない（表3、4）。

［西川］

団体(2019年現在の名称)	競技会	下賜年月日
東京六大学野球連盟	東京六大学野球リーグ戦(優勝校)	1946.11.1
日本学生陸上競技連合	天皇賜盃日本学生陸上競技対校選手権大会(男子総合優勝校)	1947.6.20
日本水泳連盟	日本学生選手権水泳競技大会(男子総合優勝校)	1947.8.27
日本テニス協会	全日本テニス選手権大会(男子シングルス優勝者)	1947.8.27
日本サッカー協会	天皇杯　JFA 全日本サッカー選手権大会(優勝チーム)	1948.4.17
全日本軟式野球連盟	天皇賜杯全日本軟式野球大会(優勝チーム)	1948.7.2
日本バスケットボール協会	天皇杯全日本総合バスケットボール選手権大会（男子優勝チーム)	1948.7.7
日本ソフトテニス連盟	天皇賜杯全日本ソフトテニス選手権大会（男子優勝者)	1948.8.4
日本スポーツ協会	国民体育大会(男女総合成績第一位の都道府県)	1948.10.23
日本卓球協会	天皇杯全日本卓球選手権大会(男子シングルス優勝者)	1948.12.1
日本バレーボール協会	天皇杯全日本バレーボール選手権大会(男子優勝チーム)	1950.6.20
全日本スキー連盟	全日本スキー選手権大会(クロスカントリー男子リレー優勝チーム)	1951.2.26
全日本柔道連盟	全日本柔道選手権大会(優勝者)	1952.4.26
全日本剣道連盟	全日本剣道選手権大会(優勝者)	1958.7.28
全日本弓道連盟	全日本男子弓道選手権大会(優勝者)	1960.11.11
日本農林漁業振興会	農林水産祭(最優秀者、7部門〈1979以降、元は6部門〉)	1962.11.24
日本相撲連盟	全日本相撲選手権大会(優勝者)	1966.7.13
日本レスリング協会	全日本レスリング選手権大会(最優秀選手)	1977.5.26
日本体操協会	全日本体操競技選手権大会(男子個人総合優勝者)	1977.5.26
日本陸上競技連盟	天皇盃全国都道府県対抗男子駅伝競走大会（優勝チーム)	2009.8.4
全日本空手道連盟	天皇盃全日本空手道選手権大会（男子組手個人優勝者)	2016.5.17
日本車いすテニス協会	飯塚国際車いすテニス大会（男子シングルス優勝者)	2018.3.23
日本車いすバスケットボール連盟	天皇杯日本車いすバスケットボール選手権大会（優勝チーム)	2018.3.23
日本障がい者スポーツ協会（主催団体：全国車いす駅伝競走大会実行委員会)	天皇盃全国車いす駅伝競走大会（優勝チーム)	2018.3.23

表3　天皇杯一覧表（日本中央競馬会と日本相撲協会は本文参照）

団体(2019年現在の名称)	競技会	下賜年月日
日本スポーツ協会	国民体育大会(女子総合成績第一位の都道府県)	1948.10.23
日本バスケットボール協会	皇后杯全日本総合バスケットボール選手権大会（女子優勝チーム）	1948.12.4
日本バレーボール協会	皇后杯全日本バレーボール選手権大会(女子優勝チーム)	1950.6.20
日本ソフトテニス連盟	皇后賜杯全日本ソフトテニス選手権大会(女子優勝者)	1950.9.20
日本卓球協会	皇后杯全日本卓球選手権大会(女子シングルス優勝者)	1951.11.2
全日本柔道連盟	全日本女子柔道選手権大会(優勝者)	1992.4.18
全日本なぎなた連盟	全日本なぎなた選手権大会(優勝者)	1995.3.1
全日本剣道連盟	全日本女子剣道選手権大会(優勝者)	1997.3.3
全日本弓道連盟	全日本女子弓道選手権大会(優勝者)	1997.3.3
日本陸上競技連盟	皇后盃全国都道府県対抗女子駅伝競走大会（優勝チーム）	2009.8.4
日本サッカー協会	皇后杯 JFA 全日本女子サッカー選手権大会（優勝チーム）	2012.10.24
全日本空手道連盟	皇后盃全日本空手道選手権大会（女子組手個人優勝者）	2016.5.17
日本車いすテニス協会	飯塚国際車いすテニス大会（女子シングルス優勝者）	2018.3.23
日本車いすバスケットボール連盟	皇后杯日本女子車いすバスケットボール選手権大会(優勝チーム)	2018.3.23

表4　皇后杯一覧表

［6］宮中での優遇

敗戦前は、爵《しゃく》・勲《くん》・功《こう》・位《い》保持者や官吏などに、宮中における特別な待遇を与える礼遇・優遇があった。新年等の儀式での拝賀・参賀、御所拝観、天機奉伺《ほうし》などである。それ以外にも特に優遇を認められる場合があり、以下それについて述べる。なお華族は、優遇のほかに、皇族との結婚資格、宮中儀式への参列、位階の授与、爵位の世襲、貴族院議員たる資格、家範《かはん》の制定、世襲財産の設定、学習院への入学などの特権があった。また、堂上《とうしょう》公家出身の華族には旧堂上華族保護資金が与えられていた。

【元勲優遇と前官礼遇】

特旨の優遇として**元勲優遇**と**前官礼遇**がある。元勲優遇は、明治22年(一八八九)11月1日辞職した前首相黒田《くろだ》清隆《きよたか》と前枢密院《すうみついん》議長伊《い》藤《とう》博文《ひろぶみ》に「待つに特に大臣の礼を以てし茲《ここ》に元勲優遇の意を昭にす」との「**元勲優遇の詔《みことのり》**」が出されたことが最初であった。以後明治天皇は、山県有朋《やまがたありとも》(第一次内閣辞職時)、松方正義《まつかたまさよし》(第二次内閣辞職時)、桂太郎(第二次内閣辞職時)にこの詔を出している(再渙発《さいかんぱつ》を除く)。**宮中席次**は大臣の上。大正期以後はこの詔は出されず、大正天皇は即位後、政治の補佐を命じる「**大《たい》政匡輔《せいきようほ》の勅語**」といわれる勅語を、大山巌《いわお》・山県・松方・井上馨《かおる》・桂に、ついで西園《さいおん》寺《じ》公望《きんもち》（第二次内閣辞職後）に出し、昭和天皇は即位後同様の勅語を西園寺に出している。なお首相奏薦について下問を受ける元老は、慣例的に成立しており、元来詔とは無関係であったが、大正期以後勅語を受けることが必要条件と考えられるようになった。

前官礼遇は、明治22年（一八八九）12月26日に定められ、数度大臣を務め功績があった退職者に与えられ、大臣の礼遇を受けた。昭和14年（一九三九）以後は、おおむね四年以上務めた場合首相は首相の、枢密院議長は議長の、国務大臣は大臣の前官礼遇が与えられるようになった。

宮中名誉官

麝香間祗《じやこうのまし》候《こう》と**錦鶏間《きんけいのま》祗候**は、京都御所の部屋の名前に由来する。麝香間祗候は、明治2年（一八六九）5月15日前議定《ぎじよう》蜂須賀《はちすか》茂韶《もちあき》らが隔日に麝香間に祗候し諮詢《しじゆん》に答えるよう求められたことに始まる。以後高齢華族が命じられるようになり制度化した。明治33年（一九〇〇）以後公爵で四〇歳以上の者と功臣から選ぶことを原則とした。錦鶏間祗候は、江戸時代関白に次ぐ職を辞した者を錦鶏間に祗候させた制度にならい、明治23年（一八九〇）10月20日廃止された元老院議官を優遇するために、麝香間祗候の次位として設けられた。勅任官待遇。のち退職勅任官が任命されるようになった。

宮中顧問官は、明治18年（一八八五）内閣制度実施の際に参議を辞した川村純義《すみよし》などのために用意されたポストで、帝室に関する諮詢《しじゅん》に答えることを職掌とした。明治30年（一八九七）10月に職掌なしと改定され、以後徐々に宮内省の退職官吏が就任する**名誉官**となった。

帝室技芸員は、明治23年（一八九〇）に、美術作家保護と制作の奨励を目的として設けられた。大正7年（一九一八）の内規では、定員は二五名。年金のほか制作を下命された場合には制作費が払われた。当初は橋本雅《はしもとが》邦《ほう》ら一〇人。昭和19年（一九四四）まで七九名が選ばれる。戦後文化勲章を受章した者が多い。

いずれの名誉官も戦後に消滅した。

宮中席次

宮中の**儀式**に参列する場合の席順である。明治政府においては、功績の評価が一本化されておらず、世襲の爵も設けられた。結局すべての栄典を含めた序列化を別に明示せざるを得ず、明治17年（一八八四）に華族と官僚が別立てで、明治21年（一八八八）6月15日に官・爵・勲を含んだ上位者の席次が定められた。以後個別の修正を重ね、大正15年（一九二六）10月21日の「皇室儀制令」で、完成を見た。一〇階七〇の階層で構成され、次のようになっている。

第一階
①大勲位（菊花章頸飾、菊花大綬章）、②内閣総理大臣、③枢密院議長、④元勲優遇、⑤元帥・国務大臣・宮内大臣・内大臣、⑥朝鮮総督、⑦首相・枢相の前官礼遇者、⑧国務大臣等の前官礼遇者、⑨枢密院副議長、⑩大将・枢密顧問官、⑪親任官、⑫貴族院議長・衆議院議長、⑬勲一等旭日桐花大綬章、⑭功一級、⑮親任官待遇、⑯公爵、⑰従一位《じゅいちい》、⑱勲一等（旭日大綬章、宝冠章、瑞宝章の順）

第二階
⑲高等官一等、⑳貴族院副議長・衆議院副議長、㉑麝香間祗候、㉒侯爵、㉓正二位

第三階
㉔高等官二等、㉕功二級、㉖錦鶏間祗候、㉗勅任待遇、㉘伯爵、㉙従二位、㉚勲二等（旭日重光章、宝冠章、瑞宝章の順）、㉛子爵、㉜正三位、㉝従三位、㉞功三級、㉟勲三等（旭日中綬章、宝冠章、瑞宝章の順）、㊱男爵、㊲正四位、㊳従四位

第四階
㊴貴族院議員・衆議院議員、㊵高等官三等、㊶高等官三等待遇、㊷功四級、㊸勲四等（旭日小綬章、宝冠章、瑞宝章の順）、㊹正五位、㊺従五位

第五階
㊻高等官四等、㊼高等官四等待遇、㊽功五級、㊾勲五等（双光旭日章、宝冠章、瑞

宝章の順）、㊿正六位

第六階

(51)高等官五等、(52)高等官五等待遇、(53)従六位、(54)勲六等（単光旭日章、宝冠章、瑞宝章の順）

第七階

(55)高等官六等、(56)高等官六等待遇、(57)正七位

第八階

(58)高等官七等、(59)高等官七等待遇、(60)従七位、(61)功六級

第九階

(62)高等官八等、(63)高等官八等待遇

第一〇階

(64)高等官九等、(65)奏任待遇、(66)正八位、(67)功七級、(68)勲七等（青色桐葉章、宝冠章、瑞宝章の順）、(69)従八位、(70)勲八等（白色桐葉章、宝冠章、瑞宝章の順）

現職を優先すること、栄典の中では大勲位と桐花大綬章の次は金鵄《きんし》勲章が重くみられること、公爵や従一位であることだけでは評価が低いこと、国会の議長が低いことが特徴である。

戦後は、特別の規定はない。現在の皇室行事の席順は、①内閣総理大臣、②衆議院

議長、③参議院議長、④最高裁判所長官、以下おおむね⑤国務大臣・衆参両院副議長（年齢順）、⑥最高裁判所判事（任官順）、⑦他の認証官（年齢順）である。

宮中杖《きゅうちゅうづえ》

「杖を賜い朝を免ず」という、高齢の功臣に杖の使用と常時の参朝を免除した中国の故事に倣い、高齢の功労ある重臣に杖を与え優遇する制度。持ち手に鳩の彫刻を付けるようになったことから、**鳩杖**《はとづえ》とも呼ばれる。日本では持統《じとう》天皇10年（六九六）に右大臣多治比島《たじひのしま》が杖を受けたのが初例と考えられる。建仁3年（一二〇三）に後鳥羽《ごとば》上皇が藤原俊成に与えた杖は、上部に銀製の鳩の飾りがあった。朝廷ではこの制度が続き、江戸時代の元文2年（一七三七）11月25日の中院通躬《なかのいんみちみ》からは目録が賜給され、各自で杖を製作するようになった。明治以後も、「宮中杖被差許」との辞令と目録（杖料）が下賜され、おおむね親任官が八〇歳となった場合に与えられた。

戦後は、昭和21年（一九四六）1月15日に鈴木貫太郎、財部彪、翌年（一九四七）1月15日に清水澄、岡田啓介、宇垣一成、樺山愛輔に与えられたが、樺山の八三歳以外八〇歳（いずれも数え年）であり、戦前の制度の延長であろう。ついで確認できるのが、昭和40年（一九六五）10月15日吉田茂（米寿、元首相）、同41年（一九六六）11月3日山梨勝之進（卒寿、元学習院長）、同42年（一九六七）10月4日甘露寺受長《かんろじおさなが》（米寿、元侍従次長）、同45年（一九七〇）2月27日木戸幸一（前年傘寿、元内大臣）への授与であり、杖そのものが与えられている。吉田と山梨の場合、銀の持ち手に菊紋と鳩が浮かしぼりにされた杖であったことがわかっている。昭和40年代下賜の特旨性が表れていよう。［西川］

［7］恩賜・御用達

皇室と社会の結びつきを具体的な形で示しているものに、恩賜、御用達、勤労奉仕などがある。皇室から下賜されたり、産業奨励のため商品を買い上げたり、戦後始められた皇居や御所などを清掃する勤労奉仕などは、皇室と国民の交流の機会となっている。天皇や皇族は国民と広く接触し、天皇皇后が叙勲者、表彰された人、国務大臣などと会うことを**拝謁**と言う。天皇が皇后とともに外国の元首夫妻などと会うことは**会見**、外国の首相や大使夫妻などと会うことは**引見**と言う。天皇の方からの挨拶は**ご会釈**、**お声かけ**、国民の方からは**ご機嫌奉伺**という。

恩賜

「天皇や主君から賜る」の意味で、戦前は帝国大学や陸海軍関係の学校の最優秀卒業生に与えられた「恩賜の銀時計」、「恩賜の軍刀」や、前線の兵士などへの「恩賜の煙草」がよく知られる。また済生会、慈恵会、上野動物公園などの恩賜財団病院や恩賜公園もある。皇室はその資産の一部を下賜したりしながら、国民との結びつきを強め、他方、国民はこうした恩賜の品々を受けることで、皇室への親近感を強めてきた。

「恩賜の煙草」

戦前は兵隊などに、戦後は天皇皇后の地方訪問の際に尽力した関係者や叙勲者などに広く配布された。しかし、タバコが有害とされ、禁煙が推進されるとともに平成18年(二〇〇六)廃止された。代わりに菊の紋章の付いている紅白六個入りの和菓子(和三盆)が「賜《たまわり》」の品になった。

明治天皇は西南戦争の際、明治10年(一八七七)3月、大阪に行幸して負傷兵を見舞ったが、皇太后、皇后が託した見舞い品に木綿地やぶどう酒とともにタバコがあった(『明治天皇紀』)。天皇皇后が愛飲した「御料タバコ」が兵士たちに下賜されたのである。昭和天皇に喫煙習慣はなかったが、恩賜の煙草《たばこ》は日中戦争から太平洋戦争にかけて需要が高くなった。「恩賜の煙草をいただきて明日は死ぬぞと決めた夜は…」と、戦時中の流行歌「空の勇士」にあるように、一線の兵士は菊の紋章のついた煙草を吸うことを名誉とした。

戦後は地方視察のとき、警察、県庁職員などの関係者や叙勲者、表彰を受けたり天皇と拝謁したとき、皇居の勤労奉仕に来た人などにお土産として渡された。戦前からの伝統で、ありがたがる人が多く、一箱のタバコでも一本ずつ小分けして親戚中に配ることができるので、都合がよいと喜ばれた。純白の紙の箱に黒字で「賜」とあり、タバコは一本ずつ菊の紋章が金で印刷されていた。ほかに宮家にも宮家の紋入りのものがある。かつては接待用の菊折枝（折れ菊）模様紙巻が園遊会などで接客用に供されたが、平成18年（二〇〇六）に廃止された。

恩賜の軍刀・恩賜の時計

戦前、官立学校の最優等卒業生には天皇からの恩賜の記念品があった。陸軍士官学校、陸軍大学校、海軍大学校では、皇室御物の**小烏丸**《こがらすまる》や、**元帥刀**《げんすいとう》と同じ造りの細身で実戦向きではない軍刀が、海軍兵学校では、短剣が授けられた。同刀を下賜されたエリートたちは「**恩賜組**」と呼ばれ、将来の栄達を約束された。また、帝国大学卒業生や軍関係の各学校の優等生に対しては**恩賜の銀時計**が授与された。

恩賜公園

天皇から下賜された公園であり、現在も、多くの人々の共有財産として活用されているものが少なくない。東京では、上野恩賜公園、芝離宮恩賜公園、浜離宮恩賜公園、井の頭恩賜公園、猿江恩賜公園などがあり、そのほかの地域でも箱根公園、神戸の須磨離宮公園などがある。

宮内省御用達

宮中に納める特別な品々とその提供元のこと。明治維新前は「禁裏御用」と言い、虎屋の和菓子や川端道喜《かわばたどうき》の「**おあさ**」（朝餉の餅）などがある。

明治期の御用達

御用にあずかる店の多くは歴史が古く、虎屋などは家伝では奈良時代創業であり、川端道喜も室町時代から続いた老舗であった。明治維新以後の明治10年代ごろは、宮内省は優秀な商工業者に名誉を与える意味で、御用の出入りを認め、「宮内省御用達」を名のることを許していた。その後、この名誉が濫用されたり、詐称されたりしたので、明治24年(一八九一)に、「宮内省用達称標出願人取扱順序」を制定し、一定の基準を満たした業者にのみ「宮内省御用達」の称標を与えた。しかし、濫用や詐称は収まらず、警視総監が禁止の諭告をしたりした。

昭和期の御用達

昭和10年(一九三五)には、宮内省御用達の条件が厳しくなり、五年以上の納入実績や資本金などの報告が求められた。しかも許可の有効期間が五年と制限もつけられ、御用達の称標を広告などに使わないように命ぜられた。こうして御用達は皇室の「お墨付き」の商品となり、一般市民にとっても信用の目安となった。戦後、宮内庁になってもこの制度は続いたが、昭和29年(一九五四)に商業の機会均等を理由に、廃止された。とはいえ、廃止後も宮内庁から特別に納入を認められた業者はあるし、一方、現在は納入していなくてもかつての御用達を名のる業者も少なくない。

御用達の品々

和菓子、煎餅、ネクタイ、箪笥、櫛、茶、蕎麦、鞄、足袋、陶磁器、傘、味噌、醤油、日本酒、蒲鉾など幅広く、かつ、一般市民にも購入可能な価格のものも多い。とくに、戦後の消費社会の発展で、一般市民も高級感のある御用達の品々を手軽に入手できるようになった。

勤労奉仕

戦後、有志国民の自発的な意志に基づく奉仕による皇居などの清掃活動。終戦直後の昭和20年（一九四五）12月、戦災で焼失した明治宮殿の焼け跡整理を宮城県の青年団（みくに奉仕団）が奉仕したことに始まる。奉仕作業は連続四日間で、年間一万人ほどのボランティアが全国から集まる。この間皇居、東宮御所、各宮家の清掃などをする。期間中、天皇・皇后のご会釈がある。天皇・皇后は代々、地方事情を尋ねるなど、親しく声をかけている。

昭和時代は天皇のお言葉と君が代斉唱があり、その様子が写真撮影され、後で購入できた。希望者（満七五歳以下）は一五名以上の団体で宮内庁に申し込む（→別巻［56］）。作業着はジャンパーや割烹着などで統一することになっている。町内会、遺族会、日赤支部などのほか、学校単位などもある。何十回も奉仕を続けた団体もある。手弁当だが、天皇のご会釈などがあり、吹上御苑、宮中三殿周辺、御所などの一般参観では見られない場所で作業ができる。また、宮内庁からは紋章入りの落雁《らくがん》や宮殿内部の写真集などが渡される。

みくに奉仕団

終戦直後、宮城県栗原郡（現栗原市）の鈴木徳一、長谷川峻の二人が、荒れ放しになっているお濠の土手の雑草刈を宮内省に申し込んだ。敗戦で目標を失った村の青年たちの精神的よりどころとして、奉仕を思いついた。しかし、宮内省は宮殿の焼け跡整理を頼むこととし、12月8日から三日間、六二人の青年男女が上京した。

彼らは各戸からモチ米を集めて餅をつき、献上した。上紙に「上」とし、下に「みくに奉仕団」と書いた。外での作業を予想していたのに、宮城内に入ることができ、その上、8日正午過ぎ、昭和天皇が侍従次長木下道雄の案内で作業場を訪れた。天皇は米作の状況や列車の混み具合、現地の様子などを三〇分ほど尋ねた。天皇が帰りかけると、自然に君が代がわき起こった。その後、皇后良子（香淳皇后）が現場を訪れ、一行に話しかけた。天皇・皇后にとっては、これが庶民と交わした最初の交歓だった。

［髙橋・小田部］

2 皇室の住と衣食

［8］宮都

「宮都《きゅうと》」とは、天皇が居住して政治を執る宮殿施設である「宮」と、その周辺にあって、政務のために参勤する官人の住居地区までを含めた「都《みやこ》（京）」とを総括して指した言葉である。しかし、日本の古代社会では、大王の居住する生活空間がそのまま政治の場所であり、有力な豪族や参勤する官人も別にそれぞれが基盤とする地域に殿舎や住宅を構えたから、「宮」はあったけれども「都」とまでいえるような都市空間は元来なかった。そうした「都」がその後、日本に成立するのは、法令と官僚組織が完備した中国の制度の影響を受けて、日本の律令制度が次第に形作られ、それにしたがって中国の計画的な都市（都城《とじょう》）も日本風に移されたからである。

【歴代の遷宮】

天皇は、代替わりごとに宮を遷《うつ》してきた。それはたとえば『古事記』『日本書紀』などの歴史書で、「～の宮に治天下天皇《あめのしたしらすすめらみこと》」といったように、大王の名まえがたえず宮の名まえと並列して述べられたことでもわかる。昭和53年（一九七八）にX線撮影によって判明した埼玉県の稲荷山古墳鉄剣銘に、ワカタケル大王（21雄略《ゆうりやく》天皇と推定）が「**シキの宮**」にあるとき、と記されているように、「宮」は常に天皇（大王）に代わる権威を示し、天皇が代われば当然宮も変えられた。その意味では、皇帝の交替と遷都が無関係で行われた中国の王朝とは大きく異なっている。

伝説上の天皇の宮地は当然だが、実在したことの確かめられる天皇でも、ほとんどの宮の場所は、特定することが難しい。しかし、その名称によっておおよその場所が推測され、北九州や近江（南滋賀）などの特殊な例外を除くと、葛城《かづらき》・磐余《いわれ》・飛鳥などの奈良盆地南部と、金剛山地を西へ越えた堺・難波などの摂津・河内地域に集中している。

天皇の代替わりごとに宮を遷してきた理由としては、①掘立柱《ほつたてばしら》に茅葺《かやぶき》（または檜皮《ひはだ》葺《ぶき》）という建物の耐用年数による、②先帝の死によって住宅または祭祀所が穢《けが》れたことによる、③皇位を継承する皇子が父天皇とは別々に住み、皇子の住居で即位して宮としたことによる――といった説があるが、実際にはどの説にも例外があり、ひとつですべてが解決されるわけではない。しかし、代替わりごとに宮を建て替える、という伝統的な観念は、平城京の大内裏内で新天皇が内裏を建て替えたことや、平安京になっても50桓武《かんむ》天皇の次を継いだ51平城《へいぜい》天皇が奈良に都を遷《うつ》そうとしたりしたことなどに、その意識的な痕跡を見ることができる。

【朝堂《ちょうどう》の出現】

大王の時代、政治は群臣の合議によって行われ、その政治舞台は大王の宮だけではなく、諸豪族の殿舎でもあったから、政治権力は拡散する傾向にあった。しかし、天皇のもとに権力が次第に集中するに従って、宮のなかの大王の私的な住居（**禁省《きんしょう》**、後世の内裏）とは別に、その南方に官人の執務する建物群、つまり**朝堂**が造られるようになった。このような施設は、すでに33推古《すいこ》天皇の**小墾田宮**《おはりだ》や36孝徳《こうとく》天皇の**前期難波宮**（難波長柄豊碕宮）に想定できるが、38天智天皇の造営した**近江大津宮**については不確かである。大極殿《だいごくでん》を中心にした本格的な朝堂は、40天武《てんむ》天皇の**飛鳥浄御原宮**《あすかきよみはらのみや》以降のことになる。

【都の誕生】

天武天皇12年（六八三）12月17日の詔《みことのり》では、文武官人と畿内の有位者に対して、年四か月（すなわち一二〇日）の**上日**（出勤）を定めている。つまり、すべての豪族は**官人**として、一定期間、在地を離れて宮の近辺に集住することを余儀なくされた。また同時に出された詔では、**難波宮**《なにわのみや》の造営にも乗り出すことが宣言され、**百寮官人**に対して難波に家地を請うことを命じている。それは官人の勤務管理と、それに基づく人事考課、さらにはそれによって適切な官位を与えることを目的とした処置であった。このようにして、国家としての中央集権的な官僚制度が次第に整備されるにつれ、王宮と有機的に結びついた官人居住地域を周辺に設けた、計画的な宮都（京）をつくる必要ができてきたのである。天武天皇が造営した難波宮に実際に**条坊**《じょうぼう》が完備されていたかどうかは疑問視する向きが多いが、次の藤原京では本格的な条坊を伴った都城がつくられることになる。

【条坊制】

中国の都城は、ほぼ方形の城壁に囲まれた内部を、東西南北に大路小路を一定の間隔で走らせた計画都市であった。日本でも、外敵からの防備をあまり考える必要がなかったために周囲の城壁こそなかったが、おおよそこの都市プランが採用された。その**大路**《おおじ》**小路**《こうじ》によって方形に整然と区画された町並のさまは、しばしば「碁盤」の目にたとえられる。最初の都城**藤原京**（持統天皇8年〈六九四〉）からはじまって、その後の**平城京**（和銅3年〈七一〇〉）、**長岡京**（延暦3年〈七八四〉）、**平安京**（延暦13年〈七九四〉）と、それぞれ少しずつ異なった特徴をもつ。

難波京《なにわきょう》

大化改新後、大化元年（六四五）に即位した36孝徳天皇が、現大阪市の上町台地に建て、都とした**長柄豊碕宮**《ながらとよさきのみや》を最初とする宮都。もっともこのときは内裏・朝堂院の王宮を中心とするもので、条坊を伴う都城はなかったと考えられる。孝徳天皇の没後、宮は飛鳥に遷るが、飛鳥浄御原宮に即位した40天武天皇は「およそ都城宮室は一処にあらず」として、難波宮の整備にも努めた。先の百寮官人に対して難波に家地を請うことを命じたのはこのときで、王宮の周辺に官人の住居が配されるような宮都であったと考えられる。しかしこの難波宮は朱鳥元年（六八六）正月、大蔵省の失火によって焼亡した。

次に難波京を造営したのは45聖武《しょうむ》天皇で、神亀3年（七二六）、藤原宇合《うまかい》を**知造難波宮事**に任じて再建に着手している。奈良の都に対する副都的な意味合いが強かった。天平6年（七三四）には、宅地が班給されており、条坊に基づく都城があったと考えられる。その後、天平12年（七四〇）から聖武天皇は各地に転々と遷都を繰り返すが、天平16年（七四四）2月には、**恭仁宮**《くに》から11月に**紫香楽宮**《しがらき》に遷るまでの一時期、難波京を都と定めている。平安京遷都直前の延暦12年（七九三）には、難波大宮が廃され、港湾を含む一帯の特別行政区である**摂津職**が一般の国の扱いに改められているので、このときに難波京も機能を停止したと考えられる。

難波京の所在地は長らく不明のままであったが、昭和29年（一九五四）以降、山根徳太郎らの発掘調査によって、大阪市東区（現中央区）の上町台地一帯にあることが確認された。遺構は、前期、後期のふたつの時期に分けられるが、前者は孝徳天皇の長柄豊碕宮、後者は聖武天皇の難波宮と考えられている。また四天王寺東辺には条坊の痕跡も認められ、そのプランについてもいくつかの復元案が想定されている。

藤原京

[41]**持統《じとう》天皇**が持統天皇8年(六九四)に飛鳥浄御原宮から移した最初の条坊制による本格的な都城。現在の奈良県橿原《かしはら》市・明日香村にまたがる地域に当たる。『日本書紀』では「**新益京《しんやくのみやこ》**」とよばれ、飛鳥の旧都に対する新京造都の意気込みを感じることができる。大和の古道である**下ツ《しもつ》道《みち》**と**上ツ《かみつ》道《みち》**、**横大路**と**山田道**に、東西と南北を挟まれた地域に、南北十二条、東西それぞれ四坊の条坊を敷いて設計されたと考えられる(岸俊男説)。また条坊名は平城京のように数字ではなく、「林坊」「小治町《おはりまち》」のように固有名詞がつけられた。宮城は条坊の中央北寄りにあり、のちの宮城のように北端に接していない。[43]**元明《げんめい》天皇**が平城京に都を遷すまで、三代の天皇の都となった。

古くから大和三山のほぼ中央にある「**大宮土壇**」とよばれる場所が宮跡《きゅうせき》だと言い伝えられてきたが、昭和9年(一九三四)からの足立康らの指導による発掘調査でこの場所が大極殿跡であることが確認され、その南に大規模な朝堂院の遺構も検出した。その後も、昭和41年(一九六六)の国道バイパス工事をきっかけに調査が本格的に再開され、多くの成果を得て、現在まで奈良文化財研究所を中心に、引きつづき調査が実施されている。また、発掘によって約七〇〇〇点の木簡が見つかっており、郡《ぐん》（コオリ）以前の評《こおり》の存在など、その解読によって文献の少ないこの時代の行政制度の解明につながった意義は大きい。

平城京

元明天皇が、和銅5年（七一〇）に藤原京から移した都城。二番目の条坊を備えた都城であるが、そのプランにあたっても前の藤原京と相関関係にあったことが指摘されている。すなわち、藤原京では西端を古代の道である下ツ道が、東端を中ツ道が通っていたが、平城京ではその下ツ道の北延長上に**朱雀大路**を作り、中ツ道の延長上に**東京極大路**を配して、これを中軸線の朱雀大路の西側に折り返して**西京極大路**を置いた。東西四坊、南北九条に区画されるが、一条大路から五条大路の間の部分が東側に三坊分突き出しているのが特徴的で、この部分を**外京**《がいきょう》という。外京には、興福寺や元興寺《がんごうじ》といった重要な寺院があり、また東大寺にも接続していた。右京の北辺も二町分が北に突出しており、これを**北辺坊**《きたのべぼう》とよんでいる。聖武天皇のとき一時的に**恭仁京**《くにきょう》、難波京に遷都したが、ほどなく平城京に還都し、50桓武天皇が長岡京に都を遷すまで、八代の天皇の都となった。

江戸時代末の北浦定政《きたうらさだまさ》につづいて明治時代の関野貞《せきのただし》の研究があり、おおよその京域や宮城の跡が推定されたが、本格的な発掘調査は第二次世界大戦後のことで、現在も奈良文化財研究所によって継続されている。その結果、関野貞が最初に「大黒ノ芝」とよばれる場所に推定した大極殿朝堂院跡の真北に内裏遺跡があったが、これらは宮城の中軸より東にはずれており、これに隣接する西側の中軸線上にもほぼ同規模の宮殿遺構が認められた。後者を第一次朝堂院、前者を第二次朝堂院とよんだ時期もあったが、歴史的な前後は極めがたく、第一次のそれは平安京の豊楽院的な饗宴の施設であろうとする考えに傾いている。

長岡京

桓武天皇が延暦3年（七八四）11月に平城京から山背国《やましろのくに》乙訓郡《おとくにぐん》長岡の地（現京都府向日市・長岡京市・大山崎町）に移した都。遷都の背景には、[48]称徳《しょうとく》天皇崩御後、旧勢力を排除して天皇主導の政治の回復を図る桓武天皇の意図があったと思われる。一〇年後の延暦13年（七九四）に、再度東北の平安京に遷都されるので、都城の造営はまだ工事の途中であったと考えられていたが、戦後まもなく中山修一によって、発掘調査がはじまり、その成果によって宮城施設や都城整備はほぼ完成していたことが明らかになった。廃都の理由について、早良《さわら》親王御霊《ごりよう》説、河川氾濫説などがある。

平安京

桓武天皇が延暦13年（七九四）10月に、山背国葛野《かどの》郡《ぐん》・愛宕郡《おたぎぐん》にまたがり、鴨川と桂川のふたつの川の間に挟まれた地に移した都。すなわちのちの京都の地である。平安京

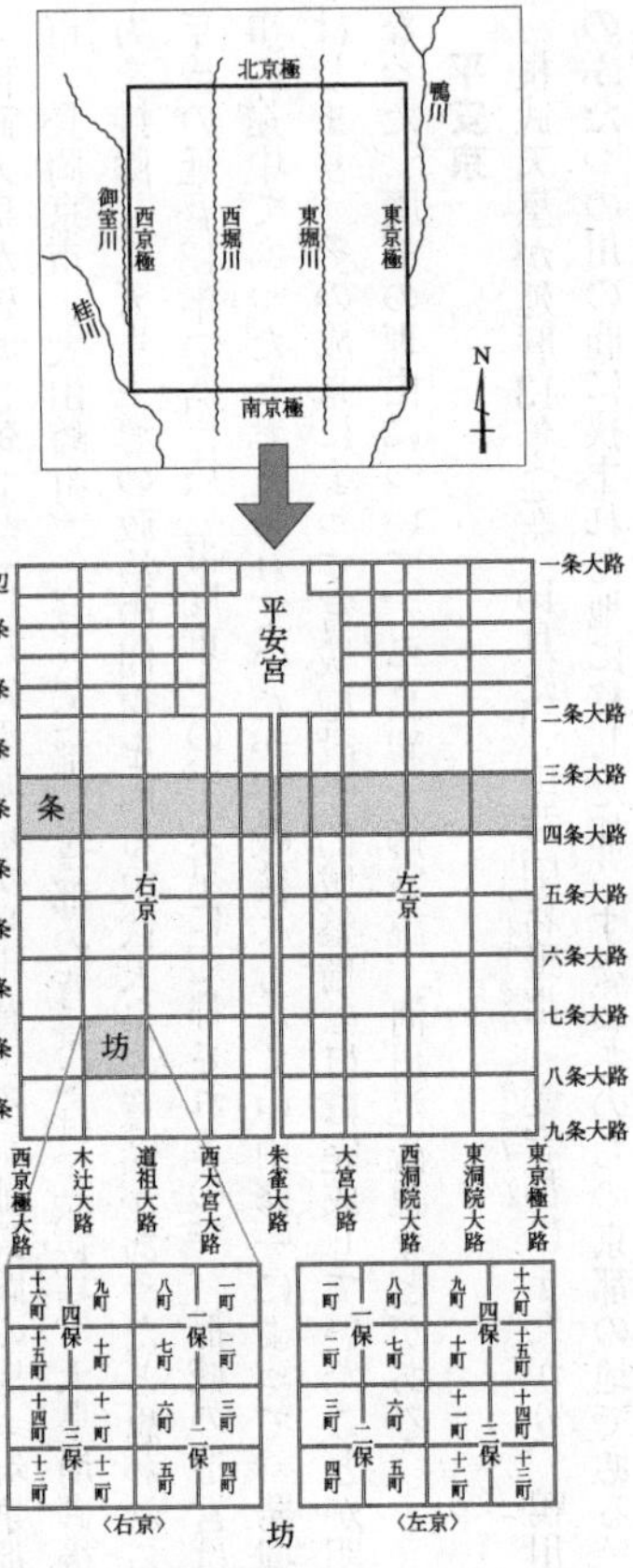

図１　平安京の条坊図

という名まえは、桓武天皇自身が詔によって名づけたもので、他の都城が慣習によってよばれるのとは異なる。このとき同時に「山背」を「山城」と改め、近江国志賀の「古津」を「大津」と改称して都城の外港的な役割を担わせようとした。

平安京北端の一条大路から南端の九条大路まで、東西の九本の大路の間に三本ずつの小路が通り（一条大路と二条大路の間は大内裏があるので例外）、中央の南北に通るメインストリートである**朱雀《すざく》大路**を中軸線にして左右対称に、東側の**左京職**と西側

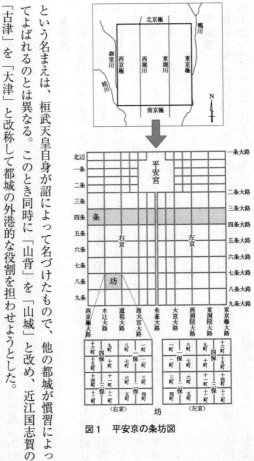

の右京職というふたつの行政区に分かれ、東西の端に当たる京極大路と朱雀大路とを挟んで、左右それぞれ三本の大路とその間に三本ずつの小路が通っている。左右各京の大路と大路に挟まれた京極大路と朱雀大路の間の横長の区画を条といい、条を四分の一にした南北・東西の四本の大路に囲まれた方形の区画を坊といい、さらに坊は小路で囲まれた一六町からなっている。つまり地割りは大きい単位から小さい単位へと、条→坊→町とブロックを小さくしていく構成になっている（「条坊制」→図1。都城そのものを「条坊」ということもある）。天皇の居所と政治を執る政庁群である宮城は、この条坊の中央北部の一郭《いっかく》をしめるが、官寺《かんじ》である東寺と西寺、公設市場の東西市、外国の使節の宿泊施設である鴻臚館《こうろかん》など、一部の公的施設は宮城外都城内に散在した。

京内には西堀川と東堀川のふたつの小川が流れ、この川に沿う東西堀川小路は川幅分を合わせて八丈（約二四メートル）幅の大路の扱いを受ける。造都にあたって、鴨川の流れを東へ付け替え、堀川はその痕跡であったとする説があったが、現在は否定的。また都域は、10世紀の中頃に北へ二町分延伸されたと考えられ（北辺坊《きたのべぼう》）、新しい平安京の北端に一条大路が移され、旧一条大路が突き当たる宮城の築地《ついじ》には上土門《あげつちもん》が開かれ、これにちなんで旧一条大路も土御門《つちみかど》大路とよばれるようになった（瀧浪貞子説）。

桓武天皇の没後、平城上皇は都を平城京に戻そうとしたが、52嵯峨《さが》天皇は当時の争乱（薬子《くすこ》の変）を抑えて、平安京を継続すべき都城とする意志を示した。その後、一時的に平清盛によって兵庫の福原京に都が移されようとしたことを例外として、幕末まで京都は皇居のある都でありつづけた（↓［9］～［12］）。

福原京

治承3年（一一七九）、後白河法皇と対立した平清盛が、後白河の院政を停止して幽閉し、80高倉《たかくら》天皇を譲位させて清盛の外孫81安徳《あんとく》天皇を即位させ、翌年6月に清盛の領有した摂津国福原の地（現在の神戸市兵庫区）に、白河《しらかわ》法皇・高倉上皇・安徳天皇を移して、造ろうとした都。完成を待たず、この年の11月に京都に還都している。［五島］

［9］大内裏

大内裏《だいだいり》は、都城の中央北寄りにある、築地《ついじ》で囲まれた官庁が集合する一郭で、この中には天皇の私的な住居である内裏を含む。平安京を例にとると、南北は、一条大路・二条大路間の四六〇丈（約一三七一・六メートル）、東西は東西大宮大路間の三八四丈（約一一四四・八メートル）の区画で、周囲を囲む築地には**宮城十二門**が各面に三門ずつ開いていた（平安京北辺延伸後は東西土御門〈**上東門**・**上西門**〉がこれに加わる）。大内裏の正面玄関ともいうべき南面中央の**朱雀門**《すざくもん》は、平安京のメインストリートである**朱雀大路**に向かって開いている。

朱雀門を入ると、政庁の中心である朝堂院《ちょうどういん》があり、本来天皇はここに毎日出御して政治を執《と》ったが、のちには国家的儀式を行う場所となった。朝堂院の西に位置する**豊楽院**《ぶらくいん》は国家的な饗宴を行う場所である。大内裏内には、そのほかにもさまざまな官衙《かんが》施設や大蔵省の倉庫などが並んでいた。

朝堂院

天皇が出御して官人が政務を執り、儀式を行った大内裏の政庁で正殿は**大極殿**《だいごくでん》である。のち政務が内裏に移ると、重要な儀式のみ行われるようになった。平城京では**太政官院**とよばれ、朝堂院というようになったのは長岡京からである。平安京では弘仁年間（八一〇～二四）から**八省院**といわれる。大極殿のある**北域**、十二堂に囲まれた広い庭をもつ**中域**、ふたつの朝集堂のある**南域**の三域に分かれる。南端には正門である**応天門**がある。北域と中域の間は回廊では区切られず、**竜尾道**《りゅうびどう》という簡単な段差が設けられている。

大極殿に出御した天皇は、中域の**朝庭**に参列する臣下に対することになる。中域と南域の間は**回廊**で仕切られ、真ん中に**会昌門**《かいしょうもん》がある。貞観8年（八六六）には応天門が焼失、いわゆる応天門の変が起こり、同18年（八七六）には大極殿や**小安殿**《こあどの》の北域が焼けた。その後何度か火災に遭い、安元3年（一一七七）の火災以降、再興されなかった。

明治28年（一八九五）に、平安遷都千百年を記念して創建された京都岡崎の**平安神宮**は、この朝堂院の建築を約八分の五の大きさで復元したもので、拝殿は大極殿、その両側に蒼竜楼（東）と白虎楼（西）を構え、正面の広場を竜尾道で区切っている。また、神門（楼門）は応天門を復元したものである。

東宮御所《とうぐうごしょ》

東宮は皇太子の別称で、「**春宮**」と書いて「とうぐう」と読ませることもある（陰陽五行思想で、方角の東も季節の春も、青々とした若い生命力に満ちているとみる）。

すなわち東宮御所は皇太子の居所のことである。

平安前期には、大内裏の東、**待賢門**《たいけんもん》を入った北側に東西の二町を占めて**雅院**《がいん》という施設があり、ここが皇太子の御所に当てられた。**東宮雅院**ともいう。東西二町のうち、**西雅院**に皇太子の御所と管掌の役所である**春宮坊**が所在する。**東雅院**は宴会などに使われたらしい。平安中期になると、内裏内の後宮の殿舎が東宮御所に充てられるようになった。

その後も、所生や乳人の縁に従って京中の貴族の邸宅が使用されたりするが、いずれも便宜によったものであろう。寛政度再興の内裏以降では、北郭の皇后関係の殿舎に混じって、飛香舎《ひぎょうしゃ》の西南、東の藤壺に面して**姫宮御殿**と並んで**若宮御殿**が建てられていた。

［五島］

◆平安宮を模した平安神宮

50 桓武天皇を主祭神とする**平安神宮**は、三段階を経て完成した。まず明治元年（一八六八）京都の総区長らが府知事に「御神霊を御所内に祭」る「宮殿御建営」の請願を出した。ついで同16年（一八八三）、右大臣岩倉具視が「京都皇宮保存に関する建議」の中で「桓武帝御神霊奉祀の事」を掲げ、名称を平安神宮、社格を官幣大社、鎮座地を**仙洞**《せんとう》（御所旧地）とする案を示し、絵図面まで添えているが、岩倉の病死により立ち消えとなった。

さらに同28年(一八九五)第四回内国勧業博覧会を「平安奠都《てんと》千百年紀念」の事業として開催する機会に、平安宮の大極殿(拝殿)や応天門(神門)などを模す形で岡崎の現在地に創建。3月15日に鎮座祭、また10月22日(延暦13年〈七九四〉同日、桓武天皇の平安京遷幸記念日)から三日間、盛大な奉祝行事を実施した。その際始められたのが、幕末維新から平安遷都前にまで遡る時代風俗行列＝**時代祭**である。

なお、平安神宮では、昭和15年(一九四〇)いわゆる皇紀二六〇〇年記念として、京都で最後となった[121]孝明天皇を祭神に加えている。　[所]

［10］内裏・里内裏

内裏とは、本来は天皇の日常的な居住を目的とする宮殿であるが、のちには朝堂院《ちょうどういん》における政務が移され、**紫宸殿**《ししんでん》を中心に政治・儀式の場所になった。内《うち》、大内《おおうち》、禁中《きんちゅう》、禁裏《きんり》、九重《ここのえ》といった言い方もされる。平安京の場合、大内裏の中、朝堂院の北東に位置して、南北一〇〇丈（三〇三メートル）、東西七〇丈（二一二メートル）の広さを占めていた。二重の**廓**《かく》に囲まれ、外側の諸門を**宮門**《きゅうもん》、内側の門を**閤門**《こうもん》という。**外郭**は南側に**建礼門**を正門として、ほかに春華門・修明門・宮城門の三門、北側には朔平門《さくへいもん》と式乾門《しきけんもん》が、東西面にはそれぞれ建春門《けんしゅんもん》と宜秋門《ぎしゅうもん》が相対して、それぞれ建てられた。外郭内の西部分は、新嘗祭《にいなめのまつり》や神今食《じんこんじき》祭を行う中和院《ちゅうかいん》、天皇の食膳を調理する**内膳司**《ないぜんのつかさ》、采女《うねめ》の宿所である**采女町**などが占める一郭になっており、紫宸殿を中心とする主だった殿舎のある内郭部は内裏の東寄りにある。**内郭**は十二門で開かれ、南側に正門である**承明門**《じょうめいもん》とその左右に長楽門・永安門の二つの**腋門**《えきもん》があり、これに対して北側には玄《げん》輝門《きもん》の左右に安喜門《あんきもん》・徽安門《きあんもん》の腋門がある。同様に東面には宣陽門《せんようもん》を中心に嘉陽門《かようもん》・延政門《えんせいもん》の二腋門、西面に陰明門《いんめいもん》を中心に遊義門《ゆうぎもん》・武徳門《ぶとくもん》の二腋門が開いている。内郭南半分には、紫宸殿・清涼殿・仁寿殿《じじゅうでん》などを中心とする天皇がふだん生活し執務する重要な殿舎があり、北半分は后たちの住む後宮の殿舎群になっていた。
内裏は現在の京都市上京区千本丸太町の交差点の東北部に位置するが、住宅が密集しているために全面的な発掘調査が困難である。わずかに内裏内郭回廊(西側)や承明門の遺構が確認されているばかりである。

【内裏の変遷】

天徳4年(九六〇)9月、内裏は左兵衛陣から出火して、平安遷都後はじめて焼失する。このとき、62村上《むらかみ》天皇は累代の後院《ごいん》である冷泉院《れいぜいいん》に遷《うつ》っているが、ただちに内裏が再建され、翌応和元年(九六一)11月に新造となった内裏に還御した。次に焼失したのは貞元元年(九七六)5月のことで、ときの64円融《えんゆう》天皇は、藤原兼通《かねみち》の堀河第《ほりかわだい》に遷った。翌年には再建された内裏に帰ることになるが、『栄花物語』には内裏のように華麗に造られた堀河第のことを「今内裏《いまだいり》」とよんだことが述べられている。その後内裏は、天元3年(九八〇)、同5年、長保元年(九九九)、同3年(一〇〇一)、寛弘2年(一〇〇五)、長和3年(一〇一四)、同4年、長暦3年(一〇三九)、長久3年(一〇四二)、永承3年(一〇四八)、康平元年(一〇五八)と頻繁に火災がつづき、そのたびに遷御したのは、一条院や枇杷殿《びわどの》といった摂関家の邸第であった。そこで、これらの仮内裏を、本内裏に対して里内裏《さとだいり》とよぶ。とくに、66

一条《いちじょう》天皇と[70]後冷泉《ごれいぜい》天皇の時代には、内裏が完成されている時期があったにもかかわらず、天皇は里内裏を転々と遷り住んでいる。その背景には、里内裏の本来の所有者であり、天皇の外戚である摂関の藤原道長・頼通《よりみち》父子の、政治的な優勢を図ろうとする思惑が働いている、という見方がある。

　後冷泉天皇から皇位を継承した[71]後三条《ごさんじょう》天皇は、久しぶりに摂関藤原氏に係累をもたない天皇であったために、天皇親政を進めたことはよく知られているが、践祚《せんそ》と同時に大極殿と内裏の造営に着手したのも、天皇権威の高揚を目的とした同じ意図に基づいている。こうして後三条天皇は、延久3年(一〇七一)8月、実に二三年ぶりに新内裏に戻ったのである。ちなみに翌年(一〇七二)4月には大極殿も完成した。しかし、次の[72]白河《しらかわ》天皇は、即位してまもなく頼通の**高倉第**に遷って以降、儀式などの一時的な渡御をのぞいて、内裏に常住することはなかった。そしてまもなく[73]堀河《ほりかわ》天皇に譲位して上皇御所でみずから院政を始めた。つづいて[74]鳥羽《とば》天皇・[75]崇徳《すとく》天皇・[76]近衛《このえ》天皇と幼帝がつづき、そのことを理由に本内裏が皇居として使われることはなかった。その後、[77]後白河《ごしらかわ》天皇の政権下で権力を誇った藤原通憲《みちのり》(信西)は、朝儀復興のために保元2年(一一五七)に内裏再建を企て、わずか七か月足らずで完成している。二年後に起こった平治の乱で、源氏の軍兵に取り囲まれるなか、[78]二条《にじょう》天皇が女装して牛車《ぎっしゃ》で脱出した内裏がこれである。これ以降、この内裏は儀式や臨時の行幸に用いられるのみで、再び本格的に居住されることはなかった。

【内裏の終焉】

白河天皇の**六条内裏**、鳥羽天皇の**大炊殿**《おおいどの》には、内裏の紫宸殿《ししんでん》や清涼殿に擬した建物があり、当初から天皇の常住を想定していた。大内裏における正規の内裏が特別なときしか用いられなくなった理由としては、当時の京都の市街部からは西にはずれていたという地理的な条件や、広さや間取り、使い勝手など、当時の生活空間の実態とは合わなくなっていたことなどが考えられる。このころから、正規の内裏が「大内」と呼ばれるようになったのは、「大内裏にある内裏」の意味で、これに対する概念が「里内裏」であると現在では考えられている。

鎌倉時代前期にもっぱら用いられた里内裏は**閑院**で、内裏の規模を模して造られた皇居であった。そうしたなかで、正規の大内はあまり重視されなくなり、安貞元年（一二二七）の全焼以降、再建されることはなかった。

紫宸殿《ししんでん》（ししいでん）

内裏の中心的な正殿で、節会《せちえ》のほか大極殿の荒廃後は大嘗会《だいじょうえ》や即位式などの重要な儀式が行われた。その南は、東側の**宜陽殿**《ぎようでん》と**春興殿**《しゅんこうでん》、西側に**校書殿**《きょうしょでん》と**安福殿**といった殿舎、南側の内裏正門である**承明門**《じょうめいもん》などに囲まれた広い庭（**南庭**）が広がっており、この場所に臣下が並んで儀式などの拝礼を行った。この南庭に面していることから、紫宸殿を**南殿**《なでん》ということもある。建物は、入母屋造《いりもやづくり》、檜皮葺《ひはだぶき》の九間三間で、前面中央に柱間三間分の一八級の**階**《きざはし》を設け、南格子は内側へ開く一枚格子になっている。また廂の四隅、北廂東西にも木階がある。身舎《もや》の板敷きの中央に、南向きに天皇の御座である**高御座**《たかみくら》が置かれる。また身舎と北廂との境は、**賢聖障子**《けんじょうのしょうじ》という中国の賢人を描いた立障子で仕切られている。

【南庭を囲む殿舎と諸門】

紫宸殿《ししんでん》の南庭は、四つの殿舎、それらを結ぶ回廊と諸門によって囲まれているが、紫宸殿東の階段の下と宜陽殿《ぎようでん》との間を結ぶ廊下を**軒廊**《こんろう》という。軒廊は吹き放ちの土間になっており、炎旱洪水などの天災、社殿の転倒や山陵の鳴動、その他病悩闘乱といった異変に際して、亀卜《きぼく》や式占《しきせん》などの占いが行われた。これを軒廊御卜《こんろうのみうら》という。反対側の紫宸殿西の回廊には、清涼殿の東庭に至る崇仁門《すうにんもん》・仙花門《せんかもん》が付されているが、さらにその西、校書殿《きょうしょでん》の廂に張り出してある建物が**射場殿**《いばどの》で、正月の賭弓《のりゆみ》の時に、天皇が出御して近衛・兵衛が弓を射るのを見た。

南庭東側の宜陽殿と春興殿《しゅんこうでん》の間にある門が**日華門**で、西側の校書殿と安福殿の間にある**月華門**と対応している。日華門には左近衛府の官人が、月華門には右近衛府の官人が、それぞれ警衛して詰めたので、前者を**左近陣**《さこんのじん》、後者を**右近陣**《うこんのじん》とよんだ。

陣座《じんのざ》

本来は、左右近衛陣に警衛する兵士の詰め所で、左近衛の陣座は日華門の北、宜陽《ぎよう》殿《でん》の西廂、右近衛の陣座は月華門の北、校書殿《きょうしょでん》の東廂にあった。しかし、朝廷の諸行事が内裏を中心に行われるようになると、公卿がこれらの陣座に詰めるようになった。これをさらに平安中期になると陣座で公卿会議が行われ、重要な懸案が決定された。これを「**陣定**《じんのさだめ》」という。左近陣座が使われることが多かったが、平安後期には右近陣座も用いられた。宜陽殿の西廂にあった陣座は、その後紫宸殿《ししんでん》の東北廊の南面に移った。

清涼殿《せいりょうでん》

紫宸殿の西北に位置し、天皇が日常的な生活をした建物。元旦の四方拝《しほうはい》や小朝拝《こちょうはい》をはじめとする年中行事、また叙位や除目《じもく》といった政治的な行事も行われた。東庭を正面として南北に長い九間と二間の身舎《もや》をもつ入母屋造の建物で、四面に廂が付くが、とくに東側に孫廂をとってゆったりとした空間を作ってある。東庭には**御溝水**《みかわみず》に近いところに**河竹**《かわたけ》と、やや離れたところに**呉竹**《くれたけ》が植えられている。身舎の中央に御帳台を東向きに置き、その前に**昼の御座**《ひのおまし》をしつらえて天皇の出御の場所とした。その北側に天皇の寝所である**夜の御殿**《よるのおとど》があり、周囲を壁で塗り込めたいわゆる**塗籠**《ぬりごめ》になっていた。三種神器のうち宝剣と神璽《しんじ》、すなわち剣璽はここに安置されていた。夜の御殿の東側の廂に作られた部屋を**二間**といい、天皇の持仏が祀られ、護持僧が夜間に詰めて祈禱した。

昼の御座につづく**廂の間**の南側には、床が石灰で固められた**石灰壇**《いしばいのだん》があるが、これは天皇が毎朝この床に坐して伊勢の神宮を遥拝するために設けられた場所である。孫廂の南端に置かれた衝立屏風が「**年中行事御障子**《ねんじゆうぎょうじのみしょうじ》」で、表裏に一年間の宮中行事が箇条書きされている。その西、南廂の**殿上の間**は、公卿や昇殿を許された**殿上人**が祗候《しこう》するところである。清涼殿の北側、夜の御殿の北には、東から**弘徽殿**《こきでん》**の上御局**《うえのみつぼね》、**萩戸**《はぎのと》、**藤壺の上御局**などの部屋があり、后妃が祗候するときに使われた。弘徽殿の上御局の前の廂にふたつの衝立屏風があるが、北側が**荒海障子**《あらうみのしょうじ》で南側が**昆明池障子**《こんめいちのしょうじ》になる。西廂は、清涼殿の裏側に当たるが、北から**御湯殿上**《おゆどののうえ》、御手水の間、**朝餉**《あさがれい》**の間**、**台盤所**《だいばんどころ》といった部屋がある。これは食事や洗面など、天皇の私的生活にかかわる空間である。西廂の一番南にあるのは鬼の間で、南の壁面に白沢王《はくたおう》（古代インドの武将）が鬼を斬る絵が描かれていることからその名がある。鬼の間とその東に接する身舎《もや》の柱を挟んで、殿上の間を覗く窓が造られているが、これをその形から**櫛形**《くしがた》**の窓**とよんでいる。

後涼殿《こうりょうでん》

清涼殿の西にある建物。南北九間は中央で二分され、**馬道**《めどう》で繋がれていた。南北それぞれに納殿があり、重代の宝物が保管されたり、女官の詰所となった。清涼殿とは南北の廊と中央の渡殿《わたどの》で結ばれ、両殿によって囲まれた壺は、それに面する清涼殿の部屋名により北は**朝餉《あさがれい》の壺**、南は**台盤所の壺**とよばれた。

仁寿殿《じじゅうでん》

古くは「じんじゅでん」とよばれていたらしい。紫宸殿《ししんでん》の北にある七間三間の身舎《もや》をもつ東西の入母屋造の建物。南北中央に馬道が通って東西に二分されていた。北の承香殿《じょうきょうでん》とは廊で繋がれている。清涼殿が天皇の日常の在所となる以前は、この建物が生活の場として使われ、そのために石灰壇や浴殿・厠殿がある。また内宴・相撲御覧などの行事が行われる。『年中行事絵巻』には、仁寿殿とその東側の綾綺殿《りょうきでん》の間の壺で、内宴の妓女《ぎじょ》が舞っているさまが描かれている。

温明殿《うんめいでん》(内侍所《ないしどころ》)

綾綺殿の東にある身舎《もや》南北九間、東西二間の建物。中央に馬道が通り、南北に二分されていた。南側に三種神器のひとつ神鏡を祀った賢所《かしこどころ》があり、内侍が祗候したので内侍所とよばれるようになった。長保4年(一〇〇二)に、内侍所西廂と綾綺殿の間の庭上で、はじめて**内侍所御神楽《ないしどころのみかぐら》**が行われ、その後、年中行事のひとつとなった。神鏡を祀る内侍所は、その後常寧殿や後涼殿《こうりょうでん》に移ったこともあるが、室町時代には春興殿《しゅんこうでん》に移された。

後宮《こうきゅう》

内裏の北部の領域、すなわち清涼殿の東北角の滝口より北の殿舎群が後宮で、皇后をはじめ女御・更衣などの后妃が居住する場所になる。具体的には、后町《きさいまち》の別名のある**常寧殿**を中心に、**貞観殿**《じょうがんでん》・**弘徽殿**《こきでん》・**登華殿**・**宣耀殿**《せんようでん》・**麗景殿**《れいけいでん》・**承香殿**《じょうきょうでん》の**七殿**と、その東西に並ぶ**襲芳舎**《しゅうほうしゃ》・**凝華舎**《ぎょうかしゃ》・**飛香舎**《ひぎょうしゃ》・**淑景舎**《しげいしゃ》・**昭陽舎**の**五舎**である（後宮七殿五舎）。これらの殿舎は互いに廊で結ばれて建ち並んでおり、后妃はその身分に応じて殿舎を与えられて住んだ。殿舎の前に面する壺庭には藤、梅、梨、桐などの特定の花木が植えられたことから、殿舎の名を藤壺（飛香舎）、梅壺（凝華舎）、梨壺（昭陽舎）、桐壺（淑景舎）などと壺名でよばれることも多かった。襲芳舎を雷鳴壺《かんなりのつぼ》とよぶのは、壺に落雷して焼けたままの木があったことによる。

【里内裏の変遷】

閑院内裏《かんいんだいり》

平安京の二条大路南、西洞院大路の西にあった里内裏で、もと左大臣藤原冬嗣《ふゆつぐ》の邸宅であった。嘉保2年（一〇九五）には、白河上皇の仙洞御所として新造されたが、まもなく73堀河天皇の里内裏として使用された。本来、南北二町の広さであったが、仁安2年（一一六七）に関白藤原基房《もとふさ》がその南一町分を新造した。翌年、80高倉《たかくら》天皇はこの邸宅で即位して内裏とし、つづいて81安徳《あんとく》天皇・82後鳥羽《ごとば》天皇・83土御門《つちみかど》天皇もここを御所とし、承元二年(一二〇八)の火災で内裏に行幸している。これ以降大内裏に正式な内裏がある場合でも、里内裏を皇居とすることが多くなった。

土御門東洞院内裏《つちみかどひがしのとういんだいり》

平安京の土御門大路北、東洞院大路東にあった里内裏で、権大納言藤原邦綱《くにつな》の邸宅であった。仁安2年(一一六七)には二か月ほど79六条《ろくじょう》天皇の内裏となっている。その後、天皇が祇園御霊会の神輿を避ける期間の御所となるなど、しばしば短期間の皇居として用いられている。鎌倉時代末期には89後深草《ごふかくさ》天皇皇女の陽徳門院（媖子内親王）と母藤原相子の御座所となったことが機縁で、95花園《はなぞの》天皇がこの御所で践祚《せんそ》して、そのまま里内裏となり、元弘元年(一三三一)には、北1光厳《こうごん》天皇がここで践祚した。その後、北2光明《こうみょう》・北4後光厳《ごこうごん》・北5後円融《ごえんゆう》と三代の北朝の天皇の皇居となり、明徳3年(一三九二)の南北両朝の合一後は、ここが正式に内裏として定められた。応仁の乱等の戦乱によって一時的に皇居を移すことがあったが、この内裏が基本的に明治の東京遷都までの内裏で、現在の京都御所の前身である。［五島］

◆年中行事絵巻

12世紀後期、後白河法皇の命により、宮廷や公家の年中行事、近郊の神社の祭礼や四季の行事を描かせた絵巻物で、六十余巻あったというが、焼失し原本は現存しない。当時の代表的な絵師常磐《ときわ》光長《みつなが》らが描いたと考えられている。わずかに残っていた原本を、寛永3年(一六二六)に住吉如慶《すみよしじょけい》・具慶《ぐけい》父子が模写したものなど、いくつかが模本として伝わっているにすぎない。しかし、ほとんど文字史料でしかわからない平安時代の内裏の殿舎や儀式を知るわずかな視覚史料として、貴重な存在となっている。

[11] 京都御所

【土御門東洞院内裏の変遷】

中世・近世、皇室経済力の窮乏により、土御門東洞院内裏では既存の寝殿が紫《し》宸殿《しんでん》や清涼殿に擬され、規模も一町の北半分の狭さであった。応永8年（一四〇一）に焼亡して翌年に再建されたときに、敷地を南に広げてようやく一町の広さになった。そのときの指図（図面）によると紫宸殿南庭の回廊はそろわず、東西の日華門と月華門の両袖にわずかに廊が付され、宜《ぎ》陽殿《ようでん》や陣座《じんのざ》・軒廊《こんろう》も紫宸殿の西側にあった。また清涼殿の間仕切りも平安期のものとは異なり、殿内西北の一郭に本来はない**常御所**《つねのごしょ》が設けられていた。織田信長は、上洛前の約束に従って、元亀元年（一五七〇）から翌年にかけて荒廃していた内裏の修理に当たった。このときの紫宸殿の屋根は檜《ひ》皮葺《はだぶき》ではなく瓦葺であった。つづいて豊臣秀吉も天正17年（一五八九）から同19年にかけて内裏を改築している。徳川家康は慶長16年（一六一一）から内裏の造営をはじめたが、とくに徳川秀忠の娘和子《まさこ》が入内《じゅだい》するにあたって大幅な拡張工事を行っている。その後、たびたびの火災などにより、寛永19年（一六四二）、明暦元年（一六五五）、寛文2年（一六六二）、延宝3年（一六七五）、宝永6年（一七〇九）に再建されている。江戸時代はもっぱら**禁裏**または**禁裏御所**とよばれた。

寛政度内裏

宝永6年（一七〇九）再興の内裏が、天明8年（一七八八）のいわゆる天明大火によって焼失したとき、かねてから内裏を古制に復したいと考えていた江戸幕府老中の松平定信が、再建の総奉行に任じられた。彼は宝暦事件により公的な職からは退いていた公家、裏《うら》松固《まつこ》禅《ぜん》の研究成果をもとに、紫宸殿とその南庭を取り囲む承明門・日華門・月華門など、それらを結ぶ回廊、その西北につづく清涼殿を平安時代の姿に復元して再興することにした。こうして寛政元年（一七八九）に工事に着手、翌年（一七九〇）8月に完成した。これが現在の京都御所のもととなったものである。ところが嘉永7年（一八五四）、失火で内裏はまたもや全焼する。翌安政2年（一八五五）、老中阿部正弘を総奉行として再建されたが、これは先の寛政の再建と同じ形式と規模で、現在に至っている。

『大内裏図考証』

裏松固禅（本名は光世）が著した平安京の都城と大内裏・内裏などの諸殿舎に関する研究書。『故実叢書』に収められた刊本は三二巻、別録二巻、付図九葉。固禅は烏《からす》丸光栄《まるみつひで》の末子として生まれたが、のち裏松家の養子となった。二五歳で左少弁のとき、神道家竹内式部《たけのうちしきぶ》の影響を受けた公卿たちが116桃園《ももぞの》天皇に山崎闇斎の垂加流神書を進講した、宝暦事件で連座して失脚し、その後は出仕を許されず、出家して固禅を名のった。その籠居の間、彼は平安京・大内裏・内裏の研究に没頭するのである。こうして三〇年をかけて完成したのが『大内裏図考証』で、寛政度内裏の再興にあたって重要な基礎資料となった。

【現在の京都御所】

明治天皇が明治2年（一八六九）に東京奠都《てんと》すると、京都における旧皇居（禁裏・土御門東洞院内裏）は使われなくなり、明治24年（一八九一）には「**京都皇宮**」と改称された。その後、大正天皇・昭和天皇の即位式・大嘗祭などの代替わりの儀式に用いられ、その際使われた高御座《たかみくら》、御帳台《みちょうだい》は今も紫宸殿に置かれている。施設は安政度の再建時のものが基本的に残っており、整備管理されているが、太平洋戦争のときに延焼などの被害を防止するために廊下などが撤去され、戦後一部再建された。昭和23年（一九四八）に「**宮城**」の称が廃止されたとき、京都皇宮についても**正式名称を定めない**こととしたが、京都御所の名称が一般に使われている。

御常御殿《おつねごてん》

平安時代の天皇の日常生活は仁寿殿《じじゅうでん》、その後清涼殿へと移ったが、清涼殿で公的な行事が行われるようになると、天皇の私的な生活が不便になり、里内裏がその役割を果たした。現在の京都御所のもとである土御門東洞院内裏では、清涼殿の内部に常御《つねのご》所《しょ》という部屋が設けられている。独立した建物として御常御殿が建てられたのは近世初頭の天正18年(一五九〇)のことであった。その後、この建物は江戸時代の数度の造替にも継続され、宝永度の再興に、**御三間**《おみま》が御常御殿から分離され独立した別棟になり、ほぼ現在の形式となった。現在の建物は、紫宸殿の東北にあり、寛政度再建時の規模のまま、安政年間に再建された。間取りは、南側の三室が公式の場で、東から上段・中段・下段の部屋に分かれ、上段の背後の帳台構《ちょうだいかまえ》が剣璽《けんじ》の間になる。剣璽(宝剣と神璽)は元来清涼殿の夜の御殿に安置されていたが、御常御殿が天皇のふだんの御座所となるに従ってこの部屋に安置された。建物の中央部には、寝所である御寝《ぎょしん》の間や神事入りの際に用いる御清《おきよ》の間などがある。天皇の日常生活は、内庭に面した東側の一の間や二の間で行われ、北側の部屋は女官の控え室などに使われた。

小御所

鎌倉時代以後新しくできた諸行事や、将軍・大名との対面などをする場として設けられた御所。閑院内裏にはすでにあったが、場所も室町時代には紫宸殿の東北の位置に定まり、京都御所に踏襲されている。南北を棟とする母屋三室を中心に構成されている。東側に面して延宝年間に造られた「御池庭」が広がり、北の御学問所との間の庭では左義長《さぎちょう》や蹴鞠が行われた。慶応3年12月9日（一八六八年1月3日）の王政復古に引きつづき、辞官・納地を将軍徳川慶喜に求める決議を行った小御所会議はここで行われた。現在の建物は昭和29年（一九五四）に鴨川の花火大会の火の粉によって焼失後、昭和33年（一九五八）に再建された。

御学問所

近世になって清涼殿から独立した建物で、親王宣下・御吉書始・月次《つきなみ》和歌御会・新茶封切などの儀式が行われた。現在の建物は、小御所の北にあり、安政度の再建。東側の庭に面して、北から上段・中段・下段の三室とその東に菊の間・山吹の間・雁の間の三室の六室から構成される。

皇后《こうごう》御《お》常《つね》御殿《ごてん》

平安時代の后妃は内裏の後宮諸殿に分かれて住んだが、近世の京都御所では北部の一郭に皇后御常御殿が設けられ、日常の生活の場としていた。その北には、寛政度の再興時に平安宮の後宮殿舎のひとつとして飛香舎《ひぎょうしゃ》が略式ながら復元され、女御入内等の後宮に関する儀式が執り行われる場となった。飛香舎は南側に藤の植えられる壺庭に面して、平安宮時の通称「藤壺」の体裁をとっている。また、同じ郭内に**若宮御殿**と**姫宮御殿**が設けられ、これらの殿舎は廊をもって結ばれていた。

仙洞御所

譲位した天皇、つまり太上天皇の御所。108後水尾天皇の譲位に当たり、造進されたもので、その後、代々の上皇御所であったが、安政の大火で御殿が焼失、その後、上皇がいなかったことから、新造されることはなかった。しかし御所の庭園は小堀遠州作といわれ、庭内には紀貫之に縁の遺跡なども所在している。

大宮御所

皇太后の御所。後水尾天皇が譲位するとともに、皇后の徳川和子《まさこ》は皇太后となり、その御所として造進された。しかしこの御所も安政の大火で焼失した。その後、121孝明天皇の女御九条夙子《あさこ》が天皇崩御後に皇太后（英照皇太后）になり、皇太后のために造営されたのが今の大宮御所である。現在、天皇・皇族の行幸啓や国賓の宿泊所として利用されている。なお、平安時代には**大宮**とは太皇太后・皇太后の称であったが、江戸時代には太皇太后がいなかったために、皇太后のことを大宮と称し、その御所を大宮御所と呼ぶようになった。

京都御苑

江戸時代の内裏その周辺は、公家や宮家の屋敷が集まって**公家町**を形成していた。明治になって天皇が東京に遷都すると、周辺の公家町の公家や宮家も次々と東京に移転する。明治10年（一八七七）以降、この跡地を石垣で囲んで、芝を敷き公園化したのが、京都御苑で、現在は環境省自然環境局京都御苑管理事務所が管理する。京都御苑は、市民の散策と憩いの場所で、常時立ち入ることができる。ところどころに散在する小山や池は、もと公家の邸内にあった庭の築山と池の名残であり、神社も公家の邸内に祀られていた由緒をもつ。また域内には平成17年(二〇〇五)に海外の賓客の宿泊施設として京都迎賓館が造られた。

猿《さる》が辻《つじ》

京都御所の東北隅の築地塀の隅は切られていて、L字形になっている。これは御所の東北が鬼門に当たるために意図して切ったものであり、築地屋根の軒下に、木彫の御幣を担いで烏帽子を着た庚申《こうしん》の猿が祀られている。現在は公園の地も、江戸時代にはこの東側に有栖川宮家があるなど、築地に挟まれた道路が通る四つ辻であった。そのため、この場所を猿が辻と呼んでいる。

蛤御門《はまぐりごもん》

京都御苑の烏丸通に面した南側の門は、「蛤御門」といわれて親しまれている。現在は西側を向いているが、江戸時代はこの場所から少し内側へ入って南面して建っていた。本来、禁門で開かれることがなかったが、天明8年(一七八八)の大火に際して開けられたので、焼かれて口を開ける蛤になぞらえて蛤御門と俗称されるようになった。元治元年(一八六四)7月、上洛した尊攘派の長州軍は、御所を警衛する公武合体派の薩摩・会津を中心とする諸藩の軍隊と、この場所で激しい戦闘を繰り返した。これを、この門にちなんで禁門の変（蛤御門の変）という。［五島］

12 上皇の御所

前近代では、天皇が在世中に譲位してみずからは上皇となることが多かったので、その処遇にふさわしい生活施設もあらかじめ設けられた。平安京では、そうした譲位後の上皇の邸宅が京内にいくつか設けられたが、これを**後院《ごいん》**という。代表的なものに冷然《れいぜい》院（のち冷泉院）や朱雀《すざく》院がある。

平安後期になって上皇による院政が始められると、**院御所《いんのごしょ》**は重要な政治的位置を占め、京都の郊外に壮大な土地を占めた大規模な建物群を築くようになる。また上皇は出家して法皇となり、御所の近辺に御願寺《ごがんじ》を建てたので、院御所周辺は寺院群が混ざった独特の景観をもつようになった。白河上皇・鳥羽上皇が離宮とした京都南郊の**鳥《と》羽殿《ばどの》**、白河法皇によって造営が開始された鴨東《おうとう》の**白河殿《しらかわどの》**、後白河上皇による七条大路東末の**法住寺殿《ほうじゅうじどの》**などが有名である。

中世には京内、内裏の近くに上皇御所が設けられる場合が多かった。**仙洞《せんとう》**は上皇の異称で、上皇御所のことを**仙洞御所**ともいう。現在の京都御苑内、京都御所の東南部の一郭にある仙洞御所は、寛永年間の後水尾上皇の御所に端を発している。

冷泉院《れいぜいいん》

平安京左京の、大炊御門《おおいみかど》・二条・大宮・堀川の大路に囲まれた二丁四方を占める後院。『大鏡』では「方四丁にて四面に大路ある京中の家は冷泉院のみとこそ思候つれ」といわれた。本来「冷然院」と書いたが、貞観17年(八七五)と天暦3年(九四九)の二度の火災に遭い、天暦8年(九五四)に再建されるに当たって、「然」の字は「火」に通じて不吉であるとして「泉」の字に改められた。52嵯峨《さが》天皇は在世中からたびたび離宮として用い詩宴を開いているが、退位後、嵯峨院に移るまでの一一年間、ここを御所としている。その後、嵯峨天皇皇后の橘《たちばなの》嘉智子《かちこ》の御所となり、子の54仁明《にんみょう》天皇もしばしば行幸している。次の55文徳《もんとく》天皇は在位のまま、天安2年(八五八)、冷泉院の「新成殿」で崩御した。その後、譲位した陽成上皇も崩御まで御在所としている。62村上《むらかみ》天皇は、天徳4年(九六〇)に内裏がはじめて焼亡したとき、新造までの一年間、ここを皇居とした。冷泉上皇は、後院として退位後の生活をもっぱら冷泉院で営み、追号《ついごう》となった。

朱雀院《すざくいん》

平安京右京の朱雀大路の西側、北は三条大路、南は四条大路に至る南北四丁、東西二丁を占める後院。「四条後院」ともいい、『拾芥抄《しゅうがいしょう》』には「累代後院」と記されている。嵯峨天皇が後院として創建したらしいが、記録上は嵯峨天皇の皇后の橘嘉智子の居所として、子の仁明天皇が土地を寄進したのが最初である。59宇多《うだ》天皇のときから本格的に用いられ、在位中から行幸している。寛平8年（八九六）に新造され、退位後はこの院に遷御した。邸内北部の一郭に造立された栢梁殿《はくりようでん》では、文人を召して詩宴が行われている。61朱雀天皇は、修造を加え、天慶9年（九四六）に譲位すると、生母の太皇太后穏子とともに朱雀院に移っている。天暦4年（九五〇）の火災後、村上天皇が再建。

嵯峨院《さがいん》

嵯峨にあった嵯峨上皇の御所。皇太子時代にあった別荘を、即位して後に修造して別荘としたのが始まり。在位中にたびたび嵯峨に遊猟した天皇は、この別荘に立ち寄り、詩宴を催している。退位後は、いったん後院の冷然院に住居するが、まもなく皇后橘嘉智子とともにこの院に移り、晩年を崩御まで過ごした。現在の大覚寺はその旧地で、娘で53淳和《じゆんな》天皇の皇后である正子《まさこ》内親王が、願って寺院としたことにはじまる。大覚寺境内の大沢の池は、堰堤《えんてい》で堰き止められた人工の園池で、嵯峨院の庭園遺構である。池の北側に藤原公任《きんとう》の歌「滝の音は絶えて久しくなりぬれど名こそ流れてなほ聞こえけれ」で有名な「名古曽の滝」があり、近年の発掘調査によって滝遺構と池に至る遣水《やりみず》跡が確認された。

鳥羽殿《とばどの》

鳥羽は、平安京の南で、東を流れる鴨川と西を流れる桂川が合流しようとする一帯をいう。平安京造都時にここから水上で運ばれた物資を荷揚げし、都へ輸送する目的で作られたと考えられる「鳥羽作道《とばのつくりみち》」によって、平安京の羅城門までまっすぐ北につながっていた。また湖沼が広がり、風光明媚なところとして貴族の別荘が多くあった。応徳3年(一〇八六)に備前守藤原季綱《すえつな》が、この地にあった別荘を72白河天皇に後院として寄進したのが、鳥羽殿の基礎になっている。この御所はのちに南殿とよばれる建物で、その後寛治2年(一〇八八)に北殿、つづいて東に泉殿、東殿、やや遅れて田中殿が建立された。これらの御所には、それぞれ証金剛院、勝光明院、成菩提院《じょうぼだいいん》、安楽寿院、金剛心院といった御堂《みどう》が付属した。白河・鳥羽・後白河の三代にわたる法皇の院御所として、政治の中枢にあった。

白河殿《しらかわどの》

平安京から二条大路末を真東に、鴨川を越えた白川流域の一帯にあった、白河・鳥羽法皇の院御所。関白藤原師実《もろざね》から献上された別荘白河殿の地に、白河法皇は承保2年(一〇七五)に法勝寺の大伽藍を建立するが、その西方の水石風流の地を宇治大僧正覚円より得て、**法勝寺《ほうしょうじ》御所**を建立する。これが白河泉殿、または**南殿**とよばれる白河殿の基礎となった建物である。いっぽうで、元永元年(一一一八)には、大炊御門大路末の北側にも新御所が造られた。これが**北新御所**、あるいは南殿に対してたんに**北殿**といわれる建物である。天養元年(一一四四)の火災後まもなく再建されるが、保元の乱のとき、崇徳上皇の御所となったため、平清盛・源義朝の軍勢に攻められ焼失した。周辺には多くの御堂や御願寺が建てられ、「京・白河」と併称されるような賑わいを呈した。

法住寺殿

七条大路の末、鴨川の東にあった後白河上皇の院御所。平治の乱で敗死した上皇の近臣、藤原通憲《みちのり》（信西《しんぜい》入道）邸の跡地を中心に、周囲十余町を取り込んで造作し、永暦2年（一一六一）に移御した。その後、南側に新たに御所が造られるが、前者を北殿（七条殿）というのに対し、後者を南殿（法住寺殿）とよぶ。後白河上皇の女御平滋子《たいらのしげこ》（建春門院）は安元2年（一一七六）に崩御するまで、上皇とともにここを居所とした。寿永2年（一一八三）11月19日に源（木曽）義仲は、法皇の住む法住寺殿を襲撃したが、近年の発掘調査で見つかった甲冑や甲の鍬形はこの合戦のときのものと考えられている。

仙洞御所《せんとうごしょ》

京都御苑内、京都御所の東南に位置する江戸時代の旧上皇御所。108後水尾《ごみずのお》天皇の譲位後の御所として、寛永4年（一六二七）から造作がはじめられたが、天皇は同6年（一六二九）11月8日に突如位を退いたので、仙洞御所としての使用には間に合わなかった。翌7年になってようやく竣工し、上皇は移御した。造営の作事奉行は小堀遠州（政一）で、現在の庭園にも、その造作が幾分継承されている。同じ郭内の西北部に後水尾天皇の中宮であった東福門院（徳川和子《まさこ》）の御所も設けられた。その後、霊元《れいげん》・中御門《なかみかど》・桜《さくら》町《まち》・後桜町《ごさくらまち》・光格《こうかく》上皇が仙洞御所とした。万治4年（一六六一）をはじめとして、たびたびの火災に遭い、そのつど再興されたが、嘉永7年（一八五四）の火災後は、上皇がいなかったので、再建されていない。庭園は数度にわたって改修され、115桜町天皇のときに南北に分かれていた池が水路により往来できるようになった。南池の南西に広がる広大な州浜（大州浜）など、庭園の見所が多い。東福門院旧御所の跡地には、慶応3年（一八六七）に英照皇太后（孝明天皇皇后）のために御所が造営された。現在の大宮御所で、皇室や国賓の宿所としても使われる。［五島］

◆**桂離宮《かつらりきゅう》**

京都市西京区桂にあるもと**八条宮**（のち**桂宮**）の別荘。106正親町《おおぎまち》天皇の皇子誠仁《さねひと》親王の第六皇子として生まれた八条宮初代の**智仁《としひと》親王**が、元和2年（一六一六）ころから下桂辺にあった別荘を整備したのが桂離宮の始まりで、当初は「下桂瓜畑のかろき茶屋」とよばれている。智仁親王の没後、一時荒廃したが、子の智忠《としただ》親王は徳川家や妻の実家前田家の援助を受けて、智仁親王のときに建てられた**古書院《こしょいん》**に加えて、**中書院《ちゅうしょいん》**・**笑意軒《しょういけん》**などを建て、庭園も整備した。さらに寛文3年（一六六三）の後水尾《ごみずのお》上皇の御幸に際して新御殿が増築された。古書院・中書院・新御殿は雁行《がんこう》して建てられ、意匠を凝らした数寄屋建築の代表となっている。また入り組んだ園池は庭園の景観を変化に富ませ、茶屋風の茶室を散在させて、回遊の趣向を工夫している。ドイツの建築家ブルーノ・タウトが、その繊細な美しさを絶賛したことから世界的に有名になった。

[13] 近代の御用邸と離宮

御用邸

皇室が避暑や避寒などのために用いた別荘で、明治以後に設けられた。日光田母沢、日光山内、沼津、熱海、伊香保、旧葉山、箱根宮ノ下、鎌倉、静岡、小田原、塩原、横浜、神戸など、海岸や山間の景観や温泉に恵まれた地のほか、高輪南町、麻布市兵衛町、皇太后（英照皇太后）非常御立退（のち芝離宮）、赤坂氷川町、鳥居坂、宮内省（永田町・宝田町・富士見町・元修史館）などがあった。多くは、老朽化したり、倒壊あるいは焼失したりしたが、栃木県の日光田母沢、静岡県沼津、神奈川県宮ノ下、栃木県塩原などの御用邸は御座所など一部が現存しており、それぞれ「日光田母沢御用邸記念公園（日光博物館）」、「沼津御用邸記念公園」、「富士屋ホテル別館菊華荘」、「天皇の間記念公園」として一般公開されている。これら公開されている旧御用邸から、和室に洋式の調度品があったり、女官部屋や玉突所があったりする当時の皇室の生活様式の一端をうかがい知ることができる。しかし、大半は現在では別の施設や敷地になっており、日光山内（輪王寺寺務所）は東照宮社務所、熱海は熱海市役所、伊香保は群馬大学伊香保研修所、鎌倉は鎌倉市立御成小学校・鎌倉市役所・鎌倉市中央図書館、静岡は静岡市役所、小田原は小田原城跡、塩原は国立光明寮国立塩原視力障害センター（一部を「天皇の間記念公園」に移築）、神戸は神戸ハーバーランドの一部（明治天皇御用邸跡の碑）、高輪南町は高輪プリンス地区などとなっている。なお、現在の御用邸は、葉山、那須、須崎の三か所である（→［18］）。

離宮

皇居以外の宮殿。明治以後には東京の赤坂、霞ヶ関、芝、浜のほか、函根（箱根）、名古屋、二条（京都）、武庫（神戸）などがあった。赤坂は現在の迎賓館。霞ヶ関はもともとは副島種臣邸を有栖川宮が買い取って、後に離宮となり、昭和天皇の東宮御所となり、現在は国会前庭南地区（和式庭園）。芝と浜は、それぞれ都立の旧芝離宮恩賜庭園と浜離宮恩賜公園。そのほかは神奈川県立恩賜箱根公園、名古屋城趾、二条城趾、武庫は神戸市立須磨離宮公園となっている。

［小田部］

[14] 皇　居

天皇の居所のこと。戦国時代、太田氏が築城し、その後に徳川氏が入って江戸幕府を開き、一五代の将軍の居城となった。大政奉還の後、明治2年（一八六九）から**皇居**となり、明治以降四代の天皇の住まいになった。『大日本帝国憲法』が完成し日本は国家としての骨格が整ったが、それと同時期に壮麗な**明治宮殿**が竣工、近代国家の中心となった。第二次大戦で被災し宮殿などは焼失したが、**昭和宮殿**が再建された。天皇の御所は宮殿とは別に**吹上御苑**にある（↓資［3］）。

歴史

長禄元年（一四五七）、太田資長《すけなが》（道灌《どうかん》）の江戸城築城に始まり、その後上杉氏、北条氏の居城となった。道灌が掘ったといわれる**道灌濠《ぼり》**が残されている。徳川家康の入城は天正18年（一五九〇）で、慶長8年（一六〇三）江戸幕府を開き、諸大名に命じて江戸市街地を造成した。三代将軍家光のころ、江戸城は現在の**皇居東御苑《ひがしぎょえん》**を中心に完成した。壮大な五層の天守閣もあったが、明暦3年（一六五七）の明暦の大火（振袖火事）で焼失した。一五代将軍慶喜が江戸城を明け渡すまで二七八年間、徳川氏の居城となった。

明治元年（一八六八）10月13日、明治天皇は文久3年（一八六三）の火災で本丸が炎上したため、歴代将軍が隠居所にしたり、将軍家の世継ぎが住んでいた西の丸御殿に入り皇居とし、**東京城**と名を改めた。その後、女御《にょうご》の一条美子《はるこ》（のちの昭憲《しょうけん》皇太后）が皇后となり、女官らとともに東京へ遷《うつ》った。皇太后夙子《あさこ》（のちの英照《えいしょう》皇太后）も女官らを従えて初め赤坂離宮、のち青山御所に移った。天皇はいったん京都に戻り、翌年（一八六九）3月28日、再び東京に入って**皇城**《こうじょう》と改称した。明治5年（一八七二）には太政官以下諸官省庁舎を西の丸に造営した。皇居は明治6年（一八七三）5月5日、紅葉山の女官房室からの失火で炎上し、赤坂離宮（紀州徳川家の中屋敷のあった場所、現在迎賓館のある**赤坂御用地**）に移り、**仮皇居**とした。明治21年（一八八八）、西の丸に明治宮殿が完成、それを機に皇居は**宮城**《きゅうじょう》と改称された。昭和20年（一九四五）5月25日夜、東京都心に空襲があり、26日午前1時すぎ空襲警報は解除されたが警視庁方向からの火の粉が宮殿周辺に舞い込み、同1時5分ごろ正殿屋根裏から出火して炎上、午前5時ごろ鎮火した。皇宮警察部など三三人の殉職者を出し、宮相松平恒雄と次官白根松介が引責辞職した。昭和天皇は昭和36年（一九六一）吹上御所ができるまで、戦時中の防空施設の**御文庫**《おぶんこ》に仮住まいのままだった。

昭和23年（一九四八）宮城の呼称は廃され、皇居と改められた。「宮城」は武士のイメージがあり、象徴天皇にふさわしくないとされたためである。総面積は一一五万四三六平方メートル。皇居を東西に分けると、東地区は皇居東御苑（旧本丸、旧二の丸、旧三の丸）で、西地区は吹上御苑《ふきあげぎょえん》、紅葉山、旧西の丸（現在の宮殿）がある。

皇居東御苑

江戸城跡の一帯で、皇居東御苑として昭和43年（一九六八）一般に公開されている。昭和38年（一九六三）皇居の堀、石垣、各門、櫓《やぐら》などは江戸幕府時代の遺構として**国の特別史跡**とされた。東御苑の入り口は、江戸城の正門である**大手門**のほか平川門、北桔橋門《きたはねばし》がある。大手門は地震や戦災で破損、炎上し、現在の門は昭和42年（一九六七）の復元。門から七、八〇メートル行くと**同心番所**がある。与力の配下の同心が詰めていた所で、左に曲がって少し進むと大きく細長い平屋建ての**百人番所**。**大番所**（復元）は本丸に入るための最終検問所である。

旧本丸の東南角に石垣の高さが一四・五メートル、その上に高さ一五・五メートルの五層の**富士見櫓**がある。万治2年（一六五九）の再建で、明暦の大火で天守閣が再建されなかったため、その代用になったという。どこから見ても同じ形に見えるので、八方正面の櫓とも言われる。ほかに江戸城時代の櫓は二つある。二重橋脇にある**伏見櫓**は、寛永5年（一六二八）、三代将軍家光のとき京都伏見城から移築された。また東京駅からまっすぐ皇居に向かうと、最初に目に入るのが**二重櫓**（**巽櫓**《たつみ》または**桜田櫓**）である。

番所から坂を上がっていくと、広々とした芝生がある。江戸城の**本丸跡**で、平成の天皇の大嘗祭《だいじょうさい》はこの一帯で行われた。広芝の外れには銅版に彫りつけた本丸の地図がある。大小の建物がぎっしり示されており、**大奥**の位置も分かる。元禄14年(一七〇一)、朝廷の答礼使《とうれいし》の接待をめぐって侮辱された浅野内匠頭《たくみのかみ》が、吉良上野介《きらこうずけのすけ》に切りつけた**松の廊下跡**の石柱もある。幕府の〝御金蔵跡《ごきんぞうあと》〟ともいわれる石室は、広さが三〇平方メートルほどで、大奥の貴重品を収めてあったようだ。

本丸の**天守閣**はかつて五層あり、現在残されている石組みの基壇《きだん》は東西三三メートル、南北三六メートル、高さは七二メートルあった。上り口には一度も涸《か》れたことがないという、深さ二五メートルほどの金明水《きんめいすい》がある。夏目漱石の『坊っちゃん』に出てくる午砲《ごほう》は、明治4年(一八七一)9月7日「皇城の本丸跡に於て午時号砲を発することを為す」(『明治天皇紀』)とあり、近衛の砲兵が正午を知らせるため空砲を撃った。土曜の半ドンもここから来ている。昭和天皇が摂政《せっしょう》宮のとき、時報を知らせるにはほかに方法はないのかと言ったため、大正11年(一九二二)サイレンに変えたといわれている。

吹上御苑

皇居全体の五分の一を占める。昭和天皇の吹上御所や平成の天皇の御所がある。ここで平成19年(二〇〇七)5月、自然観察会が開かれ、初めて一般に公開された。苑内は樹齢二、三〇〇年のカシやケヤキの木が鬱蒼と生い茂り、苔むした倒木が道をふさぎ、清流もある。巨樹巨木は都内総数の約二割を占めているといわれる。〝深山幽谷《しんざんゆうこく》〟の感がある一帯もあれば、ススキの群落やクヌギ林、梅林、小湿地帯などがモザイク状に点在し、ヤマザクラがひっそりと咲く里山風の地域もある。植物は一三六六種、動物は三六三八種数えられた（平成12年〈二〇〇〇〉の国立科学博物館調査）。

徳川六代将軍家宣《いえのぶ》のころ造られた日本庭園もある。巨石を組んで滝とし、琵琶湖・唐崎《からさき》の風光に似せて一万平方メートルの大池を掘り舟を浮かべた。その北側には広芝を設け四季それぞれの景色を愛でる茶屋を建てた。明治宮殿の竣工に合わせて御苑も整備され、**観瀑亭**《かんばくてい》、**駐春閣**《ちゅうしゅんかく》（戦災で消失）、**霜錦**《そうきん》**亭**などの休所が建てられた。**林鳥亭**《りんちょうてい》は昭和39年（一九六四）内親王の呉竹寮の一部を移築。皇太子妃の潔斎《けっさい》所も同じ一部である。

広芝では明治4年（一八七一）明治天皇が大嘗祭を挙げ、その後の一時期、昭和天皇の九ホールの**ゴルフ場**（パー三一、二一一四ヤード）が造られた。平成の天皇の**御所**は広芝の西部分にあり、北へ一五〇メートルほど離れて昭和天皇の**吹上御所**がある。香淳皇后が一人住むようになってから**吹上大宮御所**《ふきあげおおみやごしょ》と呼ばれた。その近くにある**花**《か》**蔭**《いん》**亭**は、昭和天皇の即位を記念して全国の高等官以上の役人が基金を出し、昭和5年（一九三〇）に完成した二〇〇平方メートルほどの洋風建築で、戦後は一家の団欒などに使われた。

御苑一帯は高いコンクリート塀で囲まれているが、外側には昭和3年（一九二八）、昭和天皇のために建てられた木造の**生物学御研究所**、近くにある**大道**《おおみち》**庭園**は、盆栽や花卉《かき》が栽培されている。特に盆栽は樹齢五〇〇年と言われる三代将軍家光遺愛の五葉松の盆栽のほか、樹齢一〇〇年から一五〇年のものなど、大小約五〇〇鉢がずらりと並んでいる。宮中三殿も近くにあり、高い松の木立の中に祭祀に参列する人たちの賢所《けんしょ》参集所がある。

宮殿地区

遷都した明治天皇が当初皇居とした一帯で、明治宮殿の跡に昭和宮殿が建てられた。明治宮殿と同時に完成した宮内省庁舎も、関東大震災などで損壊したため、かつてと同じ場所に再建された。宮殿北側の紅葉山には、御養蚕所のほか、かつて御真影を撮影した御写真所などがあった。江戸城時代には二代将軍秀忠《ひでただ》が建てた紅葉山東照宮があり、将軍の「お宮御社参《みやごしやまいり》」といって正装の将軍が譜代《ふだい》大名、老中らを引き連れて参詣するなど、城中で最も神聖な場所だった。また家康が蒐集した典籍を納めた「紅葉山文庫」もあり、現在国立公文書館に納められている。

お局

明治以降、女官が住んでいた〝男子禁制〟地帯。現在の宮内庁庁舎から乾門《いぬいもん》に向かって行くと、左手にどっしりした瓦葺のお局門《つぼね》がある。明治天皇の東幸に伴って二〇〇人の女官、女孺《にょじゅ》、雑仕《ざつし》、針女などが移り住んだ宿舎の入り口だ。『明治天皇紀』には岩倉具視《いわくらともみ》が「女官の房室は吹上御苑を選びて建築」しようと決め、明治4年（一八七一）、紅葉山にお局を建てることにした。明治20年（一八八七）、六棟が完成。建築面積は一九〇〇〇平方メートルあり、明治天皇の側室が〝ご家来さん〟と住んでいた所である。百《ひやっ》間《けん》廊下で奥宮殿とつながっていた。側室制度は実質的には明治天皇で終わったが、制度上は新典範施行まで続いていたことになる。大正時代に建てられた三棟の長屋は、昭和20年（一九四五）2月26日未明の空襲で一棟を残して焼けたが、それも昭和25年（一九五〇）火災で焼失した。現在は女性職員の宿舎がある。

戦役記念御府《ぎょふ》

通称**御府**といわれ、日清戦争以降の各戦争の記念館。吹上御苑の西端にある。日清戦争が終わると、「わが軍隊より戦利品或は記念品として大元帥陛下のお手元に捧呈せる品々及び忠死者の写真姓名武器等を永く御左右に保存し給わんとの御思召」で建てられた（『振天府拝観記』）。最初が**振天《しんてん》府**。日清戦争、台湾出兵の記念館で、**懐遠《かいえん》府**は明治33年（一九〇〇）、中国民衆が列国の侵略に抗して立ち上がった義和団事件（北清事変）で出兵したときのもの、**建安《けんあん》府**は日露戦争、**惇明《じゅんめい》府**は大正7年（一九一八）のシベリア出兵、**顕忠《けんちょう》府**は昭和に入ってからの済南《せいなん》事変、満州事変、上海事変関係のものを納めていた。御府の収蔵品は終戦のとき処分されたが、**唐碑《とうひ》亭《てい》**には渤海国《ぼっかいこく》の地名を刻んだ大きな石がある。

侍従武官四《し》竈孝輔《かまこうすけ》の日記には大正天皇を御府に案内したことが出てくるが、「死者の霊魂も定めし感激し居るならんと拝察し奉ると言上せしに、陛下にも特にご満足せし御有様を拝し得て、有難かりける次第なり」（大正7年〈一九一八〉10月23日）とある。

旧枢密院《きゅうすうみついん》

桔梗門《ききょうもん》から入ってすぐの重厚な石造りの洋風建築。庁舎は大正7年(一九一八)、帝国議会議事堂建設のとき、同じ敷地内にあった枢密院が現在地に移転、大正10年(一九二一)竣工した。二階建て、一三一九平方メートル。戦後、皇宮警察本部が置かれた。枢密院は「天皇の諮詢《しじゅん》に応え、重要な国務を審議する」機関で明治21年(一八八八)に設けられた。『大日本帝国憲法』が公布された翌年(一八九〇)、伊《い》藤博文《とうひろぶみ》を初代議長として始まり、昭和22年(一九四七)、新憲法の施行とともに廃された。正副議長のほか二四人の顧問官からなっていた。外観はこぢんまりしているが、一階中央ロビーのモザイク敷きの床、ステンドグラス、シャンデリアの支柱、古風な階段。ギリシャの神殿建築を思わせる正面玄関には「元勲及び練達の人」の出入りにふさわしい風格がうかがえる。天皇の出席する枢密院会議は宮殿・東溜《ひがしだまり》で開かれていた。

大本営付属地下室

終戦の**御前会議**が開かれた会議室で、吹上御苑にある。いまも健在、というより頑丈すぎて壊せないでいる。吹上御所の侍従控所(御文庫)から北東に一〇〇メートルほど細道を下りた所に、国務大臣らの出入り口がある。地下室は**望岳台**と呼ばれる小山に掘られている。高さ七、八メートルのコンクリート壁には、いまでも迷彩を施されたペンキの跡が残っている。天皇は御文庫から地下道を通って降りてくるようになっている。幅、高さとも二メートルほどの通路を進むと、右手に厚さは三〇センチほどの大鉄扉がある。付属室は三二八平方メートル、巨大な鉄の箱を分厚いコンクリートで包み、地中に埋めたと考えればよい。天皇の休所や機械室もあった。

御前会議は昭和20年（一九四五）8月10日午前零時3分、ポツダム宣言の受諾をめぐって開かれ、昭和天皇は受諾に賛成した。14日午前11時5分から同55分まで、前回の**戦争指導会議**の構成員に加え、全閣僚が出席して再び開かれた。

玉音の録音室

昭和天皇がみずから「マイクの前に立つ」と言って〝**玉音**〟が採録されたのは、内廷庁舎二階の、現在の侍従長室の手前の二部屋である。侍従長室寄りの「拝謁の間」にマイクロフォンが立てられ、隣の部屋で日本放送協会の技師らが、機械を操作した。録音は8月14日午後11時25分から三〇分足らずで終わり、天皇は同58分、御文庫に帰った。録音盤は正副二枚作られた。15日未明、徹底抗戦を主張する若手将校は、近衛師団を動員して宮城に乱入、録音盤を探しに庁舎に押し入った。一隊は15日午前4時40分ごろ、吹上御所近くの花蔭亭付近に集結、そこから御文庫近くまで侵入した。急を聞いて駆けつけた東部軍管区司令官田中静壱が反乱を鎮めたのは同5時15分であった。

［髙橋］

15　宮殿と御所

明治22年（一八八九）は、『大日本帝国憲法』、『皇室典範』が完成し、近代国家としての日本の形が整った年である。**明治宮殿**もこれと同時期に竣工した。しかし、壮麗な宮殿は太平洋戦争で炎上、独立を機に宮内庁三階を改装し**仮宮殿**とした。平成の天皇の立太子礼や結婚式などもここで行われた。昭和43年（一九六八）、**昭和宮殿**が完成し、即位の礼をはじめとする国家の主要な儀式や、行事の舞台になっている。

天皇の住居は、かつて宮殿と一体だった。東京に遷《うつ》った明治天皇は、徳川将軍家の隠居所であった「西の丸」に入ったが失火で炎上、いまの赤坂御用地を**仮皇居**と定めた。仮住まいは十数年に及んだが、明治宮殿が完成し、天皇の日常生活は宮殿オクの**御常御殿**《おつねごてん》（奥宮殿）で営まれた。宮殿が焼失するまで明治、大正、昭和三代の天皇は、ここで暮らした。昭和天皇は戦後長く防空施設である**御文庫**《おぶんこ》で過ごしていたが、還暦を機に昭和36年（一九六一）**吹上御所**が新築された。昭和天皇の崩御のあと香淳《こうじゅん》皇后が引き続き**吹上大宮御所**として使用しており、また古く手狭なため、平成の天皇の**御所**が近くに建てられた。

昭和宮殿

「威厳より親愛、荘重より平明」を基本理念とし、昭和39年(一九六四)6月29日起工、昭和43年(一九六八)11月14日竣工した。総工費一三三億七五〇〇万円、地上二階、地下一階の鉄筋鉄骨造りで、延床面積二万四一七五平方メートル、正殿以下の七棟が回廊でつながっている。

昭和宮殿の再建計画は、昭和33年(一九五八)宮内庁の基本構想に基づいており、翌年(一九五九)、総理府に皇居造営審議会が設置され、①新宮殿は旧西の丸地区の明治宮殿跡に造営する、②天皇皇后の住居を吹上御苑内に建てる、③皇居東側地区(旧本丸など)は整備し、原則として公開する——などの指針を出し、閣議決定された。資材は第一次産品を除きすべて国産、現代日本の持つ最高水準の技術を用い、装飾や調度も最高のものが求められた。南溜《みなみだまり》、北溜の床などは山口県の黒御影石、テーブルや椅子も国産材を使用し、絵も日本画だけである。

七棟は旧西の丸区域に正殿《せいでん》、長和殿、豊明殿の主要三棟と大回廊を配し、明治宮殿の奥宮殿があった山里丸地域に表御座所棟、同付属棟、千鳥・千草棟、連翠《れんすい》棟が建てられた。宮殿の中心となる**正殿**は各棟より一段高く、雄大に設計された。国家の主要儀式が行われる**松の間**は、広さ三七〇平方メートル、天井までの高さは八メートル。高く、広く、大きな空間である。床はケヤキ板張りで鏡のように磨き上げられている。

正面中央に大王松をデザインした三曲の大衝立《だいついたて》が置かれ、その前に玉座《ぎょくざ》がある。京都御所や明治宮殿は中国の古代思想にならって「天子南面」だったが、昭和宮殿は「東面」である。ほかに国賓などとの会見に当てられる竹の間、梅の間がある。

長和殿は長さ一六〇メートル、記者会見などの行われる**石橋《しゃっきょう》の間**のほか、**波の間**、**松風の間**、**春秋の間**がある。新年などの一般参賀のとき、天皇一家は長和殿ベランダから祝賀に応える。**豊明殿**は饗宴会場で、正面の壁には中村岳陵原画の「豊幡雲《とよはたぐも》」の綴《つづ》れ織りが飾られている。縦五メートル、横四〇メートルあり、たなびく夕雲に日没直前の夕陽が差し込み、雲を朱く染め上げた豪壮な構図で、万葉集にテーマを取っている。天井には大シャンデリアが三二基。広さは九一五平方メートルで、宮殿中最大。椅子席なら一五〇席、立席なら六〇〇席ほどが組める。

千鳥・千草棟は参殿者の休所《きゅうしょ》、**連翠棟**は小饗宴用の部屋で各国大公使、内閣や学士院などの関係者との陪食《ばいしょく》（天皇と食事をすること）に使われる。天皇が公務を執るのは**表御座所**、執務室は**菊の間**、国務大臣などの拝謁室は**鳳凰《ほうおう》の間**、談話室として**芳菊の間**、皇后用の**桐の間**がある。宮殿の正面玄関は**南車寄《みなみくるまよせ》**で、**北車寄**には記帳所がある（→資［4］）。

宮殿の新築に際して、延べ一八万七四四四人から寄付があり、九六一六万円になった。宮殿入口の中門と東庭の北側にある**若松の塔**、長和殿軒下の一一基の照明灯の建設費用に充てられた。

使用開始は昭和44年（一九六九）4月9日で、国賓として来日したアフガニスタン国王夫妻だった。竹の間で会見があり、夜は豊明殿で宮中晩餐、さらに長和殿で夜会が開かれた。

明治宮殿

明治17年（一八八四）着工、明治21年（一八八八）10月竣工した。外観は和風だが、表宮殿は西洋式で全体として和洋折衷である。表宮殿、奥宮殿、付属する宮内省、近衛（明治18年〈一八八五〉、禁闕《きんけつ》守護に当たる近衛局は近衛と改められた）の総面積は四万一九九四平方メートルで、造営予算は三九六万八〇〇〇円だった。

明治政府は西欧に倣って宮殿の建設を構想していたが、財政事情や西南戦争などがあって具体化しなかった。明治6年（一八七三）、明治天皇は太政大臣三条実美《さんじょうさねとみ》に対し「朕前日回禄（火事で焼けること）災に遭い宮殿之が為に蕩尽すといえども、今や国用夥《か》多《た》の時に際し、造築の事固《もと》より之を亟《すみや》かにするを希《ねが》わず、朕が居室の為に民産を損じ黎庶《れいしょ》（国民）を苦しましむることなかるべし」と、勅諭を出し、同10年（一八七七）にも地租軽減、政費節約の趣旨を徹底するため、造営の延期を命じた。

しかし、明治12年（一八七九）再び宮殿建設の声が上がった。当初予定地とされた旧江戸城本丸跡は、広いだけで樹木もなく、「周囲甚だしく壊頽《かいたい》」しており、造成に多額の出費を要するので、仮皇居のあった旧西の丸が充てられた。右大臣岩倉具視《いわくらともみ》は正殿を西の丸に、その後方に宮内省庁舎、「女官の房室」を紅葉山に、御座所以下の私的部分は山里丸に建て、日本式の木造建築としたいと明治天皇に報告した。同年7月24日、天皇の実地検分、午前9時から午後1時半まで「略図に就きて具《つぶさ》に奏上せしめたまい、各殿舎建築地点を天覧」したと、『明治天皇紀』にある。天皇は相当の熱意で宮殿建築に臨んだようである。

明治22年(一八八九)1月11日、天皇は新築の宮殿に引っ越した。当日は快晴で真っ青な冬空がひろがり、沿道には市民が出て「君が代」を歌い、万歳を唱え、花火を上げて祝賀した。新宮殿の竣工で和気藹々とした気分が市中に満ち溢れたと『明治天皇紀』は記している。

表宮殿

西の丸一帯に建てられた。広さは七三〇八平方メートル、**正殿**は憲法発布式はじめ軍旗親授式など国家の主儀式が行われた。宮殿全体の中央に位置し、右に天皇の玉座《ぎょくざ》、左に皇后の御座《ぎょざ》があった。**豊明殿**は宴会場で大節のときや外国からの賓客を迎えての饗宴が開かれた。**鳳凰の間**は正殿に次ぐ晴れの間で、親任式、勲章授与式、信任状捧呈式などのほか歌会始や、講書始が行われた。**表御座所**(御学問所)は二階建てだった。

奥宮殿（御常御殿）

天皇皇后の居住区域で、山里丸に建てられ、表宮殿とつながっていた。平屋建てだが、天皇のいる最も高い部分まで六段階あった。皇太后が来たときに使用する人形の間などもあり、病気やお産に使用される御静養室があった。戦災後、焼け残ったのは静養室だけで、戦後青山御殿を焼け出された義宮《よしのみや》の「義宮（常陸宮《ひたちのみや》）御殿」として使われた。

仮宮殿

昭和27年（一九五二）10月、宮内庁舎三階を改装、昭和宮殿完成までの仮の宮殿とした。費用は九八〇〇万円。皇太子（平成の天皇）の立太子礼、成年式に合わせ、また日本が独立し、外国から賓客も訪れるようになり、その接遇場所にあてられた。明治宮殿に倣って「表奥」「東西南北」と算用数字を組み合わせて、部屋の名前が付けられた。現在の講堂は**表北の間**で、同年11月10日、平成の天皇の立太子礼が挙行され、国賓の宮中晩餐の会場にもなった。現在の宮内庁正面玄関が車寄にあてられた。長官応接室は**謁見の間**、長官室は**表御座所**、侍従長室は**御座所**、総務課は**東二ノ間**でレセプションや夜会が行われた。宮内庁三階が重厚なしつらえなのは、仮宮殿時代の名残りである。

仮皇居

明治6年(一八七三)、女官の失火で焼け出された明治天皇の居所。英照《えいしょう》皇太后(孝明《こうめい》天皇の皇后)の御所になっていた紀州徳川家江戸中屋敷を仮皇居とした。皇太后は庭続きの徳川茂承《もちつぐ》の**旧青山御殿**に移った。狭かったので明治12年(一八七九)**常御座所**、明治14年(一八八一)には海外からの賓客接待所として木造の**御会食所**を新築した。この建物は『大日本帝国憲法』、『皇室典範』草案の御前会議場になり、明治記念館本館(港区元赤坂)になっている。

御文庫《おぶんこ》

昭和17年(一九四二)、突貫作業で造られた昭和天皇の防空施設。民間のように「防空壕」とは言えないので、物を納める蔵である文庫(たとえば東山文庫など)にならって御文庫と称した。東西七五メートル、南北二〇メートルあり、地上一階は住居部分、地下一階が除湿機などの機械室、同二階は防空壕になった。広さは一三五〇平方メートル、屋根は空襲に備えて砂をのせ厚さ三メートルもあり、さらに偽装のために屋根には土を盛って草木が植えられ、数トンの爆弾にも耐えられるように設計された日本一の「防空壕」である。昭和天皇は戦争末期の昭和19年(一九四四)12月、明治宮殿から移り住んだ。地下道で終戦の御前会議の開かれた地下大本営付属地下室につながっている。

吹上御所　昭和天皇、皇后の住まい。鉄筋二階建て、昭和天皇の還暦を記念して昭和36年(一九六一)完成。御文庫とつないで建てられ、合計床面積は四〇八八平方メートル。香淳《こうじゅん》皇后は日当たりのよい庭一面にバラを作り、天皇は吹上御苑の観察中の植物に目印を付け「ご愛草」とした。夫妻とも御所の二階で崩御した。香淳皇后が皇太后になると、**吹上大宮御所**と名称が変わった。

御所　平成の天皇の在位中の住まい。広芝の西部分に建てられ、平成5年(一九九三)完成。延床面積五七七〇平方メートルで一部地上二階、地下一階。私的部分一七室、接遇部分一一室、事務棟三二室、総工費は五六億円。吹上大宮御所とは北へ一五〇メートルほど離れている。西に細長い三棟が、雁が群れて飛ぶような形に配置されている。

［髙橋］

［16］皇居内の施設

宮内庁舎

明治宮殿の竣工と同時に、現庁舎の同じ場所に煉瓦造り、二階建ての宮内省庁舎が明治21年（一八八八）完成した。延床面積二万一二四二平方メートル。明治時代の地震はじめ関東大震災などで損傷を受け、昭和6年（一九三一）取り壊された。その跡地に昭和10年（一九三五）、三階建て、延床面積一万七三五八平方メートル（平成30年〈二〇一八〉現在）の庁舎が建てられ、翌年裏側に二二八二平方メートル（同）の内廷庁舎（二期庁舎）が完成した（宮内庁の住居表示は、千代田区千代田一―一）。

皇居正門

江戸城西の丸の大手門が現在の**正門石橋**（皇居前広場側）で、それを渡ると正門鉄橋。宮殿に続く**二重橋**の由来は、橋をいまのように二つ渡るからではなく、江戸城時代、正門鉄橋は木橋でその下にもうひとつ橋架があったことからきている。石橋は明治19年（一八八六）の築造。長さ三八・四メートル、幅員一三・九メートル、**飾電灯**六基は昭和61年（一九八六）に付け替えられ、皇居東御苑や立川市の昭和天皇記念館にある。鉄橋は明治20年(一八八七)、ドイツ人の設計で昭和39年(一九六四)に架け替えられた。

皇居には正門以下八つの門がある。正門は一般参賀のとき開かれるが、天皇も公式行事以外は使用しない。ほかに**坂下門**、**乾《いぬい》門**、**半蔵門**、**桔梗《ききょう》門**、**北桔橋《きたはねばし》門**、**平川門**、**大手門**。乾門は明治21年(一八八八)の新造で「通用門」と呼ばれたが、大正2年(一九一三)乾門と改められた。

桃華楽堂

昭和41年(一九六六)、香淳《こうじゅん》皇后の還暦記念として建てられた音楽ホール。鉄筋コンクリート建て、八角形の細長い建物である。外壁はモザイクタイルで仕上げ、延床面積一二二五平方メートル。二〇〇人収容。毎年音楽系の大学を卒業した学生が皇后の前で演奏する。

楽部

昭和12年(一九三七)完成。中央に舞楽台があり、延床面積二八八五平方メートル。中世から宮廷に仕えてきた多《おおの》、東儀、芝などの楽人は明治天皇とともに東京に移り、楽部は太政官「雅楽局」に属した。現在は事務長、楽長、楽師など三十数名がいる。雅楽のほか宮中晩餐の際には洋楽も演奏する。昭和30年(一九五五)国の重要無形文化財に指定され、一般公開や海外公演も行っている。

三の丸尚蔵《しょうぞう》館

平成5年(一九九三)に開館した、皇室に伝わる美術品を保存・調査し、展示する施設。鉄筋二階建て、延床面積一八六四平方メートル、総工費六億三〇〇〇万円。昭和天皇の崩御で遺産を整理し、天皇家に伝わる美術、工芸品六〇〇〇点が国に寄贈された。その後香淳皇后、秩父宮妃、高松宮妃の遺品、三笠宮家の寄贈品も入り、約九八〇〇点ほどが収蔵され、展示室で公開されている。

生物学御研究所

吹上御苑東南にある昭和天皇の研究施設。昭和3年(一九二八)に建てられ、一部木造の鉄筋二階建て。本館は一四二〇平方メートル。標本を納めてある付属棟が三一五平方メートル。昭和天皇は週三回通った。研究室は昭和天皇記念館に復元されている。ヒドロゾアなどの標本二万八五〇〇点、植物標本二万三〇〇〇点などは国立科学博物館筑波研究資料センターに保管されている。

研究所の南側に三三〇平方メートルの水田があり、天皇は毎年春、モミを蒔き田植えをし、秋には稲を刈る。稲作は侍従次長河井弥八の勧めで昭和2年(一九二七)、赤坂離宮に水田が造られ、農民の労苦をしのぶ意味から始めた。刈り取った稲は毎年、神宮の神嘗祭《かんなめさい》や新嘗祭《にいなめさい》に供される。

御養蚕所

紅葉山にあり、現在の建物は大正3年（一九一四）完成、木造二階建てで、広さは七八一・八平方メートル。養蚕は明治天皇の皇后美子《はるこ》が明治4年（一八七一）、吹上御苑内で始めたが、明治6年（一八七三）の火災で蚕室が焼失して中断、明治12年（一八七九）、英照《えいしょう》皇太后（孝明天皇の皇后）が青山御所で再開した。大正3年（一九一四）紅葉山に御養蚕所が建てられ、歴代皇后が引き継いでいる。宮中の養蚕は輸出の主要産品であった生糸の生産の奨励もあり、明治6年（一八七三）皇后は英照皇太后とともに群馬県・富岡製糸場に行啓している。現在は蚕糸試験場などで絹地にし、外国賓客への贈り物などに使われる。日本の古来種「小石丸」も飼育し、糸は正倉院宝物の復元や三の丸尚蔵館所蔵の名品の補修などに使われている。

山里御文庫《やまざとおぶんこ》

煉瓦造りの二階建て。延べ面積三八〇平方メートル。伏見櫓の東にある。明治天皇、昭憲皇太后以下の天皇、皇后の遺品、断絶した旧桂宮家伝来の「伏見天皇宸筆十首和歌」「後西天皇宸翰近代秀歌」などの宝物類がある。

御剣庫《ぎょけんこ》

山里御文庫の一角にある刀剣類を納めてある庫。立太子礼のとき天皇が皇太子に伝える壺切御剣《つぼきりのぎょけん》などのほか、宮中祭祀や儀式のときなどに使われる刀剣がある。平安時代の太刀「小烏丸《こがらすまる》」、同備前国友成の「鶯丸」、国永の「鶴丸」、後鳥羽上皇が自ら焼きを入れ、菊花紋の毛彫りのある「菊御作《きくごさく》」（いずれも太刀）などの名刀が保管されている。これらはいずれも刀剣を愛好した明治天皇に献上されたものだが、自ら買い入れたものも少なくない。［髙橋］

[17] 皇居外の施設

東宮《とうぐう》御所

皇太子一家の住居。元は**貞明《ていめい》皇后**の**大宮御所**。平成の天皇の結婚の翌年、昭和35年（一九六〇）4月完成した。私的部分と公的部分、ほかに**東宮大夫**以下約五〇人の職員の事務室がある。公的部分には「**日月《じつげつ》の間**」「**塩地の間**」などがあり、外国皇族を招いての晩餐会や国内外の人々との茶会や拝謁などに使われる。当初の延床面積は三八七〇平方メートル。東京工業大学教授谷口吉郎の設計で、平成の皇后の好きな白樺の林やテニスコートなどもある。親王、内親王の成長に合わせ、また平成の皇太子夫妻の入居などで増改築があり、現在の建物面積は五二二六平方メートル。老朽化が進み、平成20年（二〇〇八）から二年計画で改修。その間は赤坂御用地内の赤坂東邸に仮住まいした。なお、平成31年（二〇一九）4月30日の平成の天皇の退位後に改修を始め、仙洞《せんとう》御所となる（港区元赤坂）。

赤坂御用地

東宮《とうぐう》御所、**秋篠宮《あきしののみや》邸**（元秩父宮邸）、**三笠宮《みかさのみや》邸**、**三笠宮東邸**（旧寛仁《ともひと》親王邸）、**高円《たかまどの》**

宮《みや》邸、赤坂護衛署、職員官舎などがある。広さは五〇万八九二〇平方メートル。南縁は青山通りに面する。このうち秋篠宮邸は当主が「皇嗣《こうし》」となるのに先立ち、大幅な改修が行われた。

現在迎賓館のある地域は昭和49年（一九七四）、総理府（現内閣府）の所管に移っているので、皇室財産としての赤坂御用地には含まれない。

迎賓館のある一帯は、明治5年（一八七二）旧紀州藩主**徳川茂承《もちつぐ》**が私邸の一部を献上、明治天皇が二万五〇〇〇円を下賜して**英照《えいしょう》皇太后**の御所とし、**赤坂離宮**といった。翌年（一八七三）、皇居が炎上し**仮皇居**となった。昭和天皇は大正12年（一九二三）から即位後の昭和3年（一九二八）まで、新婚時代を含めて五年間、石造りの現**迎賓館**に住んだ。東西がほぼ同じ間取りで親王、親王妃の居室があったが、快適ではなかったようだ。「西日が当たるんで、現在のように冷房とか暖房とかないしね」（昭和51年〈一九七六〉記者会見）と昭和天皇は回想している。昭和11年（一九三六）、現在の迎賓館和風別館の辺に、平成の天皇の木造の**東宮仮御所**ができたが、昭和20年（一九四五）5月25日の空襲で焼けた。このため日光の疎開から帰った皇太子は後、弟の**常陸宮《ひたちのみや》**とともに迎賓館に半年ほど住んだことがある。

昭和38年（一九六三）から園遊会の会場になっており、園遊会の際駐車場になる一帯に**青山御所**があった。英照皇太后、**昭憲《しょうけん》皇太后**の晩年の在所である。皇宮警察本部の赤坂護衛署は鮫《さめ》が橋門近くにあり、御用地内の警備を担当している。

常盤松御用邸《ときわまつ》

常陸宮邸。大正14年(一九二五)、東伏見宮邸として建てられ、戦後、平成の天皇の東宮仮御所となった。敷地一万九八五四平方メートル(渋谷区東)。

高輪皇族邸《たかなわ》

旧高松宮邸。敷地は一万九九七六平方メートル。もと肥後熊本藩主細川氏の下屋敷で明治天皇の内親王の御所が建てられ**高輪御殿**と称された。その後、昭和天皇の東宮御所(高輪東宮御所)になって**御学問所**《おがくもんじょ》が置かれた。平成16年(二〇〇四)高松宮妃の逝去後使われていなかったが、平成の天皇が退位後に上皇用の「仙洞御所」として仮住まいすることになっている(港区高輪)。

迎賓館赤坂離宮

管理は内閣府。ベルサイユ宮殿を模して建てられた旧赤坂離宮を改装し、国公賓を迎える施設として昭和49年(一九七四)、五年余りの年月をかけて完成した。国賓が来日すると、この前庭で歓迎式が行われる。本館は延床面積一万五三七九平方メートル、新設の**和風別館「游心亭」**は一六七〇平方メートル、敷地面積は一一万七〇六七平方メートルで、ヘリポートがある。九七億円が改修費、別館の建設費で、家具に七億円かかっている。

石造りの本館は条約批准などが行われる「**彩鸞《さいらん》の間**」、晩餐会場になる「**花鳥の間**」などのほか国賓、随員などのための二五人分ほどの部屋がある。和風別館には和室や茶室、日本庭園がある。

赤坂離宮は建物が明治39年（一九〇六）、外構を含め全体が完成したのは明治42年（一九〇九）である。設計、監督は皇族邸、離宮などを設計した**片山東熊《とうくま》**で、後に**内匠頭《たくみのかみ》**になった。戦後は国会図書館、東京オリンピック委員会などが置かれた。赤坂離宮以前の迎賓館は旧皇族**朝香《あさか》宮邸**（港区白金台）で、アール・デコ風の建築で人気のある現在の東京都庭園美術館である（迎賓館＝港区元赤坂）。［髙橋］

［18］地方の施設

皇室の地方関連施設として三御用邸のほか天皇の宸筆《しんぴつ》や典籍類を収めた京都の東山御文庫、奈良の正倉院がある。また天皇家の食材を作る御料牧場や鴨場があり、これらの施設には宮内庁職員が配されている。

葉山御用邸

敷地面積九万五七九六平方メートル。明治27年（一八九四）**英照皇太后**《えいしょう》の避寒地として設置された。大正天皇はここの附属邸で崩御し、昭和天皇が践祚《せんそ》した。附属邸は昭和62年（一九八七）から「葉山しおさい公園」になっている。本邸は昭和46年（一九七一）放火で焼失、昭和56年（一九八一）再建され、和室には昭和天皇の「**践祚の間**」が移築されている。昭和天皇の海洋生物研究の基地で、「葉山丸」で相模湾内の生物を採集した（神奈川県三浦郡葉山町一色）。

那須御用邸

広さは六六二万五六六五平方メートル。本邸は大正15年（一九二六）、裕仁《ひろひと》親王が欧州から帰国後、「こぢんまりしたものを」（昭和49年〈一九七四〉昭和天皇会見）との希望で建てられた。附属邸は昭和10年（一九三五）建設。澄空亭《ちょうくうてい》、嚶鳴《おうめい》亭などの休所のほかショートのゴルフコースもあった。昭和天皇の植物観察のフィールドである。御用邸は一二〇万平方メートルあったが、約半分の五六〇万平方メートルは、平成の天皇の在位二〇年を記念して、所管を宮内庁から環境省に移し、一般に開放されている（栃木県那須郡那須町湯本）。

須崎御用邸

総面積三八万四四一三平方メートル。昭和44年（一九六九）静岡県・沼津御用邸の廃止を機に、元三井家の別荘を拡充して昭和46年（一九七一）に新設された。本邸のほか附属邸があり伊豆七島まで望める景勝の地（静岡県下田市須崎）。

東山御文庫《ひがしやまごぶんこ》

近衛《このえ》家の平屋建ての土蔵（八一平方メートル）を明治15年（一八八二）、近衛忠熙《ただひろ》が献上した。歴代天皇の宸筆のほか藤原定家の『明月記』や15～19世紀の宮中生活の記録『御《お》湯殿上日記《ゆどののうえのにっき》』など総点数六万点の典籍、文書類が納められている。毎年秋、侍従が書類の入った合箱《ごうばこ》、長棹ごとに付いている勅封《ちょくふう》を解き、二〇日間ほど曝涼《ばくりょう》が行われる。昭和53年（一九七八）、新倉庫が完成、文書類は双方に分け保存されている（京都市上京区京都御所）。

正倉院

敷地面積は八万八八一九平方メートル。45聖武《しょうむ》天皇の遺品を光明皇后《こうみょう》が東大寺に納めた宝物が中心になっている。明治8年(一八七五)東大寺から内務省に所管が移り、明治17年(一八八四)に宮内省の管理下に入った。校倉造《あぜくらづくり》の倉庫にあった宝物は、昭和37年(一九六二)完成した鉄筋コンクリートの西宝庫に移され、庫内は一定の温度、湿度を保っている。また昭和28年(一九五三)に完成した東宝庫には修理中の宝物などが入っている。毎年秋には宝物の保存管理や学術調査のため侍従が勅封を解く。現在曝涼はしていない(奈良市雑司町)。

鴨場

新浜《にいはま》鴨場(千葉県市川市新浜、一九万五八三二平方メートル)と**埼玉鴨場**(埼玉県越谷市大林、一一万六四一五平方メートル)がある。秋から冬、カモの到来するシーズンに合わせて内閣、裁判所、国会議員、各国大公使などが数回に分けて、天皇の意向というかたちで鴨猟に招かれる。

明治に入って宮中では大名家の遊びだった**鴨猟**を取り入れ、浜離宮、新宿御苑のほか明治27年(一八九四)新浜鴨場、明治41年(一九〇八)埼玉鴨場を設けた。**元溜《もとだまり》**(大池)にいる数万羽のカモを、おとりのアヒルを使って細い引堀に引き込み、飛び立つ所を三メートルほどの叉手網《さであみ》ですくい取る。捕獲したカモは食べずに標識をつけて放され、現在は人工交配させたアイガモが供される。宮内庁では鴨猟とは言わず、「カモの捕獲と放鳥」と言い、鴨場職員は地元の鳥類保護員として調査に協力している。**鵜飼《うかい》**も古来の伝統的漁法で、岐阜県・長良《ながら》川禁漁場の古津、立花両地区で毎年八回ずつ行われている。シーズンは5月～10月、外交団などが招かれている。

御料《ごりよう》牧場

栃木県塩谷郡高根沢町と芳賀郡芳賀町にまたがる。総面積約二五一万八五〇〇平方メートル。内廷皇族の食材は米、魚、調味料などを除き御料牧場で生産されている。有機農業で場長以下六三人の職員と作業補助員一二人がいる。家畜類は馬乗用馬、輓用馬、乳牛、綿羊、豚、鶏、きじなどを飼育。野菜類は大根、ニンジンなど約二四種。野菜や牛乳は宮内庁大膳課に運ばれ、余った牛乳は宮内庁の職員食堂で販売している。場内には貴賓館もある。また、外交団をバーベキューなどで接待する場所として使われている。

明治8年（一八七五）、内務卿などを務めた大久保《おおくぼ》利通《としみち》の進言で、馬匹《ばひつ》の改良などを目的に現在の千葉県成田市に**下総《しもうさ》牧羊場**、**取香《とつこう》種畜場**が開かれ、明治13年（一八八〇）合併して**下総種畜場**となった。明治天皇は明治14年（一八八一）、15年（一八八二）の両年、「金華山号」に乗って訪れた。明治18年（一八八五）、宮内省に移管され、明治21年（一八八八）**下総御料牧場**となったが、昭和44年（一九六九）、新東京国際空港の建設に伴って栃木県に移転した。旧牧場跡には**「三里塚御料牧場記念館」**（成田市三里塚御料）がある。［高橋］

［19］建築と室礼

【寝殿造《しんでんづくり》】

天皇の住居は、基本的に当時の貴族の住居と同じ構造である。中国からもたらされた宮殿建築は、10世紀ころになると日本的な習慣と趣味を取り入れて、やがて**寝殿造**とよばれる建築様式を作り出す。近年京都市北区の山城高校の敷地から発見された寝殿遺構は、主殿や対屋に該当する建物が独立し、渡殿で連結されていない経過的な様式を示している。内裏の紫宸殿や清涼殿といった殿舎も、そうした寝殿造の発展の中から、ある時期に、天皇の住空間にふさわしいものとして定着し、固定化したものである。

典型的な寝殿造は、一町四方の**築地《ついじ》**と呼ばれる土で造った塀に囲まれた敷地の中央に、東西棟の**寝殿**（主殿）を中央北寄りに建て、それを中心にして東西にそれぞれ南北棟の**東対《ひがしのたい》**と**西対《にしのたい》**の舎屋や、北に寝殿に平行して**北対《きたのたい》**などの**対屋《たいのや》**を配置し、その間を**渡殿《わたどの》**や**透渡殿《すきわたどの》**でつないでいる。さらに寝殿の南には池のある庭園が広がっており、東

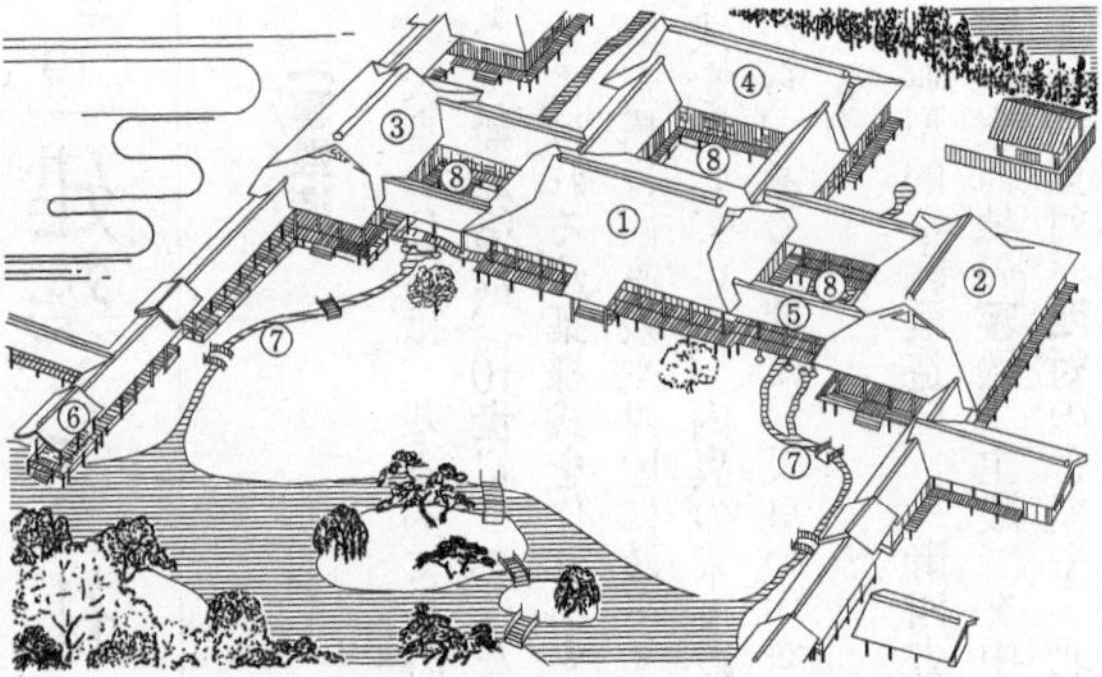

①寝殿　②東対　③西対　④北対　⑤透渡殿　⑥釣殿　⑦遣水
⑧壺

図1　寝殿造

西の対屋から南へ延びる廊が、**釣殿**《つりどの》とか**泉殿**《いずみどの》とよばれる、池に接する建物へつながっている。以上は寝殿造の基本構造であるが、実際には対屋をいくつか増減したり、池がなかったりなど、さまざまである（図1）。

寝殿は、主人の住む寝殿造の主殿《しゅでん》である。屋根は檜皮葺《ひはだぶき》の入母屋《いりもや》造で、母屋《もや》（主屋部分）の周囲に**廂**《ひさし》が付き、さらに**孫廂**のある場合もある。廂の外にさらに**簀子**《すのこ》の濡れ縁《えん》が付いて、廂と簀子の間に**格子**《こうし》が降りる。つまり廂の部分は屋内であって、この部分を**廂の間**とよぶ。敷板と敷板の間に透き間をあけて雨水が溜まらないようにした**簀子縁**は、ふつうは建物の敷居に垂直に敷かれるが、清涼殿では平行になっている。寝殿の内部は丸柱が露出した吹き放ちの空間で、**塗籠**《ぬりごめ》などの特殊な部屋以外は固定された間仕切りの部屋がなく、必要に応じて御簾《みす》を垂らしたり、あるいは屛風《びょうぶ》・几帳《きちょう》などで仕切って使用した。また、床は白木の板の間で、座る場所にだけ畳が敷かれた。その上に茵《しとね》を敷いたり、簡単な場合には円座《わろうだ》のみを用いたりした。

寝殿は基本的に主人と家族の限られた私的な居住空間であった。ふつう訪問者は廂の外側、つまり簀子縁で御簾越しに寝殿内の主人と応対し、内部に入ることはない。天皇や上皇の行幸・御幸のように、主人より身分の高い賓客の訪問には、主人が母屋を賓客に譲る。

格子《こうし》は南面する桁行《けたゆき》は一枚格子で内側に開き、東西の梁間《はりま》は二枚格子で上半分を外側に開く。したがって御簾は前者では外側に、後者では内側に掛けることになる。室内への入り口は左右側面に各二か所の妻戸《つまど》（両開きの板戸）があるだけだから、いったん格子を降ろすと、内部は真っ暗な世界であった。

寝殿の東西両側に配置して建てられた対屋《たいのや》は、寝殿と同じか少し小さい規模で、寝殿が東西に長いのに対して南北棟の平面となり、また寝殿が入母屋造であるのに対して、切妻造《きりづまづくり》に縋破風《すがるはふ》を付けるという軽快な様式になることが多い。寝殿を儀式的な場に用いて対屋を日常の住居に使ったり、寝殿の主人の住居に対して妻子や一族の住居にする場合もある。

壺《つぼ》

寝殿と東西の対屋との間は、北に渡殿《わたどの》と南に透渡殿《すきわたどの》という二本の橋廊《はしろう》で結ばれている。このふたつの廊で挟まれた空間が壺（壺庭）である。壺には樹木や季節の草花が植えられたり、石が置かれたりして、小さな自然の情景が作られている。東三条殿のような大規模な邸宅では、敷地の北東から南の池に流れ込む小流、すなわち遣水《やりみず》が、渡殿の下をくぐって壺を流れ、再び透渡殿の下をくぐって南庭に出ている。

【障屏具《しょうへいぐ》】

間仕切りのほとんどない、板の間に丸柱が並ぶだけの寝殿造では、いろいろな障屏具（仕切り具）を適宜用い、部屋を仕切って使った。儀式や饗宴のように広い空間が必要なときは、障屏具を取り払い、プライベートな場合には、御簾や几帳を用いて空間を仕切る。そうした時宜に応じた部屋の装飾をとくに室礼《しつらい》とよぶ。

御簾《みす》

細く割った竹を編んで上長押《かみなげし》から吊るし、日除けや目隠しに用いた。廂の周囲に掛けて、格子とともに建物の内と外を隔てる役目をするほか、母屋と廂の境界に掛けて室内の区切りとすることもあった。

几帳《きちょう》

土居《つちい》という台の上に二本の細い柱を立てて上に横木を渡し、**帳**《とばり》を垂らしたもの。必要に応じて持ち運び、部屋の間仕切りや、人と対面するための物陰をつくるのに用いた。帳は**幅**《の》を縫い合わせ、一幅ごとに**幅筋**《のすじ》（野筋）という黒い布の帯が付けられている。高さは三尺と四尺の二種があった。

障子《しょうじ》（そうじ）

本来、間仕切りや遮蔽を目的とする障屏具全般をさす言葉で、**衝立**《ついたて》・**襖**《ふすま》・**屛風**などの総称。紫宸殿の母屋の北にある**賢聖障子**《けんじょうのしょうじ》は襖形式（はめ殺し）の障子。中国古代の三二人の賢者の肖像が描かれている。また、清涼殿の東南、**広廂**《ひろびさし》に通じる落板敷にある**年中行事御障子**は衝立障子の典型である。

壁代《かべしろ》

壁の代わりに吊るした布製の帳《とばり》で、上長押《かみなげし》から下長押に垂らして用いる。人目を防ぐためのもので、夏用と冬用がある。表には幅筋《のすじ》という紐を垂らし、殿内の御簾《みす》の内側に懸けた。壁代の高級なものが**軟障**《ぜじょう》で、絹製で四方に紫の縁をつけ、高松に唐人などの絵を彩色した。

畳

寝殿造では、床は基本的に木の板敷で、畳は必要に応じて部分的に用いられた。身分に応じて縁の色が変わり、天皇や上皇は**繧繝縁**《うんげんべり》、親王・大臣は**高麗縁**《こうらいべり》、公卿は**高麗**

小紋、一般には紫、黄色などが用いられた。重ねて使用したり、さらにその上に**地鋪**《じしき》や**茵**《しとね》などのクッション様のものを敷くこともあった。床の全面に畳を敷き詰めるようになったのは、室町時代の**書院造**になってからである。

【調度】

寝殿造の建物では、備え付けの棚や押入がなく、ふだん使わないものは塗籠《ぬりごめ》、几帳などで仕切った**北廂**《きたびさし》の空間などに置かれた。それとは別に母屋や**南廂**の晴の場所には、威儀を正すために、一定の形式に従って棚や厨子が配置され、その上に置く箱・道具も決まっていた。それは身だしなみや化粧のための道具、香の道具、文具などであるが、用途を目的とした道具や容器である以上に、規式と美しさが求められた。

御帳台《みちょうだい》

本来は貴族の寝台、後には座所として寝殿造の母屋に置かれた。**浜床**とよばれる高さ一尺ほどの床を四つ合わせ、四隅に三本ずつの黒漆の柱を立てて天井を据え、上に**明障子**《あかりしょうじ》をのせて四方に**帳**を垂らし、その上部周囲を上から**帽額**《もこう》という横幅の裂で巡らせた。浜床（後には略す場合もある）の上には、繧繝縁の畳二枚、中敷畳、表筵、龍鬢地鋪《りゅうびんじしき》、茵を重ねて座とする。前方の左右の柱には水除けの犀角《さいかく》、後方の左右の柱には魔除けの八稜鏡《はちりょうきょう》を懸けた。帳の中の前方を除く三方に几帳を置いて用いた（図

2）。

二階厨子《にかいずし》

下が観音開きの扉のある物入れで、その上板と天板の二段が棚になった螺鈿沃懸地《らでんいかけじ》の蒔絵《まきえ》の厨子。通常甲乙の一対からなる。ふたつの棚には錦が敷かれ、四隅には上から**総角《あげまき》**（組紐）が垂らされる。寝殿造の母屋に置かれた中心的な調度である。**甲厨子**には、上棚に櫛笥《くしげ》一双、中棚に香壺《こうご》筥一双、扉中に櫛手巾・枕筥・薄様《うすよう》・唐紙・檀紙《だんし》などが入り、**乙厨子**には、上棚に造紙筥一双、中棚に薬筥一双、扉中に熨斗《のし》筥・薄様・上紙などが入る。

二階棚

四本の脚が付いて底板のない二段からなる螺鈿沃懸地の蒔絵の棚で、棚と天板に錦が敷かれ、四隅に総角が垂らされることは、二階厨子と同じである。二階厨子に比べると略式で、二階厨子が母屋に置かれるのに対して、南廂や北廂で用いられた。棚には、置く場所

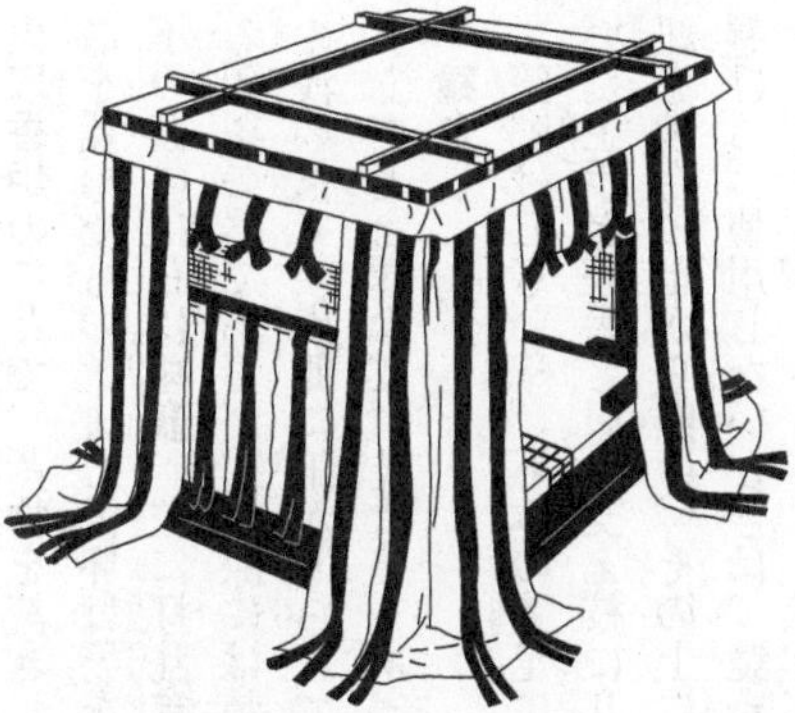

図２　御帳台

によって多少の異同があるが、上段右方には**火取**、左方には**泔坏**《ゆするつき》が配された。火取は**火取香炉**のことで、薫物《たきもの》を焚きしめるための道具であり、火取母《ひとりも》・香炉に銀製の火取籠を覆ったもの。また泔坏は髪を洗うときに使う米のとぎ汁を入れる銀製の器である。下の棚には右に**唾壺**《だこ》、左に**打乱筥**《うちみだりのはこ》が配される。唾壺はその字のとおり、唾を吐き入れる銀製の器であるが、実際には装飾的な道具であった。打乱筥は木製の方形をした底の浅い筥で、内側に錦が貼られている。理髪道具や**手巾**《しゅきん》（手拭《てぬぐい》）などを納め、蓋を裏にして身と重ねて置くこともあった。

鏡台

鏡懸けともいう。五本の鷺足《さぎあし》に茎とよばれる心木が立ち、その上部にある宝珠のついた上手《うわて》と差手という支え枝に**八稜鏡**《はちりょうきょう》を懸けるようになっている。まず大小二枚の羅《ら》紐《ひも》を鏡台の上から懸け、その上に入帷《いりかたびら》、さらに鏡枕を付け、鏡後ろの紐を結んで柱に懸ける。使用しないときは、鏡台は折り畳んでおく。その形が木の根に似ていることから**根古志形**《ねこじがた》という。鏡は、使用しないときには**鏡筥**《かがみのはこ》にしまっておく。

灯台

寝殿造の室内での照明具。台座の上に高さ一メートル程度の柱を立て、金属製の**灯**《とう》**械**《かい》を置き、その上の**灯盞**《とうさん》に油を入れて藺草《いぐさ》で作った**灯心**を浸し、火を付ける。台座の形によって、**菊型**と**牛糞型**とよばれる二種がある。また、柱を短くした低い灯台を**切**《きり》

灯台《とうだい》という。

硯箱《すずりばこ》

『類聚雑要抄《るいじゅうざつようしょう》』などに見える正式な硯箱は、縦約四〇センチ、横約三四センチ、高さ一五センチもある二段になった蒔絵の重硯箱《かさね》で、直接床に置かれる調度のひとつであった。『源氏物語絵巻』や『伴大納言絵巻』などにも描かれる。上下それぞれの箱の内は、絹織物を敷いた上に台を据え、硯や筆、墨のほかに、小刀、瑩《よう》（研磨の貝）、尺（物差し）の入った尺箱、御本（手本）、暦、水入瓶などが納められている。

『類聚雑要抄』

平安末期に成立した故実書で、宮中や摂関家で実際に行われた各種儀式の際の室礼《しつらい》、調度、装身具、食事の献立などを、詳細な図とともに記録したものである。平安時代のこうした室礼・調度を視覚的にまとまって知ることのできるほとんど唯一の資料である。とくに江戸時代には、有職研究の高まりとも相まって、もとの平面的な図を立体に書き直して彩色を施した指図が作られた。そこからは平安貴族が営んだ美意識に富んだ生活ぶりをうかがい知ることができる。

［五島］

［20］前近代の装束

中国から律令制度が導入されるとともに、宮廷の儀礼も整えられ、儀式や執務に着用する衣裳が定められるようになった。平安時代中期にはおおよその装束が定着し、即位や大嘗会《だいじょうえ》、朝賀などに用いる**礼服**《らいふく》、通常の儀式や臣下が参内に用いる**束帯**《そくたい》、その略式の**布袴**《ほうこ》や**衣**《い》**冠**《かん》、さらには日常着である**直衣**《のうし》などの規式が定まった。

天皇や皇族の装束も、基本的には一般の貴族と同じ形式であるが、天皇や皇族に限って使うことのできる染め色や文様があり、天皇からとくに許されない限り臣下の使用は禁じられていた。これを**禁色**《きんじき》という。日常の内裏の生活では、天皇や后に臣下や女官が奉仕する格好になるので、天皇や后は**略装**であるのに対して、臣下は束帯（大臣や納言は略礼が許されることがある）、女官は**裳**《も》**唐衣**《からぎぬ》といった正装を着用することになった。

礼服《らいふく》

唐の制度の導入とともに、宮中の服装に中国の伝統的な礼装を採用したのが礼服であり、律令の「衣服令《いふくりょう》」に規定されている。大宝2年（七〇二）の朝賀の際に、親王・大納言以上が着用したのが最初である。のちに即位式にのみ用いられることになった。**礼冠**・**衣**・**牙笏**《げしやく》・**白袴**・**帯**・**褶**《ひらみ》・**錦襪**《にしきのしとうず》・**烏皮舃**《くりかわのくつ》から構成され、さらに親王・諸王は**綬**《じゅ》、三位以上は**玉珮**《ぎょくはい》をそれぞれ腰から垂らす。天皇・皇后についての規定は律令にないが、天皇の礼服を**袞衣**《こんえ》といい、玉縄を垂らした**冕板**《べんばん》を頂に載せた**冕冠**《べんかん》とあわせて**袞**《こん》**冕**《べん》という。袞冕には皇帝の象徴である日・月・星など一二種の文様が描かれ、これを**袞冕十二章**とよぶ（図1）。冕冠は、正倉院に45聖武《しょうむ》天皇所用のものが伝来し、後世の基準となった。女帝の場合は、白で繍《ぬいとり》のない**大袖**・**小袖**・**裳**《も》を着用し**宝冠**をつける。

束帯

男性が参内したり儀式に加わるときの一般的な正装。赤の**大口袴**に**単**《ひとえ》を着、**衵**《あこめ》を重ねて、その上に**打衣**《うちぎ》に**表袴**《うえのはかま》、さらに**下襲**《したがさね》に**半臂**《はんぴ》を付け、一番上から**袍**《ほう》を着る。これらの装束を重ねて腰を**石帯**《せきたい》で締めるので**束帯**の名がある。また足には**襪**《しとうず》（したぐつ）、**靴**《かのくつ》を履き、頭には**冠**をつける。石帯は牛革製のベルトで、**銙**《か》とよばれる金銀・玉・石などの飾り具を付けたものである。下襲の背（後ろ身ごろ）は長く延び、袍の下端から出て後方に長く引きずったが、これを**裾**《きょ》とか尻という。裾は身分の高いほど長いが、時代が下がるに従って長くなる傾向がある。のちには**別裾**といって裾の部分は別の布を腰から付けるようになった。文官は袍《ほう》の下部分の**欄**《らん》があり、両脇を縫い合わせる（**縫腋**《ほうえき》）（図2）のに対し、武官は欄がなく両脇を縫い合わせない（**闕腋**《けってき》）（図3）。

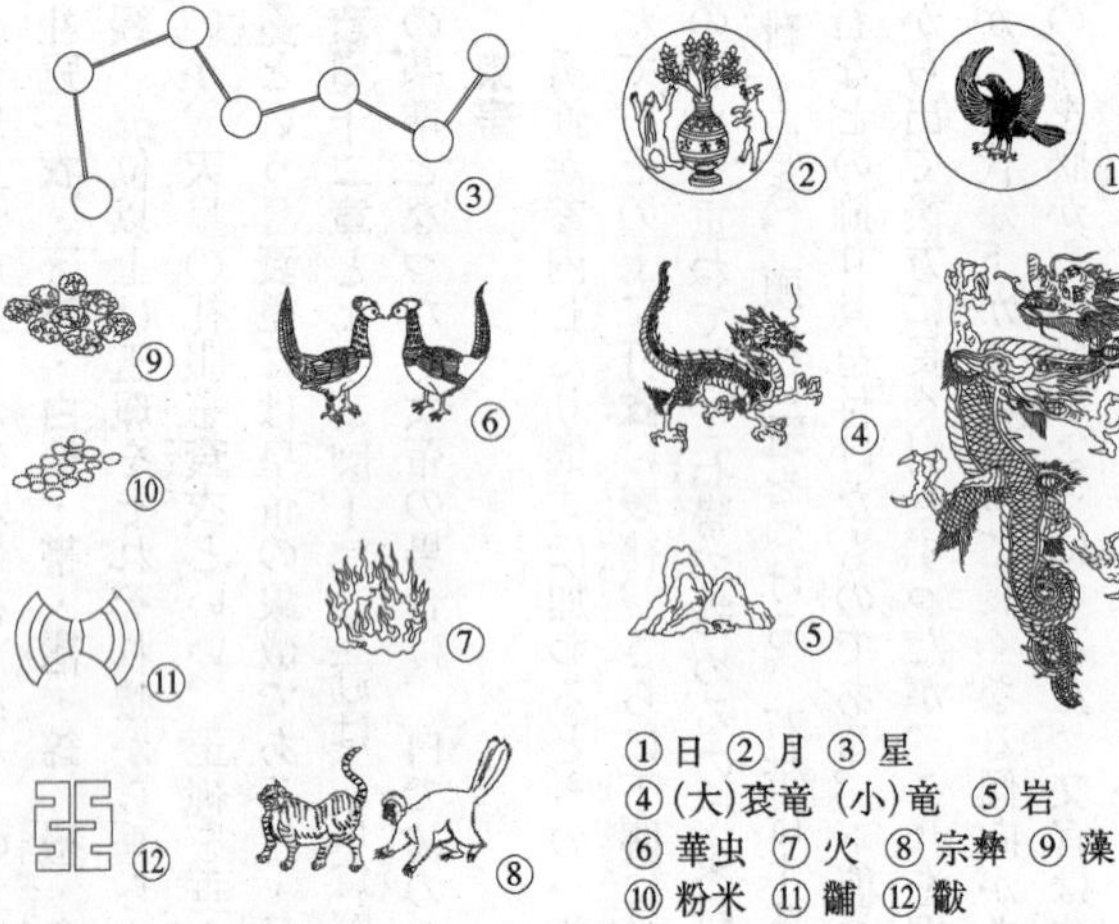

①日　②月　③星
④（大）衮竜（小）竜　⑤岩
⑥華虫　⑦火　⑧宗彝　⑨藻
⑩粉米　⑪黼　⑫黻

図1　衮冕十二章

ただし武官でも三位以上の大将は縫腋袍を用いる。冠も、文官は**垂纓**《すいえい》であるが、武官は纓《えい》を巻き（**巻纓**《けんえい》）、左右に黒馬の尻毛で作った半円の**緌**《おいかけ》を付ける。文官・武官ともに、**平緒**を付けて**飾太刀**《かざたち》を佩《は》くが、文官は手に笏《しゃく》を持つのに対し、武官は笏を懐に入れ、矢を納めた**平胡籙**《ひらやなぐい》を背に負い、手に弓を持つのが通常の姿である。

正装の束帯に対して、大口袴に替えて**指貫**《さしぬき》・**下袴**をはく**略装**を**布袴**《ほうこ》といい、さらに石帯を用いず、半臂《はんぴ》・下襲を省略すると**衣冠**《いかん》になる。本来は**宿直装束**《とのいしょうぞく》であったが、のち平常の参内にも用いられるようになった。

位袍《いほう》

図２　束帯（縫腋）

図３　束帯（闕腋）

通常の**袍**の色は、位階に相当して決められており、これを位袍という。またそうして決められた色を**当色**《とうじき》という。天皇が大儀の際に用いた袍の色は**黄櫨染**《こうろぜん》で、蘇《す》芳《おう》と櫨《はぜ》で染める黄褐色の色であった。とくに近代では、即位式に着用する中国風の礼服が止められたので、代わって黄櫨染の袍が正儀となった。また皇太子の袍の色は**黄丹**《おうに》であった。

臣下は一位が深紫、二、三位が薄紫、以下四、五位が深緋《ふかひ》・浅緋《あさあけ》、六、七位が深・浅緑、八、九位（初位《そい》）が深・浅縹《はなだ》となっていたが、平安時代後期以降、四位以上は黒、五位が緋、六位以下が縹を使うことになった。下位の者が上位の者の当色を僭越することは許されなかった。その後、一般人の華美豪奢の風が問題になり、貴族の服飾の色を一般が用いることを禁ずることも**禁色**というようになった。

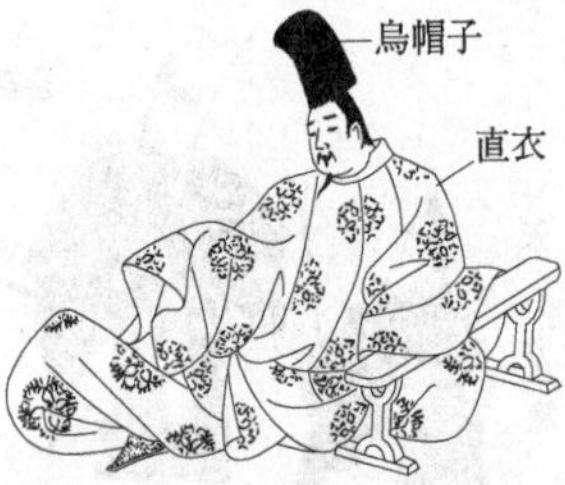

図4　直衣

青色袍《あおいろのほう》

刈安《かりやす》草と紫草を原料に染めた青白橡《あおしろつるばみ》の袍のことで、**麹《きく》塵《じん》の袍《ほう》**または**山鳩色の袍**ともいう。位袍ではないので、天皇だけでなく臣下も用いたが、織文様で身分の違いを表した。天皇は臨時祭や舞御覧《まいごらん》などの儀式で**桐竹鳳凰文様**の青色袍を用いる。また公卿は闕腋で、浮線綾紋や藻勝見文様を使用する。六位蔵人は、天皇から青色袍を下賜されて着用するが、これをとくに**麹塵の袍**ともよんだ。天皇が儀式で青色袍を着用する場合、臣下はこの色を遠慮することになっていた。

類似のものとして、黄櫨《きはぜ》と茜《あかね》を原料に染めた赤白橡《あかしろつるばみ》の**赤色袍《あかいろのほう》**がある。これも位袍ではないので、天皇・上皇をはじめ臣下も用いたが、とくに上皇は窠文《かもん》に桐竹、八曜菊の織文様のある赤色袍を着た。またのちに摂政・関白が着用する慣習ができた。

直衣《のうし》

天皇や皇太子、公卿の日常着になる(図4)。袍の形式を採っているが、位袍ではなく位階による色の区別がなかったので、**雑袍《ざっぽう》**という。下に**指貫《さしぬき》**、上は単《ひとえ》・袙《あこめ》・直衣と着ていく。この際、袙の前裾を指貫の下に着込めずに、直衣の前の裾から覗《のぞ》かせる

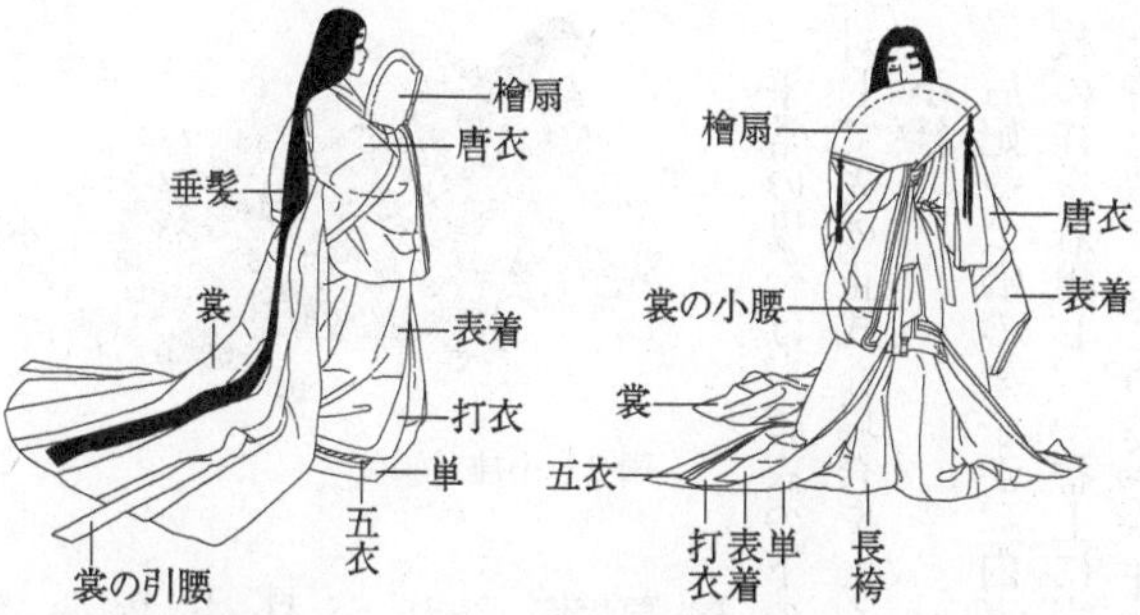

図５　女房装束

着方を**出衣**《いだしぎぬ》といい、貴族のおしゃれであった。ふつう頭には烏帽子をつけ、手には冬ならば**檜扇**《ひおうぎ》、夏ならば**蝙蝠扇**《かわほりおうぎ》を持つ。日常着であるが、参内する公卿やその子弟も、勅許を得ると着ることができた。これを**雑袍の宣旨**という。その際には、烏帽子に替えて冠を着用するのを例としたが、これが**冠直衣**《かむりのうし》である。天皇の場合は、ふつうの直衣よりも長く、紅の打袴か生袴《きのはかま》をはいた上から、裾を引いた形で着用する。これを着装の形態から**御引**《おひき》**直衣**《のうし》とよんでいる。

女房装束《にょうぼうしょうぞく》

宮中における命婦《みょうぶ》以上の女性の**朝服**《ちょうふく》（内裏に参勤する際の通常の服）を総称していう。女性は晴《せい》儀《ぎ》に出ることが少なく、宮中に室を与えられて奉仕することが多かったので、朝服がそのまま日常服になった。

衣服の構成は、単《ひとえ》に紅の**張袴**《はりばかま》を穿《は》き、その上に

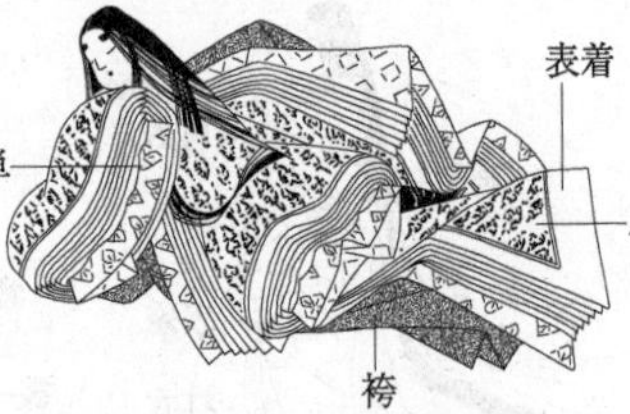

図6　小袿

数枚の**袿**《うちき》を重ね、さらに**打衣**《うちぎぬ》・**表着**《うわぎ》・**唐衣**《からぎぬ》を着、**裳**《も》を腰から背後に垂らすように付ける（図5）。袿は元来重ねる枚数によって寒暖を調整したとみられるが、その下に着る単を最大にして、上に重ねる袿を次第に短く仕立て、袖褄《そでつま》に見える**襲**《かさね》**の色目**に工夫するようになった。のちにその華美が禁制され、袿は五領を標準とすることが定められた。これを**五衣**《いつつぎぬ》**の制**《せい》という。この服装を一般に**十二単**《じゅうにひとえ》というのは、重なった袿の襲色目の美しさから付けられた俗称であって、実際に袿を一二枚重ねるわけではない。また手には、**衵**《あこめ》**扇**《おうぎ》（檜扇《ひおうぎ》）を持つ。晴装束の時は、**領巾**《ひれ》と**裙帯**《くんたい》を腰につけ、髪上げして平額《ひらびたい》・櫛・笄《こうがい》・釵子《さいし》などの髪飾りを挿した。平常の場合は、唐衣の下の打衣と表着を省き、袴も生袴にすることが多く、これに対して先の正式な場合をとくに**物**《もの》**の具**《ぐ》とよぶ。

小袿《こうちき》　后妃や公卿の妻子が、内裏や私邸で通常に生活する場合は、小袖に袴、単《ひとえ》の上に数枚の袿を着用し、一番上に表着に準じた文様のある華やかな織物地で、裾の短い小袿を着た。またこの姿を小袿とよび、高位の女性の略装になった（図6）。近世では、

表地と裏地の間に中陪《なかべ》という色違いの別裂をつけて三重としたものを小袿とよぶようになった。　［五島］

[21] 近現代の服制

和装

近代になり、伝統的な束帯《そくたい》・直衣《のうし》は、もっぱら祭儀のみの着用となった。明治5年(一八七二)4月4日に「**御祭服《ごさいふく》の制**」が定められ、明治8年(一八七五)12月9日に改められ、祭儀の際の天皇の**祭服**などの着用規定が決められた。明治41年(一九〇八)の「皇室祭祀令」や翌年(一九〇九)の「登極令《とうきょくれい》」などで、あらためて大礼などの儀式と儀服の関係が定められた。現在でも、祭儀では原則的にはこれらの規定によって着用しているようである。

以下戦前の規定に基づいて説明し、変更が確認できる場合は、実際の運用について述べる(大礼の場合儀式の変更がある)。なお戦前の規定では、天皇・皇后の服制については「御」を用い、皇太子以下については用いず、現在でも内閣・宮内庁の表記では踏襲されている。そこで儀服の名称について、制度上のものに言及する場合は「 」を使用する。

【天皇の儀服】

祭儀に用いられる儀服（装束）には、「**御祭服**」、「**御束帯帛御袍**《はくのごほう》」、「**御束帯黄櫨染**《こうろぜんの》**御袍**《ごほう》」、「**御引直衣**《おひきのうし》」、「**御直衣**《おのうし》」、「**御小直衣**《おこのうし》」の六種ある。その色と袍などの特徴について簡単に述べる（束帯・直衣の一般について↓［20］）。

「御祭服」　最も清浄で神聖な儀服で、純白の生絹《すずし》（練っていない絹）で作られる。束帯。袍は「**御斎衣**《おんさいい》」と呼ばれるもので、普通の闕腋袍《けってきのほう》とは異なる形ではあるが腋《わき》があいており、また普通は闕腋袍には襴《らん》（裾《すそ》に付けた横裂《よこぎれ》）はないが襴を付ける。よって「御祭服（束帯、御袍有襴《うらん》）」とも説明される。冠は「幘《さく》の御冠《おかんむり》」で、冠の纓《えい》（冠の後ろに付く飾り）を**巾子**《こじ》（冠の尖った部分）の前に回して折り返し、白の平絹《へいけん》で括《くく》ったものである。未成年の場合は用いない。「大嘗宮の儀《だいじょうきゅう》」の「悠紀《ゆき》殿・主基《すき》殿供饌《きょうせん》の儀」と新嘗祭《にいなめさい》に着用する。[53]淳和《じゅんな》天皇の頃から用いられたという。

「御束帯帛御袍」　純白の練絹《ねりぎぬ》（練って柔らかくした絹）で作られる。袍は縫腋《ほうえき》袍。冠は「御立纓《ごりゅうえい》」（纓を立てた冠で、江戸時代に天皇のみ用いるようになった。以下の儀服ではいずれも冠は「御立纓」）。未成年の場合は「空頂御黒幘《くうちょうごこくさく》」（頂《いただき》のあいた額当《ひたいあ》て）となる。「即位礼当日　賢所大前《かしこどころおおまえ》の儀」のほか、「大嘗宮の儀」の頓宮《とんぐう》より廻立殿《かいりゅうでん》に渡御の時に着用する。52嵯峨《さが》天皇以来神事に用いられたという。

「御束帯黄櫨染御袍」

袍は縫腋袍。天皇のみが用いる**黄櫨染め**で、桐・竹・鳳凰・麒麟《きりん》の瑞祥を表す文様がある。黄櫨染めとは、黄の染料である櫨《はぜ》と赤の染料である蘇芳《すおう》で染めたもので、鈍い黄赤色である。嵯峨天皇以来、天皇専用の色目として朝儀に用いられたという。表《うえの》袴《はかま》は白、裏が紅。冠は立纓。未成年の場合闕腋袍、「空頂御黒幘」。平成の大礼では「即位礼正殿の儀」などで着用された。恒例の祭儀で常用される儀服である。なお即位の際は江戸時代以前には礼服《らいふく》が用いられてきたが、明治天皇の時から束帯黄櫨染袍に改められた。

「御引直衣」

直衣《のうし》を長く仕立てて裾を長く引いたもの。鎌倉時代以降天皇のみが用いた。袍は白、単《ひとえ》・袴は紅。大礼の「神宮神武天皇陵及び前四代の天皇山陵に勅使発遣《ちょくしはっけん》の儀」などに着用する。

「御直衣」

冬は直衣は白、切袴《きりばかま》は紅。先帝祭の御神楽の儀、旬祭の御親拝などに着用する。

「御小直衣」

狩衣に襴を付けたもの。冬は小直衣は白、切袴は紅で、冠は「御金巾子《おんきんこじ》」という特殊な冠になる。最も略儀で、節折《よおり》などで着用する。

なお大喪儀の倚廬殿《いろでん》の儀では「**錫紵御服**《しゃくじょのごふく》」を着用する。束帯・闕腋袍で、袍はじめ主に浅墨色の黒橡《くろつるばみ》布で作られる。冠は「**縄御纓**《なわごえい》」（纓が、藁と黒元結と黒布を縫いあわせた縄と黒布縄の二筋からなる）。石帯《せきたい》に替え「**縄御帯**《なわのおんおび》」を用いる。

【皇后の儀服】

皇后・皇太后の儀服には、「**白色帛御五衣**《はくおんいつつぎぬ》**・同御唐衣**《おんからぎぬ》**・同御裳**《おんも》」（「**帛御服**《はくのごふく》」）、「**御五衣・御唐衣・御裳**」、「**御五衣・御小袿**《おんこうちき》**・御長袴**《おんながばかま》」の三種ある。

「帛御服」

天皇の「御祭服」と「帛御袍」に相当し、純白の絹で作られる。髪は**おおすべらかし**（大垂髪、「お大」と称す）。「即位礼当日賢所大前の儀」および「大嘗宮の儀」の「悠紀《ゆき》殿・主基《すき》殿供饌の儀」で着用する。

「御五衣・御唐衣・御裳」

すべてに色彩があり、いわゆる十二単である。色目は特に規定はない。髪は大垂髪。「即位礼正殿の儀」、「即位礼及び大嘗祭後神宮に親謁の儀」などで着用。

「御五衣・御小袿・御長袴」

即位礼の「賢所に期日奉告の儀」、戦後の「立太子の礼」、恒例の祭儀など、最も多く用いる。髪は「お中《ちゅう》」と呼ぶ垂髪を普通は用いる。なお略服として、常には「御小袿・御長袴」(構成は小袿・単・長袴)を代用しているという。

【皇太子の儀服】

儀服には、「**斎服**《さいふく》」、「**束帯黄丹袍**《おうにのほう》」、「**衣冠単**《いかんひとえ》」、「**直衣**《のうし》」がある。「斎服」は、束帯・縫腋袍で、**垂纓**《すいえい》**の冠**(纓の垂れた冠、皇太子以下一般に用いる)・**白袍・白単・白切袴**よりなる。純白で新嘗祭に着用する。「束帯黄丹袍」は、袍が黄丹で染められたものである。皇太子のみに用いる色目であり、紅花と支子《くちなし》で染めた黄赤色で、黄櫨染より薄い色合いである。縫腋袍・垂纓の冠で、未成年では闕腋袍《けってきのほう》・空頂黒幘《くうちょうこくさく》となる。大礼のほか、恒例の祭儀、立太子の礼、成年式、結婚式など、最も多く用いる。なお大嘗宮の儀では、皇太子以下は、清浄を表す**小忌衣**《おみごろも》・**日蔭蔓**《ひかげのかずら》を着ける。「**衣冠単**《いかんひとえ》」は、垂纓の冠・袍・単・指貫《さしぬき》よりなり、大礼の際の「即位礼及び大嘗祭後神宮に親閲の儀」に用いると規定されている。「直衣」は、以前は祭祀の作法の習礼などに用いたという。

皇族男子の儀服は、「束帯」、「衣冠単」、「小直衣」があり、皇太子と同様の場合に着用する。束帯は黒袍である。

【皇太子妃の儀服】

儀服には、「五衣・唐衣・裳」、「五衣・小袿・長袴」、「袿袴《うちきばかま》（けいこ）」がある。「五衣・唐衣・裳」は、「紫宸殿《ししんでん》の儀」（現在の「即位礼正殿の儀」にあたる）、「大嘗宮の儀」、結婚式などで着用する。なお大嘗宮の儀では、皇太子妃以下は、清浄を表す小忌衣《おみごろも》・日蔭糸《ひかげのいと》・心葉《こころは》を着ける。「五衣・小袿・長袴」は、大礼の一部儀式や恒例の祭儀等で着用するが、恒例の祭儀では略儀である「小袿・長袴」を代用しているという。袿袴は、袿・単・切袴からなり、大礼の際の「即位礼及び大嘗祭後神宮に親閲の儀」などに用いる。大礼関係は昭和・平成とも皇太子妃は結婚前で、運用は確認できない。

皇族女子は、皇太子妃に準じる。

洋装

【天皇の洋装】

明治天皇が公式に洋服を着用したのは、明治5年（一八七二）5月23日からの大阪・中国・西国巡幸のときで、燕尾《えんび》形ホック掛、黒地に金線で菊や鳳凰《ほうおう》を刺繍した洋服に、紺ビロード舟形の帽子を着用した。現在は明治神宮に保存されている。同年9月4日には陸軍大元帥服が定められ、翌年(一八七三)6月3日に天皇のための「**御軍服の制**」が定められた。天皇・皇族男子は**軍籍**にあったので、天皇は公式には、敗戦までは**軍服**を着用した。

大正2年(一九一三)11月4日の皇室令「天皇の御服に関する件」で、あらためて、「**陸軍式御服**」、「**海軍式御服**」が定められ、それぞれに、正装、礼装、通常礼装、軍装(海軍のみ第一種・第二種)、略装(陸軍のみ)があった。通常は陸軍式を、海軍関係の儀式などには海軍式を着用した。

戦後は、昭和20年(一九四五)11月7日に**通常の服装**として黒で黒糸の菊の模様を付けた詰襟の服が定められ、一般に「**天皇服**」と呼ばれた。昭和22年(一九四七)5月1日皇室令全廃とともに廃止。その後は**背広**が**平常服**となり、祭儀以外の儀式では国際的な**礼装**(燕尾服、タキシード、モーニング)を着用している。平成になっては、即位礼の「祝賀御列の儀」・「饗宴の儀」、「新年宴会の儀」、勲章親授式、晩餐、皇太子の立太子・結婚式の「朝見の儀」など重要な儀式では燕尾服(ホワイト・タイ)が用いられ、通常の儀式ではモーニングが用いられている。なお明治天皇・大正天皇は奥(私的空間)では和服中心であったようだが、昭和天皇は全て洋服であった。

【皇后の洋装】

皇后の洋装は、明治19年（一八八六）7月30日の華族女学校への行啓が最初である。6月23日には宮内卿伊藤博文が皇族・閣僚・華族に「自今時により皇后宮も西洋服を用ゐたまふ」ので各自「礼式相当の西洋服装を随意に用」いるよう通達し、また「現に宮中に於て用ゐられたる」洋服の礼装として次のものを示している（『法令全書』）。

大礼服

マント・ド・クール（Manteau de Cour）　新年式用。18世紀フランスの宮廷服で長い引き裾が付く。皇后と女性皇族の裾は華族の少年が捧持《ほうじ》した。

中礼服

ローブ・デコルテ（Robe décolletée）　夜会晩餐用。袖がないか短く、襟が大きく開く。

小礼服

ローブ・ミ・デコルテ（Robe mi-décolletée）　夜会晩餐用。ローブ・デコルテの略式。

通常礼服

ローブ・モンタント（Robe montante）　昼餐用。裾は長く仕立てる、立襟で長袖。

翌年（一八八七）1月17日には、洋装を奨励する旨の昭憲皇太后の思召書《おぼしめししょ》が出されている。敗戦後から昭和26年（一九五二）頃まで、元禄袖《げんろくそで》・行灯袴《あんどんばかま》の「**宮中服**」（モンペ型と呼ばれた）が使われ、公式にも着用された。その後、儀式では、**ローブ・デコルテ**（天皇の燕尾服に対応）と**ローブ・モンタント**（モーニングに対応）、あるいは**和服礼装**（紋付色留袖）が着用された。平成になって新年祝賀の儀の招待客への服装規定が**ロングドレス**と記載されるように女性の服装の表現が変化してきているが、重要な儀式にはローブ・デコルテないしその様式のロングドレスが着用されている。なお平成7年（一九九五）から、新年祝賀の儀では皇族は**ティアラ**を着用している。また平成の皇后は、ブラック・タイ以下の宴会や園遊会などで和服の着用が多く見られる。

【大礼服】

明治5年（一八七二）11月12日に、**文官**の朝儀のための礼装として、洋装の大礼服と通常礼服が制定された。それ以前は朝儀には**衣冠・直垂《ひたたれ》**を正式とした。大礼服は、燕尾形の上衣、下衣（チョッキ）、袴（ズボン）、舟形の帽子などからなる。身分によって**飾《しょく》章《しょう》**が異なる。通常礼服は燕尾服・シルクハット、のちフロックコートの代用が認められた。朝儀には大礼服、参賀などには通常礼服を用いた。戦後は用いられず、規定そのものも昭和29年（一九五四）7月1日に廃止された。なお**武官**は明治4年（一八七一）3月2日に朝儀などには**軍服**を着用すると定められ、のちに、正装、礼装、通常礼装、軍装(海軍のみ第一種・第二種)、略装(陸軍のみ)が定められた。

女性の参朝の際の服装は、明治6年(一八七三)1月13日に垂髪《すいはつ》・白衣・赤袴・綾地袿、すなわち袿袴と定められ、明治13年(一八八〇)に変更の後、あらためて明治17年(一八八四)9月17日に**婦人服制**が定められた。礼服・通常礼服(禁苑参入・夜会・公私礼服着用の場合など)・通常服(平常適宜)の三種、いずれも袿袴であり、西洋服は必要に応じ通達するとされた。そして明治19年(一八八六)3月に皇后の項で述べた洋装の規定が達せられた。

鹿鳴館時代以後洋装は後退し、大正4年(一九一五)の即位式の際は、出席夫人の大半は袿袴であったといわれる。なお**袿袴の制**は大正4年(一九一五)7月24日に皇室令で礼服と通常服二種に整理され、昭和22年(一九四七)他の皇室令とともに廃止された。［西川］

[22] 平安時代の食事

宮内省には、公的な饗宴の料理を調進する大膳職《だいぜんしき》と、天皇の私的な食事を調理する内膳司《ないぜんし》とがあった。鵜飼《うかい》・江人《えびと》・網引《あびき》などの律令制以前からあるいわゆる雑供戸《ざつくこ》は、本来大膳職に所属していたが、平安時代前期には順次内膳司の所属に移った。御厨子《みずし》所《どころ》と進物所《しんもつどころ》は内膳司に属して、内膳司で調理された天皇の食事を温め直すところであり、前者は菓子・乳・酒、後者は菜などが、それぞれ御厨子所では土器、進物所では銀器で進められた。

中世になると、両者は内膳司から蔵人所《くろうどどころ》の所属に変わるとともに、とくに御厨子所が天皇の朝夕の食膳を供するようになった。室町時代には、漁労や菓子のみならず薪炭などを扱う多くの供御人《くごにん》が御厨子所に所属して朝廷に供御を調進するとともに商業活動を行い、彼らを統轄する御厨子所別当の山科《やましな》家や、預《あずかり》の高橋氏にとっては世襲の収入基盤となった。

具体的な食事や料理の内容については、一般的に日本人の食に対する淡泊な倫理観もあって不明なことが多い。文学作品中にも美意識や儀式の荘厳さといった中でわずかに触れられる程度で、いわゆるレシピなどのようなものは存在しない。わずかに先例を残すために書かれた儀式書や記録による食膳の品目、現在も一部の神社で伝えられている**神饌**《しんせん》などから、その食事や調理法が推測されるのみである。『類聚雑要抄《るいじゅうざつようしょう》』などの儀式書に記された天皇・公卿の晴の食膳には、銀と木の二組の箸、匕《ひ》とよばれる匙《さじ》などのほかに、酒・塩・醤《ひしお》・未醤《みしょう》などの調味料が入ったそれぞれの皿があらかじめ別に置かれている。これは、食膳に出される料理自体には味付けされず、食べるときに皿の調味料を好みに従って付けたことを示している。

また、記録された料理には、各椀や各皿にたとえば「干鯛」とか「蒸鮑《むしあわび》」といったように、ほとんど単独の素材名が表記されるのみであることから、当時は複数の食材を合わせ、調味料で味付けをするような現代日本で一般に行われるような調理法は行われず、素朴な素材主義の料理であったことが推測される。また、朝廷のあった京都がとくに海から離れた土地柄であったこともあり、楚割《すわやり》や脯《ほじし》といった干物、醢《ししびしお》とよばれる塩辛の類、蘇《そ》（酥）・酪《らく》といった、牛乳の加工食品などの保存食も多かった。

大床子御膳《だいしょうじのおもの》

平安時代の天皇の食事には、「大床子御膳」「**朝餉御膳**《あさがれいのおもの》」「**只御膳**《ただのおもの》」と三種類があって、このうちもっとも正式なものが大床子御膳である。清涼殿の母屋《もや》、御帳の南に位置する大床子の前に台盤《だいばん》二脚を据えて箸や匕《ひ》とともに食物を配置したので、この名がある。元来は朝夕の二回であったが、鎌倉時代以降は一日一回になった。品数は焼物や汁物など八種から一〇種に及んだ。季節のものとしては9月9日より新嘗会《しんじょうえ》までは氷魚《ひお》（鮎の稚魚）、5月5日までは雉《きじ》、それ以降は鴨川・桂川の鮎《あゆ》を供する例であった。

楚割《すわやり》

鮭《さけ》や鯛《たい》、さらには鮫《さめ》や鯨《くじら》などの魚獣肉を細く切って乾燥させた現在のジャーキーのような食品。削ってそのまま食べるほか、水で戻して食べたりする。平城京跡から出土した木簡の中には、諸国から進められた楚割の荷札も見つかっており、保存と輸送のために産地で楚割の形にされて都に進められた。

醢《ししびしお》

乾肉を刻み、麴《こうじ》や塩に浸して製した肉の塩辛。大膳職《だいぜんしき》で調進した。孔子を祀る釈奠《せきてん》では、六衛府《ろくえふ》が交替で鹿醢・魚醢・兎醢を進めることになっていた。

蘇《そ》

蘇（酥）は、牛や羊の乳を発酵させずに煮つめて固めたもので、温めて発酵させ、ヨーグルトのようにした酪《らく》とは区別される。原料となる牛乳は、**乳牛院**という公的な施設で乳牛が飼育されており、そこから搾られた。大臣就任に際して行われる大臣大饗には、天皇から甘栗とともに蘇が贈られるが、この使者を**蘇甘栗使**《そあまぐりのつかい》という。

唐菓子《からがし》

日本では、菓子は元来「果子」で、栗や柿などの木の実であったが、平安時代になると、小麦を水で練って形を作り、油で揚げるという製法が中国から伝わり、主としてその形状により、梅枝《ばいし》・桂心《けいしん》・餅餤《べいたん》・糫餅《まがり》・餛飩《こんとん》・餢飳《ぶと》・餺飥《はくたく》などの名がつけられた。現在も滋賀県の日吉大社の神饌などにその一部が伝えられている。

索餅《さくべい》

小麦を縄状にない、棒状にした食品。形状から「麦縄《むぎなわ》」ともいう。油で揚げた中国伝来の唐菓子という説もあったが、『正倉院文書』や『延喜式』には「索餅料」として「醬《ひしお》」や「未醬《みしょう》」、「酢」といった調味料がいっしょに計上されているので、蒸したり茹でたりした索餅を、醬・未醬・酢などのつけ汁で食べたものであろう。七夕の日に食べるなど、もっぱら夏の食品であった。製法や食べ方は後世の素麵に継承される。

台盤《だいばん》

食物を載せる座卓形式の机。朱や黒漆塗りで、四脚や六脚、八脚などがあり、螺鈿《らでん》を施す場合もある。周囲の縁を高く巡らし、中央部だけではなく周囲の縁にも食器を載せた。清涼殿の西廂《にしびさし》にある台盤所は、台盤が置かれたことによる名称で、後世の食事を準備する「台所」の名の起源となった。

高坏《たかつき》

一本の脚に円形や方形の盤を載せた形式の食卓で、天皇をはじめ貴族が食事する際に用いる。貴族が用いるのは木製で朱や黒漆が掛けられ、彩色を施される場合も多かった。庶民も使用したが、木地や土師器《はじき》製であった。

折敷《おしき》

周囲に縁を巡らせた方形の盆で、簡単な食事の膳にする。この折敷に四隅の脚をつけて内側に湾曲させ、格狭間《こうざま》（刳形《くりかた》の装飾）を大きく透かした膳が懸盤《かけばん》で、公卿の饗宴などの儀式に用い、沈《じん》・紫檀《したん》・花杏などの唐木が使われたり、螺鈿が施されたものもあった。

土器《かわらけ》

主として酒盃として用いられた素焼きの土器。ときには簡単な食物を盛ることもある。基本的に一回ごとの使用が終わると破棄された。また「かわらけ」という言葉自体が酒宴そのものを指していた。京都南郊の深草で造られる深草土器はよく知られた。［五島］

［23］女房詞

室町時代の内裏や仙洞《せんとう》では、とくに女官たちを中心に、禁忌や婉曲表現あるいは女官同士の通用を目的として独自の言葉が発達した。これを「**女房詞**」とか「**御所詞**」という。天皇の身の回りに奉仕する女官の立場を反映して、食物や食事が中心であるが、「かもじ」（髪）に代表されるような体の部分、「くろもの」（鍋）や「つくつく」（臼）などの道具、さらには「お目もじ」（お目に懸かる、つまり会うこと）、「おひなる」（起きる）といった動詞にまで及んでいる。

清涼殿の御湯殿上に詰める女官が書き継いだ『**御湯殿上日記**《おゆどののうえのにっき》』はそうした女房詞で書かれた日誌である。女房詞は、その後京中の公家の奥向きや町屋の女中衆にも広がり、その一部は、「しゃもじ」（杓子）、「なす」（なすび）、「青物」（菜）、「おなか」（腹）など、現代も私たちが日常的に使用する言葉の中に残っている。

その成立にはいくつかのパターンがある。まず語頭の一音に「文字（もじ）」をつけたもの（**文字詞**）。前述の「かもじ」「しゃもじ」「お目もじ」のほかに、「そもじ」（そなた）、「すもじ」（すし）などがある。「なす」（なすび）、「まん」（饅頭）、「おこわ」（強飯）、「からから」（乾鮭）などは、単語の後半を省略したり前半を繰り返したりしてできている。宮中の用語からきたものとしては、「くご（供御）」（飯）、「くこん（九献）」（酒）、「まな（真菜）」（魚）、などがある。また、形状によるものとして「かべ（壁）」（豆腐）、「かがみ（屈）物」（海老）、「おひら」（平椀、さらにはそれに入る鯛をもいう）、「かちん」（餅、搗飯から）、「みつあし」（金輪）、「なかぼそ（中細）」（杵）、「おいた（御板）」（蒲鉾）などがある。色彩に因むものとしては、「くろとり」（雁）、「しろとり」（雉）、「あかなま」（鮭）などがある。なかには「ぞろ」（素麺）のように食べるときの音から来ているものもある。

葱を「ひともじ」というのは、葱を古来「き」といったからであり、これに対して「にら」は「ふたもじ」という。また水のことを「おひやし」というのは現代も「お冷や」というからわかるが、汲む場所から「井の中」ともいう。女房詞ではないが、宮廷社会では他に「おもうさま」（父）、「おたあさま」（母）に代表されるような独特のいい方が作られ、現在も使われている。

［五島］

[24] 近現代の食膳

晴《はれ》の御膳《ごぜん》

大床子御膳《だいしょうじのおもの》以来の御膳は、近世には行事の時のみに作られるようになった。干物・生物からなる平安時代以来の内容であり、近代に入った後も、正月の晴の御膳（晴御膳《はれのごぜん》）は、そうした料理が供せられる。晴の御膳とは、1月1日（戦前は3日まで）の朝に天皇が行う**儀式食**で、天皇は箸を立てる所作をするが実際には食べない。内容はおよそ次の通りであるが、食材によって若干変化するという。

御高盛《おたかもり》（三寸二分の高さに盛る）　塩引干紅鮭切重盛《しおびきほしべにざけきりかさねもり》・同　松風焼篠合鴨《まつかぜやきささあいがも》・同

雲丹《うに》篠蒲鉾《ささかまぼこ》・御平盛《おひらもり》（一寸八分の高さに盛る）　塩茹才巻蝦《しおゆでさいまきえび》・同　干鯖重盛《ほしさばかさねもり》・大《おお》

飯《い》（白飯、高さ五寸）・御追物《おおいもの》（焼き物）　亀足付零余子焼鯛《かめあしつきむかごやきたい》・同　菊花盛火取雉《きくかもりひとりき》

子《じ》・御汁　京味噌仕立巻鯉《まきごい》・御吸物　潮仕立鯛鰭《うしおじたてたいひれ》・御四種《およんしゅ》　醤油　塩　酢　酒・

御湯《おゆ》の下《した》（焦げ飯のおかゆ）・御酒

ほかにも食べる所作のみを行う儀式食には同種の料理が供される。

宮中晩餐

天皇主催の皇室宴会には、晩餐と午餐がある。

宮中晩餐（会は付けない）は国賓に対する接遇で、豊明殿で行われる。天皇・皇后は宮殿の南車寄で国賓夫妻を出迎え、松風の間に案内（昭和天皇は一人で出迎え、皇后は松風の間で挨拶）、皇太子以下皇族が挨拶ののち飲み物が供される。次に天皇・皇后と国賓夫妻は石橋の間に入り、招かれた客が四人に挨拶して豊明殿に入る。次に四人が豊明殿に入り、食事となる。デザートの前に天皇の歓迎のお言葉と相手国国歌が演奏される中での乾杯（トースト）、次に国賓の答辞と乾杯（音楽は日本国国歌）がある。平成10年（一九九八）10月以後、食事の前にお言葉と乾杯に変更されている。食後、天皇・皇后・国賓夫妻は、石橋の間に移り飲み物が供され、次いで春秋の間で招かれた客と歓談がある。その後、松風の間でお別れがあり、天皇・皇后は国賓夫妻を南車寄まで見送る。

一三〇人前後が招かれ、日本側席次は、天皇以下皇位継承順、内閣総理大臣、衆議院議長、参議院議長、最高裁判所長官、以下おおむね国務大臣・両院副議長（年齢順）、最高裁判所判事、他の認証官等（年齢順）で、政党・財界関係者が間に加えられる。食事はフランス料理が基本であるが、賓客の宗教、健康、嗜好に配慮されているという。通例は、前席で食前酒、本席でスープ、魚料理、肉料理、季節のサラダ、デザート、後席でコーヒーと食後酒が供される。服装は、男子はホワイト・タイ（燕尾服）、紋付羽織袴または相当のもの、女子はロングドレス、白襟紋付または相当のものであるが、近年はブラック・タイ（タキシード）で行われることが多い（女性はディナー・ドレス）。また晩餐会のあと**夜会**が催されることもあったが、近年はほとんど行われない。

宮中午餐（正式には午餐）は、主に**公賓**・公式実務訪問賓客に対する接遇で、蓮翠《れんすい》の間で行われる。招待客は晩餐の半分以下の規模である。料理のコースは同様であるが、通例スピーチがない。服装は、男性はモーニング・コートまたは相当のもの、女性はアフタヌーン・ドレスまたは相当のものと決められていたが、近年は平服で行われることが多い。

ほかに食事が関係する行事としては、天皇誕生日の宴会の儀（↓［32］）、園遊会（↓別巻［45］）、午餐（賓客への接遇以外）、茶会、お茶がある。**午餐**は、着任後三年を経た外国大使夫妻（**外交団午餐**と呼ばれる）、最高裁判所長官・判事等、総務大臣初め知事等、法務大臣初め検事総長等、認証官、総理大臣・国務大臣・官房副長官等を主たる対象として開かれている。

茶会は、日本芸術院賞受賞者と新会員、日本学士院賞受賞者と新会員、文化勲章受章者と文化功労者、オリンピック入賞選手等、パラリンピック入賞選手等を主たる対象として開かれる。**お茶**は、宮殿と御所で開かれ、新任の外国大使夫妻、帰朝した日本の大使夫妻、衆参両院の役員、新認定重要無形文化財保持者等を主な対象とする。茶会、お茶という名称だが、食事が出される。ほかにも**内外の賓客**を対象に**ご昼餐**、**ご夕餐**が御所で開かれている。

日常の食事

日常の食事については、明治になって、肉食と洋食が取り入れられた。明治天皇が初めて洋食を食べたのは、記録上では明治4年（一八七一）8月18日の浜離宮の延遼館（洋館、主に外賓接待に使用）に行幸の際の昼餐である。同年12月、それまで禁じられていた牛羊肉を平常に、豚鹿猪兎肉を時々供進することが定められ、牛乳の飲用も始まった。明治6年（一八七三）7月には西洋料理の昼餐が供せられている。なお外国賓客には、明治2年（一八六九）以来浜離宮の延遼館が使われ、洋食が供されていた。明治6年（一八七三）9月8日明治天皇は初めて外賓（イタリア王族）と吹上御苑で午餐を共にしたが、洋食であったと考えられる。外賓接遇である皇室宴会の源流であろう。

儀式食、皇室宴会（外部に応援は依頼する）、日常の食事は、**大膳課**（戦前は大膳寮→大膳職）が担当する。戦前は行幸の際も大膳が担当したが、戦後の地方行幸では行幸先が担当するようになった。昭和天皇は、メニューが変わり食が進んだと伝えられる。日常は、昭和天皇は朝食は洋食であり、昼食と夕食は和食と洋食が交互であったという。上皇（平成の天皇）は朝食は洋食、昼食と夕食は和・洋・中を交互に摂るという。料理人では、大正6年（一九一七）から昭和47年（一九七二）の八四歳まで主厨長（初代）を務めた秋山徳蔵が著名である。秋山は明治末年に修業のために渡欧、大正天皇大礼のため本格的フランス料理が必要として見出され、大正2年（一九一三）宮内省に勤務した。昭和46年（一九七一）には日本人で初めてフランス料理アカデミーの名誉会員となっている。食材は、肉類・蔬菜《そさい》類は御料牧場の生産品が主に使われており、魚・米は別途購入されている。

昭和天皇の時代には、天皇の食事と同一のものを侍医等が食べる「おしつけ」（試饌）が行われていた。いわゆる毒味の名残であろうが、天皇の健康管理が主であったといわれる。現在は行われていないという。［西川］

[25] 前近代の乗り物

平安時代中期には、皇族や貴族が使う乗り物についても、その種類の規式や乗車法が決まっていた。天皇や皇后は、**輦**《れん》とよばれる屋根の形が方形をした**輿**《こし》を用いる。また、上皇や皇后、皇太子をはじめ、摂関以下の高級貴族、その妻女・女房などは、参内や参詣・見物などの威儀をつくった行列、あるいは通常の交通手段として、状況に応じて種類を使い分けた**牛車**《ぎっしゃ》を使った。簡略な外出や、細い道、山道であったりする場合は、切妻の屋根のついた**腰輿**《ようよ》を使った。特殊な場合としては、宮城門内から殿舎までの間を高貴な者が許されて乗る**輦車**《てぐるま》があり、輿に車が付いて前後の人がこれを押して用いた。なお、日本では馬に引かせる馬車は発達せず、明治まで存在しなかった。

鳳輦《ほうれん》

天皇の外出（行幸）には牛車を使用せず、もっぱら輦を用いた。輦は**力者**《りきしゃ》（**駕輿丁**《かよちょう》）が肩に舁《か》くもので、屋形の屋根は四つの棟を中央の頂に集めた**方形造**《ほうぎょうづくり》である。即位・**大嘗会**《だいじょうえ》、威儀の行幸など、もっとも正式な場合に用いるのが、頂に金銅製の鳳凰の作り物を乗せた鳳輦である。これに対して略儀に用いるのが、宝珠を乗せた**葱花輦**《そうかれん》

で、名称は宝珠の形が葱《ねぎ》の花に似ていることによっている。神社の祭礼に用いられる神輿は、この天皇の輦を模したものである（図1）。

腰輿《ようよ》

切妻の屋根がついた屋形の基部左右に**轅**《ながえ》を通し、前後から轅の両端を結んだ白布を肩に掛け、両手で轅を持って担ぐ**輿**《こし》。轅を腰の部分に当てるのでこの名がある。**手輿**《たごし》ともいう。前後二人の力者の左右にそれぞれ二人ずつの力者が付いて、真ん中の力者を支える。屋形の素材によって板製の**板輿**《いたこし》、檜の板を編んだ**網代輿**《あじろごし》、筵張《むしろば》りの**張輿**《はりこし》などがあった。上皇、摂関、大臣をはじめ公卿などが遠出の際に用いる高級な輿は**四方輿**《しほうごし》といい、屋形の四方の柱間を吹き放ちとして**御簾**《みす》を垂らし、眺望を良くしたものである。

図１　鳳輦

牛車《ぎっしゃ》

牛に引かせた二輪車で、人が乗る車体（「箱」という）の基部から前方へ二本の**轅**《ながえ》を伸ばし、その先につけられた**軛**《くびき》を牛の首に懸けて引かせる。車体は前後が開いていて、前後の出入口には、御簾を懸け、その内

図2　牛車

側に布製の下簾《したすだれ》を垂らして、裾を御簾の下から外に出す（図2）。車体の材質からくる糸毛車《いとげのくるま》（絹糸）、網代車《あじろぐるま》（檜の板）、檳榔毛車《びろうげのくるま》（檳榔樹《びんろうじゅ》の葉）といった名称、八葉車などのように描かれた模様による名称、窓の形状にちなんで半蔀《はじとみ》の窓のついた半蔀車、廂のついた廂車《ひさしぐるま》、屋根の破風によって唐車《からぐるま》、雨《あま》眉車《まゆのくるま》といった名称がつけられ、またそれらの組み合わせで多くの種類ができている。いずれも、身分や格式によって使い分けられた。

唐車は、屋根が唐破《からは》風《ふ》なのでその名があり、屋根・廂・腰ともに檳榔樹の葉で作られている。上皇・皇后・東宮・親王、または摂関などが用いる大型の正式な牛車である。糸毛車は、絹の縒糸《よりいと》で屋形全体を覆い、その上から金銀の窠《か》文《もん》（鳥の巣を形どった丸文）を飾った車である。内親王、三位以上の内命婦《うちのみょうぶ》などの身分の高い女性が用いた。東宮が使用することもある。半蔀車は、屋形の横にある物見窓が、引き戸ではなく、上に押し上げる半蔀戸になっており、屋形は網代である。上皇・親王・摂関、大臣のほか、高僧や女房が用いることもある。八葉車は、網代車の屋形や袖に八つの葉の装飾文様（八曜とも）をつけた車である。

牛車《ぎっしゃ》の宣旨《せんじ》

通常、貴族が参内する場合は、大内裏東面の待賢門や上東門の前で牛車から降り、徒歩で内裏に到ったが、とくに功労のあった大臣などは、待賢門から直接牛車で宮城に入り、内裏内郭門までの通行が許された。この許しを牛車の宣旨という。

輦車《てぐるま》

小さな輦の左右に車をつけ、前後に伸びた轅に手を添えて引く車。東宮・親王・内親王・摂関・后・夫人・命婦などが、勅許されて内裏の宮門を出入りした。この勅許を「輦車の宣旨」といった。屋形の形状は唐車に似ていて、唐破風の**入母屋造《いりもや》**で、四方が開き、下簾、御簾を懸ける。［五島］

［26］近現代の乗り物

お召し列車、御召列車

天皇・皇后・皇太后が乗る特別列車の総称。宮廷列車とも呼ばれた。そのなかの天皇などが乗る車両を**御料車**《ごりょうしゃ》と呼んだ（自動車も御料車と呼ぶ）。

天皇が初めて汽車に乗ったのは、明治天皇の明治5年（一八七二）9月12日新橋―横浜間の鉄道開業式典の際の往復であった。最初の専用の御料車は、明治9年（一八七六）製造され、翌年（一八七七）2月5日京都―神戸間開業式の際に使用された木製二軸式車両で、のちに初代第一号と呼ばれた。大正2年（一九一三）廃車となり、現在は埼玉県さいたま市にある鉄道博物館に展示されている。平成15年（二〇〇三）重要文化財に指定。ほかにも古い御料車は右の鉄道博物館や愛知県犬山市にある博物館明治村で保存されている。昭和7年（一九三二）最初の鋼製御料車が製造され（三軸ボギー車）、第一号と呼ばれた。御座所壁紙は天平草花文様で清楚な様式である。戦後行幸にはこの御料車が用いられた。

昭和35年（一九六〇）に鋼製二軸ボギー車が製造され、これが第一号御料車となり、従来の第一号は第三号に改められた。乗車の際は菊紋が取り付けられ、御座所内装は桃山時代の華やかな黄金調の様式である。供奉車《ぐぶ》四両と固定編成で（牽引の機関車が加わる）、一号編成と呼ばれる。電車ではほかに同年製造の鋼製二軸ボギー車のクロ157—1号が近距離用御料車として用いられた。国鉄民営化後車両はJR東日本に引き継がれた。JR東日本は、老朽化に伴い、平成19年（二〇〇七）7月特別車両E655—1の一両を含むE655系一編成を製造、翌年（二〇〇八）11月12日初乗車。内装は落ち着きのある木目調、絹張りのソファや机・化粧台があり、防弾ガラスを使用している。他のJRや私鉄では特急用車両を充て、改造が施されているといわれる。

新幹線開通後は新幹線グリーン車の利用が増え、平成に入ってからは天皇の意向もあり、お召し列車の運行は減っている。原宿駅には、大正14年（一九二五）5月着工され、翌年（一九二六）8月大正天皇が初めて利用した皇室専用ホーム（通称「宮廷ホーム」）があり、のち御用邸や多摩陵などへの行幸の際利用されたが、この使用も減少し、近年は使用がない。

御料車

自動車の初代の御料車は、大正2年（一九一三）3月イギリスから輸入されたデイムラー社のランドレーで、4月には大正天皇が試乗している。初めて公式に使用したのは、大正9年（一九二〇）5月17日の伏見宮邸への行幸の際という。導入後は馬車に代わって自動車の使用が増えていく。こののちイギリス製ロールスロイス、ドイツ製メルセデス・ベンツが導入された。戦後の昭和天皇の巡幸はメルセデス・ベンツで行われ、「溜色《ためいろ》のベンツ」と呼ばれた。昭和26年(一九五一)にはアメリカ製キャデラックが導入された。

昭和42年(一九六七)に国産であるプリンス社製造(完成時日産と合併)のリムジン型ニッサンプリンスロイヤルが導入され、五台を数えるに至った。平成2年(一九九〇)にはロールスロイスの**オープンカー**が採用され、天皇の即位後のパレード、皇太子の結婚パレードに使われた。平成18年(二〇〇六)から、ニッサンプリンスロイヤルが老朽化したため、リムジン型センチュリーロイヤル(トヨタ)に転換していくこととなった。財政事情から四台体制となった。なお平成以降、通常の公務にはセダン型センチュリー(トヨタ)四台が使用されている。

馬車

皇室の重要儀式の際に使用される。馬車の最初の使用は明治天皇で、明治4年(一八七一)8月6日フランス公使を介して購入した四人乗りの馬車に乗っている。東京国立博物館に現存。以後馬車や騎馬が移動の常の手段となった。

儀礼用の**儀装馬車**には、昭和大礼に八頭立六頭輓《ひき》で用いた**鳳凰馬車**(第一号、騎馭《きぎょ》式)、四頭輓(第二号、同)、二頭輓(第三号、座馭《ざぎょ》式)、二頭輓(第四号、同)が現存する。第二号は、昭和34年(一九五九)4月の皇太子成婚パレードに使用された。平成に入り、第二号が天皇の「即位礼及び大嘗祭後神宮に親謁の儀」（二頭輓で使用）に、第三号が皇后の「即位礼及び大嘗祭後神宮に親閲の儀」に使用されている。外国大使の信任状奉呈には第四号が用いられている。

御召艦

戦前天皇および演習の統裁などで皇族が乗った軍艦。明治14年（一八八一）12月迅鯨《じんげい》が初めて御召艦と称された。外海乗御用軍艦として明治6年（一八七三）9月に起工。これ以前に明治5年（一八七二）5月に進水した内海乗御用船の蒼龍丸《そうりようまる》がある。明治19年（一八八六）以後は専用の艦はなく、必要に応じて指名された。裕仁《ひろひと》親王渡欧の際には香取《かとり》が、昭和戦前期は榛名《はるな》、長門《ながと》、比叡《ひえい》等が用いられた。なお天皇の外洋への初乗船は、明治天皇の明治5年（一八七二）5月西国巡幸の際の龍驤《りようじょう》への乗船である。

お召し機

天皇の飛行機への初搭乗は、昭和天皇の昭和29年（一九五四）北海道巡幸から帰京する際の8月23日、千歳—羽田間でのシティ・オブ・トウキョウ号搭乗である。ヘリコプターは、昭和62年（一九八七）6月22日伊豆大島の噴火見舞いの時で、須崎御用邸から往復した。　［西川］

3 皇室の人生儀礼

［27］皇室の誕生儀礼

皇室の構成員、とりわけ天皇・皇太子には、人生の節目ごとに特別な儀式・行事がある。その多くは、古来の慣例をふまえ、近代に入って、さまざまな皇室令に定められ、現代も大筋それに準拠している。

明治天皇の皇太子に立てられた嘉仁《よしひと》親王（のち大正天皇）は、明治33年（一九〇〇）5月10日、九条節子《さだこ》（のち貞明《ていめい》皇后）と結婚し、翌年（一九〇一）の4月29日、長男裕仁《ひろひと》親王（のち昭和天皇）の誕生をみた。その機会に定められたのが「皇室婚嫁令」「皇室誕生令」（のち両方とも「皇室親族令」に所収）である。

その誕生前後に、**着帯の儀**（妊婦の后妃が腹帯を締める）、**皇子に御剣《ぎょけん》を賜る儀**（新生の皇子に護り刀を授ける）、**命名の儀**（実名および称号を付ける）、**浴湯《よくとう》と読《どく》書《しょ》・鳴弦《めいげん》の儀**（初湯《うぶゆ》の際、文運と健勝を祈る）などがあり、やがて幼年期の諸儀礼もある。その概要を略述する。

着帯の儀

まず懐妊から約半年後に**内着帯**《ないちゃくたい》がある。皇太子妃や親王妃の場合、時の天皇・皇后から鯛・海老《えび》など五種の「交魚《こうぎょ》」（祝儀の鮮魚）が贈られる。

ついで妊娠九か月目に入ると、戌《いぬ》の日に着帯の儀が行われる。天皇から下賜される腹帯は、式部官により宮中三殿の神殿へ供えられると、掌典長が祝詞《のりと》を奏上して「着帯」を奉告し、天皇・皇后の代拝者（侍従・式部官）が玉串を捧げる。その後、帯は東宮御所へ届けられ、皇太子妃が袿袴《うちきばかま》の上から身に着ける。

その帯（いわゆる岩田帯）は、生平絹《きびらぎぬ》・長さ鯨尺にて一丈二尺（約四・五メートル）、幅半《はばなか》より折り三重に帖《たた》み、それを白い鳥の子紙（上等な和紙）で包み、松と鶴を描いた金泥蒔絵《こんでいまきえ》の「御衣筥《ころもばこ》」に納める。

明治以前には、着帯の際、陰陽師《おんみようじ》に吉時・吉方を占わせたり、悪霊除《よ》けの打撒《うちまき》（散米）をさせるとか、あるいは僧侶に帯の加持祈禱をさせるようなこともあった。

皇子に御剣を賜る儀

出産当日、かつては宮内大臣か内大臣が産殿に祗候《しこう》し、御子が誕生すると、宮内大臣が公告することになっていた。

平成の皇太子（新天皇）の場合、昭和35年（一九六〇）2月23日、宮内庁病院に宮内庁次長が待機し、東宮侍医長から「皇子無事ご出産」の報を受けると、侍従を介して天皇・皇后に上奏した。また東宮御所の皇太子（平成の天皇）は、東宮侍従長からの通知をえて、ただちに病院へ向かい皇子と対面した。まもなく宮内庁長官から、新皇子の身長（四七センチ）・体重（二五四〇グラム）などが公表されている。

翌日「皇子に御剣《ぎょけん》を賜る儀」が行われた。その**御剣**は、長さ八寸（約二五センチ）、白鞘《しらさや》の直刀で、赤地錦の袋に納められる。平成の皇太子の時は、人間国宝高橋貞次《たかはしさだつぐ》の作刀で、昭和天皇から〝初孫〟への贈り物として、勅使が病院に持参し、枕元に置かれた。

なお、これは〝護り刀〟であるから皇女の場合も贈られ、加えて袴も贈られる。

命名の儀

誕生より七日目に名前が付けられる。内廷皇族の場合は、男女・長幼の別なく、名（実名）と称号《しょうごう》（通称）が天皇から贈られる。**称号**は、成人のころまでの呼び名で、宮家の家名とはまったく異なる。かつて皇族や貴族の子女が実名の代わりに「若宮」とか「姫宮」などと呼ばれたことに類似する。平成の天皇を例にとれば、長男徳仁《なるひと》親王は「浩宮《ひろのみや》」、次男文仁《ふみひと》親王は「礼宮《あやのみや》」、長女清子《さやこ》内親王は「紀宮《のりのみや》」、皇太子の長女愛《あい》子《こ》内親王は「敬宮《としのみや》」の称号を贈られている。

それに対して宮家の場合は、その父母が実名を付けるだけで、内廷皇族のような称号がない。たとえば、結婚して秋篠宮家を創立した文仁親王は、親王妃紀子《きこ》と相談の上、長女を眞子《まこ》、次女を佳子《かこ》、さらに平成18年（二〇〇六）誕生の長男を悠仁《ひさひと》と名づけている。

皇子の名は平安時代から「～仁《ひと》」、皇女の名は「～子」が多い。「仁」は皇室が最も重んじる慈しみ・思いやりの心を表し、「子」には敬意が含まれる。その名と称号は、宮中より委嘱された学者が古典（多くは漢籍）から好い字を何種類も候補案として選び、その中から決められる。

たとえば、平成の皇太子（新天皇）の実名と称号は、孔子の孫にあたる子思《しし》の作と伝えられる『中庸』（『礼記《らいき》』の一篇）第三二章に出典がある。「肫々《じゅんじゅん》たる其の仁……浩々たる其の天、苟《まこと》に固《もと》より聡明聖知にして、天の徳に達せる者にあらざれば、それたれか能く之《これ》を知らん」とあり、この文中から「浩」と「徳」の二文字を選び、「浩宮」「徳仁」と命名された。「徳」を「ノリ」でなく「ナル」と訓むのは、すでに三笠宮の三男（のち高円宮《たかまどのみや》）が「憲仁《のりひと》」と名づけられていたからであろう。

このようにして決められた名前は、天皇がみずから大高檀紙《おおたかだんし》（厚手の和紙）に毛筆で書き、称号は宮内庁長官が別の紙に書く。その二枚の名記を三つ折りにして、菊花御紋のついた黒漆塗箱に納め、侍従長が勅使として東宮御所へ持参し、東宮大夫から皇太子に手渡す。それが東宮御所から宮内庁病院に届けられ、皇子・皇女の枕元に置かれる。

一方、その間に東宮侍従が皇太子・同妃に代わって宮中三殿へ参り、皇子・皇女の誕生と命名を奉告する（賢所・皇霊殿・神殿に誕生命名奉告の儀）。また、宮内庁から、その御名と称号（文字と読み方）が公表され、さらに政府が「官報」号外に載せて正式に告示する。

命名の一両日後、一般にいう出生届が行われる。すなわち、宮内庁の長官が書陵部において『皇統譜《こうとうふ》』の「皇族譜」（一般の家譜・戸籍）に皇子・皇女を登録する。具体的には、実名と称号、両親の名前、誕生の生年月日と場所、命名の年月日を、毛筆により楷書で記入し、書陵部長とともに署名する。

そのころ皇族個々の持ち物や調度品などに描かれる**お印《しるし》**も決められる。これは名前を品物に書くのをはばかり、代わりに目印として使われる。昭和天皇は「若竹」（同皇后は「桃」）、平成の天皇は「栄《えい》」（＝桐、同皇后は「白樺」）、平成の皇太子は「梓《あずさ》」（同妃は「浜梨《はまなす》」）、秋篠宮は「栂《つが》」（同妃は檜扇菖蒲《ひおうぎあやめ》）、皇孫の愛子《あいこ》内親王は「五《ご》葉躑躅《ようつつじ》」、悠仁《ひさひと》親王は「高野槇《こうやまき》」である。

浴湯《よくとう》の儀と読書《どくしょ》・鳴弦《めいげん》の儀

命名の儀と同じ生後七日目、産殿で「浴湯の儀」があり、そのさい「読書・鳴弦の儀」も行われる。ただ、これは内廷皇族に限られ（男女・長幼を問わない）、宮家の場合はない。

浴湯の儀は、いわば初湯《うぶゆ》にあたる。平成の現在では、宮内庁病院内の特別室を幔幕《まんまく》で仕切って浴殿に見立て、そこに檜《ひのき》の盥《たらい》を置き、女官長に抱かれた皇子・皇女が浴湯の所作をする。

その間に、幔幕で仕切られた片方の部屋で、「読書《どくしょ》・鳴弦《めいげん》の儀」が行われる。

読書とは、文官用の衣冠単姿《いかんひとえ》の学者が、中国か日本の古典の一節を三回繰り返して読み、皇子・皇女の文運を祈念する。

鳴弦とは、武官用の衣冠単姿の紳士二人が、弓を少し下向きに構えながら、読書の間に三回「オオ」という掛け声とともに、弦をビュンビュンと引き鳴らすことによって、皇子・皇女の健勝（尚武と破魔）を祈念するのである。

このような新生児の祝賀儀礼は、おもに貴族社会で行われてきた風習である。平安時代には、誕生の当日か翌日より七日目まで、毎日朝夕、浴湯の儀を繰り返し、その間に**明経博士**《みょうぎょうはかせ》と**文章博士**《もんじょうはかせ》が数人交替で漢籍の一部を読みあげ、また鳴弦も、五位・六位クラスの武官が二〇人も担当することになっていた。

平安時代には、誕生の日と三日目・五日目・七日目・九日目の各夜に祝膳を供し、新生児に「**廻粥**《めぐりがゆ》」（小豆粥《あずき》）を進めて邪気を退散させる**産養**《うぶやしない》が行われた。また、その間に新生児の胎髪を剃る**剃髪**《ていはつ》や、初めて産衣《うぶぎ》を着せる**産着祝**《うぶぎいわい》とか「七瀬《ななせ》」（賀茂川など七か所の瀬）で禊祓《みそぎはらえ》する**御祈始**《おいのりはじめ》なども行われていた。

初宮参と御箸初《おはしぞめ》**の儀**

一般社会の風習では、誕生から三〇日目ころ、近在の産土《うぶすな》神社などへ初宮参《まいり》をする。

それにあたる儀礼として、皇室では五〇日目ころ、**賢所《かしこどころ》・皇霊殿・神殿に謁《えつ》するの儀**が行われる。これ以下は、内廷皇族も宮家皇族も、男女・長幼を問わず、大筋で変わりない。

たとえば、浩宮徳仁親王（平成の皇太子、新天皇）の場合、昭和35年（一九六〇）の4月12日、母妃に抱かれて東宮御所から皇居へ移り、宮中三殿を順次参拝した。その際、天皇から皇孫に贈られた「**童形服《どうぎょうふく》**」（紫地に亀甲模様の入った晴着）を、東宮侍従が捧持しながら随従した。また、参拝がすむと、母妃に抱かれた浩宮が、祖父母の天皇・皇后の御前に進み、初めて正式の対面を果たしている。

平安時代には、生後三〇日ほどたつと、新生児を恵方《えほう》へつれてゆく**行始《あるきそめ》**があった。また、五〇日目、一〇〇日目の夜には、重湯《おもゆ》の中に小餅を入れて新生児の口に含ませ、順調な成育を祈り祝う**五十日《いか》の祝**、**百日《ももか》の祝**なども行われている。

それを承けて、宮中では戦後も、たとえば浩宮徳仁親王の場合、生後四か月目に**御箸初の儀**が東宮御所の食堂で行われた。骨が固く歯も強く育つように、二匹の金頭《かなかしら》（硬骨魚の塩漬《づけ》）と二個の青石（硬い小石）とを大高檀紙に包んで、三方《さんぼう》（白木の衝《つい》重《かさね》）に載せ、それに金銀の水引きをかけて飾ったところへ、浩宮が女官に抱かれて着座すると、東宮女官長が小豆粥にひたした箸を浩宮の口に付けた。

平安時代には、一歳半（数え二歳）になると、小児に初めて魚や鳥の肉などを供する魚味始《まな》が行われた。ついで四歳か五歳になると、年の初めに、寿詞《よごと》を唱えながら幼児の頭に餅をのせる戴餅《いただきもち》が行われた。ともに食物《たべもの》(神からの贈り物) を身に帯びさせて、幼い子の成長を祈り祝ったのである。

着袴《ちやつこ》と深曾木《ふかそぎ》の儀

数え五歳になると「着袴の儀」と「深曾木の儀」がある。ともに平安時代から貴族社会では、男女の別なく三〜四歳から六〜七歳ころまでの間に、吉日・吉時 (午後か夜分が多い) を選び行われてきた。

たとえば、浩宮徳仁親王の場合、**着袴の儀**は、昭和39年(一九六四)11月1日、東宮御所の広間に畳を敷いた所へ両親が臨席し、その前で白い祭服姿の東宮大夫と東宮侍従が、浩宮に白絹の袴をつけ、腰紐を片結びした。その袴は、平成の天皇が着袴の儀に使った「落瀧津《おちたきつ》」(黒紅色地に金糸・銀糸で瀧の流れを織り出した着物) が再び用いられている。

それに続く**深曾木の儀**は「髪剃《かみそぎ》」とも称され、生え揃った髪の毛先を揃える。たとえば浩宮が初宮参りの際は、祖父の天皇から贈られていた「童形服」と父ゆずりの白絹袴を着け、右手に檜扇、左手に小さな松と橘の枝を持ち、式場中央に置かれた立派な碁盤の上に立つと、東宮大夫が髪に櫛を入れて和鋏《はさみ》で毛先を切り揃えた。それが終わったところで、浩宮は盤上に並ぶ二個の青石をしっかり踏んでから、「エイッ」と叫んで元気よく飛び降りた。

このように服装と髪形を改めることは、幼児から少年への成長ぶりを示すことになる。そしてその姿で宮中三殿へ参拝したが、これは一般社会で行われている**七五三**の宮参りにあたるとみられる。

古来の七五三に際しては、男子・女子とも三歳で「髪置《かみおき》」、ついで男子が五歳で「袴着《はかまぎ》」、さらに女子が七歳で「帯解《おびとき》」をしてきた。しかし、近代以降の宮中では、男女とも数え五歳のみに髪剃と着袴が行われる。［所］

［28］元服・着裳と成年式

【前近代の元服・着裳の儀】

成人（一人前の要件を備えた大人に成ること）に達したことを披露する儀式は、かつて男子の場合、**元服**とか**加冠**と呼ばれ、女子の場合、**笄冠**《けいかん》とか**着裳**《ちゃくも》と称されてきた。「元」は初め、「服」は身に着《つ》けることで、初めて成人用の衣装を服するから「元服」と称し、成人用の冠を着けるから「加冠」という。また笄《こうがい》と裳は、成年女性の結《けっ》髪《ぱつ》と和装である。

平安時代以降の天皇は、ほとんど幼少で即位し、のちに**元服式**をあげた。実例をみると、平均年齢は一三歳前後、時期は正月が半数ちかくあり、時刻は夕方から夜が多く、儀場には紫《し》宸殿《しんでん》が用いられている。

その儀式次第は、まず当の天皇（ないし皇太子）が、未成年用の束帯（闕腋袍《けってきのほう》）に空頂《くうちょう》黒幘《こくさく》（頂《いただき》の空《あ》いた黒い布の額当《ひたいあて》）をつけて着座する。ついで所役の大臣（皇太子の時は東宮傅《とうぐうふ》）が、天皇（ないし皇太子）の黒幘を脱がせて櫛箱《くしばこ》に置き、内侍の渡す成人用の冠（燕尾纓《えんびえい》の抜巾子《ぬきこじ》）を頭上に載せ、次のような祝詞を読みあげる。

かけまくも畏《かしこ》き天皇《すめらみこと》が朝廷《みかど》、今月の吉日《よきひ》に御冠《こうぶり》加へ賜ひて、盛んに美しき御貌《かたち》人と成り賜ひぬ。天神地祇、相悦《よろこ》び護り福《さきわ》へ奉り賜ひて、御寿《とし》長く冠位動くことなく御坐《ましま》せと申す。

冠を加えられ髪を理《ととの》え終えた天皇（ないし皇太子）は、あらためて直衣《のうし》姿で座に着くと、再び大臣（ないし東宮傅）が祝詞を述べ醴酒《れいしゅ》（甘酒）と貢物をすすめる。ついで一両日後、成人した天皇（ないし皇太子）は、大極殿（のち紫宸殿）に出て群臣の拝賀を受ける。

これが、江戸時代の幕末まで行われてきた伝統的な天皇（ないし皇太子）の元服儀礼である。

それに対して女子皇族（内親王）の場合は、一二歳から一四歳のころ、吉日・吉時（夜が多い）を選び、後宮《こうきゅう》の儀場において、天皇か大臣が御裳を腰に結び（**着裳**）、内侍などの女官が**垂髪**を束ねて**結髪**にする（**髪上**）。

ただ、平安時代中期から成人女性でも垂髪が多くなり、結婚しても**鬢《びん》そぎ**をするのみとなる。それにつれて、女性の成人式は、もっぱら「着裳」と称されている。

【近現代の皇太子成年式】

天皇および皇太子（ないし皇太孫）の成人年齢は、旧典範でも新典範でも、他の皇族や一般国民より二年早く「**成年は十八年**」と定められている。未成年で即位すると、摂政を置かなければならないから、そのような場合の期間を短くするためである。「**皇室成年式令**」は古来の伝承をふまえて、明治42年（一九〇九）に制定された。本文は「**天皇成年式**」と「**皇族成年式**」から成り、「付式」では、後者を「皇太子（皇太孫）成年式」と「親王（王）成年式」に分け、それぞれ詳細な儀式次第を定めている（「内親王（女王）成年式」は明文化されていない）。このうち、「皇太子成年式」の骨子は、次のとおりである。

賢所・皇霊殿・神殿に奉告の儀（掌典長）
賢所大前の儀　　皇霊殿・神殿に謁するの儀
参内朝見の儀　　皇太后（太皇太后）朝見の儀

これに基づく**成年式**は、大正8年（一九一九）5月7日、皇太子裕仁《ひろひと》親王のために初めて行われた。「皇室成年式令」は、戦後（昭和22年5月）廃止されたが、これに代わる規定ができるまで従前の例に準拠する、との臨時措置が今なお続いている。

昭和26年（一九五一）の12月に皇太子明仁《あきひと》親王（平成の天皇）は、満一八歳を迎えた。しかし、同年の5月に祖母の貞明《ていめい》皇后が崩御して諒闇《りょうあん》中のため、翌年（一九五二）の11月10日に「成年式」を挙げ、「立太子礼」（→［29］）も引き続き行っている。

ただ、これを「国の儀式」として実施するため、新憲法の政教分離の原則に配慮して、「賢所大前の儀」を省く形に改められた（「皇室成年式令」では、賢所の外陣で冠を加える定めになっている）。そこで、仮宮殿の表《おもて》北の間（現在の宮内庁庁舎の講堂）において後述のような「加冠の儀」が行われ、続いて両親の天皇・皇后の前で次のような文語調の「告文《こくぶん》」を述べたのである。

　ここに礼を備へ、明仁《あきひと》に冠を加へ賜ふ。洵《まこと》に感喜の至りなり。今より愈々《いよいよ》思ひを身位に致し、童心を去り、成徳に順ひ、温故知新、以て負荷《ふか》の重きに任《た》へんことを期す。

一方、浩宮徳仁《なるひと》親王の場合は、昭和53年（一九七八）満一八歳となったが、昭和天皇の皇長孫ながら、当時まだ皇太子ではなかったため、一般の皇族と同様、二年後の同55年（一九八〇）2月23日、満二〇歳の誕生日に「成年式」を行っている。

その**加冠の儀**をみると、皇太子である父の先例に則り、まず午前、未成年の着る黄《おう》丹《に》色の闕腋袍《けってきのほう》（腋《わき》の開いた束帯）を着《つ》けた徳仁親王が、宮殿「春秋の間」に着座すると、東宮侍従が空頂黒幘《くうちようこくさく》の結び目を解き、代わりに侍従次長が燕尾纓《えんびえい》の付いた成人用の冠を頭上に載せ、その冠を固定するため別の東宮侍従が白い掛緒《かけお》を顎の下で結び、両端を鋏《はさみ》で「パチン」と切りそろえた。その様子は、親王自身「懸緒《かけお》打つ声高らかに響きたり二十歳《はたち》の門出《かどで》我が前にあり」と詠んでいる。

この儀をすませて成年となった徳仁親王は、祖父の昭和天皇と祖母の香淳《こうじゅん》皇后、および両親の皇太子・同妃に対して「謝恩の辞」を言上した。ついで成人の着る黄丹色の縫腋袍《ほうえきのほう》（腋の閉じた束帯）に燕尾纓の冠をつけた徳仁親王は、二頭引きの儀装馬車に乗って宮中三殿へ進んだ。そして賢所の内陣で拝礼し告文を読んだあと、皇霊殿と神殿にも拝礼している。

その午後、燕尾服に着替えた徳仁親王は、正殿「松の間」で祖父母の天皇・皇后に対面し、あらためて口語調の「謝辞」を読みあげた。それに対して、昭和天皇から「成年式をあげ、慶賀にたえません。ますます身を鍛え心を磨き、皇族の本分を尽くすことを希望します」とのお言葉があり、続いて香淳皇后も「おめでとう。いよいよ健《すこ》やかに学業に励まれることを希望します」と述べている。

その際、表御座所「鳳凰《ほうおう》の間」で天皇から「大勲位菊花大綬章」が授けられた。また二日後には、両親である皇太子・同妃主催の午餐《ごさん》会と内輪の晩餐会が宮殿の豊明殿と「連翠《れんすい》の間」で開かれ、その翌日、東宮御所において茶会が催されている。

さらに、その翌日から数日間、伊勢の神宮（内宮・外宮）より橿原の①神武《じんむ》天皇陵を経て、京都にある⑳仁孝《にんこう》天皇・㉑孝明《こうめい》天皇・明治天皇の各陵へ参り、東京へ戻って、多摩の大正天皇と貞明皇后の両陵にも参り「成年」を奉告している。

これに対して、他の**親王・諸王の成年式**は、満二〇歳で行われる。その儀式は、

「冠を賜るの儀」（勅使が親王に成人の冠を授ける）、**「賢所大前の儀」**（親王が賢所で拝礼して告文を読む）、**「皇霊殿・神殿に謁するの儀」**（親王が両殿で拝礼する）、**「参内朝見の儀」**（親王が参内して天皇・皇后に挨拶する）の諸儀から成る。

しかし、戦後は皇太子の場合と同様、賢所の外陣で冠を加えることはなくなり、宮殿で**「加冠の儀」**が行われる。また、それに続いて天皇・皇后に**「謝恩の辞」**を言上することになっている。［所］

[29] 近現代の立太子礼

成年式に前後して行われるのが「**立太子礼**」である。明治以前には、皇族として生まれた者ならば、嫡庶・長幼・男女の別なく皇嗣《こうし》＝皇儲《こうちょ》となれる可能性があった。それには、ある段階で親王（内親王）の宣下《せんげ》を受け、その中から皇太子（皇儲）に選ばれて「立太子礼」を行わなければならなかったのである。

それが明治22年（一八八九）制定の『皇室典範』では、皇位を継ぐことのできる皇族の第一順位は「**皇長子**」と定められている。従って、天皇の長子として生まれた皇子は、自動的に皇太子となる。

しかし、ある段階で立太子礼を行うため、明治42年（一九〇九）「立儲令《りっちょれい》」が制定された。その詳細な「付式」の骨子は、賢所《かしこどころ》・皇霊殿《こうれいでん》・神殿に奉告《ほうこく》の儀、神宮・山陵に勅使発《はっ》遣《けん》・奉幣《ほうべい》の儀、賢所大前《おおまえ》の儀、賢所・皇霊殿・神殿に謁するの儀、参内朝見の儀、皇太后（太皇太后）に朝見の儀、宮中饗宴の儀、などからなる。

このうち、**賢所大前の儀**では、天皇・皇后が賢所の内陣で拝礼して外陣に移動すると、皇太子が外陣から内陣に向かって拝礼し、天皇から**壺切御剣**《つぼきりのぎょけん》（平安時代前期の[60]

醍醐天皇以来の皇太子の護身刀）を下賜される。

こうした神前の立太子礼は、大正5年（一九一六）の11月3日（明治天皇の誕生日）、迪《みち》宮《のみや》裕仁親王（一六歳）のために初めて行われた。これを急いだのは、父の大正天皇の病状が進み始めた事情も加わり、成年式よりも早く立太子礼を実施する必要があったためとみられる。

ついで、継宮《つぐのみや》明仁《あきひと》親王（平成の天皇）の場合は、昭和27年（一九五二）の11月10日、「成年式」に引き続き「立太子礼」が行われている。ただ、これも旧「立儲令」と大正の先例に則りながら、新憲法に配慮して従来の「賢所大前の儀」を省き、仮宮殿における**立太子宣明の儀**が公式に「国の儀式」として行われた。

その際、昭和天皇の命を受けた宮内庁長官田島道治が、「立太子の礼を挙げ、明仁親王の皇嗣たることをあまねく中外に宣す」との宣制文を読み上げ、また続いて首相吉田茂が「臣茂」の「奉対文」（文語文）を言上している。

この後、皇太子は皇居から常盤《ときわ》松《まつ》の東宮仮御所まで馬車列パレードを行い、翌日も、仮宮殿の玄関上バルコニーに立ち、天皇・皇后とともに、二〇万近い国民の参賀に応えた。昭和天皇は、その感慨を「このよき日みこをば祝ふ諸人《もろびと》の　あつきこころぞうれしかりける」と詠んでいる。

さらに、浩宮徳仁親王（平成の皇太子）は、皇族として満二〇歳で成年式を挙げた後も、皇太子の第一皇子である。やがて昭和天皇の崩御により父君（平成の天皇）が皇位を継承すると、第一皇子の徳仁親王がただちに皇太子となり、即位礼・大嘗祭《だいじょうさい》も完了した平成3年（一九九一）の2月23日、満三一歳の誕生日に「立太子礼」が挙行されている。

その儀式は、父の先例を基本的に受け継ぎ、中心をなす「立太子宣明の儀」は「国の行事」として正殿「松の間」で行われた。全皇族と首相以下国民代表三二人や各国駐日外交使節の参列するなか、黄櫨染袍《こうろぜんのほう》（束帯）に立纓冠《りゆうえいかん》の天皇が、白い小袿《こうちぎ》に緋《ひ》長袴の皇后と正面の台座に立ち、その前に黄丹袍《おうにのほう》（縫腋《ほうえき》の束帯）に垂纓《すいえい》冠の皇太子が立つと、天皇が「徳仁親王が皇太子であることを、広く内外に宣明します」とのお言葉を述べた。

これに対して、徳仁親王は「皇太子としての責務の重大さを思い、力を尽くしてその務めを果たしてまいります」と決意を表明した。それに続いて首相海部《かいふ》俊樹《としき》が、国民を代表し祝賀の寿詞《よごと》（口語文）を奏上している。

ついで天皇は、皇太子とともに表御座所「鳳凰の間」へ移り、「壺切御剣」を授けた。さらに皇太子は、その御剣を捧持する東宮侍従を従えて儀装馬車で宮中三殿へ向かい、賢所・皇霊殿・神殿の順に拝礼し、皇太子の身位が確定したことを奉告している。

その午後、燕尾《えんび》服に大勲位菊花大綬章をつけた皇太子は、再び正殿「松の間」で**朝見の儀**に臨み、あらためて決意を述べた。それに対して、天皇と皇后から励ましのお言葉があった。

そこで皇太子は、天皇・皇后と「**九年酒**《くねんしゅ》」(黒豆を酒で煮たもの)の杯を交わし、また古式料理の膳に箸を立て、ついでお祝いの服地を贈るとの目録を受けとった。

さらに同23日夜、宮殿「連翠《れんすい》の間」で皇族・親族らと内輪の祝宴があった。ついで翌24日、豊明殿において**宮中饗宴の儀**、同夜に二回目の饗宴、さらに翌25日昼に三回目の饗宴が続いた。これらも次の皇位を継ぐ皇太子の門出を祝うため「国の儀式」として行われた。

その後、26日に伊勢の神宮(外宮と内宮)、27日に橿原の[1]神武《じんむ》天皇陵、さらに28日に八王子の昭和天皇陵へ、それぞれ参拝、皇太子になったことを奉告している。

〔所〕

[30] 近代皇室の結婚儀式

【皇族の結婚要件】

天皇や皇太子ないし皇太孫以外の皇族たちの結婚についても、古来さまざまの変化がある。

大宝・養老の「継嗣令《けいしりょう》」では、皇族間の婚姻を原則とし、一世の内親王だけでなく四世までの女王《にょおう》も、臣下に嫁すことができなかった。しかし、親王および諸王が臣下の姫を娶ることは禁じていない。そのため、皇嗣の42文武《もんむ》天皇や45聖武《しょうむ》天皇に藤原不《ふ》比《ひ》等《と》の娘（宮子《きゅうし》・光明子《こうみょうし》）を迎え、また52嵯峨《さが》天皇の皇女潔姫《きよひめ》が源姓を賜って藤原良房と結ばれ、54仁明《にんみょう》天皇の皇子人康《さねやす》親王の娘操子《そうし》女王が藤原基経《もとつね》と結ばれるような例もある。

明治の『皇室典範』では、「皇族の婚嫁は、同族又は勅旨に由り特に認許せられたる華族に限る」「皇族女子の臣籍に嫁したる者は、皇族の列に在らず」と定められた。それにより、皇族男子の結婚相手は、皇族か華族の女子に限られた（しかも婚約の前に勅許を仰ぐ)。また皇族女子が華族以下の男子と結婚すれば、皇籍を離れる(ただ特旨により内親王・女王の称を保有することはできる)ことになったのである。

また、明治の「皇室婚嫁令」により、天皇と同様、「皇族の婚嫁は、男子満十七年、女子満十五年」以上で、「直系親族又は三親等内の傍系血族」以外であることなどが定められている。

しかし、戦後の『皇室典範』では、皇族男子の結婚相手に制約がなくなり、民間女子と結婚することができる(ただ婚約の前に皇室会議の議を経て賛成をえる必要がある)。それに対して皇族女子が民間男子と結婚すれば、従来どおり「皇族の身分を離れる」ことになっている。

【「皇室婚嫁令」による皇太子の結婚式】

近代の皇室婚儀は、「皇室婚嫁令」(のち「皇室親族令」所収)に規定がある。これは、明治33年(一九〇〇)5月に予定された皇太子嘉仁《よしひと》親王の成婚に先立ち制定された。その本文は天皇の「大婚」と皇族の「婚嫁」から成る。詳細な付式のうち、皇太子結婚式の骨子は、左の通りである。

前儀　賢所・皇霊殿・神殿に成約奉告の儀

　神宮・山陵に勅使発遣の儀/同　奉幣の儀

納采《のうさい》の儀
勲章を賜ふの儀／贈剣の儀
告期の儀／贈書の儀
本儀 賢所・皇霊殿・神殿に結婚奉告の儀
妃氏入宮の儀
賢所大前の儀
皇霊殿・神殿に謁するの儀
参内朝見の儀／皇太后に朝見の儀
供膳の儀
後儀 三箇夜餅《みかよもち》の儀
宮中饗宴の儀
神宮・山陵に謁するの儀

これによれば、前儀・本儀・後儀のそれぞれで、宮中三殿と伊勢の神宮および神武天皇陵と先帝・先后の山陵への奉告・参向が重んじられている。また、いずれにおいても、伝統的な風習と近代的な要素が随所に採り入れられている。

婚儀も、時代により身分によって、かなり異なる。たとえば、平安時代に皇太子が貴族の姫と結婚する場合、まず姫＝妃を内裏に迎えて後宮の局（部屋）に住まわせ、そこへ通う形をとった。

しかも、その**入内**《じゅだい》（内裏へ入ること）に先立って、まず妃の里に「**御書使**《おふみづかい》」を遣わし、また入内後も、妃の局に泊まった翌朝「**後朝使**《きぬぎぬのつかい》」を遣わす。その使者は、紅の薄様《うす》《よう》に和歌を認《したた》めた皇太子の**消息**《しょうそく》（手紙）を届け、饗《もてな》しを受けてから、妃の返歌を預かってくる。さらに結婚した新郎・新婦の寝所に「三箇夜の餅」を供するのは、「夫婦年久、子孫繁栄」の祈念がこめられている。

こうした風習は、鎌倉時代以降にも、宮廷や公家の社会で続いていた。明治の「皇室婚嫁令」（のち「皇室親族令」所収）の付式も、前儀の中に**贈書の儀**、また後儀の中に**三箇夜餅の儀**を採り入れている。

一方、鎌倉時代以降の武家社会では、新郎の家に新婦を迎える「**嫁迎え婚**《よめ》」が多くなり、その婚儀には中国宋代の儒者朱子が編纂した『文公家礼』の様式が採り入れられた。

この『文公家礼』に範をとった武家社会の婚儀は、まず「**結納**《ゆいのう》」（使者が新郎方の進物を新婦方に持参し、答礼の進物を受領してくる）、ついで「**嫁入**《よめいり》」（新郎が新婦を迎えに行き、自邸で三三九度の盃を交わした後、新婦が夫の父母に対面する）、さらに「**里帰**《さとかえり》」（新郎が妻の里へ行き、その父母に対面する）、という三要素から成っている。

そこで、明治の「皇室婚嫁令」（のち「皇室親族令」所収）にも、武家流の「結納」が**納采の儀**として、また「嫁入」の際の「婦見」が**参内朝見の儀**として採り入れられた。

しかも、この明治時代以来の「結婚式」には、本儀の中心に**賢所大前の儀**が据えられている。それ以前の結婚式は、聟《むこ》取り婚でも嫁迎え婚でも、その家において親族・縁者らの見守るなかで催されてきた。室町時代から武家礼法を指南した伊勢氏の『婚礼法式』などをみると、「夫婦の道を始め給ひし神」として伊弉諾《いざなき》・伊弉冉《いざなみ》両神の掛軸を床の間に飾っている。

しかし明治6年（一八七三）からキリスト教が解禁されると、教会で神に誓約する形の結婚式が公然と行われるようになった。その影響を受けて、たとえば神宮教院が『五儀略式』を刊行し、「婚姻は……よろしく産土神《うぶすなのかみ》の前に於て、神官・中媒（仲人）の指南をうけてその約をなし、神明に契りて礼を厚くすべし……」と**神前結婚式**の式次第を示している。

宮中では、古代から敬神崇祖を最も重んじてきた。それゆえ、あらためて婚礼を成文化する際、最も丁重に神前で結婚式をあげる形が整えられたのである。その付式「皇太子結婚式」の「賢所大前の儀」に定める式次第は、おおよそ次のとおりである。

1 文武高官や外国交際官らは、夫人同伴で朝集所に参集し、親王以下の男女皇族は、綾綺殿《りょうきでん》に参入する。

2皇太子と同妃は、綾綺殿に参入して、それぞれ儀服を着《つ》ける（供奉諸員も服装を整え幄舎《あくしゃ》の本位に就く）。

3賢所の御扉を開き、神饌・幣物を供したうえで、掌典長が祝詞《のりと》を奏する。

4皇太子と同妃が、それぞれ前後に供奉諸員を従えて参進し、内陣に着座して拝礼する。

5皇太子が「告文」を奏した後、同妃と共に外陣へ移り、掌典から別々に神盃を受ける。

6皇太子と同妃が拝礼すると、次に親王以下が拝礼し、さらに諸員が拝礼する。

7皇太子と同妃が退出すると、幣物・神饌を撤し、御扉を閉じる。

この賢所大前における結婚式の際、内々陣に神饌が供えられる。それは、川出清彦著『祭祀概説』によれば、御飯（強飯《こわいい》）を高盛して御箸を添え、盃に神酒（清酒）を注ぐ。また調味料（酒・酢・醬《ひしお》・塩）、ツマミ（鮎・海月《くらげ》・鮑《あわび》・鯛《たい》）と鮑の汁物（煮付）、および生物《なまもの》（鯖《さば》・鯛と旬《しゅん》の魚二種）、干物《からもの》（乾魚と塩魚、各二種）、菓物（作菓の羊羹《ようかん》と時菓の蜜柑《みかん》など各二種）などを折《お》敷高坏《しきたかつき》六基に盛り、生物（魚類の刺身）、海菜（昆布、海苔、ヒジキ、イリコ）、菓子（作菓の椿《つばき》餅と時菓の金柑《きんかん》など）、白米（洗米）と菊紙（白紙）などを折櫃《おりひつ》二〇合に盛るという。なお、後儀として、宮中饗宴の儀があり、さらに伊勢神宮と山陵へ参拝し（神宮・山陵に謁するの儀）、結婚の奉告が行われる。

【一般皇族の結婚式】

親王や諸王の場合も、「皇室婚嫁令」（のち「皇室親族令」所収）により、皇太子ないし皇太孫の儀に準じて行われた。

まず**納采**《のうさい》・**告期**・**妃氏入第**《ひしじゅだい》**の儀**があり、ついで当日、妃とともに**賢所大前**《かしこどころおおまえ》**の儀**と**皇霊殿・神殿に謁するの儀**があり（親王以下の皇族参列）、天皇・皇后および皇太后のもとへ参り拝謁する**朝見**《ちょうけん》**の儀**がある。また**内親王や女王が臣下に嫁す場合**、**納采・告期の儀**を経て、当日は妃のみ**賢所・皇霊殿・神殿に謁するの儀**（親王以下の皇族参列）と天皇・皇后・皇太后に拝謁する**朝見の儀**がある。続いて妃の殿邸（宮家）で両親に挨拶の後、夫の第（邸宅）に向かう。ただ、皇族女子については、「皇室婚嫁令」に「内親王・女王、臣籍に嫁するときは、結婚の儀を行ふ前、賢所・皇霊殿・神殿に謁し、且《かつ》天皇・皇后・太皇太后・皇太后に朝見す」と定めるだけで、その「**結婚の儀**」に関する付式はない。　［所］

◆近現代のお妃選び

維新前の最後の天皇となった121孝明《こうめい》天皇の正室であった九条夙子《くじょうあさこ》は、皇后ではなく女御《にょうご》であった。夙子の立后は幕府に容れられず、皇后に準ずる准后《じゅごう》の待遇にとどまったが、明治天皇即位により近代最初の皇太后となった。明治天皇の皇后となった一条美子《はるこ》は睦仁《むつひと》親王が践祚《せんそ》して明治天皇となり、その女御として入内《じゅだい》した。

維新以後、皇太子妃、すなわち将来皇后となるべき女性の出自は皇族か五摂家とされていた。明治43年(一九一〇)の「皇室親族令」第七条には「天皇、皇后を立つるは皇族又は特に定むる華族の女子」とある。皇后たるべき女性の出自についてはそれ以前から、明治9年(一八七六)に、かつての慣例を踏まえて、皇后たるべき女性は、内親王および「従三位以上」で「女徳」のある者との論が出されていた。明治22年(一八八九)制定の『皇室典範』でも、その第三九条に「皇族の婚嫁は同族又は勅旨に由り特に認許せられたる華族に限る」とあり、のちの「皇室婚嫁令」や「皇室親族令」にも継承され、后妃は皇族か特別な華族とされていた。

特別な華族には、五摂家や旧大大名華族が念頭におかれ、皇后たるべき女性は五摂家以上に限られた。実際、明治天皇、大正天皇、昭和天皇の皇后は、それぞれ一条美子（摂家）、九条節子《さだこ》（摂家）、久邇宮《くにのみや》良子《ながこ》女王（皇族）と規定通りの決定を見たのであった。

敗戦後の新『皇室典範』では、后妃の出自身分を制限した条文はなく、内規も消滅した。こうした新時代の趨勢にあって、旧皇族や旧上流華族出身ではない正田美智子や小和田雅子が皇太子妃となる道が整った。［小田部］

[31] 現代の皇太子の結婚式

明治以来の「皇室婚嫁令」（のち「皇室親族令」所収）は、戦後廃止されたが、明仁《あき ひと》親王（平成の天皇）も徳仁《なるひと》親王（平成の皇太子）も、戦前の例に準拠した結婚式を行っている。そのうち、後者の実施例を略述する。

戦後の『皇室典範』でも、第一〇条に「皇族男子の婚姻は、皇室会議の議を経るものとする」と定められている。そこで、平成5年（一九九三）1月、宮内庁で皇室会議（皇族代表二名と三権代表八名）が開かれ、皇太子（当時三三歳）と小和田雅子（同三〇歳）の婚約を全員一致で可決した。それから五か月、宮中と小和田家の双方で準備が整えられた。また、その間に、宮中のしきたりなどの〝お妃教育〟も集中的に行われている。

その婚儀の大筋をたどってみると、まず**納采《のうさい》の儀**は、4月12日、東宮大夫《とうぐうだいぶ》が使者として小和田邸を訪れ、口上を述べてから、結納の品（清酒六本、真鯛二匹、絹の服地五巻）の目録を贈った。その後、和歌のやりとりをする**贈書の儀**も行われている。また**告期《こつき》の儀**は、同月20日、侍従長が勅使として小和田邸に赴き、婚礼の期日を伝えている。

　ついで、結婚当日の6月9日、**賢所大前の儀**は、午前10時から行われた。これは、前回（昭和34年〈一九五九〉4月10日）と同様、将来皇位を継ぐ皇太子に必要な伝統儀礼であるから、〝国の儀式〟とされている。

　まず宮中三殿の奥にある綾綺殿《りょうきでん》で身を清めてから、皇太子は黄丹袍《おうにのほう》（束帯）、同妃は女房装束（十二単《ひとえ》）で、揃って賢所の内陣に進み、丁重に両段再拝し（再拝を二回くりかえす）、皇太子が宣命体《せんみょうたい》の「告文」（誓いの言葉）を読み上げた。つぎに外陣へ移り、掌典長の注ぐ清酒を皇太子と同妃が各々の盃でのみ、これで婚姻が成立したことになる。続いて隣の皇霊殿と神殿へ参り、歴代の皇霊と天神地祇に結婚を奉告している。

　午後2時、**朝見の儀**のため、皇太子は燕尾服に大勲位菊花大綬章、同妃はローブ・デコルテに勲一等宝冠章をつけ、揃って正殿「松の間」へ進み、天皇と皇后に結婚の報告と感謝の意を述べた。それに対して、お祝いのお言葉があり、侍従のお酌で揃って盃をあげ、台盤の祝膳を食べる所作をした。このように皇室の婚儀では、両親が臨席せず、新郎・新婦の方から挨拶に出向き、いわば親子固めの盃を交わす。

　午後4時すぎ、皇太子と同妃は、皇居から赤坂の東宮御所まで（約四・三キロ）を、オープンカーで**祝賀パレード**をしている（前回は儀装馬車であった）。その沿道では、五〇万人を超す老若男女が奉祝している。

また同日夕方、東宮御所では、皇太子と同妃が結婚後初めて御膳を共にし盃を交わす**供膳《くぜん》の儀**があった。そして、同夜から三日間、白い小餅を皇太子妃の年齢数だけ銀器に盛って寝所に供える**三箇夜餅《みかよもち》の儀**も行われている。

さらに、6月15日から三日間、**宮中祝宴の儀**が豊明殿で盛大に催された。午前と午後で計六回、各界の代表が夫婦同伴で招かれている。

最後に、同月26日から四日間かけて、皇太子と同妃は伊勢の神宮（外宮と内宮）と橿原市の1神武天皇陵、八王子市の昭和天皇陵へ参り、それぞれに結婚を奉告している。

ちなみに、他の**親王の結婚式**も、皇太子のそれを簡略にして行われる（↓［30］）。

内親王の結婚に際しては、戦後も従来どおり結婚式の三日前、宮中三殿に参拝し、当日朝、天皇・皇后に内親王として最後の挨拶をした後、新夫の迎えの車で式場に向かう。　［所］

［32］天皇の結婚記念式と誕生日祝

結婚後、その節目に**結婚記念式**を祝う風習は、明治初期から欧化政策により、政治家や実業家たちの社交界で始まり、それが宮中でも行われるようになった。初例は、明治27年（一八九四）の3月9日、明治天皇と皇后との「**大婚二十五年祝典**」（**銀婚式**）である。同様に大正14年（一九二五）の5月14日、大正天皇と皇后、また昭和24年（一九四九）の1月26日、昭和天皇と皇后の、それぞれ銀婚式が行われている。

昭和天皇の場合は、昭和49年（一九七四）と同59年（一九八四）の1月26日、「**大婚五十年**」（**金婚式**）と「**大婚六十年**」（**ダイヤモンド婚式**）を迎えた。当日、侍従が宮中三殿に奉告し、宮殿で三権の長などが国民を代表して祝辞を述べている。一般の奉祝参賀記帳も十数万にのぼったという。

ついで昭和59年の4月10日、銀婚式を迎えた当時の皇太子と同妃は、揃って賢所に参拝し、吹上御所で天皇・皇后に挨拶したあと、東宮御所で内輪のお祝いをしている。また、平成31年（二〇一九）の4月10日が大婚六十年に当たる。

このような結婚記念式とは別に、**誕生日祝**もある。特に天皇の誕生日祝は、中国唐代の玄宗《げんそう》皇帝に始まる儀礼をとりいれ、天長節《てんちょうせつ》と称される。その初見例は、奈良末期の宝亀《ほうき》6年(七七五)10月13日、㊾光仁《こうにん》天皇(六七歳)が自分の誕生日を「天長節」と名づけ、全国の諸寺で経典を読ませ群臣に宴を賜っている(『続日本紀』)。平安時代以降にも、天皇(上皇)の誕生日祝は見られるが、公的な行事ではない。

それが「天長節」と称する国家的な祝日とされたのは、明治に入ってからである。同6年(一八七三)太政官布告により、明治天皇の誕生日である新暦の11月3日を、国家の祝日と定めている(昭和2年から**明治節**となる)。それ以来毎年、宮中三殿で**天長節祭**(掌典長の祭典奉仕により天皇が拝礼する小祭)とともに、宮殿では文武官人らによる「**参賀《さんが》の儀**」と、皇族および内外高官らを招いて「**宴会の儀**」が催されてきた(「皇室祭祀令」「皇室儀制令」)。同20年代後半からは、全国の官庁や小学校でも「天長節」の奉祝式典が行われている。

大正天皇の場合には、誕生日が8月31日で暑中のため、当日は宮中三殿において「天長節祭」のみ行い、全国の官庁・学校などで奉祝式典を行う**天長節祝日**は、二か月後の10月31日とされている。

昭和天皇の場合は、誕生日の4月29日が践祚《せんそ》の翌年(昭和2年)から「天長節」とされてきた。それが戦後(同23年)制定の「国民の祝日に関する法律」で、「**天皇誕生日**」とされ、崩御後は「**みどりの日**」となり、平成17年(実施は同19年)から**昭和**

の日と改称されている。

平成の天皇の**誕生日**は、12月23日である。在位中、この日は、先例を承けて、午前9時に宮中三殿で天皇が拝礼を行い、そのあと宮殿「松の間」で皇太子以下の全皇族および三権の長などからの祝賀を受けていた。続いて豊明殿で各界代表を招いての宴会、午後には各国大使らを招いての茶会も催され、また午前にも午後にも長和殿のベランダに出て一般国民の参賀に応えることが恒例であった。

なお、天皇誕生日は、海外諸国で、日本を代表する**ナショナル・デー**と定められており、当日前後に、ほとんどの在外公館でその国の要人を招いて奉祝の宴会が行われる。

長寿者を節目の年に祝う算賀《さんが》は、宮中でも民間でも古くからみられる。たとえば、奈良時代の天平13年（八四〇）㊺聖武《しょうむ》天皇は四〇歳の祝賀を受けた（『続日本紀』）。また江戸時代の文化元年（一八〇九）、後桜町《ごさくらまち》上皇のために古稀《こき》（七〇歳）の算賀が行われている。

この点、昭和天皇の時は、昭和36年（一九六一）に**還暦**、同46年に**古稀**、同53年に**喜寿**（七七歳）、同56年に**傘寿**（八〇歳）を迎えた。そこで、それぞれの4月29日、午前中に宮中三殿を参拝したあと、皇族・親族の方々から祝賀を受け、午後の祝宴に三権の長などが参列し、各国大公使夫妻らを招いての茶会なども催されていた。また、平成の天皇の場合、平成5年（一九九三）と同15年、同25年の12月23日、満六〇歳と七〇歳、八

○歳の誕生日に還暦と古稀、傘寿の祝賀を受けた。

なお、在位の節目として、昭和天皇の時は満五〇年と満六〇年に奉祝行事があった。平成の天皇の場合は、在位満一〇年・二〇年・三〇年に政府主催の記念式典が執り行われた。

一方、皇后の誕生日は、明治以降も公的な祝日とされなかった。しかし、天皇の「天長節」に対して地久節《ちきゆう》と称され、私的な参賀と祝宴が行われてきた。平成の皇后の場合も、平成6年（一九九四）と同16年（二〇〇四）、同26年（二〇一四）の10月20日、還暦と古稀、傘寿の誕生日に、内々の祝賀を受けている。

今も宮中の風習として「お年日《としび》」の祝いがある。これは、天皇・皇后と直系の子・孫に限られるが、正月三が日の十二支と各々の生まれ年の十二支が合致する方に対して、天皇から「お万那《まな》料」（お肴《さかな》料）が贈られ、当日朝、該当者が御礼に参上して「晒飴《さらしあめ》」を献ずることになっている（入江相政編『宮中歳時記』）。〔所〕

［33］大喪の礼と皇族の葬儀

【前近代の喪葬儀礼】

天皇・皇族の喪葬儀礼も、誕生や冠婚の儀礼と同様、時代により身分によって相当に異なる。

大和時代（弥生〜古墳時代）には、後の時代よりも霊魂の不滅が固く信じられ、丁重な葬儀が行われた。

とくに大王《おおきみ》（天皇）クラスの場合、崩御の日から長期（一年以上）にわたって宮殿近くの**殯宮**《もがりのみや》（仮宮）に遺骸を安置し、生前と同じように御膳などを供えて、関係者が**誄**《しのびごと》（故人を偲び称える言葉）を奉る殯宮《ひんきゅう》儀礼を繰り返す。その間に**山陵**（**墳墓**）が築造されると、遺骸を殯宮から陵墓まで葬列を組んで移送し、副葬品と共に埋納する葬送儀礼が行われている。

6世紀中ごろ日本に仏教が伝えられ、やがて朝廷でも尊信されるにつれ、**土葬**だけでなく、**火葬**が広まる。とくに7世紀中ごろから「**大化の薄葬令**」によって古墳の造成が抑制され、古来の殯宮葬送儀礼も簡略化されている。

平安時代に入ると、ほとんどの天皇が遺詔《いしょう》により、山陵を造ることも**国忌**《こき》（先帝・母后などの忌日に政務を休み仏事を行うこと）も辞退したり禁止している。また、火葬所には簡単な塚を立て、別に納骨の墓を造るような例が多くなる。

中世・近世には、本来別々だった埋葬地を一定の地域に集めた例も多い。たとえば、持明院統の89後深草《ごふかくさ》天皇から107後陽成《ごようぜい》天皇までのうち一二帝が、伏見の深草北陵（納骨堂）に合葬されている。また、87四条《しじょう》天皇と108後水尾《ごみずのお》天皇から120仁孝《にんこう》天皇までの一四帝も、東山の泉涌寺《せんにゅうじ》境内にある月輪陵《つきのわのみささぎ》・後月輪陵（九重の塔）にまとめられている。

しかし、江戸時代には、むしろ**儒葬**・**神葬**（ともに土葬）の主張が高まり、承応3年（一六五四）崩御の110後光明《ごこうみょう》天皇陵は簡略ながら土葬とされた。そして121孝明《こうめい》天皇からは立派な円丘古墳が復活している。

【近代の服喪令と喪葬令】

明治期に入ると、皇室の祭礼は、すべて神道式《しんとう》となった。たとえば、明治元年（一八六八）の12月25日、孝明天皇の命日にあたり、仏式の三回忌でなく神式の三年祭が営まれた。また同30年（一八九七）の1月11日に崩御した英照《えいしょう》皇太后の葬儀は、宮中に**大喪使**を置き、神式により行われている。

この皇太后大喪を機として、皇室の葬礼を成文化する議論が「帝室制度調査局」で進められた。そして同42年（一九〇九）6月、服喪の種類や期間などを定めた「**皇室服喪令**」が公布された。ただ、喪儀（葬礼）の詳細を定める「**皇室喪儀令**」については、慎重に検討を続け、ようやく大正15年（一九二六）10月に公布されている。

その間、明治45年（一九一二）7月30日に崩御した**明治天皇**の大喪と、大正3年（一九一四）4月11日に崩御した**昭憲《しょうけん》皇太后**の大喪があった。この両大喪が、未公布の「皇室喪儀令」（同付式）案に準拠して実施されたことは、明らかである。

まず「皇室服喪令」からみると、皇室の服喪は「大喪《たいも》」と「宮中喪《きゅうちゅうも》」に分けられる。**大喪**とは、天皇（追号の決まるまで**大行《たいこう》天皇**と称する）および太皇太后・皇太后・皇后（いずれも「陛下」の敬称が用いられる）の場合である。それ以外の皇族の場合は**宮中喪**という。

その服喪期間は、天皇か皇后の立場から、その父・母・夫に対して一年で、**諒闇《りょうあん》**と称する。祖父・祖母と夫の父・母および妻に対しては五か月（一五〇日）、それ以下、親等ごとに九〇日・三〇日・七日・五日とする。

ただ、諒闇中でも、第一期の最初の五〇日は最も重く慎み、第二期の次の五〇日もそれに準ずるが、第三期の残り二六五日は平常に近い**心喪《しんも》**で差し支えない。

つぎに喪儀そのものを定めた「**皇室喪儀令**」をみると、本文は「大喪儀」と「皇族喪儀」に分けられる。さらに付式で前者を「天皇大喪儀」と「皇太后（太皇太后）大喪儀」「皇后大喪儀」に分けており、また後者を「皇太子（皇太孫）喪儀」と「皇太子妃（皇太孫妃）喪儀」「親王（王）喪儀」「親王妃・内親王（王妃・女王）喪儀」「七歳未満の皇族喪儀」に分けて、それぞれの儀式次第を定めている。

このうち、**大喪儀**によれば、まず大行天皇（ないし三后）の柩《ひつぎ》は殯宮《ひんきゅう》に奉安し、その**霊代**（一般の位牌）は**権殿**《ごんでん》に奉安する（一周年祭後に皇霊殿へ遷《うつ》す）。ついで大行天皇（および三后）に対して**追号**を勅定し、公告させる。また大行天皇に関しては、当日か翌日から五日間（三后の場合は三日間）**廃朝**（公務に出ない）する。

さらに大喪の事務を掌《つかさど》る**大喪使**を宮中に置き、大行天皇と三后の**喪主**は天皇（皇后の場合は皇太子）とする。

この儀式次第は次の通りである（※は実例により補う）。

殯宮《ひんきゅう》**の儀**

※櫬殿《しんでん》の儀　櫬殿祓除《ばつじょ》の儀

殯宮移御の儀　殯宮日供《にっく》の儀

殯宮移御後一日祭の儀

殯宮十日・二十日・三十日・四十日及び五十日祭の儀

追号奉告の儀

※陵所地鎮祭の儀　陵所祓除の儀

斂葬《れんそう》の儀

斂葬前、殯宮拝礼の儀　霊代奉安の儀

斂葬当日、殯宮祭の儀

轜車《じしゃ》発引の儀

斂葬の儀―葬場殿の儀

同右―陵所の儀

権殿《ごんでん》・山陵の儀

斂葬後一日　権殿祭の儀　権殿日供の儀

斂葬後一日　山陵祭の儀　山陵日供の儀

倚廬《いろ》殿の儀

権殿及び山陵十日・二十日・三十日・四十日・五十日祭の儀　同百日祭の儀

山陵起工奉告の儀　山陵竣工奉告の儀

権殿及び山陵一周年祭の儀

御禊《おんみそぎ》の儀　大祓《おおはらえ》の儀

これを要約すれば、まず崩御直後の**槻殿**《しんでん》（柩の仮安置所）と**殯宮**（柩の奉安所）に移御する翌日から五十日祭までの儀、ついで崩御五〇日目前後に葬場殿と陵所で行われる斂葬の儀、さらに斂葬翌日から一周年祭までの儀に分かれる（**斂**は遺体を納めること、**斂葬**は一般の葬儀）。ここには、前述したような古代（大化以前）の大王葬礼に含まれる趣旨も、可能なかぎり盛り込まれている。

【大正天皇の大喪】

このような「皇室喪儀令」の基になる大喪は、すでに明治天皇と昭憲皇太后の崩御により実施されている。しかし、その正式公布後に適用されたのは、大正天皇の大喪からである。

大正天皇は、大正10年（一九二一）ころから執務が困難となり、皇太子裕仁親王を摂政としたが、同15年（一九二六）の12月25日未明、葉山の御用邸で崩御した。そこで、ただちに摂政宮が践祚《せんそ》式をあげ、勅令により**大喪使**の官制（総裁は閑院宮載仁《ことひと》親王）を定めている。

まず翌日の昭和元年12月26日遺骸を納めた舟形の霊柩《れいきゅう》が御用邸を出発、翌27日夜、皇居に到着すると、28日朝、御常御殿の一室を**槻殿**《しんでん》に充てた。その槻殿において、29日の夜まで、昭和天皇・香淳《こうじゅん》皇后・先帝の皇后（皇太后としての貞明《ていめい》皇后）をはじめ各皇族の**拝訣（お別れ）の儀**が行われた。これは、一般の通夜《つや》にあたる。

ついで、一週間後の翌年（一九二七）1月5日夜、宮中正殿の一角に白木造の**殯宮**が設けられ、そこに霊柩が移された（それに伴い槻殿を祓除《ばつじょ》）。6日から斂葬前日の2月7日まで三三日間、その殯宮で「**日供**《にっく》」（毎日の御膳）を捧げ、天皇・皇后および皇太后が毎日拝礼を続けている。

その殯宮では、移御の翌日（崩御から一三日目）と崩御から数えて二〇日・三〇日・四〇日（1月13日・1月23日・2月2日）に、天皇と皇后以下の男女皇族および側近奉仕の高等官などが参列して拝礼を繰り返した。また、1月20日には、大行天皇に「大正」の追号を贈られたことが奉告されている。

つぎに**斂葬**（一般の本葬）では、2月7日（崩御から四五日）朝、宮中「桐の間」を権殿《ごんでん》として、大正天皇の霊代《れいだい》（位牌）を奉安し、同日夕方、霊柩を牛の牽く轜車《じしゃ》（唐庇車《からびさし》）に移して、約六〇〇〇人の葬列で新宿御苑の葬場殿へ出発した。

その霊轜《れいじ》が**葬場殿**に奉安されると、まず天皇が拝礼して**御誄**《おんるい》（弔辞）を奏上し、続いて首相若槻《わかつき》礼次郎と宮内大臣一木《いっき》喜徳郎も拝礼して誄を読み、さらに午後11時約七〇〇〇人の参列者が一斉に拝礼した。その同時刻に、全国各地でも遥拝が行われている。

ついで、真夜中の8日午前零時、**葱華輦**《そうかれん》（屋根に葱《ねぎ》花形の飾りを付けた乗輿《じょうよ》）に移された霊柩が、京都の**八瀬《やせ》童子《どうじ》**（中世から朝廷の賀輿に奉仕してきた比叡山西麓の八瀬村民）に担がれて、葬場殿から新宿御苑駅まで、および八王子の東浅川駅から多摩の陵所まで運ばれた（途中は特別列車）。

陵所では、霊柩を地下の玄室に納めた後、午前5時から天皇が拝礼し御告文を奏上している。

なお、葬場殿の儀でも陵所の儀でも、祭典の初めと終わり（祭官が御饌《みけ》と幣帛《へいはく》を奉る間とそれを下げる間）に、宮内省の楽師たちが和琴にあわせて物悲しい「誄歌《るいか》」（しのびうた）を奏上した。

誄歌は、故人の生前における功績や人徳を偲《しの》び讃える歌である。大喪の誄歌には、奈良時代以前から倭建命《やまとたけるのみこと》（日本武尊）を葬送した時の古歌が使われている。『古事記』（七一二年成立）によれば、倭建命は父帝⑫景行《けいこう》天皇の命により、九州に続いて東国に遠征し、その帰途に伊吹山で病をえて能褒野《のぼの》（三重県亀山市）で没した。しかし、まもなく白鳥に化して西の方へ飛び去ったので、「倭《やまと》に坐す后等及び御子等」は、後を追いかけ次のように歌ったという。

なづきの田の稲幹《いながら》に稲幹に　匍《は》ひ廻《もとほ》ろふ野老蔓《ところづら》
浅小竹原《あさじのはら》　腰なづむ　空は行かず　足よ行くな
海処《うみが》行けば腰なづむ　大河原の植草　海処はいさよふ

浜つ千鳥　浜よは行かず　磯《いそ》伝ふ

しかも、『古事記』本文に「この四歌は、皆その御葬に歌ひき。故、今に至るまで、その歌は天皇の大御葬に歌ふなり」と明記されており、それ以前から大喪の誄歌に用いられていたことは間違いない。そこで、大正元年（一九一二）9月、明治天皇の大喪に際して、宮内省楽師の芝祐夏《しばすけなつ》が楽譜を作り、それが以後の大喪にも使われている。

さらに、斂葬（昭和2年〈一九二七〉2月8日）から一周年祭の前日（12月24日）まで、宮中の権殿と多摩の陵所において、祭官が毎日「日供」を供え続けた。また、崩御から五〇日目（2月12日）と一〇〇日目（4月3日）、権殿では天皇と皇后以下の皇族が参列して拝礼し、陵所では勅使が祭文を奏上している。

なお、斂葬から一〇日以内（2月16日まで）に、天皇が忌み籠《こも》る仮屋の倚廬《いろ》殿で**叡《えい》念《ねん》の儀**が行われた。また、多摩の陵所では、5月2日に山陵の起工式、12月23日に竣工式が行われている。

一周年祭の昭和2年12月25日、権殿では天皇がお告文を奏し（皇后以下の皇族・親族らも参拝し拝礼）、山陵では勅使が祭文を奏上した。

翌26日、小直衣《このうし》の天皇が**御禊の儀**を行い、また宮内高等官以下の奉仕者も**大祓の儀**を行った。これによって、一年間の大喪儀を終えたのである。

ちなみに、貞明皇后は夫君に先立たれた後、皇居から青山御所へ移った。そして、崩御までの二五年間、毎日朝夕、拝殿から多摩御陵を遥拝し、入江《いりえ》為守《ためもり》に描かせた夫君の御影《みえい》（肖像画）を飾った部屋で「生ける人に仕えるごとく」過ごしたと伝えられる。　［所］

【昭和天皇の大喪《たいそう》】

戦後の『皇室典範』第二五条にも「天皇が崩じたときは、大喪の礼を行う」と定めてある。宮内庁では**昭和天皇危篤**の発表後「緊急連絡室」を設置したが、機能を果たすまでもなく、崩御後ただちに「**大喪儀委員会**」（委員長・宮内庁長官藤森昭一）を発足させた。内閣は1月8日「**大喪の礼委員会**」（委員長・首相竹下登、副委員長・内閣官房長官小渕恵三）が対応、崩御から四九日目に当たる平成元年（一九八九）2月24日、**大喪の礼**が行われた。

戦前の皇室令では「斂葬《れんそう》の儀」と言われ、葬場殿の儀と陵所の儀から成っていたが、今回は「国の儀式」として大喪の礼（皇居正門から葬場まで、および葬場から武蔵陵墓地までの「**葬列**」と、葬場での「**大喪の礼**」）を天皇の**国事行為**として行い、旧皇室令を踏まえた**葬場殿の儀**と**陵所の儀**を「**斂葬の儀**」と称して皇室の行事とした。大喪儀は従来夜間行われ、牛車が霊柩《れいきゅう》を運んだが、大喪の礼と葬場殿の儀は日中となり、牛車の代わりに自動車となった（昭和26年〈一九五一〉の貞明《ていめい》皇后大喪儀も同じである）。

殯殿《しんでん》の儀

1月7日午前6時33分昭和天皇崩御。遺骸は病室だった吹上御所二階から一階居間に移され、そこが殯宮《ひんきゅう》に移すまで安置しておく殯殿《しんでん》になった。まず、天皇以下肉親のお別れである拝訣《はいけつ》があり、仮通夜が19日まで営まれた。その間天皇以下皇族、側近に仕えた人などの殯殿祗候《しこう》があった。8日午後6時からヒノキの内槽《ないそう》（柩）に遺骸を納める御舟入《ふないり》があり、愛用のルーペや万年筆などが入れられた。9日は斂棺《れんかん》。内側が銅板になっている一回り大きい柩に内槽を納め、ハンダ付けされた。最後のお別れである。

17日**陵所地鎮祭の儀**が武蔵陵墓地であり、以下が大喪儀各儀とされたが、大喪の礼は国の儀式なので含まれていない。

殯宮移御《いぎょ》の儀

19日、昭和天皇の柩は吹上御所の殯殿から正殿・松の間の殯宮に移され、この日から三七日間、天皇皇族以下各界代表者が二四時間通して付き添う**殯宮祗候**（民間の通夜に相当）が行われた。22日から24日まで**殯宮一般拝礼**があり、長和殿東庭回廊の中央に黒リボンで飾られた大きな遺影が飾られ、三三万九一〇〇人が東庭で別れを告げた。

追号奉告の儀

1月31日、殯宮で行われた。崩御時からこの日まで、故天皇を大行《たいこう》天皇といったが、追号が贈られ「昭和天皇」になった。

霊代奉安《れいだいほうあん》の儀

昭和天皇の霊柩が埋葬されるのに先立ち、霊代《れいだい》（みたましろ）を権殿《ごんでん》（表御座所・芳菊の間）に移すこと。大喪の前日、2月23日に行われた。一年間権殿に祀られ、その後霊代は皇霊殿に移される。

轜車発引《じしゃはついん》の儀

斂葬の儀に先立ち、殯宮を出た霊柩が霊轜《れいじ》に乗せられること。午前9時35分、皇居正門を出た轜車（霊柩車）は、皇居前広場や国会議事堂前を通り10時13分、葬場の新宿御苑葬場門に到着した。

葬場殿

大正天皇大喪儀の例にならい、新宿御苑東南の西洋庭園一帯に設けられた。間口二〇メートル、奥行き一二メートル、高さ一二メートルで総ヒノキ造り、屋根は柿板葺《こけらいた》き。

葱華輦《そうかれん》

天子の乗り物のこと。葬儀では霊柩を乗せる。重さ一・五トン。霊柩は葱華輦《そうかれん》に移され、約二〇〇メートル、古装束の黒の布衫《ふさん》を着た五一人の皇宮護衛官によって葬場門から葬場殿に移された。その間、道楽が奏され、霊柩を中心に天皇、皇族ら二二人が徒歩列で従った。

葬場殿の儀

午前10時13分から皇室行事である斂葬の儀・葬場殿の儀が始まった。10時50分、天皇皇后が着床。御饌、幣物が供えられ、祭官長が祭詞を奏した。11時10分、天皇が拝礼して誄《るい》（弔辞）を読み、皇后以下が拝礼、11時43分仕切りの幔門が閉じられた。ただちに高さ三メートルの鳥居や大真榊《おおまさかき》が撤去され、祭官も退出した。

大喪の礼

正午少し前、再び幔門が開かれ、国の儀式が始まった。一同黙禱の後、首相竹下登以下三権の長の弔辞があり、参列者が拝礼し午後1時5分すぎ式を終えた。1時38分、葬列は東京都八王子市の武蔵野陵に向かった。大喪の礼には米大統領ブッシュ、英女王の名代として夫君フィリップ殿下、独、仏大統領、韓国国務総理姜英勲《きょうえいくん》（カン・ヨンフン）、中国は国家主席特使銭《せん》其《き》琛《しん》（チェン・チーチェン）など一六四か国（五五八人）、欧州共同体（五人）、二七国際機関（三二人）も含め内外から約一万人が参列した。

陵所の儀

午後3時14分、霊轜が**武蔵陵墓地**総門に到着、天皇以下が霊轜の後を祭場殿まで徒歩で続いた。柩は台車で地中の石槨《せっかく》に降ろされ、午後4時半から埋葬が始まった。石槨の蓋石を閉じ**陵誌**を納め肉親が〝**お土かけ**〟をした後、全体を覆った。午後7時20分、斂葬の儀・陵所の儀が始まった。奏楽が鳴り祭官長が祭詞を奏し、午後8時前、天皇が**お告文**を読み皇后以下が拝礼、三権の長や各界代表が続いた。同8時56分、天皇皇后が陵所を後にして儀式を終えた。

祭官長

昭和天皇の学友永積寅彦が務めた。祭官長以下同副長、祭官、祭官補は計三九人。

陵誌

秋篠《あきしの》宮が長さ一〇六センチ、幅六〇センチ、厚さ一五センチの花崗岩に陵名や崩御日時を書いた。

陵

陵名は武蔵野陵《むさしののみささぎ》。上円下方墳で、旧「皇室陵墓令」により兆域は二五〇〇平方メートルとされる。　［髙橋］

表1　昭和天皇の病状と大喪儀推移表

○＝国の儀式　●＝大喪儀の二八儀式　▼＝大喪儀に伴う儀式　［　］＝実施場所

昭和62年（一九八七）

9月23日		宮内庁病院で手術
10月7日		退院
12月15日		国事行為の一部に復帰
昭和63年（一九八八）		
1月2日		一般参賀で「おめでとう」とお言葉
8月15日		全国戦没者追悼式出席。黙禱が20秒遅れる
9月19日	22時すぎ	大量吐血し容体急変
9月22日		皇太子に国事行為代行を委任
11月		「お休み」が多くなり、発語も少なくなる
12月		意識混濁の日が多くなる
昭和64年・平成元年（一九八九）		
1月7日	4時すぎ	危篤状態になる
	6時33分	崩御（87歳）
	10時から	○剣璽等承継の儀［正殿・松の間］
		賢所の儀［宮中三殿］
		皇霊殿神殿奉告の儀［宮中三殿］
	10時30分	拝訣《はいけつ》［吹上御所1階居間］（8日まで）＝弔問、お別れ
	21時から	櫬殿祗候《しんでんしこう》［吹上御所1階居間］（19日まで）＝一般の仮通夜
		御舟入《おふないり》［吹上御所1階居間］＝遺骸を内槽《ないそう》（お槽《ふね》）に納める
1月8日	18時	即位後朝見の儀［正殿・松の間］

1月9日	11時から	斂棺《れんかん》［吹上御所1階居間］＝内槽より一回り大きい柩（内側に銅板の棺がある二槽の棺）に内槽を斂《おさ》める。最後のお別れ
1月16日	10時30分	槻殿十日祭の儀［同右］
1月17日	11時	●陵所地鎮祭の儀［武蔵陵墓地］＝陵所の工事に当たり、陵墓予定地で行う
1月19日	18時	●殯宮移御の儀［正殿・松の間］＝霊柩を槻殿（吹上御所）から宮殿に設けた殯宮に移す。公式の通夜で殯宮祗候がある ▼槻殿祓除の儀［吹上御所1階居間］＝霊柩が殯柩に移ったあとのお祓い
1月20日		●殯宮日供《ひんきゅうにっく》の儀［正殿・松の間］＝毎朝のお供え ●殯宮移御後一日祭の儀
1月21日		●殯宮拝礼の儀＝各界の代表が霊柩に拝礼する儀式
1月22日		殯宮一般拝礼［宮殿東庭］＝宮殿・長和殿に大きな遺影を掲げ、24日まで一般国民が東庭から殯宮に向かって拝礼した 計三三万九一〇〇人
1月25日		外交団殯宮拝礼［正殿・松の間］
1月26日		●殯宮二十日祭の儀［正殿・松の間］
1月31日		●追号奉告の儀［正殿・松の間］＝新天皇より大行天皇（追号を贈られていない天皇）に追号「昭和天皇」を贈る
2月5日		●殯宮三十日祭の儀［正殿・松の間］
2月15日		●殯宮四十日祭の儀［正殿・松の間］
2月23日		●陵所祓除の儀［武蔵陵墓地］＝斂葬（喪儀）に必要な工事が完成したので陵所をお祓いする

	18時	●霊代奉安《れいだいほうあん》の儀［宮殿・表御座所「芳菊の間」］＝霊柩が陵所に向かう前に霊代（みたましろ）を権殿《ごんでん》（今後一年間霊代を奉安する）に祀る儀式
2月24日	7時20分	●斂葬当日殯宮祭の儀［正殿・松の間］＝霊柩が殯宮を出る際に行う殯宮最後の儀式
	9時35分	●轜車発引の儀［宮殿・南車寄］＝殯宮から南車寄に運ばれ轜車に乗せられ、天皇以下の車列が後に続いて葬場に向かう
		○葬列
	10時13分	●葬場殿の儀［新宿御苑］
	12時少し前	○大喪の礼［新宿御苑］
	19時20分	●陵所の儀［武蔵陵墓地］＝陵所に埋葬する儀式
2月25日		●権殿日供の儀［表御座所・芳菊の間］＝権殿の霊代に毎日お供えをする ●山陵日供の儀［武蔵陵墓地］＝山陵に毎日お供えをする ●斂葬後一日権殿祭　●権殿五十日祭の儀［芳菊の間］＝斂葬後一日祭が行われ、昭和天皇崩御五〇日に権殿五十日祭が行われた ●斂葬後一日山陵祭　●山陵五十日祭の儀［武蔵陵墓地］＝山陵でも斂葬後一日祭と崩御五十日祭が行われた 葬場殿一般参観［新宿御苑］（～3月5日三七万四〇〇〇人）
2月27日		山陵一般参拝［武蔵陵墓地］（～3月28日五七万二九〇六人）＝陵名は武蔵野《むさしの》陵《みささぎ》
3月2日		●倚廬《いろ》殿の儀［表御座所・萩の間］＝新天皇が倚廬殿にこもり亡き天皇をしのぶ。倚廬とはアシで作った粗末な小屋のこと
4月16日		●権殿百日祭の儀［表御座所・芳菊の間］

4月17日		●山陵百日祭の儀［武蔵野陵］ ●山陵起工奉告の儀［武蔵野陵］＝本格的な工事を始める奉告
平成2年（一九九〇）		
1月6日		●山陵竣工奉告の儀
1月7日		●権殿一周年祭の儀［表御座所・芳菊の間］
	15時から	●山陵一周年祭の儀［武蔵野陵］
1月8日	14時	▼御禊《おんみそぎ》の儀［正殿・竹の間］＝掌典長が天皇にお祓いをする
	15時	▼大祓の儀［皇居正門内］＝皇族を代表して常陸宮《ひたちのみや》、職員代表の宮内庁長官以下各関係者のお祓い
1月9日		霊代奉遷の儀［宮中三殿・皇霊殿］＝霊代を権殿から皇霊殿に移す

【皇族の喪儀】

天皇以外の皇族喪儀を、戦前の「皇室喪儀令」「皇室服喪令」により略述する。まず①太皇太后・皇太后、ないし②皇后が崩御した場合。①では天皇、②では皇太子（皇太孫）が喪主となり、いずれも宮中に大喪使が置かれる。総裁は皇族、長官・次官は宮内大臣と次官、正副の祭官長と祭官は旧公家出身者が多い。

喪儀の内容は、①が天皇大喪に近く、②は少し略される。しかし、服喪の期間は、②が天皇と同じ一年間に対して、①は一五〇日に限られる。

ついで、それ以外の皇族が薨去《こうきょ》すると、直系の皇族男子が喪主となる。そして③皇太子・同妃か皇太孫・同妃の場合は、宮中に**喪儀司**を置き、④親王・同妃・内親王・王・王妃・女王の場合は、官制がないが、喪儀委員会を設ける。喪儀の内容は、③が②に近く、④は③より略され、服喪の期間は、③が三日、④が一日と定められている。

そこで、実例の少ない①〜③ではなく、最も略儀ながら実例の多い④（親王以下）を①〜③と対比してみる。まず**正寝移柩**の儀は、①〜③の寝宮にあたる正寝を殿邸の一室に設け、夜間に霊柩を安置する。その正寝で十日・二十日・三十日および五十日祭の儀があり、その間に墓所で地鎮祭と祓除の儀が行われる。ついで**霊代安置の儀**は、殿邸の一室に権舎《ごんしゃ》を設け、霊代《れいだい》（みたましろ）を安置する。

そして斂葬の当日、正寝で**柩前祭の儀**があり、霊（柩）車発引の儀に続いて鹵簿《ろぼ》（行列）が葬場へ向かい、特設の葬場に霊柩を安置して**斂葬の儀**があり、そのあと霊輿か霊車の鹵簿（行列）が墓所へ向かい、霊柩を石槨《せっかく》に斂《おさ》める**墓所の儀**が営まれる。

ただ、①〜③の斂葬は、天皇の大喪と同じく夜間に行われたが、この④は昼間に行われる（戦後はすべて昼間）。また、④の葬場に勅使が遣わされ、司祭長の祭詞奏上はあるが、①〜③のような喪主の誄《るい》奏上はない。それ以後、殿邸の権舎と墓所で、**十日・二十日・三十日・四十日・五十日および百日祭**と儀礼を行う。さらに権舎と墓所で**一周年祭**があり、勅使が天皇の御誄を読みあげる。

このような喪儀は、戦後も一部簡略にされながら、続けられている。

[所]

[34] 歴代の陵墓

【陵墓の制度と盛衰】

天皇・皇族の墓を陵墓《りょうぼ》と総称する。天皇の陵は山陵ともいい、大宝・養老（8世紀初め）以来の「喪葬令《そうそうりょう》」の義解《ぎげ》（公的注釈書）に「帝王の墳墓は山の如く陵《おか》の如し。故に山陵と謂《い》ふ」とある。

ただ、記紀では、神功《じんぐう》皇后・日本武尊《やまとたけるのみこと》・飯豊青皇女《いいとよあおのひめみこ》・聖徳太子などの墓も特に「陵」と記す。また『続日本紀』によれば、藤原宮子《みやこ》（45聖武《しょうむ》天皇母后）と藤原安宿《あすかべ》媛=光明皇太后（46孝謙《こうけん》天皇母后）の墓も「山陵」と定められている。それ以来、皇后・皇太后・太皇太后（三后《さんこう》、贈三后も）の墓は、天皇・太上天皇（および神代三陵と追尊の天皇・太上天皇も）と同じく陵（山陵）と称される。

これ以外の皇族の墳墓は墓と称される。また后宮にのぼらなかった女院や、三后に準ずる待遇を与えられた女御、および外戚の祖父母や有力な功臣などの墓も含まれる。延喜（10世紀初め）の「諸陵寮式《しょりょうりょうしき》」には、七三陵と四七墓を載せる。その陵には、

[1]神武天皇より前に日向の神代三代（瓊瓊《にに》杵尊《ぎのみこと》・彦火火出見尊《ひこほほでみのみこと》・鸕鷀《うがや》草葺不合尊《ふきあえずのみこと》）の山陵から、平安時代前期の[56]清和天皇の中宮であった藤原高子「後深草陵」（延喜10年〈九一〇〉崩葬）まで収める。また墓には、日本武尊の「能褒野《のぼの》墓」をはじめ、外戚として藤原鎌足と不比等（皇太夫人宮子・皇后安宿媛の実父）から藤原高藤（[60]醍醐《だいご》天皇の外祖父）までみえる。

このような人々を葬り祀る陵墓は、大和時代から他の豪族などのものより立派な墳墓であったとみられる。とくに3世紀後半から6世紀にかけて、大型の**前方後円墳**が近畿の要所（大和・河内・和泉・摂津）に築かれた。5世紀前半の[16]仁徳《にんとく》天皇陵とみなされている**大仙陵古墳**（堺市）は、墳長四八六メートル、前方幅三〇五メートル（高さ三三メートル）・後円直径二四九メートル（高さ三五メートル）の巨大古墳で、三重の盾形**周濠**がとりまき、周囲に十数基の**陪塚**《ばいちょう》（円墳・方墳など）が散在する。また、[15]応神《おうじん》天皇陵に治定されている誉田《こんだ》山《やま》古墳（羽曳野市）も、同時期の巨大古墳として知られている（写真1）。

やがて大化改新〈六四五〉で「**薄葬**《はくそう》**令**」が出され、また大宝2年〈七〇二〉[41]持統《じとう》天皇の大葬に**火葬**を用い、遺骨を[40]**天武**《てんむ》**天皇陵**（明日香村）に合葬した。それ以降、火葬にして陵所に標碑を建てる程度の薄葬がひろがる。

平安時代中期の[68]後一条《ごいちじょう》天皇からは、陵所に**仏堂**（**法華堂**）を営み木塔か石塔を建

写真1　応神天皇陵に治定されている誉田山古墳（羽曳野市教育委員会提供）　大仙陵古墳に次いで2番目の大きさの規模。墳丘長約425メートル、後円部は直径250メートル、高さ35メートル。前方部は幅300メートル、高さ36メートル。墳丘の体積は143万立方メートルで、国内第一位。周濠を二重にめぐらせ、陪塚をともなっている。

てることが多い。89後深草《ごふかくさ》天皇から107後陽成《ごようぜい》天皇までのうち一二帝は、伏見の深草北陵（納骨堂）に合葬され、また東山の**泉《せん》涌寺《にゅうじ》**境内の月輪陵・後月輪陵には九重の塔が建てられている。

それが、江戸時代初期の110後《ごこ》光明《うみょう》天皇からは、仏式よりも儒式・神式への志向が強くなり、表向き火葬の儀をとりながら、実際は**土葬**とされている。

幕末の121**孝明《こうめい》天皇陵**は、**山陵奉行**に任じられた戸田忠至《ただゆき》（宇都宮藩家老）の建言により、泉涌寺の後山に**円墳式の山陵**が復興された。その後、近代に入ると、**明治天皇陵**も昭憲皇太后陵も、伏見桃山に**上円下方墳**が造られ、大正15年（一九二六）公布の「**皇室陵墓令**」にも「陵形は上円下方または円丘」と定められたのである。

古代の陵墓は、「陵の霊を祭る」などのために設けられた**諸陵寮**が所管し、各陵に置かれる**陵戸**《りょうこ》か**墓戸**ないし**守戸**《しゅこ》（付近の百姓から選定）が監護した。しかも、陵の兆域で耕牧樵採などを禁じ、万一これの毀損を謀ればただちに**謀大逆罪**で処刑することが『大宝律』に決められている。

『延喜式』では、毎年2月、すべての陵墓に官人を遣わして、もし損壊があれば守戸に修理させること、また毎年12月、特定の**一〇陵八墓**（一〇陵は38天智《てんじ》・49光仁《こうにん》・50桓武《かんむ》・54仁明《にんみょう》・58光孝《こうこう》・60醍醐の六帝と崇道《すどう》天皇（早良《さわら》親王）および52嵯峨・光孝・醍醐三帝の母后の陵、八墓は外戚功臣の墓。ただし三母后は以後当代との関係で入れ替えられた）に対して、**荷前**《のさき》（諸国から貢進した調物の初荷）を奉るため、天皇が建礼門の外に臨んで班幣《はんぺい》を拝し、公卿《くぎょう》（納言か参議）を遣わすこと、などが定められている。

しかし、平安後期以降、陵墓の修補も荷前の奉幣も、ほとんど行われなくなった。そのため、中世には陵域が荒れ果て、いつの間にか盗掘にあうような例もふえ、やがて誰の陵墓か判らなくなった所が少なくない。

【陵墓の修復と治定】

　江戸時代に入ると、儒学や国学の影響で朝廷の古儀への関心が高まって、荒廃した陵墓を修復したり、不明な陵所を調査するような動きも出てきた。たとえば、延宝4年(一六七六)、佐渡奉行の**曽根吉正**が、幕府の許可をえて、84順徳《じゅんとく》天皇の廟所（火葬塚）を修補した。また五代将軍**徳川綱吉**は、元禄12年(一六九九)に古跡を捜索させ、1神《じん》武《む》天皇から102後花園《ごはなぞの》天皇まで一〇〇代（重祚二代と安徳天皇を除く）中、二二陵が判らず、七八陵が現存する、との報告を受けている（『徳川実紀』）。

　そのころ京都の儒医**松下見林**は、『**前王廟陵記**』を著わし、神代三陵と歴代天皇陵の来歴と状況を記録していた。また宇都宮出身の志士**蒲生**《がもう》**君平**も、畿内を踏査して九二陵の所在を突きとめ、『**山陵志**』二巻を著わしている。さらに水戸藩主徳川斉昭《なりあき》や宇都宮藩主戸田忠恕《ただひろ》の建言をえて、幕府は文久2年(一八六二)**山陵奉行**を置いた。奉行に任じられた家老の**戸田忠至**は、**谷森善臣**や**北浦定政**などと畿内の山陵を調査したが、朝廷でも、中山忠能や柳原光愛《やなぎわらみつなる》らが山陵御用掛に任じられ、公武協力して山陵の修復に努めた。とりわけ初代**神武天皇陵**の所在は、従来から諸説あったが、谷森説により、橿原の畝傍《うねび》山東北の地（ミサンザイ）と勅定され、幕府の出費で復興されている。

明治に入ると、王政復古の理念に基づき、霊を祀る陵墓の治定・整備が進められた。とくに注目されるのは、まず明治7年(一八七四)「神代三陵」(瓊瓊杵尊《ににぎのみこと》と彦火火出見尊《ひこほほでみのみこと》と鸕鷀草葺不合尊《うがやふきあえずのみこと》の山陵)を鹿児島県内に決め、ついで同9年・10年には、在位中に殺された32崇峻《すしゅん》天皇と39弘文《こうぶん》天皇との陵を桜井市と大津市に定め、さらに同22年、不明だった23顕宗《けんぞう》天皇など一三帝の陵を一挙に決定した点である。しかし、その結論には、考古学的に疑問視されるものも少なくない。

これらの陵墓は明治後半から**宮内省の諸陵寮**の所管となる。そして、それぞれ**陵墓守長と名誉守部**(共に判任官)が置かれ、管守に従事してきた。〔所〕

【現在の陵墓数と管理】

現行の『皇室典範』第二七条によれば、「天皇、皇后、太皇太后及び皇太后を葬る所を陵、その他の皇族を葬る所を墓」とある。

平成31年(二〇一九)現在、宮内庁書陵部**陵墓課**は、陵一八八、墓五五五、分骨所・火葬塚・灰塚など陵墓に準ずるもの四二、髪歯爪塔《はつしそうとう》六八、陵墓参考地四六の計八九九基を管理している。同一地域のものもあり、陵墓とその関連地域は四六〇か所、総面積は六五一万五〇〇〇平方メートルに上り、鹿児島県から山形県まで一都二府三〇県に及ぶ。

この一八八陵の内訳は、歴代**天皇陵**が一一二（天武・持統両天皇は合葬、奈良時代の女帝八名のうち二名が重祚《ちょうそ》、また京都の深草北陵には後深草天皇以下の一二代を合葬）。ほかに「歴代外」の一三陵は、神代三陵、北朝天皇五名、尊称天皇と追尊天皇、さらに皇后陵が六二ある。

宮内庁は、これらを、多摩（東京など六都県）、桃山（京都など一二府県）、月輪《つきのわ》（京都など七府県）、畝傍《うねび》（奈良など五県）、古市《ふるいち》（大阪など八府県）の五監区三八部に分ける。

たとえば、多摩陵墓監区事務所は、武蔵陵墓地のある八王子市に置かれ、所長以下一三人。その下に「豊島岡部《としまがおかぶ》」があり、皇族墓地の豊島岡墓地（東京都文京区）の事務所に職員四人と嘱託が二人いる。順徳天皇の佐渡の火葬塚には職員一人と非常勤四人がいる。ほかに「部外」で、非常勤職員が遠隔地の墓や分骨塔などを管理している。陵墓課には約一五〇人の職員と八十数人の嘱託がおり、鹿児島県の「神代三陵」も、それぞれ宮内庁職員が管理している。陵墓の整備や修補の費用は年間特別修理費、また一般修理費が計上されている。

豊島岡墓地

東京都文京区大塚にある皇族専用の墓地。総面積八万平方メートル。埋葬第一号は明治6年（一八七三）に夭折した明治天皇の第一皇子で、現在まで皇族、旧皇族、明治天皇の生母中山慶子、その父中山忠能や、昭和22年(一九四七)に皇籍を離脱した久邇朝融《くにあさあきら》・東久邇稔彦《ひがしくになるひこ》など一部の旧皇族など八八人が葬られている。

皇籍を離れた旧皇族については、夫婦、親子など一定の範囲に限って認められている。皇太后以下の皇族の葬儀もここで行われる。［髙橋］

4 皇室と宗教文化

［35］皇室関係の神話・伝承

『古事記』（略称「記」）は、[40]天武《てんむ》天皇の命を受けて稗田阿礼《ひえだのあれ》が誦習した古来の帝紀旧辞を太安万侶《おおのやすまろ》が撰録して、和銅5年（七一二）[43]元明《げんめい》天皇に献上したもの（三巻）。一方『日本書紀』（略称「紀」）は、天武天皇の詔を承《う》けて川島皇子らが着手し、やがて舎人《とねり》親王らが完成して、養老4年（七二〇）[44]元正《げんしょう》天皇に進上した勅撰の正史（本文三〇巻と系図一巻）である。

「記」の上巻と「紀」の第一・二巻には、「神代」の物語が収められている。両者を対比すると、細部で異なる点も少なくないが、大筋は共通する。そこで、両者を「記紀神話」と略称するが、それには大きな特徴がある。

【神代史の神話】

「記紀神話」は、**高天原**《たかまがはら》**の神々**が地上の万物を産み成し、その主要な神々（**天神**系と**地祇系**）の働きにより、やがて国（**大八州**）が形作られ統合される、という壮大な〝建国物語〟が骨格をなしている。

もちろん、その構想にも表現にも漢籍・仏典などの影響や借用が随所にみられる。また民間伝承なども少なからず取り込まれている。しかし、大部分は、皇室と各氏族の奉ずる神々の多彩な活躍を物語っている。

「記紀」の神代の物語（神代史）は、抽象的な冒頭の**別天神**（天御中主命《あめのみなかぬしのみこと》から三代）と**神世七代**（国常立《くにとこたち》神から七代）を別にすれば、およそ次の七章から成る。

〔八州起元〕　**伊弉諾尊《いざなきのみこと》**と**伊弉冉尊《いざなみのみこと》**（諾冉二神）が、オノコロ嶋に降《くだ》って「淡（路）州」と「大八洲国」および山川草木などを産む。

〔四神出生〕　諾冉二神は、高天原《たかまがはら》で**日神**（**天照大神《あまてらすおおみかみ》**）と月神（月読尊《つくよみのみこと》）と素戔嗚尊《すさのおのみこと》および蛭児《ひるこ》の四神を産む。ついで伊弉冉尊は火神を産む際に、焼死して黄泉《よみ》へ去ったが、伊弉諾尊が**禊祓《みそぎはらい》**して海神（筒男《つつのお》神・海津《わたつみ》神命）の出現をえる。

〔瑞珠盟約〕　天照大神は、素戔嗚尊と**誓約《うけい》**（卜占《うらない》の一種）をして物根《ものざね》の「御統《みすまる》」（瑞珠）と剣を取り換え、生まれた男神（天穂日《あまのほひ》尊や天忍穂耳《あまのおしほみみ》尊など）を天照大神の子とし、女神（宗像《むなかた》三神）を素戔嗚尊の子とする。

〔宝鏡開始〕　天照大神は、素戔嗚尊が乱行を重ねるので、いったん**天の岩戸**に隠れてしまう。しかし、岩戸の前で真榊に宝鏡と勾玉《まがたま》を付け、多くの神々が祈り呼びかけたところ、天照大神が再び現れ、素戔嗚尊は高天原から根国《ねのくに》へ追放される。

〔宝剣出現〕　根国の出雲へ降った**素戔嗚尊**は、奇稲田《くしいなだ》姫を救うため八岐大蛇《やまたのおろち》を退治して、その尾から現れた宝剣（天叢雲《あまのむらくも》剣）を天神に献上する。また、素戔嗚尊と奇稲田姫の結婚により産まれた大己貴《おおなむち》神（＝大物主《おおものぬし》神）が、やがて国土を経営する。

〔天孫降臨〕この出雲を含む葦原中国《あしはらのなかつくに》（瑞穂国）には、高天原から、**天穂日尊**（出雲氏等の祖）が遣わされたけれども、大己貴神（三輪氏等の祖）に媚び付いてしまう。

そこで、さらに経津主《ふつぬし》神・武甕槌《たけみかづち》神などが高天原から遣わされ、大己貴神と談判して、ようやく国譲りを成功させた。よって天照大神は、天忍穂耳尊の皇子（つまり皇孫）**瓊瓊杵《ににぎ》尊**に、神勅と神器の鏡・剣・玉などを授け、天児屋根《あまのこやね》命（中臣氏の祖神）などを従えさせ、日向の**高千穂峰**へ天降《あまくだ》らせる。

なお、**『先代旧事本紀』**などの所伝によれば、瓊瓊杵尊よりも先に、その兄の**饒速《にぎはや》日《ひ》命**（物部氏の祖神）が河内に天降った。けれども、長髄彦《ながすねひこ》の妹と結ばれ居着いてしまったという。

〔海宮遊幸〕瓊瓊杵尊と木花開耶《このはなさくや》姫（大山祇《おおやまつみ》神の娘）との間に生まれた御子のうち、**彦火火出見《ひこほほでみ》尊**（火遠理《ほおり》命・山幸彦）が火照《ほでり》命（海幸彦）と争って海の宮へ行き、豊玉姫（海津見《わたつみ》神の娘）との間に鸕鶿草《うがや》葺不合《ふきあえず》尊を生む。

この後に鸕鶿草葺不合尊と**玉依姫**（豊玉姫の妹）との間に生まれた若御毛沼《わかみけぬ》命が、人皇初代の**神日本《かむやまと》磐余《いわれ》彦《ひこ》尊**（①神武天皇）だという（図1）。

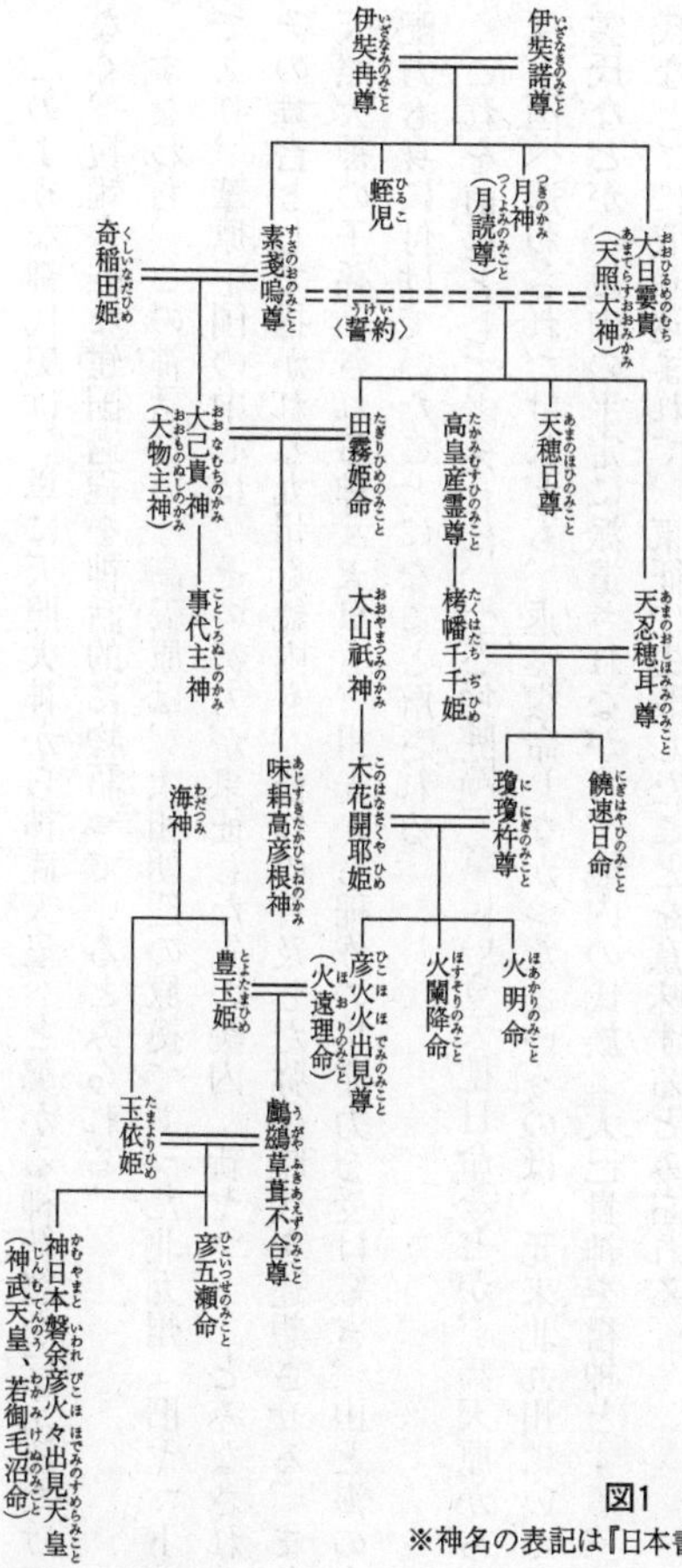

図1　神代系譜
※神名の表記は『日本書紀』による

【神話と歴史の関係】

このような神代史は、単に天照大神から神武天皇へと繋がる神統譜を伝えるだけでなく、複雑多岐な建国過程を神話的に物語っているとみられる。

すなわち、この神話にいう高天原は、大和朝廷の原拠であった北九州（旧ヤマト）であり、葦原中国の中心は、その勢力が東征した先の畿内（新ヤマト）とみなされる。その舞台として描かれる九州も畿内も、稲作の普及した弥生時代を連想させる。また天照大神の子孫とされる神武天皇も、祖先から稲作の生産力を受け継ぎ、山と海の支配力も身に付けていたことになると解される。

これを前提として考えれば、〔天孫降臨〕章にいう天穂日命などが、高天原から葦原中国へ遣わされたけれども、返奏復命しなかったというのは、元来北九州にいた出雲氏などが、畿内の平定に派遣されながら、畿内の氏族（大己貴神を祖神とする三輪氏など）に取り込まれて、東征に失敗したことを意味するとみられる。

なお、『先代旧事本紀』にいう饒速日命《にぎはやひ》（物部氏らの祖神）が、〔四神出生〕章にいう「ヒルコ」（日子）だとすれば、そのヒルコが放流されて椎根津彦《しいねつ》（大阪湾辺の領有勢力）に奉斎されたというのは、出雲氏について物部氏も、北九州から派遣されながら、畿内の勢力に取り込まれてしまったことを意味すると解される。

また、天照大神が〔瑞珠盟約〕章にいう素戔嗚尊（大己貴神の父神）と誓約をして物実を取り交わしたとか、〔宝鏡開始〕章にいう素戔嗚尊の乱行に耐えかねて天の岩戸に隠れたが、再び現れて尊を追放したというのは、天神系の北九州勢力と地祇系の畿内勢力との間に、かなり激しい争いが繰り返されてきたことの反映とみられる。

ただ、その素戔嗚尊は〔四神出生〕章で天照大神の弟神とされ、〔宝剣出現〕章にいう追放先が畿内でなく出雲となっている。これは北九州の勢力が畿内へ進出した結果、先に畿内へ入り三輪氏らと連合していた出雲氏が、畿内から山陰の出雲へ転出を余儀なくされたからであろう。また、〔天孫降臨〕章にいう経津主神・武甕槌神なども出雲へ遣わされ、大己貴神（大国主神）から国譲りを受けたというのは、大和の勢力が出雲の勢力を平定統合したことを意味すると解される。

しかし、神代の物語は、もちろん歴史上の出来事を順番に記録したものではなく、いろいろな史実が前後に織り交ぜられているであろう。たとえば、大和の王権が出雲地方を平定するより遥か前に、瓊瓊杵尊が日向に天降っていたというのは、北九州の勢力が南九州まで進出していたからとみられる。その子孫たちが、やがて内部の抗争を乗り越え、ついに日向から東征して畿内（新ヤマト）で拠点を築いたことを意味すると解される。

［所］

[36] 大和朝廷の建国伝承

【東征の伝承】

わが国は、皇室の祖先である**大和朝廷**を中心に統一された。その経緯は必ずしも明らかでないが、「記紀」の神話や伝承などから大筋を紹介する。

まず「記紀神話」に史実の記憶が反映されているとすれば、元来九州にあったと考えられる邪馬台国が、畿内へ進出する以前から、広い意味で同族の**出雲氏**や**物部氏**などの祖先が、何度も先駆的な**東征**を試みながら、容易に成功しなかったとみられる。

ところが、おそらく弥生前期ころ、北九州から南九州（日向《ひゅうが》）の**高千穂峰**あたりに勢力を拡げた邪馬台国は、やがて弥生中期ころ、のちの[1]神武天皇たちが東征に乗り出した。すなわち、日向を出発して宇佐・安芸・吉備から難波に至り、いったん上陸する。しかし、**生駒《いこま》の孔舎衛《くさえ》**（**日下《くさか》**）で長髄彦《ながすねひこ》らの抵抗にあい、兄の**五瀬命《いつせのみこと》**が負傷し亡くなってしまう。そこで、やむなく紀伊水道を南に迂回して再び**熊野**から上陸し、高倉下《たかくらじ》や道臣命《みちのおみのみこと》や**八咫烏《やたがらす》**（カモ氏の化身）らに助けられ導かれた。久米部を率いて久米の歌舞に励まされながら、八十梟帥《やそたける》・兄磯城《えしき》なども平らげている。再び現れた長髄彦との戦いでは**鵄**《とび》に救われ、土蜘蛛《つちぐも》らも撃ち、ようやく大和へ攻め入り拠点を築くことができたという（神武東征）。

【神武天皇（初代天皇）】

この初代天皇の和風諡号《しごう》は、『古事記』に「神倭伊波礼毘古命《かむやまといわれびこのみこと》」、『日本書紀』に「神日本《かむやまと》磐余彦天皇《いわれひこのすめらみこと》」と称されるから、畿内**大和**の「**磐余**《いわれ》」（奈良県橿原《かしはら》市）あたりを中心に勢力を張ったと考えられる。

そして一段落したところで、即位するに先立って、「**八紘**《あめのした》（天下）」を掩《おお》ひて**宇**《いえ》と為さん」との「令《のりごと》」を下し、ただちに「帝室《みやこ》」（宮処）を造り始めたことが、『日本書紀』（神武天皇即位前紀己未年三月丁卯条）にみえる。

ついで『日本書紀』によれば、**辛酉年**の春正月一日、**橿原宮**で即位したから、この大王を「**始馭天下之天皇**《はつくにしらすすめらみこと》」と称する。その実年代は不明というほかないが、弥生中期の1世紀初めころとみて大過ないと思われる。

また、天皇は日向で吾平津媛《あひつひめ》を妃としていたが、大和では在地勢力と手を結ぶため、**三輪**の**大物主**《おおものぬし》**神**の娘と伝えられる**媛蹈鞴**《ひめたたら》**五十鈴**《いすず》**媛命**を正妃に迎えた。その間に神渟名《かむぬな》川耳《かわみみ》命（2綏靖《すいぜい》天皇）などをもうけている。

さらに、即位後まもなく「わが皇親《みおや》の霊《みたま》、天より降《お》り鑒《み》て、朕《あ》が躬《み》を光し助《てら》けたまへり。……以《もっ》て天神《あまつかみ》を祀《まつ》り、以て大孝を申したまふべし」と述べ、「霊時《まつりのにわ》」（祭庭）を鳥見山《とみやま》（桜井市外山《とび》）に設けて「皇祖天神」を祭ったとある（同紀四年二月甲申条）のも、大和朝廷が古くから祖先祭祀を重視していたことを示すものとみられる。

【闕史八代《けつしはちだい》】

第二代から第九代までは、ほとんど系譜の記載だけで治績の説明が乏しい。そのため、闕史八代という。ただ、その多くが在地の有力な**磯城県主《しきあがたぬし》**の娘などを妃としたと記録されている。

【四道将軍と神宮鎮座伝承】

⑩**崇神《すじん》天皇**は、おそらく3世紀中ごろに実在したとみられる。その即位後まもなく、国内に疫病《えのやまい》が流行したので、土着の神（大物主神と**倭大国魂神《やまとおおくにたまのかみ》**）を鎮めるため、その子孫（大田々根子《おおたたねこ》命と市磯長尾市《いちしのながおち》）に祀らせた。また諸氏族の奉ずる神社を、元来九州の**天神系**（**天社**）と元来畿内の**地祇系**（**国社**）として整理することにより、双方共存できる道を開くなどして、畿内地域の安定をはかった。

さらに、畿外の四道に向けて近親の皇族を派遣した。すなわち、北陸地方（北陸道）に**大彦命《おおひこのみこと》**（崇神天皇の伯父）、東国地方（東海道）に**武渟川別命《たけぬなかわわけのみこと》**（大彦命の子）、西海道（山陽道）に**吉備津彦《きびつひこ》**、丹波（山陰道）に**丹波道主命《たんばのみちぬしのみこと》**を、それぞれ「**将軍**」として遣わしたという（**四道将軍**）。

つぎに⑪**垂仁《すいにん》天皇**朝は、およそ3世紀後半とみられる。そのころ皇女の**倭姫命《やまとひめのみこと》**が、天照大神を奉じて、大和から近江・美濃を廻り、ついに伊勢の五十鈴川《いすずがわ》の川上で神宮を建て奉安したと伝えられる。この神宮鎮座伝承は、単に皇祖神（太陽神）を大和より東方の伊勢に祀ったというだけでなく、伊勢湾から東国へ乗り出す前進基地を築いたことも意味しよう。

【日本武尊《やまとたけるのみこと》の物語】

さらに⑫**景行《けいこう》天皇**朝は、およそ4世紀前半とみられる。そのころ皇子の**倭建命《やまとたけるのみこと》**（**日本武尊**）は、勅命に従って、まず九州の熊襲《くまそ》を征し、ついで東国の蝦夷《えみし》らを伐《う》ったと伝えられる。

この英雄物語は、『古事記』と『日本書紀』で少し異なる。「記」により大筋を略述すると、倭建命（以下ミコト）は、幼名を**小碓《おうす》命**というが、乱暴なほど元気で兄の大《おお》碓《うす》命を殺してしまう（「紀」では大碓命が美濃へ逃れ身毛津君《むげつのきみ》らの祖になっている）。その武勇により父の景行天皇から九州に遠征を命じられたミコトは、女装して宴席で熊曾建《くまそたける》の兄弟を撃った際、その兄弟から「倭建《やまとたける》」の名を献じられた。ついで帰途、出雲へ寄り、出雲建《いずもたける》も滅ぼしたという（この出雲征伐は『日本書紀』にない）。

帰京して再び東国への遠征を命じられたミコトは、伊勢に叔母《おば》の倭比売命《やまとひめのみこと》を訪ねて「神の朝廷《みかど》（神宮）」を拝《おろが》み「草薙剣《くさなぎのたち》」などを授けられた。そのおかげで、尾張《おわり》を経て相武《さがむ》に向かった時、焼津《やいず》の豪族に野火を放たれたが、御剣で草を薙《な》ぎ払い逆襲することができた。ついで走水《はしりみず》の海（浦賀水道）が荒れ、船を進められない時、妃の弟橘比売命《おとたちばなひめのみこと》が夫の「政《まつりごと》を遂げ」させるため、みずから進んで入水《じゆすい》したところ、荒海も穏かになり上総《かずさ》へ着き、蝦夷《えみし》らを平定することができた。

その帰途、足柄《あしがら》の坂で亡き妃を偲び「吾嬬《あづま》はや」と歎いた（故に当地をアヅマという）。ついで甲斐《かい》・科野《しなの》を越え尾張に入り、国造の娘美夜受比売《みやずひめ》と結ばれて姫に草薙剣を渡した。しかし、伊吹山へ登り氷雨《ひさめ》に打たれて気を失い、美濃《みの》の当芸野《たぎの》（岐阜県養老郡）から杖を衝《つ》いて坂を越え足を三重《みえ》に曲げて何とか能煩野《のぼの》（三重県亀山市）へたどり着いたが、病状急変して亡くなった。

その直前「倭は国のまほろば（最も秀でた所）、たたなづく青垣《あおがき》（幾重にも青々と垣根を張り巡らしたように）山隠《こも》れる倭しうるはし」と「国思歌《くにしのびうた》」を詠んだ。その御霊は大きな白智鳥《しろちどり》となって飛び去り（この時の后《きさき》や御子らによる追悼の歌が以後「天皇の大御葬歌《おおみはふり》」＝誄歌《るいか》となる）、やがて河内の志幾《しき》に留まったので、そこに「白鳥御《しらとりのみ》陵《ささぎ》」が造られた。

この雄大な英雄物語は、複数の事績が合成されているかもしれない。とはいえ、大和朝廷が4世紀前半ころまでに日本列島の主要な部分を統一したことはたしかである。

【神功皇后《じんぐうこうごう》の物語】

⑭仲哀《ちゆうあい》天皇朝は、およそ4世紀後半とみられる。そのころ九州の熊襲《くまそ》が朝鮮の新羅《しらぎ》と組んで勢力を盛り返していたから、皇后の息長帯日売命《おきながたらしひめ》（神功皇后）とともに九州へ遠征した。しかし、天皇が神託に背いて急逝したので、皇后は懐妊中にもかかわらず、神託どおり三韓（高句麗《こうくり》・百済《くだら》・新羅）まで出兵した。しかも、凱旋してから⑮応神《おうじん》天皇を出産し、母后として「摂政」を長らく務めたと伝えられる。

そのうち、いわゆる新羅征討については、『古事記』と『日本書紀』で少し異なる。『古事記』により大筋を略述すると、神功皇后は息長帯日売命という（息長宿禰《すくね》王の五世孫、以下ヒメ）。夫の仲哀天皇が熊曾《くまそ》を撃つため筑紫の香椎宮《かしい》にいた時、ヒメに対して「西の方に国あり。……吾今その国を帰《よ》せたまはん（天皇に授けよう）」との神託があった。しかし、それを聴き容れなかった天皇は、神（筒男三神＝住吉三神）の怒りに触れ亡くなってしまう。

そこで、あらためて詳しい神託をえたヒメは、軍勢を整えて海を渡った。すると新羅《しら》羅《ぎ》の国王は、畏《かしこ》まって「今より以後は、天皇の命《みこと》の随《まにま》に……退《や》むこと無く仕え奉らん」と誓ったので、新羅を従え百済も屯家《みやけ》（朝廷直轄地）と定め、国王の門近くに「墨江《すみのえ》（住吉）大神の荒御《あらみ》魂《たま》を国守ります神として祭り鎮め」たという（『日本書紀』にみえる高句麗は出てこない）。

この遠征前に懐妊していたヒメは、凱旋後に筑紫の宇美《うみ》で御子（品陀和気《ほんだわけ》命＝応神天皇）を出産した。大和への途次、御子の異母兄（香坂《かごさか》王・忍熊《おしくま》王）に攻められたが撃退し、やがて若狭の都奴賀《つぬが》（福井県敦賀市）を経て帰還するに至った。［所］

[37]「万世一系」論

万世一系

永久に続く同一の系統で、具体的には古代から現代まで一貫して続く皇室の系統＝**皇統**を意味する。

この成句は、明治22年（一八八九）発布の旧憲法第一条に「大日本帝国は万世一系の天皇之を統治す」と規定されて以来、広く用いられるようになった。ここにいう**万世**は「神祖（天照大神）開国以来……皇統一系、宝祚の隆は天地と與《とも》に窮《きわまり》なし」（伊藤博文『憲法義解』）と説明されている。

【万世一系観の由来】

万世一系の皇統観は、大和朝廷の数百年にわたる大王位の継承史をふまえて、次第に形成されたとみられる。その系譜と治績をまとめたものが、6世紀の成立と推定される「帝紀」＝「帝皇日継《ひつぎ》」（『古事記』序文）であろう。それを8世紀初めの『日本書紀』は、天照大神から「皇孫」への神勅（↓［35］）に基づくものと伝える。

それが飛鳥時代から正統な皇位の根拠とされていたことは、葛野《かどの》王（39弘文《こうぶん》天皇の長子）の「我が国家の法たるや、神代以来、子孫相承け、以て天位を襲《つ》ぐ」（『懐風藻』）という主張によっても知ることができる。また、奈良時代の神護景雲3年（七六九）48称徳《しょうとく》天皇に寵愛された法王道鏡《どうきょう》が皇位をねらった際、それを退けた和気清麻呂《わけのきよまろ》は、宇佐大神の託宣を受けたとして、「我が国家《みかど》は開闢《かいびゃく》より以来、君臣（の分）定まりぬ。……天つ日《ひ》嗣《つぎ》（皇位）は必ず皇緒（儲）（皇族の継嗣）を立てよ」（『続日本紀』）と報告している。

ついで、平安時代の嘉祥2年（八四九）54仁明《にんみょう》天皇に捧げた興福寺僧の頌寿歌《しょうじゅか》に「御《み》世《よ》々に相承け襲《かさ》ねて、皇《すめら》ごとに現人神《あらひとがみ》と成り給ひ……帝《みかど》の御世、万代《よろずよ》に重ね飾りて栄えさせたてまつらん」（『続日本後紀』）と詠まれている。また、延喜5年（九〇五）勅撰の『古今和歌集』に収める賀歌「わが君は千代に八千代にさざれ（細）石のいはほ（巌）となりて苔のむすまで」（国歌「君が代」の原歌《もとうた》）というのも、同趣の天皇頌寿歌であったと考えられる。

ちなみに、永観元年（九八三）入宋《にっそう》した僧奝然《ちょうねん》が、このような代々一系で続く皇統系譜のひとつ「王年代記」を、皇帝太宗に献上して「（日本の）国王は一姓伝継（継を伝へ）、臣下も皆官を世々にす」と説明したところ、太宗は「これ蓋《けだ》し古の道なり」と感心した（『宋史』日本伝）という。

【『神皇正統記』の正統論】

一系の皇統とは、つねに親子のような直系で繫がっているとは限らない。とりわけ鎌倉中期から89後深草《ごふかくさ》天皇系の**持明院統**と90亀山天皇系の**大覚寺統**が相互に即位し、やがて96後醍醐《ごだいご》天皇が吉野に遷《うつ》ってからは南朝と北朝が分立した。そこで、南朝方の重臣北畠親房は『**神皇正統記**』を著し、「神代より正統にて承け伝へるいはれ」「天照大神よりこのかたの正統」を詳しく論じている。

同書では、天皇を皇位継承順の「代」数と1神武《じんむ》天皇から当代へと直系で続く父子一系の「世」数とで示す。しかも「まことの継体」（本当の皇位継承）は、当代に繫がる**直系**の血統であり、それ以外を**傍系**とする。これで、南朝を**正統**《しょうとう》、北朝を**傍流**とし、今後の皇位継承者もこの正統子孫でなければならない、という論理を立てたのである。

その後、南北両朝の分立は、足利義満の工作で、南朝の99後亀山天皇を父とし北朝の100後小松天皇を子とする形をとり、「三種神器」が授受されて合一した。これによって北朝は正統性を確保することになる。しかし近世には、血統で繫ぐ「**世系**」よりも、神器を伴う皇位継承の「**代系**」を重んずる**名分論**が、水戸の徳川光圀《みつくに》や栗山潜鋒《くりやませんぽう》（彰考館総裁）などによって唱えられ、だんだん有力になる。

【明治時代の万世一系論】

幕末の安政2年(一八五五)吉田松陰の「士規七則」に「皇朝は万葉一統」とある。また慶応3年(一八六七)10月、岩倉具視《ともみ》の「**王政復古**」建議書に「皇家は連綿として万世一系」(『維新史料綱要』)とある。さらに、明治2年(一八六九)1月、薩長土肥の四藩主による「版籍奉還」の上表文に「天祖……より皇統一系、万世無窮なり」と見え、同4年(一八七一)11月、岩倉使節団が米欧諸国の元首あてに持参した**明治天皇の国書**に「朕(睦仁)…万世一系なる皇祚を践みしより……」と記されている。

ついで明治10年(一八七七)前後に元老院の起草した『**国憲按**』(第一次・第二次案)に「日本帝国は万世一系の皇統を以て之を治む」とあり、これが同22年の憲法第一条に受け継がれた。以後それが国体論の中核となり、広く普及した。

【戦後の王朝交替説】

敗戦後、戦前への反動もあって、記紀などの伝承を否定し、王朝の交替を説く論が盛んになった。たとえば神武天皇も⑩崇神《すじん》天皇も同様に「ハツクニシラススメラミコト」とよばれていることから、後者が最初の国家を建てたとか、そのころ九州に来た騎馬民族が、⑮応神《おうじん》天皇のときに大和へ入ったとか、多様な推測の説がある。　[所]

［38］三種神器

皇祖天照大神《あまてらすおおみかみ》から皇孫に授けられたと伝えられる三種の神宝をいう。その三種とは**八咫鏡《やたのかがみ》**・**天叢雲剣《あまのむらくものつるぎ》**（＝**草薙剣《くさなぎのつるぎ》**）・**八尺瓊曲玉《やさかにのまがたま》**である。この三種はセットにして皇位の継承に不可欠なものとされ今日に及んでいる。ただ、それぞれ起源が異なり、神器としての扱われ方も同じではない。

【天照大神の神勅】

「記紀」の神話・伝承は、大和朝廷が日本国内を統治し、その子孫が大王位＝皇位を世襲しうる由来と正統性を物語っている（→［35］）。それを端的に示すのは、天照大神から子孫に下されたという三種神器に関する次のような「**神勅**」である（「天孫降臨」に関する「紀」の「一書」）。

①天照大神、乃《すなわ》ち天津彦彦火瓊瓊杵尊《あまつひこひこほのににぎ》に、八坂瓊《やさかに》の曲玉《まがたま》、及び八咫鏡《やたのかがみ》・草薙剣《くさなぎのつるぎ》、**三種の宝物**を賜ふ。……因りて、皇孫《すめみま》に勅《みことのり》して曰《のたま》はく「葦原《あしはら》の千五百秋《ちいほ》の瑞穂《みずほ》の国は、これ吾が子孫《うみのこ》の王《きみ》たるべき地《くに》なり。爾《いまし》皇孫、就《ゆ》きて治《し》らせ。行《さき》くませ。

宝祚《あまつひつぎ》の隆《さか》えまさんこと、**まさに天壌《あめつち》と窮《きわま》り無かるべし**」と。

②天照大神、手に**宝鏡**を持ちたまひて、天忍穂耳尊《あめのおしほみみのみこと》に授け祝《ほ》ぎて曰はく「吾が児、この宝鏡を視《み》まさんこと、まさに吾を視るがごとくすべし。与《とも》に床《ゆか》を同じくし殿《おおとの》を共《ひとつ》にして、**斎　鏡**《いわいのかがみ》とすべし」と。また、天児屋命《あまのこやね》・太玉命《ふとたま》に勅すらく「これ爾《いまし》二神、亦同《またとも》に殿の内に侍ひて、善く防護を為せ」と。

これによれば、天照大神は初め御子＝天忍穂耳尊を降臨させようとして②の勅を下した。けれども、その御子と萬幡姫との間に瓊瓊杵尊が生まれたので、この皇孫が斎鏡を奉じて天降《あまくだ》ったことになる。それが①では、天照大神から皇孫に対して勅を下し、「三種の宝物」をセットにして皇孫の瓊瓊杵尊に授けている。

なお、①は**天壌無窮の神勅**とも称される。天地が永久に続くように宝祚（皇位）も悠久に続くことを予祝している。

ここにいう「三種の宝物」（玉・鏡・剣）に類するものは、他所にもある。たとえば、「紀」に⑫景行《けいこう》天皇が筑紫へ遠征した際、地元の「神夏磯媛《かむなつそ》」（巫女か）が「賢木《さかき》を抜《こじと》り、上枝に八握の剣を掛《とりか》け、中枝に八咫の鏡を掛け、下枝に八尺の瓊《に》（玉）を掛けて」天皇に献上し帰順したとあり、また同書・神功皇后紀にも同趣の記事がみえる。

また、「紀」の即位記事をみると、継体天皇元年（五〇七）2月、大伴金村が「天子の鏡**剣璽符**を上り再拝」したとか、また持統天皇4年（六九〇）正月の即位式にも、神祇伯中臣大島が「天神の寿詞《よごと》」を読み、忌部色夫知《いんべのしこぶち》が「神璽の鏡剣を皇后（持統）に奏上」したとある。

さらに大宝・養老（8世紀初め）の「神祇令」にも「践祚」の儀として、忌部氏が「神璽の鏡・剣を奉る」と規定されるのみで玉のことがみえない。そのため、神器は元来二種だったとの説もあるが、大王のシンボルとしては三種のうち鏡と剣が特に重んじられてきたものと考えられる。

【鏡・剣・玉の来歴】

八咫鏡《やたのかがみ》

宝鏡、神鏡、神霊鏡、御鏡ともいう。神器の鏡については、神勅②で、天照大神が天孫に対し「宝鏡」をその御霊代《みたましろ》（御神体）として授け、宮殿の中に奉斎するよう求めている。また、中臣氏祖神の天児屋命と忌部氏祖神の太玉命に対して、この「斎鏡」を殿内で十分に防護するように命じている。それゆえ、当初は「宝鏡」を天照大神の御霊代として「天皇の大殿の内」に祀ってきた。

しかし、⑩崇神《すじん》天皇は「その神の勢《いきおい》を畏れ……（皇女）豊鍬入姫命《とよすきいりひめ》に託《つ》けまつりて倭の笠縫邑《かさぬいむら》（大神《おおみわ》神社近くの檜原《ひばら》神社あたりか）に祭る」ことにした。次の⑪垂仁《すいにん》天皇は「（皇女）倭姫命《やまとひめのみこと》に託《つ》け……大神の教の随《まにま》に、その祠《やしろ》を伊勢国……五十鈴の川上に興《た》つ」に至った（「紀」）。

この伊勢の神宮（内宮）に奉斎された鏡に関しては、延暦23年（八〇四）作成の『皇太神宮儀式帳』や『延喜式』（大神宮式）によれば、それを奉納する「御樋代《みひしろ》」を「径二尺、内一尺六寸三分」と記す。かなり大きな（直径四九センチほど）円形の銅鏡（**内行花文鏡**《ないこうかもんきょう》）と推定されている。

それに対して、『古語拾遺』では、崇神天皇朝に新しく「鏡を鋳《い》、剣を造り、以て護身の御璽と為す。これ今も践祚の日に献ずる所の神璽鏡剣」とする。宮中（温明殿《うんめいでん》＝賢所）の神鏡については、62村上天皇の『御記《ぎょき》』逸文に、天徳4年（九六〇）9月24日の内裏焼亡に際して「温明殿に納むる所の神霊鏡……その鏡径八寸許《ばか》り、頭に小瑕ありと雖《いえど》も専ら円規帯等を損ずるなし」と記される。従って、神宮の神鏡より小さい（直径二四センチほど）円鏡とみられる。

天叢雲剣《あまのむらくものつるぎ》

草薙剣《くさなぎのつるぎ》、**御剣**ともいう。神勅①にいう「草薙剣」は、素戔嗚尊《すさのおのみこと》が出雲で八岐大蛇《やまたのおろち》を退治して尾から取り出し、天照大神に献上したという。これは、倭姫命の手で神鏡とともに大和から伊勢へと遷された。その後、倭建命《やまとたけるのみこと》（日本武尊）が東国に遠征の途上「伊勢の神宮」へ参拝した折に、叔母の倭姫命から渡されている。

この倭建命が駿河から相模へ進もうとして焼津《やいづ》の土豪に放火された時、「佩《は》く所の剣、天叢雲《あまのむらくも》、自ら抽《は》けて主の傍《かたわら》の草を薙《な》ぎ攘《はら》ふ。これによりて免《まぬが》れた。その東国遠征からの帰途、尾張（熱田）で「一の剣を解《ぬ》き、松の下に置」いたから、「日本武尊の佩かせる草薙横刀は、これ今、尾張国の年魚市《あゆち》郡の熱田社に在り」という。

尾張の熱田社（熱田神宮）に奉斎された草薙剣は、38天智天皇7年(六六八)、沙門道行により盗み出されたが、おそらく宮中へ戻っていた。しかし、40天武天皇晩年の朱鳥元年(六八六)6月、その病気が「草薙劔に祟《たた》」られたものと卜《うらな》われたので、「即日、尾張国の熱田社に送り置く」ことにしたとある。

神剣の形状については、ただ、吉田（卜部《うらべ》）家蔵『玉籤《ぎょくせん》集』裏書（栗田寛『神器考証』所引）に「長さ二尺七八寸許《ばか》り（約八〇センチほど）、刀先は菖蒲の葉なりにして、中程はムクリと厚みあり。本の方六寸許りは節立て魚等の背骨の如し。色は全体白し」と記されるから、白銅製で狭鋒の銅剣とみられる。これが五尺ほどの木箱に入れられ、中の石箱との間を「赤土にてよくつつめり」という状態にあるのは、島根県出雲の荒神谷《こうじんだに》遺跡から三五八本も発掘された銅剣の埋納方法とよく似ている。あるいは、元来これが出雲（八岐大蛇）から出て朝廷（天照大神）に献上されたという神話（これは、崇神天皇朝に出雲の神宝を検校《けんぎょう》し献上させた史実の反映か）と関係があるのかもしれない。

八坂瓊《やさかに》の曲玉《まがたま》

御璽《ぎょじ》ともいう。神勅①で最初に記される**曲玉**（**勾玉**）は、神話（↓［35］）〔瑞珠盟約〕章にみえる。ただ、「紀」の本文では、天照大神が「八坂瓊《やさかに》の五百箇《いほつ》の御統《みすまる》」を身につけていたとあるが、その「一書」のなかには、素戔嗚尊が「瑞八坂瓊《みつやさかに》の曲玉」を持ちきたり姉神に献ったとの異伝もある。

また、神話（↓［35］）〔宝鏡開始〕章によれば、天岩戸に隠れた天照大神の再出現を祈る祭庭では、真榊《まさかき》の上枝に「八坂瓊の曲玉」、中枝に「八咫鏡」、下枝に「木綿《ゆう》」を懸けたという。けれども、「紀」の即位（践祚）記事には「鏡剣」を奉ることしかみえない。曲玉は元来大王が常時身につけている装飾品的な宝物であったから、鏡や剣のような神器とは異なる扱いをされてきたのであろう。

【神器の所在】

三種神器と称されるものは、⑩崇神天皇朝のころから二種類に分かれる。その一つは、伊勢の神宮と熱田神宮に御祭神の**御霊代《みたましろ》**として祀られた本来の御鏡と御剣である。もう一つは、その代器として造られた宮中の御鏡と御剣および古来の御璽（曲玉）である。

宮中の御鏡

平安時代に入ると、内裏に温明殿《うんめいでん》を設けて奉安し、内侍所の高級女官を奉仕させ、格別に神聖な扱いを受けた。それゆえ内侍所とも畏所《かしこどころ》＝賢所とも称される。

宮中の御剣と御璽

あわせて剣璽という。天皇の日常的な御在所《ござしょ》（仁寿殿か清涼殿）の寝室（現在は皇居吹上御苑の御所）に置かれている。移御・行幸の際には、女官から少納言か侍従が受け取り、天皇を護るような形で捧持される。

三器の継承

このように宮中では、純然たる**神器の御鏡**と、王権を象徴する**宝器の剣璽**との扱いを区別している。とはいえ、この三器はセットにされ、皇位の継承に必ず伴うべき**レガリア**（君主の地位を象徴する宝器）として新帝に受け継ぐ原則が、代々ほぼ守り通されてきた。ただ、それが困難な異例の事態に陥ったことも稀にある。

そのひとつは、いわゆる源平合戦の時である。寿永2年（一一八三）7月、平家一門は幼い[81]安徳天皇とともに三種神器を擁して瀬戸内海へ逃れた。そこで後白河法皇は、とりあえず神器不在のまま、一か月半後、わずか四歳の孫にあたる尊成王《たかひら》を[82]後鳥羽《ごとば》天皇として立てた。それから一年半後（元暦2年＝文治元年〈一一八五〉の3月）、壇ノ浦の戦で平家が敗れた。その際、御座船の神鏡は源氏方に押さえられたが、剣と璽は建礼門院（平徳子）が身に付け**安徳天皇**を抱いて入水したので、いったん海中に消えた。

ただちに捜させたところ、箱入りの御璽は幸い浮かび上がってきたが、御剣は海底深く沈んだのか見出せなかった（『玉葉』）。

そのため、まもなく神鏡と御璽は京都へ戻された。しかし、御剣がないので、後鳥羽天皇も次の83土御門《つちみかど》天皇も、**昼御座《ひのおまし》の御剣**を代用している。ただ、すでに寿永2年6月、伊勢の神宮（内宮）から後白河法皇に献上されていた「御剣」が御所にあった（『吉記』）。そこで、次の84順徳《じゅんとく》天皇朝から、その**蒔絵の御剣**が「宝剣」として用いられることになった（『禁秘御抄』）。

もうひとつ、数十年にわたり神器の所在が問題になったのは、いわゆる南北朝期である。大覚寺統の96後醍醐天皇は、すでに元弘元年（一三三一）8月、三種神器を持って内裏から笠置山へ遷り、討幕の兵を募った。そこで、**朝敵**となることを恐れた鎌倉幕府は、持明院統の北1光厳《こうごん》天皇を擁立した。けれども、神器のないことに不安を覚え、笠置に攻め入り神器（剣璽のみか）を奪っている。しかし、その時に奪われたのは、本物に似た「**偽器**」だったようである（『続史愚抄』）。それから半年後、後醍醐天皇は幕府により隠岐へ流されたが、その一年後に隠岐を脱出し、元弘3＝正慶2年（一三三三）6月、京都へ還幸した。その間ずっと「璽の箱を御身に添へられたれば」（『増鏡』）正統性は後醍醐天皇にあり、幕府の立てた光厳天皇を廃するに至った。

ついで後醍醐天皇は建武新政を強力に推進した。しかし、それに反発した足利尊氏らの攻撃を受け、延元元＝建武3年（一三三六）5月、三種神器を持って延暦寺に逃れ、さらに12月、吉野（南朝）へ遷ったが、その際「内侍所（神鏡）もうつらせ給ひ、神璽も御身にしたがへ」た（『神皇正統記』）。

それに対して、尊氏は8月に北2光明《こうみょう》天皇を擁立したが、もちろん京都（北朝）に本物の三種神器がない。そこで、これ以降、足利氏は推戴した北朝天皇の正統性（正当性）を確保するため、南朝方に何度も講和を働きかけ、三種神器を取り戻そうとしていた。そのため、三代将軍足利義満は明徳3＝元中9年（一三九二）10月、あえて南朝に有利な条件を提示した。

その第一の条件は、南朝の99後亀山《ごかめやま》天皇から北朝六代目の100後小松《ごこまつ》天皇に対し「譲国の儀の旨」をもって「三種神器」を渡すことである。これにより、皇位の象徴たる神器を持ち続けてきた南朝の正統性が確認され、それを譲り受ければ北朝の正統性も保証されることになる。

これを受け容れた後亀山天皇は、吉野から京都へ戻って大覚寺に入り、持参した神器が100後小松天皇の土御門内裏へ遷された。しかし、義満は約束を破って「譲国の儀」を行わず、また次の義持も、後亀山上皇を黙殺して後小松天皇の皇子実仁《みひと》親王を101称光《しょうこう》天皇とした。

そのため、憤激した**南朝の遺臣**たちは、吉野の奥で後亀山上皇の皇子（小倉宮）を奉じ続け、宮の薨じた嘉吉3年(一四四三)の9月、内裏に乱入して剣璽を奪い去った。しかしながら、それも長禄2年(一四五八)8月、赤松氏の旧臣により奪い返され、ようやく内裏に三種神器が揃った。これによって、ともかく北朝は正統性を回復した。

近世に入ると、皇位継承の正統性を継承者が三種神器を継受していたか否かで判定する主張が、水戸学派などの間で強くなった。それが近代の南北朝正閏論争とも密接に関係する。

［所］

[39] アキツミカミと「神国」思想

【アキツミカミの用例】

現世の天皇は、「記紀神話」にいう「高天原」の神々（天神系）、とりわけ太陽のごとき天照大神の直系子孫と信じられてきた。それを端的にあらわすのが、アラヒトガミとかアキツミカミなどという称号である。

『日本書紀』の景行天皇四十年条によれば、東征中の日本武尊《やまとたけるのみこと》（⑫景行《けいこう》天皇の皇子）が「吾これ現人神《あらひとがみ》の子なり」と答えている。また大宝元年（七〇一）完成した『大宝令』の「公式令《くしきりょう》」では、「詔書《しょうしょ》」（天皇の公的な最高の文書）の書式を、次のように定めている（『養老令』も同文。〔 〕内は公的注釈書『令義解《りょうのぎげ》』の説明文）。

①明神御宇日本天皇《すめらみこと》詔旨〔大事を以て蕃国（外国）の使に宣《の》るの辞を謂《い》ふなり〕……

②明神御大八洲天皇詔旨〔朝庭（廷）に於ける大事の辞、即ち皇后・皇太子を立て、及び元日に朝賀を受くるの類に用ふるを謂《い》ふなり〕……

すなわち、①は天皇が対外的に「日本《やまと》」の重大事を宣明する場合の表現であり、また②は天皇が対内的に「**大八洲**《おおやしま》」の重大事を告知する場合の表現である。

これは、8世紀初頭から対外的に（強大な唐に対しても）、**日本**という国号を公用し始めたのみならず、天皇の神秘的な権威を表す形容詞（修飾語）として、明神《あきつみかみ》も公用し始めたことを明示する規定といえよう。

また②の表現は、この前後から正式かつ広汎に用いられていた。42文武《もんむ》天皇の即位宣命や出雲国造の「神賀詞《かんよごと》」などに「明御神《あきつみかみ》と大八嶋国知《しろ》しめす天皇命《すめらみこと》」などとみえる。それが、奈良・平安時代から中世・近世を通して、はるか明治の初めまで使われている。

もちろん、このアキツミカミもアラヒトガミも、決して一神教でいうような**超越神**を意味しない。古来の日本では、あらゆるヒトもモノも、祖先や自然のカミから産まれた（決して超越神に造られたのではない）から、互いにイノチのつながりをもつ存在であると信じられてきた。とりわけ天照大神の子孫と伝えられる歴代天皇は「今あきらかに世におはします御神ぞと崇み畏《かしこ》みて申す言《ことば》」がアキツミカミだと解されている（賀茂真淵『祝詞考』）。

【神国の思想】

このアキツミカミ（アラヒトガミ）天皇観とともに、わが国を神国とみなす思想がある。これも「記紀神話」以来、日本の国土・万物が神々により生み成されたと信じ伝えられてきたことが前提になっている。従って、わが国を神々の生み護り給う「神国」とか「神州」などということ自体は、すでに古代からあり（六国史《りっこくし》や『宇多天皇御記』）、必ずしも特異な表現ではない。

ただ、やがて国難を迎えると、「神国日本」の優位性を強調するようになる。とりわけ鎌倉時代に蒙古・元軍が来襲した際「敵国降伏」の祈禱などが行われ、結果的に台風の加勢もあって撃退したことで、「神国」意識が急速に高まり広まっている。

そのような流れを受けて、南北朝期に北畠親房が『神皇正統記』を著し、「大日本は神国なり。天祖はじめて基をひらき、日神ながく統を伝へ給ふ。我が国のみ此の事あり。異朝にはそのたぐひなし」と明言するに至ったのである。

以後、戦国時代末期に「ヤソ教・天主教」が伝わった際、また江戸時代末期に「異国船」が迫った時や、さらに昭和の戦時期にも、それらに対抗する意識を高めるため、「神国」思想がことさら強調されている。

【天皇の神格否定】

天皇をアキツミカミ・アラヒトガミなどと称するのは、比喩的な形容語である。しかしながら、近代に入ると、天皇を一神教の超越神のように神格化する傾向も現れ、内外の人々に誤解が広まったとみられる。

そこで、昭和20年(一九四五)の敗戦後、GHQは占領統治に天皇制度を役立てる前提として「天皇が神の子孫(divine desent)であるゆえに……優越性を保持するという誤った考えを根絶する」ため、天皇自身が「神格(divinity)の否定になりうる声明」を出すよう求め、その草案まで示した。

それに対して日本側では、あらためて首相幣原喜重郎が英文で草案を作り直した。そして昭和天皇に諒承を求めたところ、この機会に「五箇条の御誓文」を新日本建設の国是として示す意向が伝えられた。そこで、御誓文の全文を掲げた詔書が年末に作成され、翌年(一九四六)元旦に公表された。

それは一般に「天皇の人間宣言」と称される。けれども、原文には「朕と爾等《なんじら》国民との間の紐帯《ちゅうたい》は終始相互の信頼と敬愛とに依りて結ばれ……天皇を以て現御神《あきつみかみ》(divine)とし……との架空なる観念に基くものにも非ず」とあるので、「神格否定の詔書」という呼称も使われている。　［所］

[40] 伊勢の神宮

三重県伊勢市に鎮座する**皇大神宮**《こうたいじんぐう》（**内宮**《ないくう》）と**豊受**《とようけ》**大神宮**（**外宮**《げくう》）、および両社に付属する宮社（一二四の**別宮**と**摂社**四三、**末社**二四、**所管社**四二）合計一二五社の総称。古来、伊勢大神宮・二所《にしょ》大神宮などと呼ばれたが、現在は「大」を付さず、「**神宮**」を正式名称とする。内宮は伊須受宮《いすずのみや》・天照《てんしょう》皇大神宮とも称し、天皇の祖先神である天《あま》照坐皇大御神《てらしますすめおおみかみ》、相殿《あいどの》に天手力男神《あまのたぢからおのかみ》・万幡豊秋津姫命《よろずはたとよあきつひめ》を祀る。外宮は豊受宮《とゆけのみや》・止由気《とゆけ》宮《ぐう》・度会宮《わたらいのみや》とも称し、豊受大御神《とようけおおみかみ》、相殿に御伴神三座を祀る。

【内宮と外宮】

内宮は、垂仁天皇26年に神体の八《や》咫鏡《たのかがみ》を奉斎するために現在地に宮を建て、御杖代《みつえしろ》（杖代わりとなって奉仕する者）として皇女倭姫命《やまとひめのみこと》に祀らせたのが始まりとされる。一方、**外宮**は、雄略《ゆうりゃく》天皇22年、天照大神の神慮により、御饌津神《みけつかみ》（食物を司る神）として止由気神《とゆけのかみ》（登由宇気神《とゆうけのかみ》）が丹波国比治《ひじ》の真奈井原から遷座されたと伝えるが、もとは伊勢の地方神であったとする説もある。

律令制下で国家の最高神とされ、天皇以外の私的奉幣は禁止された。天皇自身による参詣は明治の初めまでなかったが、主要な祭典に奉幣の勅使が遣わされている。平安時代末期以降は、神領や神宝の寄進が盛んに行われるようになって、**御師**《おんし》の制も発展し、江戸時代には各地に**伊勢講**が結成されて、庶民の参詣でにぎわった。

両宮の正殿の建築様式は**唯一神明造**《ゆいいつしんめいづくり》と称され、切妻造平入《ひらいり》で、破風《はふ》が屋根の上に突き出て千木《ちぎ》となり、建物の妻側に独立した棟持《むなもち》柱を立てる。正面三間、側面二間で、正面中央に板扉を開き、その他は板壁とする。内部は板敷で周囲には回縁と高欄を巡らし、屋根は萱葺《かやぶき》、柱は掘立柱。床下には心御柱《しんのみはしら》が立ち、古来祭祀の対象となった。

【式年遷宮《しきねんせんぐう》】

二〇年ごとに社殿を造替し、御神体を奉遷する式年遷宮（**正遷宮**）は、7世紀末頃に始まり、朝廷の直営で社殿の造替も神官・装束の調達も行われてきたが、朝廷の衰微によって次第に難しくなり、戦国時代には一〇〇年余り中断する。しかし、慶光院《けいこういん》清順尼など勧進聖《かんじんひじり》らの活躍もあって、永禄6年（一五六三）に外宮、天正13年（一五八五）に内宮の遷宮が復興した。それ以来、ほぼ順調に正遷宮がくり返され（ただ、第五九回は敗戦占領により四年延引）、平成25年（二〇一三）に六二回を迎えた。

式年の二〇年は、鎌倉時代まで二〇年目（満一九年）だったが、康永2年（一三四三）の

第三五回の遷宮から二一年目（満二〇年）ごとになった。そのいずれにせよ、二〇年とされた理由については、木造社殿の耐久性に基づくとする説、時期を定めて社殿を造替して清浄性を確保するためとみる説、新しい社殿に移して神の若返りをはかり、さらなる加護を祈願するためとみる説など古来諸説がある。遷宮に際しては、社殿だけでなく殿内の**神宝**や装束（調度品など）もすべて新しく造り替えられる。このような式年造替は正宮と別宮を原則とする。

遷宮のための祭典は、工事の進捗《しんちょく》にともなって数多くある。遷御八年前から用材の伐採に関する山口《やまぐち》祭・木本《このもと》祭、ついで御杣始《みそまはじめ》祭・御樋代木《みひしろぎ》奉曳《ほうえい》式・御船代《みふなしろ》祭、さらに七年前、御木曳初《おきひきぞめ》式・木造始《こづくりはじめ》祭などがある。やがて一年前、立柱《りっちゅう》祭・上棟《じょうとう》祭などがあり、いよいよ当年、心御柱奉建《しんのみはしらほうけん》・杵築《こつき》祭などを経て、当日は夜中に**遷御の儀**が行われる。

【恒例祭典】

神宮における年間の恒例祭典は数多い。とりわけ6月・12月の月次《つきなみ》祭と9月（明治以降10月）の神嘗《かんなめ》祭を**三節《さんせつ》祭**（三時《さんじ》祭《さい》）と称する。これに祈年《きねん》祭を加えた四度の大祭には勅使が差し遣わされた。現在の主な祭典は次の通りである。

歳旦祭《さいたんさい》（1月1日）、元始祭《げんしさい》（1月3日）、建国記念祭《けんこくきねんさい》（2月11日）、祈年祭《きねんさい》（2月17〜23日）、風日祈祭《かざひのみさい》・神御衣祭《かんみそさい》（5月14日）、月次祭《つきなみさい》（6月15〜25日）、風日祈祭（8月4日）、神御衣祭（10月14日）、神嘗祭《かんなめさい》（10月15〜25日）、新嘗祭《にいなめさい》（11月23〜29日）、月次祭（12月15〜25日）、天長祭《てんちょうさい》（平成30年〈二〇一八〉までは、12月23日、翌々年より2月23日）、日《ひ》別朝夕大御《ごとあさゆうおおみ》饌《け》祭《さい》（毎日）

【神職と神領】

神官組織
大神宮司《だいじんぐうじ》が、内宮・外宮の禰宜《ねぎ》、内人《うちんど》、物忌《ものいみ》などの神職を統率し、**神郡**（伊勢国飯野郡・度会《わたらい》郡・多気《たき》郡）・**神戸**《かんべ》の行政を掌った。大神宮司の上にあって神宮の政務を総監する職として**祭主**があり、官撰史書では弘仁6年（八一五）の大中臣淵魚《おおなかとみのふちいお》の任命が初見。以後、神祇官に仕える五位以上の中臣氏を任じるのを原則とし、四度の大祭・遷宮祭などに祭使として神宮に参向した。16世紀以降は大中臣姓の藤波氏が祭主職を世襲し、明治以降は皇族（戦後は皇族であった者）が任じられることとなった。

なお内宮は**荒木**《あらき》**田**《だ》**氏**が、また外宮は**度会**《わたらい》**氏**がそれぞれ禰宜として奉仕した。荒木田氏は、中臣氏の祖、大鹿島氏の子孫とする伝承をもつが、石敷の代に二門に分かれ、さらに正員禰宜に補任される重代《じゅうだい》家と権禰宜となる地下《じげ》権任《ごんにん》家の区別があった。度会氏は、天牟羅《あめのむら》雲《くも》命を祖とし、神宮鎮座当初から奉仕したとの伝承をもち、しばしば内宮と争ってみずからの優位性を主張するとともに、**伊勢神道**を提唱するに至った。一族約三〇家のなかで、禰宜に補任される重代家は檜垣以下六家に限られたが、両宮とも明治4年(一八七一)の神宮改革で世襲制は廃止された。

神宮領

古代から封戸（**神戸**《かんべ》）と**神田**《しんでん》を基本とし、神戸の集中した伊勢国では度会《わたらい》・多気《たき》の両郡が奈良時代より**神郡**とされ、寛平9年(八九七)に飯野郡が寄進されると、三郡あわせて**神三郡**《しんさんぐん》と称された。神田は『延喜式』によると伊勢・大和・伊賀に計三六町余あった。しかし10世紀以降、供祭物を貢進する御厨《みくりや》・御園と称する新しい形態の所領が生まれ、13世紀初めの『神宮雑例集』によると全国あわせて四五〇余あったとされている。

御師

伊勢では「おんし」というが、他社では「おし」という。熊野の御師は平安時代後期から多くなった参詣者らに祈禱や宿泊の便をはかった。伊勢でも鎌倉時代末期ころから、下級神職が参詣人の依頼によって祈禱したり、案内や宿泊の便宜もはかり、やがて全国各地へ赴いて暦や御祓を配ったりした。江戸時代の正徳年間(一七一一～一六)ころ、外宮に五〇四家、内宮に二四一家を数えている。

【斎宮（伊勢斎王）】

斎王《さいおう》(いつきのひめみこ)は、古代～中世前期に天照大神の御杖代として神宮に奉仕した、未婚の内親王・女王をいう。斎宮は斎王在任中の日常的な居所を指すが、転じて斎王自身をも指すようになった。制度としての整備は40天武天皇朝の大伯皇女《おおくのひめみこ》からで、天皇の代替りや父母の喪によって交替するのが原則であった。96後醍醐《ごだいご》天皇の祥《しょう》子《し》内親王で最後となる。

斎宮に卜定《ぼくじょう》されると、宮中の**初斎院**《しょさいいん》、つづいて嵯峨野の**野宮**《ののみや》において約二年間潔斎し、その後に監送使《かんそうし》や斎宮寮官人・女官らを従えて伊勢に**群行**した。平常は多気郡の**斎宮**（現三重県明和《めいわ》町所在の斎宮跡は国史跡に指定）に居て、仏事や不浄を避ける**忌詞**を使うなど慎みの生活に努め（→コラム）、三節祭（三時祭）には神宮に赴いて太《ふと》玉串《たまぐし》を奉じた。三節祭に奉仕する際に斎王の宿泊する居館が**離宮院**であり、そこには**大神宮司**の政庁や勅使が宿泊する**駅使院**もあった。同院は、もと度会郡沼木郷（現伊勢市宮後《みやじり》）にあったが、延暦16年（七九七）から同郡湯田郷字羽西村（現伊勢市小俣町）に移転している（離宮院跡として国史跡に指定）。

【神道思想】

両部神道《りょうぶしんとう》

伊勢の内外両宮の諸神や社殿を、密教の両部（胎蔵界・金剛界）曼荼羅《まんだら》のコスモロジーで解釈して生み出された教説である。胎蔵界の**大日如来**の垂迹《すいじゃく》を内宮天照大神、金剛界の大日如来の垂迹を外宮豊受大神とし、この二所の神も究極は一体であると説く。名称の初見は室町時代の吉田兼倶《かねとも》の『唯一神道名法要集《ゆいいつしんとうみょうぼうようしゅう》』で、**習合神道**・真言神道とも称した。平安時代後期から主張され、鎌倉時代になると空海の主張という形で理論書が制作された。

伊勢神道

外宮神道・**度会《わたらい》神道**とも称され、鎌倉時代に外宮の禰宜であった度会氏が提唱した神道説をいう。南北朝時代の度会家行が、その著『類聚神祇本源《るいじゆうじんぎほんげん》』に集大成した。その典拠は、奈良時代もしくはそれ以前の作に仮託される**神道五部書**（『天照坐伊勢二所皇太神宮御鎮座次第記』『伊勢二所皇太神御鎮座伝記』『豊受皇太神御鎮座本紀』『造伊勢二所太神宮宝基本記』『倭姫命世記』）で、伊勢神宮の起源由緒に関する記述を中心とするが、儒教・仏教に対して神道が根本に位置すると説き、また外宮が内宮に劣るものでないことを主張する。また、天皇の地位を神道の立場で歴史的、宗教的に説明して、神国思想を宗教的に基礎づけた。　　　　　　　　　　　　　　〔竹居〕

◆斎宮と斎院の忌詞

伊勢の斎宮と賀茂（→〔41〕）の斎院では、仏事や触穢《しよくえ》を避けるため、在任中の斎王も斎宮寮・斎院司《さいいんし》に勤める男女官人らも「忌詞《いみことば》」を用いることになっていた（『延喜式』斎宮式・斎院司式）。

ただ、忌詞に三種類ある。斎宮においては、㋑「**内七言**」として、仏を「なかご」（中子）、経を「そめがみ」（染紙）、塔を「あららぎ」（阿良々岐）、寺を「かわらぶき」（瓦葺）、僧を「かみなが」（髪長）、尼を「めかみなが」（女髪長）、斎《とき》（食事）を「かたしき」（片膳）、また㋺「**別忌詞**」として、堂を「こりたき」（香燃）、優婆塞《うばそく》を「つのはず」（角筈）と称する。さらに㋩「**外七言**」として、死を「なほる」（奈保留）、病《やまい》を「やすみ」（夜須美）、哭《なく》を「しほたれ」（塩垂）、血を「あせ」（阿世）、打を「なづ」（撫）、宍《しし》を「くさひら」（菌）、墓を「つちくれ」（壌）と言い換える。

それに対して、斎院の忌詞は㋩だけで、㋑も㋺も記されていない。従って、同じく皇女（ないし皇孫女）が「斎王」（いつきのひめみこ）として奉仕したところでも、賀茂においては、伊勢のように厳しく仏事を避けることが求められていなかったとみられる。　［所］

[41] 八幡宮と賀茂社

古来の社格では、「神宮」に次ぐのが「**宮**《ぐう》」で、伊勢神宮の別宮をはじめ、八幡宮と筥崎《はこざき》宮・香《か》椎《しい》宮などがある。それ以外は「**社**《しゃ》」で、その筆頭が賀茂社である。

【八幡宮】

九州豊前国、現大分県宇佐市の**宇佐神宮**（**宇佐八幡宮**）は、**八幡信仰**の発祥の地で、⑮応神《おうじん》天皇（第一之殿）・比売《ひめ》大神（第二之殿）・神功《じんぐう》皇后（第三之殿）を祭神とする。奈良時代半ば頃、㊺聖武《しょうむ》天皇による東大寺大仏の鋳造を契機に中央に進出し、天応元年（七八一）に朝廷から「大菩薩」の尊号を与えられて神仏習合の先駆となった。そして貞観元年（八五九）には、大安寺の僧行教が**宇佐八幡宮**で神託をうけて山城国の男山山頂に勧請し、翌年に朝廷が社殿を建立したのが石清水八幡宮の創始である。

京都府八《や》幡《わた》市に鎮座する**石清《いわし》水《みず》八幡宮《はちまんぐう》**は、誉田《ほんだ》別《わけ》尊（応神天皇）・比咩《ひめ》大神・神功皇后を祭神とし、鎮護国家の神として、二十二社制では伊勢の神宮に次ぐ上七社に列せられた。旧官幣大社。例祭は8月15日の**石清水放生会《ほうじょうえ》**で（現在は9月15日の石清水祭）、天暦2年（九六四）には勅祭となり、神輿の送迎は天皇の行幸に準じて行われた。鎌倉の**鶴岡八幡宮**は、源頼義が石清水八幡宮を由比が浜に勧請し、やがて源頼朝が現在地に移して社殿などを整え、放生会なども催されるようになった。

【筥崎宮《はこざきぐう》・香《か》椎宮《しいぐう》】

筥崎宮は福岡市東区箱崎に鎮座。応神天皇・神功皇后を祭神とし、筥崎八幡宮とも称される。天平宝字3年（七五九）の創建と伝えられる。筑前国の一宮《いちのみや》で、「蒙古襲来」の際、亀山上皇が「敵国降伏」を祈願している。また、福岡市東区香椎に鎮座する香椎宮は、⑭仲哀《ちゆうあい》天皇・神功皇后・応神天皇・住吉大神を祭神とする。熊襲《くまそ》征討の際に橿日宮《かしいのみや》で崩御した仲哀天皇と、神功皇后の霊をともに祀る廟《びょう》を神亀元年（七二四）に創始したのに始まるとされる。

【賀茂社】

京都市北区上賀茂本山に鎮座する**賀茂別雷《かもわけいかずち》神社**（**上社《かみしゃ》**）は一般に**上賀茂神社**と称され、賀茂別雷大神を祭神とする。また京都市左京区下鴨泉川町に鎮座する**賀茂御祖《みおや》神社**（**下社《しもしゃ》**）は一般に**下鴨神社**と称され、玉依媛命《たまよりひめ》〈東本殿〉・賀茂建角身命《たけつぬみ》〈西本殿〉を祭神とする。この両社を併せて賀茂社（大社）と称する。

ともに賀茂県主《あがたぬし》一族によって奉斎され、旧暦4月（現在5月）の**賀茂祭**をはじめ種々の行事も、両社で一社のように行われてきた。ともに式内社で、二十二社の上七社にも数えられ、山城国一宮である。

下社の玉依媛命は賀茂氏の祖で、賀茂建角身命はその父にあたる。また**上社**の別雷神は、玉依媛命と乙訓坐火雷神《おとくににいますほのいかずちのかみ》との間の子とされる。社伝では、①神武天皇の代に降臨したとされる。元来は賀茂氏の氏神であるが、賀茂祭は山背（山城）一帯の**国祭**に発展し、早く文武天皇2年（六九八）には賀茂祭の日に騎射が禁止されるほどの盛況ぶりがうかがえる。

平安京遷都にともなって**王城鎮護《おうじょうちんご》の社**に昇格し、大同2年（八〇七）に正一位を授かった。また、弘仁元年（八一〇）ころ伊勢にならい**斎王**（**斎院**）が置かれている。神戸《かんべ》として、寛仁元年（一〇一七）上社に賀茂・小野・錦織《にしごり》・大野の四郷が（中世の**賀茂六郷**の基礎となる）、また下社に蓼倉《たでくら》・上粟田《かみあわた》・栗野《くるすの》・出雲の四郷が、それぞれ朝廷から施入され、さらに11世紀末頃には荘園や御厨《みくりや》も整備された。摂関家や武家の崇敬も篤く、明治の神祇制度でも官幣大社とされた。祀職は賀茂氏の子孫が司り、近世までの主な**社家**（世襲神職の家筋）として上社に梅辻・岡本・藤木など、下社に泉亭・梨木・鴨脚《いちょう》などがある。

例祭は、毎年4月中酉の日（現在は5月15日）の**賀茂祭**で、葵《あおい》の葉を社前や牛車《ぎっしゃ》にかけ、供奉者が衣冠につけたところから、近世以降**葵祭**の通称で名高い。三日前に祭神を迎える神事（上社では**御阿礼《みあれ》神事**、下社では**御蔭《みかげ》祭**と称する）がある。当日は、内裏で天皇から勅使に供物（幣帛《へいはく》）や、宣命、神馬《しんめ》を授ける「**宮中の儀**」に始まり、勅使や検非違使・山城使・舞人らが下社から上社に向かう行程の「**路頭の儀**」、下・上両社で行われる「**本殿祭**」と「**社頭の儀**」、宮中にもどって行う「**還立《かえりだち》の儀**」があった。平安～鎌倉時代初期は**斎王**（**賀茂斎院**）の参列があった。応仁の乱以後二〇〇余年の中絶ののち、元禄7年（一六九四）に再興。明治維新でまた中断があったが、明治17年（一八八四）旧儀に復した。昭和33年（一九五八）からは「**斎王代**」を中心とする女人列も復興した。

【斎院（賀茂斎王）】

賀茂社に奉仕する斎王（未婚の内親王か女王《にょおう》）在任中の居所を指す言葉であったが、転じて斎王その人を指す言葉ともなった。賀茂の斎王は伊勢の斎王と同じく卜定《ぼくじょう》によって定められた。

初斎院で潔斎の後に、紫野の斎院へ入り、**忌詞《いみことば》**を守るなど慎みながらも、**斎院司**の男女官人らと歌会を催すなどして、祭の時のみ賀茂社に参入して神事に奉仕した。

9世紀初頭、52嵯峨天皇の子の有智子《うちこ》内親王に始まり、13世紀初頭の83土御門天皇

（一説に84順徳天皇）の代の礼子内親王（82後鳥羽天皇皇女）が最後となる。斎院の解任は、斎宮（伊勢斎王）と同じく、天皇の代替わり、肉親の逝去、本人の病気や事故などによるが、天皇の代替わりに際しても退下《たいげ》しなかった例が少なくない。

［竹居・所］

［42］各地の神宮

神宮《じんぐう》は、明治以降、伊勢の神宮の正称とされた。しかし、古くから伊勢以外に神宮とか宮《ぐう》と称されるところがある。また、明治以降も皇室の祖先神や天皇を祭神とするところは神宮と称し、多くが官幣大社《かんぺいたいしゃ》に列している。

熱田神宮《あつたじんぐう》

愛知県名古屋市熱田区に鎮座。もと熱田神社と称される。式内社、尾張国の三宮《さんのみや》。また明治4年（一八七二）に官幣大社。現在は祭神として熱田大神《おおみかみ》、また相殿《あいどの》に天照大神・素戔嗚尊《すさのおのみこと》・日本武尊《やまとたけるのみこと》・宮簀媛命《みやずひめ》・建稲種命《たけいなたね》を配祀する。もとは三種神器の一つ草薙剣《くさなぎのつるぎ》（神剣）を祀る、伊勢の神宮に次ぐ由緒ある大社で、熱田大神とは、その神剣を依りましとする天照大神のことである。

草薙剣については、「三種神器」の項に記したように（→［38］）、倭姫命《やまとひめのみこと》が神鏡とともに大和から伊勢へ遷し、伊勢の神宮に鎮祭されていた。⑫景行《けいこう》天皇の代に皇子の日本武尊が、東夷征討《とういせいとう》に際して伊勢の神宮に詣で、斎王倭姫命からこれを授けられて、駿河国で草を薙ぎ払って武功を立てた。東国平定ののち尾張国造《くにのみやつこ》の館に寄った尊は、その女《むすめ》宮簀媛命を妃としたが、近江国伊吹山の賊徒平定の際に病を得て伊勢国能褒野《のぼの》に没した。残された宮簀媛命が、草薙剣の霊威を畏《かしこ》み、尾張一族の霊域でもあった熱田の地に祀ったのが起源とされる。

弘仁13年（八二二）に従四位下《じゆしいのげ》を授けられ、康保3年（九六六）に正一位《しよういちい》となった。熱田大宮司の女《むすめ》を母とする源頼朝をはじめ武家の尊崇も篤く、明治時代に入って、伊勢神宮に次ぐ「第二の宗廟」の地位にある。

鹿島神宮《かしまじんぐう》

茨城県鹿嶋市宮中に鎮座。もと式内社、常陸《ひたち》国の一宮《いちのみや》、明治4年（一八七一）官幣大社に列する。祭神は、天孫降臨に先立って葦原中国《あしはらのなかつくに》を平定したとされる武甕槌《たけみかづち》命を主神とし、経津主《ふつぬし》命・天児屋根《あめのこやね》命を合祀する。『常陸国風土記』には「香島の天の大神」と見え、もともとはこの地方の航海神であったらしいが、香取神宮とともに大和朝廷の東国平定と支配に大きな役割を果たし、古くから軍神として崇敬されて、承和6年（八三九）に従一位《じゆいちい》を授けられた。中臣氏（藤原氏）の氏神ともなり、平城京遷都の後には、香取の神とともに春日神社に勧請《かんじよう》された。

香取神宮《かとりじんぐう》

千葉県香取市に鎮座。もと式内社、下総国の一宮、明治4年（一八七一）官幣大社に列する。祭神は、武甕槌《たけみかづち》命とともに天孫降臨に先立って葦原中国《あしはらのなかつくに》を平定した経津主《ふつぬし》命。ただし六国史等では、その祭神を伊波比主神《いわいぬし》とする記事もある。鹿島神宮とともに大和朝廷の東国平定に重要な役割を果たしたとされ、元慶6年（八八二）には正一位となっていた。また中臣氏（藤原氏）の氏神ともなり、鹿島の神とともに春日神社に勧請された。

日前神宮《ひのくまじんぐう》・国懸神宮《くにかかすじんぐう》

和歌山市秋月の同一境内に鎮座。もと日前神社・国懸神社と称される式内社。明治4年（一八七一）に官幣大社。前者の祭神として日前大神、相殿に思兼命《おもいかね》・石凝姥命《いしこりどめ》を祀り、また後者の祭神として国懸大神、相殿に玉祖命《たまおや》・明立天御影命《あけたつあめのみかげ》・鈿女命《うづめ》を祀る。記紀神話にみえる石凝姥命が天の香山《かぐやま》の金を採って造った日像鏡《ひがた》と日矛鏡《ひぼこ》を、天孫降臨の際に天道根命《あめのみちね》（紀氏の祖）が持ち来り、[11]垂仁天皇期に現在地へ鎮座したと伝えられ、代々紀伊国造の子孫紀氏により奉斎されてきた。例祭は9月26日。

石上神宮《いそのかみじんぐう》

奈良県天理市布留《ふる》町に鎮座。もと石上坐布都御魂神社《いそのかみにいますふつのみたま》と称される式内社。明治4年（一八七一）に官幣大社（神宮の号は同16年から）。布都御魂大神・布留御魂大神・布都斯《ふつし》御魂大神を主祭神とし、五十瓊敷命《いにしき》・宇摩志麻治命《うましまじ》・市川臣《いちかわのおみ》および[72]白河天皇を配祀する。布都御魂大神とは[1]神武天皇東征の際に偉功をたてた霊剣、また布留御魂大神とは饒速日命《にぎはやひ》（物部氏の祖）降臨の際に天照大神から授けられた瑞宝《みずのたから》、さらに布都斯御魂大神とは素戔嗚《すさのお》尊が八岐大蛇《やまたのおろち》退治に用いた十握剣《とつかのつるぎ》、それぞれの威霊を神として祀るという。いずれも有力豪族の物部氏が刀剣を武威のシンボルとして奉斎したものとみられる。ここに神功皇后の摂政期、百済《くだら》から貢進された「七枝刀《ななさやのたち》」にあたるとみられる「太和四年」（三六九）銘の「**七支刀**」（国宝）が現存する。また宇摩志麻治命が勅令により始めたと伝える鎮魂祭が、今も新嘗祭の前夜に行われる。例祭（**ふるまつり**）は、永保元年（一〇八一）白河天皇の勅使参向にちなむ10月15日。

気比神宮《けひじんぐう》

福井県敦賀《つるが》市曙《あけぼの》町に鎮座。もと気比神社と称される式内社。越前国の一宮。明治28年（一八九五）に官幣大社。主祭神の伊奢沙別《いざさわけ》命は笥飯《けひ》大神ともいう。[14]仲哀天皇が即位の初めに当社へ参り、また神功皇后も、その妹玉妃《たまひめ》命や稚児、さらに皇子誉田別《ほんだわけ》命（のち[15]応神天皇）を伴って当社へ参ったとの伝承により、これらの人々を配祀する。大宝2年（七〇二）の創建とも伝えられる。例祭（**気比の長祭**）は9月2日から15日まで。7月23日には神功皇后ゆかりの**総参**《そうのまいり》**祭**がある。

鵜戸《うど》**神宮**

宮崎県日南市大字宮浦に鎮座。主祭神は鸕鷀草葺不合《うがやふきあえず》尊。相殿に大日孁貴《おおひるめのむち》尊（天照大神）・天忍穂耳《あめのおしほみみ》尊・瓊瓊杵《ににぎ》尊・神日本磐余彦《かむやまといわれひこ》尊（神武天皇）を配祀する。明治7年（一八七四）から官幣大社に列し、神宮の号を称する。例祭は2月1日。

霧島《きりしま》神宮

鹿児島県霧島市霧島田口に鎮座。主祭神は天孫の瓊々杵尊《ににぎ》。相殿に木花咲耶姫尊《このはなさくやひめ》と彦火火出見尊《ひこほほでみ》、および豊玉姫尊《とよたまひめ》と鸕鷀草葺不合尊、ならびに玉依姫尊《たまよりひめ》と神大和磐余彦尊を配祀する。明治7年（一八七四）から官幣大社に列し、神宮の号を称する。例祭は9月19日。

鹿児島神宮

鹿児島県霧島市隼人町に鎮座。主祭神は彦穂穂出見尊《ひこほほでみ》。豊玉比売命《とよたまひめ》・帯中比古尊《たらしなかひこ》（同⑭仲哀天皇）・息長帯比売命《おきながたらしひめ》（神功皇后）・品陀和気尊《ほんだわけ》（⑮応神天皇）・中比売命《なかひめ》（同上皇后）を分祀する。明治7年（一八七四）に官幣中社に列し神宮の号を称する。同28年には官幣大社になった。例祭は旧暦8月15日。

宮崎神宮

宮崎市神宮に鎮座。主祭神は神日本磐余彦（神武）天皇。鵜葺草葺不合尊《うがやふきあえず》・玉依日売命を合祀する。明治6年（一八七三）国幣中社宮崎神社、同11年に宮崎宮、同18年に官幣大社となり、大正2年（一九一三）から神宮の号を称する。例祭は10月26日。

伊弉諾神宮《いざなぎじんぐう》

兵庫県淡路市多賀に鎮座。もと伊佐奈岐《いさなき》神社と称される式内社。淡路国の一宮。明治4年（一八七一）国幣中社、同18年（一八八五）に官幣大社となったが、神宮の号を称するのは戦後の昭和29年(一九五四)からである。祭神は伊弉諾大神と伊弉冉《いざなみ》大神。例祭は4月22日。神域は、伊勢の内宮と同じ北緯三四度二七分二三秒の上にある。

英彦山神宮《ひこさんじんぐう》

福岡県田川郡添田町に鎮座。本殿(上宮)は英彦山(海抜一二〇〇メートル)の中岳山頂にある。主祭神は天忍穂耳尊《あめのおしほみみ》(天照大神＝日神の御子だから霊峰を「日子《ひこ》(彦)山」と呼び、のち[112]霊元天皇より「英彦山」の勅額を賜って、それを社号とするようになったという)。伊佐奈伎尊・伊佐奈美尊を合祀する。長らく修験道《しゅげんどう》の霊場としてあった英彦山霊仙寺が、明治元年(一八六八)の神仏判然令によって英彦山神社となり、同30年(一八九七)官幣中社に列したが、神宮の号を称するのは戦後の昭和50年(一九七五)からである。例祭は9月28日。

橿原《かしはら》神宮

奈良県橿原市久米《くめ》町に鎮座。神武天皇と姫蹈鞴《ひめたたら》五十鈴《いすず》媛《ひめ》命を祀る。橿原宮と伝えられる場所に、明治22年(一八八九)、京都御所の温明殿を本殿、神嘉殿を拝殿として移築し、翌年に宮号宣下《ぐうごうせんげ》をうけて官幣大社橿原神宮となった。例祭は2月11日。

近江《おうみ》神宮

滋賀県大津市神宮町に鎮座。旧官幣大社。[38]天智《てんじ》天皇を祀る。紀元二六〇〇年を記念し、近江神宮として昭和15年(一九四〇)に創祀。例祭は4月20日で、勅使が参向する。

また天智天皇の故事に基づき、漏刻《ろうこく》（水時計）が設けられ、百人一首の一番札にちなんだ「**かるた祭**」も行われる。

平安神宮

京都市左京区岡崎西天王町に鎮座。旧官幣大社。[50]桓武《かんむ》天皇と[121]孝明《こうめい》天皇を祀る。明治27年（一八九四）、平安京遷都一一〇〇年を記念して社殿の造営が決まり、翌年に平安神宮として鎮座。昭和15年（一九四〇）に孝明天皇を合祀した。例祭は4月15日。10月22日の「**時代祭**」は、平安〜明治維新の各時代にわたる「風俗絵巻」として名高い。

白峯神宮

京都市上京区飛鳥井町に鎮座。[75]崇徳《すとく》天皇と[47]淳仁《じゅんにん》天皇を祀る。[121]孝明天皇が讃岐国白峯陵に祀られていた崇徳天皇のために社殿を造営し、明治天皇が明治元年（一八六八）に遷座・奉祭した。同6年（一八七三）には、淡路の賀集《かしゅう》中村天王森山陵から淳仁天皇を迎えて合祀した。昭和15年（一九四〇）から官幣大社に列し、神宮の号を称する。例祭は4月14日と9月21日。

赤間神宮

山口県下関市阿弥陀寺町に鎮座。[81]安徳《あんとく》天皇を祀る。もとは**阿弥陀寺**と称し、壇ノ浦の戦い後の文治2年（一一八六）に[82]後鳥羽《ごとば》天皇の勅願寺となった。明治元年（一八六八）の神仏判然令により廟所が安徳天皇社と称され、同8年（一八七五）官幣中社**赤間宮**となり、昭和15年（一九四〇）から官幣大社に列し、神宮の号を称する。例祭は10月7日。

水無瀬《みなせ》神宮

大阪府島本町広瀬に鎮座。後鳥羽天皇・83土御門《つちみかど》天皇・84順徳《じゅんとく》天皇の三天皇を祀る。延応元年（一二三九）に後鳥羽上皇崩御の後、水無瀬信成《みなせのぶなり》・親成《ちかなり》父子が水無瀬離宮跡に御影堂を造ったことに始まり、古くは**水無瀬法華堂・御影堂**と称した。明治6年（一八七三）官幣中社**水無瀬宮**となり、昭和14年（一九三九）後鳥羽天皇七〇〇年式年祭の機会に官幣大社に列し神宮の号を称する。例祭は12月7日。

吉野神宮

奈良県吉野町に鎮座。旧官幣大社。96後醍醐《ごだいご》天皇を祀る。南北朝時代の吉野宮とされる地に明治22年（一八八九）官幣中社**吉野宮**として創祀。三年後に社殿が完成し、後醍醐天皇の木像を近くの吉水神社から移した。同34年（一九〇一）官幣大社に列し、大正7年（一九一八）から神宮の号を称する。例祭は9月27日。

明治神宮

東京都渋谷区代々木神園町に鎮座。旧官幣大社。明治天皇・昭憲《しょうけん》皇太后を祀る。大正4年（一九一五）に創建が決定され、同9年に官幣大社として完成。昭和20年（一九四五）空襲で焼失したが、宗教法人となって同33年に再建された。11月3日（旧明治節）の例祭には勅使の参向がある。

北海道神宮

札幌市中央区宮ヶ丘に鎮座。明治2年（一八六九）北海道開拓使の設置に際して開拓守護神として大国魂神《おおくにたまのかみ》・大那牟遅神《おおなむちのかみ》・少彦名神《すくなひこなのかみ》が仮奉安され、同4年（一八七一）国幣小社**札幌神社**となり、翌5年に官幣小社、同26年に官幣中社、同32年に官幣大社へと昇格した。北海道神宮と改称されたのは明治神宮を増祀した戦後の昭和39年（一九六四）。例祭（**札幌まつり**）は6月15日。

ほかに、海外の官幣大社で神宮となった左の四例がある。

朝鮮神宮

祭神は天照大神と明治天皇。大正8年（一九一九）**朝鮮神社**として創建が公表され、同14年（一九二五）鎮座に先立ち神宮と称される。昭和20年（一九四五）11月廃止。

台湾神宮

祭神は大国魂命・大己貴命《おおなむち》・少彦名命と北白川宮能久《よしひさ》親王。明治33年（一九〇〇）創建され、のち昭和19年（一九四四）天照大神を増祀の際、神宮と称される。同20年11月廃止。

関東神宮

中国旅順。祭神は天照大神と明治天皇。昭和13年（一九三八）創立告示、同19年鎮座。翌20年11月廃止。

扶余神宮

朝鮮扶余。祭神は[15]応神天皇・[37]斉明天皇・[38]天智天皇・神功皇后。昭和14年(一九三九)創立が公表されたが造営できず、未鎮座のまま同20年11月廃止。

なお、南洋群島パラオの**南洋神社**は、昭和15年(一九四〇)創建されたが、同20年11月廃止。また**樺太神社**は、台湾神社と同じ三命を祭神として明治44年(一九一一)鎮座したが、昭和20年廃止。神宮にはなっていない。　［竹居・所］

◆伊勢の神宮の別宮と摂社

伊勢の神宮は、内宮＝皇大神宮と外宮＝豊受大神宮の正宮各一所をはじめ、左記の「別宮」一四所があり、それにつぐ「摂社」四三所、および「末社」二四所と「所管社」四二所から成る(合計一二五所)。

○内宮の別宮……荒祭宮と風日祈宮《かざひのみのみや》(内宮域内)、滝原宮、滝原並宮(度会郡大紀町)、伊雑宮《いざわのみや》(志摩市磯部町)、月読宮・月読荒御魂宮・伊佐奈岐《いざなぎ》宮・伊佐奈弥《いざなみ》宮(伊勢市中村町)、倭姫宮《やまとひめのみや》(伊勢市楠部町、大正12年〈一九二三〉鎮座)○外宮の別宮……多賀宮と土宮と風宮(外宮域内)、月夜見宮(伊勢市宮後、鎌倉初期大摂社から昇格)

このうち、別宮は正宮の祭神の鎮座に直接関係が深く、式年遷宮も朝廷によって正宮に続いて行われる。摂社以下は平安以前から地元伊勢で祀られてきた古社である。摂社も平安初期までに一二社は式年造替されることになったが、その他は修理造替が原則とされてきた。現代でも天皇の「ご聴許」をえて式年遷宮を行うのは正宮と別宮のみであり、以下は大宮司の裁量で造替が行われている。　［所］

[43] 皇室ゆかりの神社

出雲大社《いずもたいしや》

島根県出雲市大社町に鎮座。古くは**杵築大社**《きづき》などとも称し、もと式内社、出雲国一宮、また旧官幣《かんぺい》大社。祭神は大国主命《おおくにぬしのみこと》であるが、『先代旧事本紀《くじ》』の記述のように、古くは素戔嗚尊《すさのおのみこと》が祭神と考えられていた。もとは大和朝廷に服属した出雲族の神であった。大社の名の通り、巨大な社殿が古来有名で、近時の境内発掘調査により、三本の巨大な木を鉄の輪でひきしめて柱としたものが三か所から発見された。

春日大社《かすが》

奈良市春日野町に鎮座し、もと式内社、二十二社上社、また旧官幣大社。祭神は武《たけ》甕槌《みかづち》命・経津主《ふつぬし》命・天児屋根《あめのこやね》命・比売《ひめ》神で、鹿島（常陸）・香取（下総）・枚岡《ひらおか》（河《かわ》内《ち》）各社からの勧請とされる。平城京東方の御蓋《みかさ》山を神奈備《かんなび》（神聖な場所）としてその西麓に神地が設定され、神護景雲2年（七六八）に祭神を整備して社殿を造営したとする説が有力。藤原氏の氏神でもあり、平安時代中期以降は同じ藤原氏の氏寺興福寺との関係を強めた。延喜20年（九二〇）の宇多《うだ》法皇の御幸以来、行幸も行われた。例祭の春日祭は、3月13日（古くは2月・11月の上申の日）。

多賀大社

滋賀県犬上郡多賀町に鎮座。式内社、旧官幣大社。祭神は伊邪那岐命《いざなぎ》・伊邪那美命《いざなみ》。寿命の守護神として広く信仰され、「お伊勢七度《たび》　熊野へ三度　お多賀様へは月参り」の俚謡まである。明治18年（一八八五）県社より官幣中社、大正3年（一九一四）官幣大社となる。例祭は4月22日。

氷川神社《ひかわ》

埼玉県さいたま市大宮区高鼻町に鎮座。式内社・武蔵国一宮で、旧官幣大社。祭神は須佐之男命《すさのお》・稲田姫命《いなだひめ》・大己貴命《おおなむち》。鎌倉時代以降、武運の守護神として武家の尊崇をうけた。明治元年（一八六八）、明治天皇は祭政一致をめざして当社で親祭《しんさい》を行い、武蔵国鎮守として勅祭社とし、8月1日の例祭には勅使が参向した。

金崎宮《かねがさきぐう》

福井県敦賀市金ケ崎町に鎮座。旧官幣中社。尊良親王《たかよし》・恒良親王《つねよし》を祀る。延元元＝建武3年（一三三六）、足利尊氏に追われた新田義貞《にったよしさだ》は、尊良・恒良両親王とともに金崎城を拠点としたが、翌年に落城。尊良親王・新田義顕《よしあき》や気比《けひ》社大宮司気比氏治《うじはる》らがこの地で戦死した。明治23年（一八九〇）に金崎城跡に創建されたもので、例祭は5月6日。

井伊谷宮《いいのやぐう》

静岡県浜松市北区引佐町に鎮座。旧官幣中社。96後醍醐《ごだいご》天皇皇子の宗良《むねよし》(むねなが)親王を祀る。延元3＝暦応元年(一三三八)、親王は北畠親房《きたばたけちかふさ》らと海路で東国へ向かう途中、遠江に漂着して井伊谷城に入り、以後各地を転戦した。当社は、明治2年(一八六九)に創建を申請して着工し、翌年に鎮座祭が行われた。例祭は9月22日。

鎌倉宮《かまくらぐう》

神奈川県鎌倉市二階堂に鎮座。大塔宮《おおとうのみや》とも称し、旧官幣中社。大塔宮護良《もりよし》(もりなが)親王を祀る。親王は後醍醐天皇の皇子で、足利尊氏と争った末に鎌倉に幽閉され、建武2年(一三三五)に殺害された。明治2年(一八六九)に勅命によって創建されたもので、本殿背後の土牢は、親王幽閉の場所と伝える。なお本殿の西脇には、親王に仕えていた人々を祀る**南方社**・**村上社**がある。

八代宮《やつしろぐう》

熊本県八代市松江城町に鎮座。旧官幣中社。征西将軍懐良《かねよし》(かねなが)親王を祀る。八代住民の願い出により、明治13年(一八八〇)に創建。八代城跡の本丸内に社地を定め、同16年(一八八三)に社殿を建立した。なお同19年(一八八六)には征西将軍良成《よしなり》親王も配祀されている。例祭は8月3日。

湊川《みなとがわ》神社

兵庫県神戸市中央区多聞通に鎮座。旧別格官幣社。主祭神は南朝の忠臣楠木正成《くすのきまさしげ》

（大楠公《だいなんこう》）で、相殿《あいどの》には、その子正行《まさつら》（小楠公《しょうなんこう》）、正成の弟正季《まさすえ》ら一七人の一族将士を配祀する。明治政府による南朝の忠臣を祀る神社の創建としては最も早く、明治元年（一八六八）に勅許を得て、翌年に社地を戦没地の湊川に決定し、同5年（一八七二）に社殿が造営された。例祭は7月12日。

靖国神社　東京都千代田区九段北に鎮座。旧別格官幣社。明治維新前後の殉難者や、戦役・事変などの国事殉難者約二四七万柱を祀る。明治2年（一八六九）、明治天皇の勅裁により招魂社が創建され、同12年（一八七九）に現社名に改称した（↓［48］）。［竹居・所］

[44] 社格と神位・神階

神位《しんい》・神階《しんかい》

神社の祭神に授与された位階を、**神位**または**神階**という。**品位《ほんい》**・**位階**・**勲位**の三種がある。品位は四品以上の四階で、天平勝宝元年（七四九）に豊前国宇佐八幡の大神《おおみかみ》に一品、同比売《ひめ》神に二品が授与されたのが初見。位階は正《しょう》一位から五位以上の一四階、正六位上一階の計一五階で、天平神護2年（七六六）の伊予国諸神への授与が初見。平安時代以降は特に神階昇叙《しんかいしょうじょ》が多く、即位や改元などに際して天下一律の神階授与が行われた。勲位は一等から一二等までで、兵乱平定などの武勲によって授与された。

式内社《しきないしゃ》

[60] 醍醐《だいご》天皇の延長5年（九二七）に編纂された『延喜《えんぎ》式《しき》』の巻九・一〇の神名上・下（略称『延喜式 神名帳《じんみょうちょう》』）に登載された二八六一処（三一三二座）の神社をいう。

これらは、神祇官が祀る**官幣社《かんぺいしゃ》**と国司が祀る**国幣社《こくへいしゃ》**とに大別され、さらに案上《あんじょう》・案《あん》下《げ》の幣によって**大社**と**小社**とに分けられ、それぞれの格に応じて、奉幣《ほうべい》にあずかる祭の種類や、幣帛《へいはく》（絹・麻などの供物）の数量・品目に差異があった。**官幣大社**は西海道以外の諸道にあり、一九八処、三〇四座を数える。**官幣小社**三七五社、四三三座は畿内に限られ、**国幣大社**（一五五処、一八八座）・**国幣小社**（二一三三処、二二〇七座）とも畿内にはない。さらに大社のうち**名神祭**《みようじんさい》にあずかる社（**名神大社**）が三〇六座あり、そのうち官幣社は一二七座を占めた。

式内社には、賀茂上下・鹿島・香取・春日・熱田など今でも繁栄している大きな神社もあれば、衰えて村の鎮守社となったり、その所在すら失われたものもあるが、明治神社制度の社格制定の歴史的基準となった。

勅祭《ちよくさい》**・勅祭社**

勅祭は、天皇の特使である**勅使**が派遣されて奉幣が行われる祭儀をいう。用語としては古い史料には見られず、慶応4年(一八六八)3月の神仏判然令に「勅祭之神社」とあるのが初見とされる。しかし、勅使差遣《さけん》によって奉幣にあずかった祭儀は、古来伊勢の神宮の神嘗祭《かんなめさい》や賀茂祭、石清水祭など数多く、二十二社などへの奉幣の祭祀もこれにあたる。近代では明治元年(一八六八)、明治天皇が武蔵国一宮《いちのみや》の**氷川神社**（現埼玉県さいたま市大宮区）に行幸して親祭《しんさい》を行ったのを契機に、**勅祭社**一五社が定められた。勅祭社は、その後改廃を続け、現在は一六社あり、勅祭は、現在では出雲大社・熱田神宮・平安神宮・明治神宮・橿原《かしはら》神宮・靖国神社ほかで行われ、特に3月13日の春日祭、5月15日の賀茂祭、9月15日の石清水祭を**三勅祭**と称する。

勅使《ちょくし》

天皇の命を伝える使者のことで、特に諸社の恒例祭・臨時祭に差遣される祭使・**奉幣使《ほうべいし》**（幣帛使）を称する。勅祭での勅使の役目は、天皇からの幣物《へいもつ》を宮司が神前にささげたあと、**祭文《さいもん》**を奏し、玉串を奉ることである。

令制では伊勢の神宮へ、神嘗祭をはじめ祈年《きねん》祭、両度月次《つきなみ》祭に朝廷から使者が差遣されたが、神嘗祭には正使として皇親の王のほか、副使として神祇官の使者である中《なか》臣《とみ》・忌部《いんべ》が随行するのにたいして、天平宝字元年（七五七）以降、祈年祭・月次祭の幣帛使は神祇官の中臣氏が単独で勤仕した。伊勢の神宮へは、そのほかに重大な事態が発生した時に、三位および参議以上の公卿が勅使として差遣されることがあり、これを**公卿勅使**と称した。公卿勅使は[59]宇《う》多《だ》天皇の寛平6年（八九四）の新羅《しらぎ》賊《ぞく》来襲に際して差遣されたのが最初とされ、平安時代中期から後期に頻繁となった。**公卿勅使差遣の儀**は、天皇の御在所清涼殿と大内裏正殿である大極殿の後房小《こ》安《あ》殿《どの》とで計二回行われるところに特徴がある。

伊勢の神宮以外の諸社では、公祭にあずかった春日・平野・賀茂・梅宮などの諸社に、祭日に朝廷からの使者が遣わされたが、主として宣命《せんみょう》を奏上する神祇官使、天皇の幣帛をもたらす内蔵《くら》使《し》のほか、東宮使《とうぐうし》・中宮使《ちゅうぐうし》・近衛《このえ》府使《ふし》・馬寮使《めりょうし》などが加わって勅使団というべき構成で参向した。

奉幣《ほうべい》

天皇の命によって神や山陵などに幣帛《へいはく》（絹・麻などの供物）を奉ることを奉幣といい、その使者を広く**奉幣使**（幣帛使）と称したが、細かくは奉幣使・**例幣使**《れいへい》・**由奉幣使**《よしのほうべい》などの区別があった。諸社の祝部《はふりべ》などを中央に集めて幣帛を頒《わか》つ班幣《はんぺい》とは区別され、奉幣使が諸社・諸陵に派遣される場合をいう。

神に対する奉幣の場合、掌侍《しょうじ》が神祇官に赴いて幣帛をつつみ、天皇が臨見してから奉幣使に付された。また奉幣には宣命《せんみょう》をともなうことが多く、これも奉幣使に付された。奉幣使には、普通五位以上の官人が充てられるが、古代には神社によって特定の氏人《うじびと》から任じられる慣例もあった。**伊勢神宮**の王氏、**宇佐八幡宮**の和気《わけ》氏、**春日神社**の藤原氏などは、その代表例。

また、即位・大嘗祭《だいじょうさい》・元服のあることを伊勢の神宮に奉告する臨時の奉幣を由奉幣といい、王・中臣・忌部（のち斎部）・卜部《うらべ》の各氏が務めた（**由奉幣使**）。内裏の建礼門前から発遣されたが、後には神祇官より発遣されるのを例とした。即位由奉幣の初見は天平宝字2年（七五八）。大嘗祭由奉幣の初見は大同3年（八〇八）で、寛和2年（九八六）には石清水・賀茂上下社が加えられ、**三社奉幣**と称した。

例幣使《れいへいし》

毎年決まった時期に奉幣のため神社に派遣される勅使をいう。伊勢の神宮の神嘗祭に際して朝廷から行われる奉幣が、古くから**例幣**と呼ばれて重視されたため、一般には、毎年9月11日に発遣されるその使（**伊勢例幣使・神嘗祭使**）を指した。応仁・文明の乱で中絶したが、17世紀半ばに再興された。のち江戸時代の正保3年(一六四六)から、毎年4月17日、東照大権現徳川家康を祀る日光東照宮の例祭にも、朝廷から例幣使が遣わされている。

祈年穀奉幣《きねんこくほうべい》

平安時代前期に始まった、年穀の豊作を祈る奉幣。伊勢の神宮および近京諸社を対象とし、10世紀半ば頃に一六社、そののち順次増加して、11世紀後半頃に**二十二社**に固定した。祭月は2月と7月の春秋二回であったが、延引した場合も少なくない。

官幣社・国幣社

社格のひとつ。古代律令制下では、**神祇官**の管する**官社**は、毎年2月の祈年祭に神祇官から奉幣をうけた。延暦17年(七九八)に、僻遠の地にある官社には、神祇官にかわって**国司**が奉幣することが定められ、官幣社と国幣社の別が生じた。それぞれ**大社・小社**の別があり、『延喜式』には、官幣大社三〇四座、官幣小社四三三座、国幣大社一八八座、国幣小社二二〇七座の合計三一三二座の官社が登載される（**式内社**）。幣帛には正税《しょうぜい》が用いられるが、官幣と国幣とでは、その品目や数量に大きな違いがあった。

明治4年(一八七一)、改めて官国幣社の制が定められ、歴代の天皇・皇族を祀る神社と皇室の崇敬の厚い神社が**官幣社**、**地方官**の祀る神社が**国幣社**とされて、それぞれに大・中・小の三等級が設けられた。また翌年には**別格官幣社**が設けられ、国家のため特に功労のあった人臣を祀る神社が指定されている。

その後の官制の変遷を経て、神社が内務省の所管になって以後は、官幣社が祈年祭・新嘗祭《にいなめさい》・例祭および本殿遷座祭に宮内省から**神饌《しんせん》幣帛料**をうけるのにたいし、国幣社は、祈年・新嘗の両祭は官幣社と同様であるが、例祭と本殿遷座祭は国庫から供進をうけるという違いがあった。これらの制度は昭和21年(一九四六)廃止された。

二十二社

平安時代中期以降、朝廷より特別の尊崇を受けた神社で、その総数より二十二社と称し、室町時代半ば頃まで、最高の社格として存続した。

二十二社のうち、**上七社**は伊勢・石清水・賀茂・松尾・平野・稲荷・春日、**中七社**は大原野・大神《おおみわ》・石上《いそのかみ》・大和《おおやまと》・広瀬・竜田・住吉、**下八社**は日吉・梅宮・吉田・広田・祇園・北野・丹生《にう》・貴布禰《きふね》をいう。年二回の恒例の祈年穀ほか、祈雨《きう》・止雨《しう》や、天変地異、国家朝廷の大事など臨時に使者が派遣されて奉幣の対象となった。

そのうち伊勢・石清水は皇室の宗廟、大神・石上・大和は古来の皇室の崇敬社、広瀬・竜田・丹生・貴布禰は風雨の神、住吉・広田は神功《じんぐう》皇后以来の崇敬社、賀茂・松尾・稲荷・日吉は平安京（京都）の鎮守社、春日・大原野・吉田は藤原氏の、平野は王氏らの、梅宮は橘氏のそれぞれ氏神、すなわち皇室外戚の祖神である。祇園・北野は新興の社として崇敬されたものと見られる。

もともと古くから官社の制度とは別に、朝廷から特別の崇敬を受けた神社がある。当初は五社・七社・八社・一一社など社数に固定的なものはなかったが、『延喜式』に基づく官制が崩れていった時代の昌泰元年（八九八）以降、一六社奉幣が比較的多くなり、これに広田が、ついで[66]一条《いちじょう》天皇朝に吉田・梅宮・北野・祇園が順次加えられ、さらに院政時代になって日吉が加えられて二十二社となった。

なお、実際には常に二十二社のすべてが祈願・奉幣の対象となったわけではなく、特に臨時奉幣の場合は、その事由に応じて特定の数社が選ばれることが多かった。

一宮制《いちのみやせい》

平安時代後期から鎌倉時代にかけて、令制下の国ごとに設定された社格の一種で、国内第一に位置づけられた社。平安時代後期編纂の『今昔物語集』に周防国《すおうのくに》の一宮玉《いちのみやたまの》祖《おや》大明神（玉祖神社）の名が見えるのが文献上の初見。全国一斉に制度的に成立したわけではなく、律令国家の解体過程にともない、中央の側からは国家の安泰を祈願する神として、また国衙《こくが》からは国内支配のための宗教的権威として、国を代表する役割を期待されて、各国ごとに逐次設定されていったと見られる。

その選定理由や存在形態は、各国の歴史的、地理的条件によって多様である。国衙付近にあって国衙在庁と深い関係をもつもの、国衙とは離れているものの古代以来の由緒を誇る国内の有力社などが一般的であった。なお、時代の変遷とともに一宮の交替や一宮争いなども起こり、また二宮《にのみや》・三宮《さんのみや》の順位も生じた。［竹居］

[45] 神社行幸と熊野詣

天皇が直接神社に出かける**神社行幸**《ぎょうこう》は、[61]朱雀《すざく》天皇の天慶2年（九三九）の**賀茂社行幸**が初見（通説は同5年〈九四二〉）。その画期の第一は[64]円融《えんゆう》天皇朝で、天元2年（九七九）の**石清水行幸**、同4年（九八一）の**平野行幸**が新たに加わり、[66]一条《いちじょう》天皇朝において永祚元年（九八九）の**春日行幸**、正暦4年（九九三）の**大原野行幸**、そして寛弘元年（一〇〇四）の**松尾・北野行幸**が加わる。これ以後[70]後冷泉《ごれいぜい》天皇朝に至るまで、以上の七社への行幸が踏襲された。続く画期は[71]後三条《ごさんじょう》天皇朝で、延久3年（一〇七一）の**日吉行幸**、同4年の**稲荷・祇園行幸**が加わる。これ以降、歴代天皇の行幸は以上の一〇社に固定された。

これら神社行幸は、令制祭祀とはまったく異なり、天皇「御願」祭祀として成立した臨時祭（賀茂・石清水・平野）の恒例化と軌を一にするものである。鎌倉時代後期以降は[96]後醍醐《ごだいご》天皇朝を除いて長らく中断し、幕末の[121]孝明《こうめい》天皇によって一部が再興された。

熊野詣《もうで》

紀伊国（現和歌山県）の熊野三山《さんざん》に参詣することをいう。三山とは本宮《ほんぐう》・新宮《しんぐう》・那《な》智《ち》、すなわち**熊野本宮大社**（田辺市本宮町本宮に鎮座。祭神は家都御子《けつみこ》大神・熊野牟《む》須美《すび》神・熊野速玉之神・天照《あまてらす》大神）、**熊野速玉大社**（新宮市上本町に鎮座。祭神は熊野速玉大神・熊野夫須美《ふすみ》神・家都御子《けつみこ》神・天照皇大神）、**熊野那智大社**（那智勝浦町那智山に鎮座。祭神は熊野夫須美大神・大己貴《おおなむち》命・家都御子大神・御子速玉大神・天照大神）の三社で、平安時代中期頃から修験者たちが修行地として好んで参集した。やがて三山は天台系修験の一大拠点となる一方、那智山が観音の補陀落《ふだらく》浄土として知られ、また本宮の本地が阿弥陀如来とされて浄土信仰の面からも関心を呼び、厳格な**熊野精進**ののち紀伊街道の**王子**ごとに奉幣《ほうべい》して三山に参詣することが貴族社会に流行し、「蟻の熊野詣」と称されるほどであった。

上皇・法皇の**熊野御幸**《ごこう》は、宇多《うだ》・花山《かざん》を早い例とするが、院政時代には最高潮に達し、白河《しらかわ》上皇の御幸に際しては、先達《せんだつ》を務めた園城寺僧増誉《ぞうよ》が熊野三山検校に補任されたほか、後白河《ごしらかわ》法皇は計三四回、後鳥羽《ごとば》上皇は三〇回の御幸があった。これに対し三山側でも、御師《おし》・先達の組織を整え、彼らの活躍によって熊野の霊験が説かれ、庶民による熊野詣も盛行した。　［竹居］

[46] 前近代の宮中神事

【天皇の祭事】

天皇のマツリゴト（神々を祀る祭事と人々を統べる政事）のうち、**祭事**（広義の祭祀）は、古い時代ほど大きな比重をしめたが、今なお重要な意味をもつ。大和時代の王宮における祭事は、6世紀中ごろ仏教が伝来するまで、もっぱら古来の神祇信仰により行われていた。それは記紀の神話・伝承からも、また考古学的な遺跡・出土品などからもうかがうことができる。その伝統が根強くあったからこそ、中国（隋唐）を手本として作られた律令制度でも、神祇官を特設して神祇信仰中心の祭事が形成されたのである。

【神祇官の祭祀】

大宝元年（七〇一）完成の『大宝令』（『養老令』も大筋同様）は、中央官制として太政官に並ぶ形で神祇官を置き、また「**神祇令**」に国家祭祀の大綱を定めている。

神祇官は、伯《かみ》・大少副《すけ》・大少祐《じょう》・大少史《さかん》の四等官と神部《かんべ》三〇人・卜部《うらべ》二〇人・使部《つかいべ》三〇人などから成る。当初から中臣氏《なかとみ》が多くを占めたが、神部には忌部《いんべ》（斎部）氏も任じられ、亀卜《きぼく》は卜部氏が掌《つかさど》っている。

神祇官では、アキツミカミと称される天皇のもとで、宮廷の神祇祭祀を執り行い、全国の祝部《はふりべ》（神職）・神戸《かんべ》（神領）の名籍や御巫《みかんなぎ》（神事奉仕の未婚女性）の管理などを掌った。

神祇祭祀は、代始《だいはじめ》の大嘗祭《だいじょうさい》のみ特別に大祀（斎戒一か月）とされ、2月の祈年祭《きねんさい》、6月と12月の月次祭《つきなみさい》、9月の神嘗祭《かんなめさい》、11月の新嘗祭《にいなめさい》を中祀（斎戒三日）、季節ごとの鎮花祭・神衣祭《かんみそさい》などを小祀（斎戒一日）として分けられている。また、全国の神社は、『延喜式』によれば神祇官の「神名帳《じんみょうちょう》」に登載されたところが三一三二座（祭神数）・二八六一処にのぼる。処（＝所）は一社でも上社・下社があれば一社二処という。これらを官社とも式内社ともいう。

当初その管理を神祇官で一律に行うことになっていたが、平安時代に入ると、祈年祭・新嘗祭などの際、神祇官から幣帛《へいはく》を頒《わか》たれる官幣社《かんぺいしゃ》（七三七座・五七三処）と各国司から幣帛を頒たれる国幣社《こくへいしゃ》（二三九五座・二二八八処）に分けられた。さらに中期以降、京畿の有力な二十一社（ないし二十二社）などへの奉幣《ほうべい》が中心となった（↓［44］）。

神祇官人も、平安時代に入るころから、中臣氏は**大中臣**の氏称を許されて栄えた（伊勢の神宮の祭主兼任）。ただ、長官の伯職のみは王氏の任例が多く、後期以降、**白**《しら》**川**《かわ》**家**（65花山天皇の後裔）が世襲するに至り**伯**《はつ》**家**《け》と称される。

忌部氏が衰退するのに対して、卜部氏は平麻呂の子孫などが神祇官の要職に就いた（吉田・平野両社の祠官兼任）。とりわけ室町時代初期から兼熙《かねひろ》が**吉田**を家名とし、その子孫らが、応仁の乱ころから中絶した宮廷祭祀（新嘗祭など）も、吉田神社境内の**太元宮**《だいげんぐう》（八角形の斎殿）を**神祇官代**として代わりに営んでいる。

【年中行事御障子《ねんじゅうぎょうじのみしょうじ》】

律令制下の国家祭祀は、おもに神祇官で行われたが、その多くに天皇自身が直接間接に関与している。それらを政事的な儀式・行事とともに一覧表化したものが「年中行事御障子」である（→資［8］）。

これは平安時代前期の仁和元年（八八五）、太政大臣藤原基経が58光孝天皇に献上した衝立《ついたて》障子（→別巻［23］）で、その写しが今なお京都御所の清涼殿にある。その片面には正月から6月、反面には7月から12月までの恒例年中行事が列挙され、途中に次のような祭事の心得も記されている。

まず「神事」として、大祀（大嘗祭）と中祀（新たに賀茂祭も含めて五祭）および小祭の一部（大忌祭と風神祭）には、天皇をはじめ諸司（全官人）が斎戒する（身を清め慎む）こと、小祀（鎮花祭以下五祭）などには、天皇が出御せず祭官と勅使が斎戒すること、つぎに「御服の事」として、大小の諸神事と諸陵への奉幣に勅使を遣わす儀式に臨む際、天皇は**帛衣**《はくのきぬ》（白の平絹の束帯）を着《つ》けること、ただし二等以上の親喪には**錫紵**《しやくじよ》（浅黒の御袍）を着けること。ついで「**廃朝の事**」として、「皇帝二等以上の親、外祖父母」などの喪には三日、「国忌の日、三等の親」の喪には一日、それぞれ朝政を廃すること。さらに「**雑穢の事**《ざつえ》」として、人の死忌《しき》は三〇日（産忌《さんき》は七日）などと定め、その間、天皇の近臣などは内裏に参入したり祭事に関われないこと、などが示されている。

御障子の「年中行事」は合計二四〇項目あまり（ほかに「月中行事」が九項目、「日中行事」が二二項目）にのぼる。そのうち、広義の神事関係（陰陽道や民俗的な行事も含む）は約七〇項目（ほかに月中行事四項目）、仏事関係は約三〇項目（ほかに月中行事二項目）ある。これに臨時の神事・仏事も、おのおの数項目加わる。

【宮廷内の神事】

元旦四方拝

1月1日の未明（4時ころ）天皇みずから清涼殿の東庭で天地四方の神々などを拝

する行事。
52嵯峨天皇朝の弘仁9年(八一八)ころの成立とみられ、やがて59宇多天皇朝の寛平2年(八九〇)ころから恒例化した。清涼殿の東庭に畳を敷き屏風を立て廻した御座に、黄《こう》櫨染御《ろぜんのご》袍《ほう》の天皇が出御する。そこで、初めに北斗七星の属星《しょくじょう》名(当帝の生年干支により決まる七星の名と字《あざな》)を北に向かって呼ぶ。ついで、「賊寇之中過度我身《ぞっこうしちゅうかどがしん》……百《ひゃく》病除愈所欲従心《びょうじょいしょよくじゅうしん》、急々如律令《きゅうきゅうじょりつりょう》」という魔除《よ》けの呪文を音読で唱える。さらに天と地と四方の神々を順々に拝礼し、すでに父母が崩御していれば、その二陵を日本古来の両段再拝(四拝)で丁重に遥拝する。

なお、これとは別に、**毎朝四方拝**がある。毎朝、清涼殿(ないし仁寿殿《じじゅうでん》)の「石灰《いしばいの》壇《だん》」(東南隅の床を石灰で漆喰《しっくい》塗りした壇の間)で「四方大中小の天神地祇」を敬拝する「日中行事」のひとつである。宇多天皇により仁和4年(八八八)から始められ、長らく行われてきた。

御麻《おおぬさ》・御《み》贖《あが》による祓え清め

6月と12月以外の毎月晦日《みそか》(末日)、神祇官から御麻を奉り、また御巫《みかんなぎ》から御贖を奉る儀がある(『延喜式』)。この御麻(鉄の人形《ひとがた》と木綿《ゆう》と麻)および御贖(金と銀の人形)により、天皇の御体を摩《す》り禍《まが》(わざわい)を祓《はら》い去る。これと同様の祓《はらえ》が、中宮(皇后)と東宮(皇太子)に対しても行われる。

6月と12月には、朔日《ついたち》から「神祇官、御贖を奉る事」、10日に「御体御卜《おおみまのみうら》を奏する事」、晦日に「東西《やまとかわち》の文部《ふひとべ》、祓刀《はらえがたな》を奏する事」「縫殿寮、荒世《あらよ》・和世《にごよ》の御服《ごふく》を奉る事」「神祇官、荒世・和世の御贖を奉る事」「大祓、神祇官、御贖を奉る事」などがあり、いずれも祓え清めの行事である。

御贖祭（6月と12月の1～8日）

毎朝、神祇官の御巫子《みかんこ》が御贖物（五色の帛など）入りの折敷《おしき》（四角の盆）を奉ると、天皇が折敷に口気（息）を三度吹きかけて、穢《けがれ》を祓う（11月にも行う）。

御体御卜《おおみまのみうら》（6月と12月の10日）

神祇官の宮主《みやじ》・卜部《うらべ》らが、これから半年にわたる天皇の平安を占《うらな》い、災厄を未然に除く祈願を行い、10日、その御卜を神祇官が紫宸殿で読奏する。

祓刀《はらえがたな》（6月と12月の晦日）

東西《やまとかわち》の文部《ふひとべ》（東漢氏《やまとのあやし》と西漢氏《かわち》）が、祓刀（金装の横刀）や金銀塗の人形《ひとがた》などを献ずる。

節《よ》**折**《おり》（6月と12月の晦日）

「縫殿祭、荒世・和世の御服を奉る事」および「神祇官、荒世・和世の御贖を奉る事」を併せた呼称。縫殿寮から「御贖服」、神祇官から「御贖物」（鉄の人形《ひとがた》や篠竹《しのだけ》など）を奉る。すると紫宸殿（のち清涼殿）において、その祓刀・人形・御服および天皇の身長を測る篠竹などに穢《けがれ》を付けて祓う。

大祓《おおはらえ》（6月と12月の晦日）

在京の男女官人が朱《す》雀《ざく》門（平安宮の南正門）の前に集まり、卜部が天皇の御贖に奉られた御祓麻《おはらえぬさ》を祓所に供え、中臣が大祓の祝詞《のりと》を読み上げた後、卜部が祓物を大川に流す。中世に入っても、里内裏《さとだいり》においてほそぼそと行われている。

なお、恒例行事ではないが、平安時代から中世にかけて、**七瀬《ななせ》の御祓**も行われている。いわゆる七瀬の祓所へ内侍か蔵人を勅使として遣わす際、天皇の御身を撫《な》でた祓具の「人形《ひとがた》」を御衣《みそ》箱に入れて渡す。

この「七瀬」は、もと賀茂川沿いの「賀茂七瀬」であったが、ついで平安京内と近郊の「霊所七瀬」、さらに摂津の難波《なにわ》も近江の辛崎《からさき》も含む「大七瀬」をさすようになる。

内侍所御神楽《ないしどころのみかぐら》（12月・日不定、現在は15日）

天照大神のために神鏡の祀られる内侍所＝賢所《かしこどころ》（内裏の温明殿《うんめいでん》）の前庭で御神楽が奏奏される。その早い例は、平安中期の[66]一条天皇朝（長保4年〈一〇〇二〉・寛弘3年〈一〇〇六〉など）からみえ、まもなく12月の恒例行事となった。

当日夕方、天皇が内侍所で拝礼の後、前庭に本方《もとかた》と末方《すえかた》がまず阿知女《あちめ》（海人《あま》の奏ずる神か）を呼び出す作法《わざ》を演じ、ついで幣・篠・弓などを手に採って九種類の歌を唱和し、「韓神《からかみ》」を舞って中入《なかいり》となり、さらに民謡風の「前張《さいばり》」や神を送る「神上《かみあげ》」などの歌を奏し、その前後に神楽長の人長《にんじょう》が楽（和琴・笛・篳篥《ひちりき》）と神楽歌に合わせて神楽を舞う。それが約六時間行われて夜半に及び、終わると、人長が採物《とりもの》の榊《さかき》を天皇に献ずる。

このほか、ほぼ毎月繰り返される〝月中神事〟のうち、毎月朔日には、内侍所（賢所）に**御供**《ごくう》（紙二帖・絹五匹など二〇合）が奉られる。

祈年祭《きねんさい》（2月4日）

「としごいのまつり」とも訓《よ》む。年穀（稲作）の豊穣を祈請《きせい》する祭祀である。天武天皇4年（六七五）ころから始められ、まもなく大宝の「神祇令《じんぎりょう》」に定められた。神祇官に神祇官人と神職および大臣以下の官人らが参集すると、中臣が「御年皇神《みとしのすめかみ》」以下四十余の神々に祝詞《のりと》を奏し、忌部から参列した官社の神職（祝部《はふりべ》）たちに幣帛を頒布（班《はん》幣《ぺい》）する。この場に天皇は出御しないが、神祇官により公認された全国の官社《かんしゃ》の祝部らを上京させて班幣する、中央集権的な祭祀であった。しかし平安時代に入ると、それが主要な官幣社と畿外の国幣社に分けられ、後者は各国の国庁で班幣が行われている。

祈年穀奉幣

これも年穀の生育を祈る祭であるが、令制の恒例の祈年祭とは別に、平安初期（弘仁元年（八一〇）ころ）からみえる。臨時（2月と7月か8月が多い）に伊勢の神宮と主要な大社（初め一五社、のち二一社）で行われた。天皇が潔斎して大極殿後房の小安《こあ》殿《どの》に臨御し、中臣と忌部に勅語と幣帛《へいはく》を賜り、内裏の陣の座で上卿《しょうけい》（儀式を指揮する上席公卿）から神宮と諸社へ遣わす奉幣使に天皇の宣命《せんみょう》と幣物を渡す。つまり、官社の祝部らを召集した祈年祭とは逆に、奉幣の勅使を発遣したのである。

忌火御膳《いみびのごぜん》（6、11、12月の朔日）

忌火の御飯とも。早朝に清浄な鑽火《きりび》＝忌火で炊いた御飯を内膳司から供すると、天皇が膳に三度箸を付ける（食べる所作）。これによって、6月と12月の月次祭《つきなみさい》および11月の新嘗祭に先立ち、月初から潔斎することになる。

月次祭（6月と12月の11日昼）

祈年祭や新嘗祭と並んで『大宝・養老令』に定められた重要な令制祭祀のひとつ（「神今食《かむいまけ》」も一連の神事）。『延喜式』によれば、百官が神祇官に集まり、中臣が祝詞を宣べると、卜部が一九八処三〇四座の官社に対して幣帛を班《わか》つ。その祝詞にみえる祭神は、天皇の心身を守る神魂《かんむすび》・高御魂《たかみむすび》などの八神、および平安宮の宮地と宮門を守る六神、国家と皇室を護る三神など、合計三三神にものぼる。

神今食（6月と12月の11日夜）

新嘗祭と同じく、天皇が中和院《ちゅうわ》の神嘉殿《しんかでん》に出御し、亥《い》刻（午後10時）前後に夕《ゆうべ》の御膳《み》を、また丑《うし》刻（午前2時）前後に朝《あした》の御膳《け》を、それぞれ祭神（天照大神と天神地祇）に供してから、みずからも食べる。それがすむと、翌12日、天皇の住居も食事も安穏なように、大殿祭《おおとの》・御門《みかど》・庭火忌火祭などが行われる。

黒酒《くろき》・白酒《しろき》（9月朔日）

11月の鎮魂祭《ちんこん》と新嘗祭より二か月半前、新嘗祭用に黒酒・白酒を醸造すべきことを上奏し、酒殿などを黒木《しも》（皮付き）で造る（酒の醸造は10月上旬）。

鎮魂祭（11月中か下の寅日）

新嘗祭の前夜、天皇の御魂を鎮《しず》める祭儀。御巫が宇気槽《うけふね》（椀《わん》形の大きい容器）を桙《ほこ》で撞《つ》く間に、女蔵人が天皇の御服の入った箱を開けて振り動かす。

新嘗祭（11月中か下の卯日）

天皇が神嘉殿に出御して、その秋に穫れた新穀（米粟）で作った御饌《みけ》（神饌）を、亥刻（午後10時）前後の夕《ゆうべ》（宵《よい》）の儀と、丑刻（午前2時）前後の朝《あした》（暁《あかつき》）の儀で、それぞれ祭神に供えてから、おさがりを食べる。このような神人共食により、天皇は霊威を更新することになるとみられる。

なお、新嘗祭の翌日（辰日）に行われる豊明節会《とよのあかりのせちえ》では、天皇と百官が豊楽殿と豊楽院で宴を共にする。

【宮廷外への勅使差遣《さけん》】

このほか、宮廷外の主な神社で行われる祭礼に、天皇の勅使が遣わされている（差遣という)。

それは、まず①格別主要な伊勢の神宮の神嘗祭(9月)と月次祭(6月・12月)、賀茂上下両社の賀茂祭(4月)と賀茂臨時祭(11月)、石清水八幡宮の放生会(9月)と石清水臨時祭、八坂祇園社の祇園御霊会《ごりょうえ》(6月)と祇園臨時祭(翌日)、北野天満宮の北野祭(8月)など、ついで②2月と11月に祭礼を営む春日神社の春日祭、大原野神社の大原野祭、率川阿波《いさかわあわ》神社の率川祭、平安宮内の園《その》神・韓《から》神両社の園韓神祭など、さらに③4月と11月に祭礼を営む広瀬神社の大忌《おお》祭、龍田神社の風神祭、大神《みわ》神社の大神祭(12月にも)、山科《やましな》神社の山科祭、平野神社の平野祭と平野臨時祭(同日)、松尾《まつのお》神社の松尾祭、杜本《もりもと》神社の杜本祭、当宗《たいま》(麻)神社の当麻祭、梅宮《うめのみや》神社の梅宮祭、吉田神社の吉田祭などである。このうち、特に伊勢や賀茂・石清水などに対しては、奉幣勅使を発遣する儀式が丁重に行われた。

なお、神社ではないが、平安前期から主要な陵墓(十陵八墓が中心)に対して、12月(立春前の吉日)、荷前《のさき》(初穂)を献ずる**荷前使**が遣わされるのに先立ち、13日に建礼門の前で天皇出御のもと、発遣の儀が行われている。〔所〕

※宮廷内の仏事については[49]、その他の祭事については[51]。

［47］近現代の宮中祭祀

前近代の宮廷における祭事は、神事を優先し中心としながら、仏事もその他の行事も併せて行われる形が長らく続いてきた（→［46］）。しかし、明治元年（一八六八）3月、新政府の**神仏分離**（神仏判然令）によって神事と仏事の混在が否定された。そのため、皇室でも祭事は神式のみとし、仏式などを除去している。たとえば、同年12月、121孝明天皇の三回忌は仏式でなく、神式の先帝祭として行われた。

そこで、皇居の一角に神式の祭事を行う施設として、翌年（一八六九）12月、神祇官の仮神殿が造られ、同4年（一八七一）10月制定の「四時祭典定則」に基づく神祇官祭祀が始められた。ついで同5年（一八七二）11月、いわゆる**宮中三殿**の原型ができた。その後、火災などを経て再建され、同22年（一八八九）1月、現在地に遷座したものが今日に至っている。

宮中三殿のうち、中央が皇祖天照大神を祀る**賢所**《かしこどころ》、その西側が歴代皇霊を祀る**皇霊殿**、その東側が天神地祇を祀る**神殿**。これら三殿（いずれも妻入《つまいり》）を一括して「賢《けん》所《しょ》」と総称する。また、西方にある**神嘉殿**（これのみ平入《ひらいり》）も含めて「宮中三殿」と称することもある。

【「皇室祭祀令」に定める祭祀】

宮中三殿を中心に行われる神式祭祀（宮中祭祀）の概要は、明治41年（一九〇八）9月公布の「皇室祭祀令」に定められた。これに基づく戦前の先例が、戦後も「内廷祭祀」の準拠とされ、それが年間三〇回近く行われている。

皇室祭祀令では、宮中祭祀を大祭《たいさい》と小祭に分けている。このうち**大祭**は、天皇が「親《みずか》ら祭礼を行ふ」。具体的には、三日前から斎戒した天皇が、殿内で自ら祭主となって御告文《おつげぶみ》を奏し拝礼する（事故あるときは、皇族か掌典長が代行）。

それに対して**小祭**は、天皇が「親ら拝礼し、掌典長祭典を行ふ」。具体的には、当日斎戒した天皇が、宮中三殿の殿内で拝礼し、掌典長が祭主として御告文を奏する（事故あるときは、皇族か侍従が代拝）。

同令の詳細な付式（実施細則）には、**大祭式**として、賢所の儀、皇霊殿《こうれいでん》の儀、神殿《しんでん》の儀／新嘗祭《にいなめさい》の儀（神嘉殿《しんかでん》の儀、前一日鎮魂の儀）／神宮の儀（勅使発遣《はっけん》の儀、奉幣《ほうべい》の儀）／山陵の儀（勅使発遣の儀、奉幣の儀）／天皇の霊代奉遷《ほうせん》の儀（皇霊殿奉告《ほうこく》の儀、権殿《ごんでん》の儀、皇霊殿親祭の儀）などの式次第が定められている。

また**小祭式**として、賢所の儀、皇霊殿の儀、神殿の儀／四方拝の儀／賢所御神楽の儀／神宮の儀（勅使発遣の儀、奉幣の儀）／皇族（皇后・皇太子・同妃・皇太孫・同妃・親王・同妃・内親王・王・同妃・女王）の霊代を遷《うつ》す儀（皇霊殿奉告の儀、権殿の儀、皇霊殿祭典の儀）などの式次第が定められている。

この皇室祭祀＝宮中祭祀は、別表（三六一ページ、表1）の通りである。それらを、大祭と小祭（それに準ずる祭儀も含む）、および皇霊関係の祭祀（大祭も小祭もある）、さらに臨時祭など（毎月・毎朝の拝礼も含む）に分けて概観する。

【大祭】

大祭には、黄櫨染御袍《こうろぜんのごほう》を着け**親祭**《しんさい》（天皇親《みずか》ら行う祭）を行う天皇に続いて、いわゆる十二単《じゅうにひとえ》の皇后、黄丹袍《おうにのほう》の皇太子、十二単の皇太子妃が内陣で拝礼し、他の成年皇族は、男性がモーニングコート、女性がロングドレスで、各殿庭から拝礼する。さらに参列の諸員（戦前は首相以下文武高官、戦後は宮内庁高官、皇宮警察幹部など）も拝礼する。

元始祭（正月3日）

年始にあたり「天日嗣《あまつひつぎ》の本始《ほんし》」（皇位の始源）を祝い、国家・国民の繁栄を祈る。「元始」と称するのは、『古事記』序文にみえる「元始は綿邈《めんばく》（遥かに遠い）たれども、先聖に頼りて神を生み人を立つるの世を察《し》れり」による。明治4年（一八七一）以来の親祭である。

大祭の概要は、綾綺殿《りょうきでん》で更衣した天皇が、賢所の内陣で天照大神に拝礼して御告文を奏し、内々陣で内掌典が振る御鈴の儀の間平伏する。この元始祭は、同様の親祭が続いて皇霊殿と神殿でも行われる。いわゆる三殿親祭はほかになく（のち昭和3年〈一九二八〉から紀元節祭が加わる）、その意味で最も重要な宮中祭祀とされていたことになる。

紀元節祭（2月11日）

①神武天皇の即位伝承日を「紀元」（紀年の始源）として祝う。『日本書紀』に「辛酉年春正月庚辰 朔《ついたち》、天皇、帝位に橿原宮《かしはらのみや》に於て即《つ》きたまふ」とみえる即位日が、明治5年（一八七二）「紀元節」と定められた。ついで同7年（一八七四）、その日を新暦（太陽暦）に換算して西暦紀元前（BC）六六〇年の2月11日と定め、皇霊殿で親祭が行われることになった。昭和3年（一九二八）からは、元始祭と同じく、皇霊殿と神殿でも親祭を行うように改められている。この紀元節祭は、戦後GHQの反対により昭和23年（一九四八）制定の「国民の祝日に関する法律」（祝日法）から紀元節が排除されたことにより大祭でなくなった。しかし、ひき続き「二月十一日臨時御拝」として旬祭と同じ方法で行われることになり、それが今も続けられている。

神嘗祭（10月17日）

伊勢神宮の神嘗祭にあわせて、宮中で行われる神恩感謝の祭。神宮の神嘗祭は、古代から旧暦9月16日前後、新穀による神饌を真っ先に供えるため、数日前の11日、宮中で奉幣の勅使（例幣使）を発遣することになっていた。それに対して、明治以降は、伊勢の内宮で勅使奉幣の行われる17日（明治12年〈一八七九〉より新暦の10月17日）午前、宮中でも天皇が神嘉殿の南庭から伊勢の神宮を遥拝し、賢所に新穀を供える。

鎮魂《みたましずめ》の儀《ぎ》（11月22日）

夕刻、綾綺殿に設けた祭場で行われる。人の魂は体から離れて浮遊したり活力を失いやすい。そこで、重要な新嘗祭（大嘗祭も）の前に、天皇（のち皇后・皇太子・同妃も）の御魂を鎮め活力を取り戻すため、掌典が御玉緒の糸を結び、内掌典が宇気槽《うきのおけ》を踏み鳴らし御衣を振り動かす。これは、明治4年（一八七一）の「四時祭典定則」で「中祭」となっているが、同41年（一九〇八）の「皇室祭祀令」では大祭に伴う儀式とされている。

新嘗祭（11月23日）

神嘉殿において天皇が新穀による神饌を天照大神はじめ天神地祇の神々に供えて神恩に感謝し、そのおさがりを天皇も食べることにより威力を更新する神人共食の祭である。宮中三殿より西の神嘉殿で格別丁重に「**夕《よい》の儀**」と「**暁《あかつき》の儀**」が繰り返される。

当日夕刻、天皇は綾綺殿で白の御祭服を着け、神器の剣璽とともに神嘉殿の母屋《もや》に入る。また皇太子は、東宮便殿《びんでん》で白の斎服を着け、壺切《つぼきり》の御剣とともに神嘉殿の西隔《かく》殿《でん》へ入る。ついで、掌典と女官らにより神饌が膳舎から次々と運ばれる。これを神饌行立《ぎょうりゅう》という。具体的には、米と粟の御飯を入れた御飯筥《おものはこ》を先頭に、調理した鮮魚を入れた鮮物筥《なまもの》、乾燥させた乾魚を入れた干物筥《からもの》、果実を入れた菓子筥《くだもの》などが続く。その行立に際して、掌典により「警蹕《けいひつ》」(先触れ)が称えられる。神嘉殿では、午後6時から、正殿の御座に着いた天皇が、伊勢の方角に向けた神座の前に、数々の神饌を竹箸で枚手《ひらで》(柏《かしわ》の葉で作った食器)に盛りつけて供える。この親供《しんく》には陪膳《ばいぜん》女官の奉仕以外、すべて天皇みずから供進することに意味がある。ついで天皇が拝礼して御告文《おつげぶみ》を奏上し、さらにおさがりの米と粟の御飯および白酒《しろき》・黒酒《くろき》をいただき、8時に「夕の儀」を終了する。続いて11時から翌日1時まで、同様に「暁の儀」が繰り返される。

この夕の儀と暁の儀で合計四時間、天皇は正座して親供・共食をする。その間、皇太子も西隔殿で正座している。神饌が撤下されると、天皇が退出する。続いて皇太子が拝礼して退下、さらに庭上幄舎《あくしゃ》の参列諸員(成年男性皇族、首相と各大臣、議院の議長、最高裁判所の長官など)が拝礼して退下する。

神饌として用いられる新穀(米・粟)は、明治3年(一八七〇)まで山城国宇治郡などから奉納されたが、まもなく新宿の植物御苑で栽培したものになる。さらに同25年(一八九二)からは、全国の都道府県より献上されるもの(それぞれ精米一升と精粟五升)が用いられることになった。

なお、平成の皇后は、毎年の新嘗祭で、天皇が夕の儀と暁の儀を務めている間、御所で全都道府県の献穀（米と粟）の名称を短冊に毛筆で書き、耕作の苦労をねぎらう。

【小祭】

恒例の小祭、准小祭に次のようなものがある。

四方拝（正月元日）

歳旦祭に先立って夜明け前に行われる。神饌も御告文もないので儀式とされる。しかし、「皇室祭祀令」の付式では「小祭式」の中に「四方拝の儀」を入れている。これは平安初期から行われてきたが（↓［46］）、明治5年（一八七二）から新儀に改められた。その儀場は賢所（明治22年〈一八八九〉から神嘉殿）の前庭が用いられる。そこで薦を敷いた上に畳の御座を設け、二基の燈台を置き、周りを屏風二双で囲む。そこへ午前5時半ころ、黄櫨《こうろ》染御袍《ぜんのごほう》を着《つ》けた天皇が着座し、まず伊勢の神宮を遥拝し、ついで四方の神々を拝する。その神々は天神地祇すべてを含むが、とりわけ旧武蔵国（東京）の一宮氷《ひ》川《かわ》神社、旧山城国（京都）の一宮賀茂大社（上下両社）と男山＝石清水八幡宮、神剣を祀る熱田神宮、および鹿島神宮と香取神宮などへの遥拝が重んじられている。

この四方拝には、掌典長と侍従長らが侍するが、皇族の参列はない。天皇が不都合な時は取り止めとなり、他者が代拝できないことになっている。昭和天皇の晩年、および平成の天皇も平成19年（二〇〇七）から、神嘉殿南庭でなく御所のベランダで行っていた。

歳旦祭（正月元日）

四方拝に引き続いて行われる。天皇は神嘉殿から賢所へ移り、内陣で掌典長から玉串を受け取って拝礼を行い、内々陣で内掌典が御鈴を鳴らす間（一〇分近く）平伏する。つぎに皇霊殿と神殿へ移り、同様に拝礼を行う。続いて黄丹袍の皇太子も、賢所・皇霊殿・神殿の三殿で拝礼を繰り返す。この歳旦祭にも他の皇族は参列しないが、宮内官や皇宮護衛官らが庭上から拝礼する。

祈年祭（2月17日）

天皇が年（年穀）の豊穣を祈願する祭。これは室町時代後期から廃絶していたが、明治時代の初め再興されるに至った。ただし、当初いろいろ変更があり、「皇室祭祀令」のように2月17日に宮中三殿で揃って実施されることになったのは大正3年（一九一四）からである。

天長祭

今上天皇の誕生日の祭。明治期に11月3日であったが、大正期には8月31日（祝賀は10月31日)、昭和期には4月29日、平成には12月23日に行われている。

明治節祭(11月3日)

明治天皇の誕生日(新暦)11月3日は、大正時代に入り祝日ではなくなった。しかし、民間有志の働きかけにより、昭和2年(一九二七)から「明治節」として再び国家の祝日となり、**明治節祭**が小祭として加えられた。戦後は、同23年(一九四八)「祝日法」で明治節が消えて「文化の日」とされた。それに伴い、小祭の代わりに旬祭と同じ形で「臨時御拝」が昭和の終わりまで行われてきた。

賢所御神楽《みかぐら》

12月中旬(ほとんど15日)、天照大神に感謝するため、賢所前庭の神楽舎において、夕方6時から深夜12時すぎまで御神楽を奏する。これは小祭であるが、御神楽に先立って、午後5時から天皇・皇后の拝礼に続き、皇太子・同妃・親王・同妃・内親王・同妃・女王もつぎつぎに拝礼する。三十数名の楽師による御神楽にあわせて、人長《にんじょう》が榊の枝をかざして舞い、終わると、その枝を掌典が御所の天皇に献ずる。

節折《よおり》(6月30日)

古代からの祓いの行事。中世以後廃絶していたのを、明治4年(一八七一)に再興された。小直衣《このうし》を着けた天皇が宮殿の竹の間(当初は賢所の御服の間)に出御して、まず絹の御服地に御息を三度吹きかけ、ついで御麻《みぬさ》(榊《さかき》)で自らの体を祓い清める。さらに細長い篠竹で侍従が御体の各部位を測って、その採寸の節竹《よだけ》を折り、御壺に天皇が御息を三度吹き込む。このような儀を二回繰り返す（荒世《あらよ》の祓と和世《にごよ》の祓）。小祭ではないが、明治42年（一九〇九）「皇室祭祀令」に付け加えられた。

大祓《おおはらえ》（12月31日）

古代からの祓いの行事だが、中世以後廃絶していたものが、明治4年（一八七一）に再興され、今も行われている。神嘉殿の前庭（かつては賢所の前庭）で行う。参列する皇族および宮内官と皇宮護衛署の代表職員らを、掌典が稲穂をつけた御麻（榊）で祓い清める。

こうして穢《けがれ》を移した祓物は、節折の贖物《あがもの》（節竹など）とともに川へ流す。それは長らく浜離宮から船に乗せ海に放たれてきた。小祭ではないが、明治42年「皇室祭祀令」に付け加えられた。

【皇霊関係の祭祀】

明治期以降の皇室祭祀には、皇霊殿で行われる皇霊関係祭が多い。まず皇霊全般に対する春秋の**皇霊祭**（大祭）、ついで初代の**神武天皇祭**と直近の**先帝祭**（ともに大祭）、さらに先帝以前三代の**例祭**（小祭）と**式年祭**（大祭）、およびそれ以外の式年祭（小祭）などである。

式年とは一定の年数で、崩御後の三・五・一〇・二〇・三〇・四〇・五〇・一〇〇年、以後一〇〇年ごとをいう。前近代には、皇霊の命日に仏式の回忌法要を営んだが、明治期以降はすべて神式とされている。

春季皇霊祭（春分〈3月21日ごろ〉）**と秋季皇霊祭**（秋分〈9月23日ごろ〉）

歴代皇霊を祀る皇霊殿で行われる先祖祭。江戸時代までは、清涼殿の御黒戸《おくろど》（仏間）などで仏式の位牌により祖霊を供養し、春秋の彼岸会法要も行われてきた。しかし、明治3年（一八七〇）から、宮中祭祀は神式となり、同11年（一八七八）から、春分と秋分の日に全皇霊を合祭し、神武天皇祭に準ずる祭式を用いている。

なお、右と同日の**春季神殿祭**（春分）と**秋季神殿祭**（秋分）は、天神地祇を祀る神殿で営まれる。明治3年に再興された神祇官の神殿で翌年（一八七一）から春秋二季に行われてきた「御祈祭」が、同11年（一八七八）から「神殿祭」と改称され、翌年（一八七九）から親祭となったのである。

神武天皇祭（4月3日）

『日本書紀』にみえる[1]神武天皇の崩御を追悼する祭。その崩御相当日（旧暦3月11日）には、すでに元治元年（一八六四）から[121]孝明天皇が畝傍《うねび》（奈良県橿原市）の山陵を遥拝し、勅使を遣わし幣帛《へいはく》を奉っている。明治天皇も明治3年（一八七〇）から親祭を行っており、その日が同7年（一八七四）から新暦の4月3日に改められた。

この神武天皇祭には、山陵に勅使を遣わし幣帛を奉るとともに、東游《あずまあそび》が奏されている。また戦後、「祝日法」に紀元節が入らなかったことに伴い、同夜に奏されてきた「皇霊殿御神楽」が中止された。そこで、以後その御神楽がこの神武天皇祭の夜行われることになり、今に至っている。

先帝祭

平成2年(一九九〇)より**昭和天皇祭**が1月7日に行われる。これは、明治4年(一八七一)の「四時祭典定則」で初代の神武天皇祭とともに天皇の親祭(大祭)と定められ、毎年命日に皇霊殿で営まれている。

神武天皇祭と先帝祭が式年(一定の年数)にあたる時、たとえば平成21年(二〇〇九)、同31年(二〇一九)の1月7日、昭和天皇二十年・三十年祭は、山陵で天皇の親祭が営まれ、皇霊殿では皇太子・同妃が拝礼した。

先帝以前三代の式年祭

先帝以前三代直系継承の場合、高祖父・曽祖父・祖父の天皇については、毎年の例祭が小祭で、また式年ごとの式年祭は大祭で行われ、各山陵に奉幣使が遣わされる。平成の時代には、慶応2年12月24日つまり新暦の一八六七年1月30日に崩御した[121]孝明天皇、明治45年(一九一二)7月30日に崩御した明治天皇、大正15年(一九二六)12月25日に崩御した大正天皇の各例祭が、毎年それぞれの命日に小祭で営まれている。また、明治天皇の百年祭は平成24年（二〇一二）の7月30日に行われた。

なお、先后（先帝より先に崩御した皇后）ないし皇太后（先帝より後に崩御した皇后）についても、毎年の例祭が小祭で、式年ごとの式年祭が大祭で行われ、各山陵に奉幣使が遣わされる。平成12年（二〇〇〇）6月16日に崩御した香淳皇后の例祭（小祭）は毎年ある。また同22年（二〇一〇）6月16日には一〇年の式年祭（大祭）を迎えた。

歴代天皇の式年祭

1神武天皇と先帝および先帝以前三代以外の天皇、つまり2綏靖《すいぜい》天皇から120仁孝《にんこう》天皇までの歴代については、それぞれの式年祭（一〇〇年ごと）が小祭で行われ、各山陵に奉幣の勅使が遣わされる。この歴代には北朝五代（光厳・光明・崇光・後光厳・後円融の各天皇）も含まれ、同様の祭典が営まれる。

いずれも明治改暦以前の天皇の式年祭は、命日の旧暦を新暦に換算した日に行われる。なお、追尊《ついそん》天皇や尊称太上天皇の式年には、皇霊殿の祭典がない（ただし、山陵には勅使が遣わされる）。

これらの式年祭には、当日午前10時、皇霊殿で掌典長が祝詞を奏上すると、黄櫨染御袍の天皇、十二単の皇后、黄丹袍の皇太子、十二単の皇太子妃が参入して、内陣に着座する。そこで、天皇が拝礼して御告文を奏上し、つぎに皇后、皇太子・同妃の順で拝礼があり、さらに他の皇族方および宮内庁職員が庭上から次々拝礼する。

また、当該天皇の山陵では、掌典が祝詞を奏上すると、勅使の掌典が拝礼して祭文を奏上し、さらに皇族（宮家）の代表者をはじめ地元の参列者などが次々と拝礼する。

なお、このような式年祭に先立ち、当該天皇の事績について研究者などから進講がある。そこには、天皇だけでなく、皇后や皇太子なども陪席する。

ほかに、「皇室祭祀令」によれば、天皇および太皇太后と皇太后の崩御一年後、各霊代を皇霊殿に遷《うつ》す臨時祭典は、大祭に準じて営まれる。また、皇后の崩御および皇太子・同妃・皇太孫・同妃・親王・同妃・内親王・王・同妃・女王などの薨去から一年後、それぞれの霊代を皇霊殿に遷す臨時祭典は、小祭に準じて行われる。

このように明治以降の宮中祭祀をみると、歴代の皇霊（天皇だけでなく后妃を含む全皇族）に関する祭典、いわば先祖の祭が極めて重んじられている。

【臨時祭】

恒例祭と式年祭をあわせると、毎年およそ三〇前後の大祭・小祭が行われる。それ以外に、さまざまな**臨時の祭祀**がある。そのうち、「皇室祭祀令」に定められているのは、**皇室・国家の大事**を、宮中三殿と伊勢の神宮および神武天皇陵・先帝陵などに奉告する祭典で、大祭に準じて行われる。たとえば、終戦の奉告などである。また、天皇・皇后ないし皇太子・同妃が外国訪問をする時は、出発前にも帰国後にも奉告の儀が行われる。

なお、**大婚**（天皇・皇后の結婚）満二五年とか満五〇年には、宮中三殿で小祭に準ずる拝礼か代拝が行われる。平成の場合、昭和34年（一九五九）の成婚から満五〇年となる平成21年（二〇〇九）4月10日が、大婚五〇年であった。

一方、伊勢の神宮で二〇年に一度の式年に、祭神を古殿から新宮へ奉遷する**式年遷宮**の際、あるいは**宮中三殿**を臨時に修造するため、祭神を本殿から仮殿へ、また仮殿から本殿へ奉遷する際、大祭に準じて祭典が行われる。

平成5年（一九九三）10月の第六一回式年遷宮には、掌典長が勅使として遣わされ、内宮遷御の儀の翌日（3日）と外宮遷御の儀の翌日（6日）、それぞれ奉幣の儀が行われ、同夜に御神楽も奏されている。

また、創建から約一二〇年経つ宮中三殿（木造）を耐震補強するため、平成16年（二〇〇四）5月29日、本殿から仮殿への遷座の儀、同20年（二〇〇八）3月25日、仮殿から本殿への遷座の儀が行われた。この臨時祭には、殿内で掌典長が代拝を務め、天皇・皇后は御所の庭上から遥拝している。

このほか、「皇室祭祀令」以外の皇室令に基づく臨時祭も少なくない。すなわち、皇位の継承に関するものとして、まず「登極令」に定められる**大礼**（**即位礼・大嘗祭**）の際は、数多くの祭儀がある。平成の大礼でも一六の祭儀が行われている（→別巻［65］）。

また「摂政令」に定められる**摂政**を置く際は、宮中三殿で大祭に準じて、摂政が拝礼し告文を奏する。さらに「立儲令《りっちょ》」に定められる**立太子礼**の際は、皇太子が宮中三殿で奉告と拝礼を行い、伊勢の神宮および神武天皇陵と先帝陵に奉幣の勅使を遣わす。

天皇・皇族の成育に関するものとして、まず「皇室誕生令」に定められる**誕生**の際は、宮中三殿で著帯・誕生命名を奉告する儀や一般の初宮参りにあたる三殿に参拝する儀などを行う（→［27］）。

また「皇族就学令」に定められる内廷皇族（皇子・皇女）の**就学**時（初等科・中等科・高等科・大学・大学院の入学・卒業時など）には、本人が宮中三殿に参拝する。

さらに「皇室成年式令」に定められる天皇・皇太子・皇太孫の**成年式**（満一八歳）および他の皇族の成年式（満二〇歳）には、宮中三殿に参拝する。

「皇室婚嫁令」に定められる天皇・皇太子および他の皇族男子（親王・王）の**結婚式**には、宮中三殿で奉告と拝礼を行う。天皇の場合は、伊勢の神宮および神武天皇陵と先帝陵などに参拝し、皇太子・親王・王の場合は奉幣する。内親王が降嫁する時も、三殿に参拝する。

【毎月・毎朝の祭】

これ以外に、毎月三回および毎日早朝、ずっと続けられている宮中の祭がある。

まず毎月の1日・11日・21日に宮中三殿で行われるのを**旬祭**《しゅんさい》という。この名称は明治5年（一八七二）に定められ、翌年（一八七三）以来の次第が今も基本的に受け継がれている。

毎月三回のうち、1日の旬祭は、直衣を着《つ》けた天皇自身が午前8時から三殿を巡拝する（ただ正月元日は四方拝と歳旦祭）。11日と21日の旬祭は、侍従が代拝し、天皇・皇后は御所で慎む。ただ高齢化により、昭和天皇の晩年、および平成の天皇も平成21年（二〇〇九）から、1日の旬祭に出るのは5月と10月のみになった。

また、毎日繰り返されている行事がある。午前8時、賢所と皇霊殿には内掌典（女性）、神殿には掌典（男性）が、それぞれ**日供**《にっく》（供米など）を献進すると、当直の侍従が参進して、三殿の南階下から代拝する。

これは平安時代前期に59宇多天皇の始めた**毎朝四方拝**に由来する。明治4年（一八七一）の「四時祭典定則」から「日々御代拝」となり、**毎朝御代拝**《まいちょうごだいはい》と称されている。その際、天皇・皇后は御所で慎む。

なお、宮中の祭事ではないが、主要な神社で斎行の例大祭や式年の臨時祭などに、**勅使**を遣わして幣帛を奉る。そのうち、皇祖神を祀る伊勢の神宮は、格別に毎年三回

（10月の神嘗祭と6月・12月の月次祭）および二〇年ごとの式年遷宮に奉幣がある。また明治2年（一八六九）創建の東京招魂社（同12年から靖国神社）は年二回（春4月と秋10月の例大祭）奉幣がある。それ以外の一〇社は年一回、あと四社は一〇年か一二年に一回とされている（↓［44］）。

戦後は社格（官国幣社）制度がなくなり、勅祭社も縮小された。今なお毎年の勅使奉幣が続いているのは、伊勢の神宮と東京の靖国神社、および京都の賀茂大社（例祭5月15日）・石清水八幡宮（例祭9月15日）と奈良の春日大社（例祭3月13日）のみである。［所］

表1　現行の皇室祭祀一覧

月日	祭儀		場所	拝礼する天皇親族の例	時刻	祭服
1月1日	四方拝		神嘉殿前庭	天皇	午前5時30分	黄櫨染御袍
	歳旦祭	小祭	三殿	天皇、皇太子	午前5時40分	黄櫨染御袍／黄丹袍
1月3日	元始祭	大祭	三殿	天皇、皇后、皇太子、皇太子妃	午前10時	黄櫨染御袍／五衣・小袿・長袴
1月4日	奏事始		鳳凰の間	天皇	午前10時	モーニング
1月7日	昭和天皇祭	大祭	皇霊殿	天皇、皇后、皇太子、皇太子妃	午前10時	黄櫨染御袍／黄丹袍／五衣・小袿・長袴
			陵所	勅使		

1月7日	御神楽		皇霊殿	天皇、皇后、皇太子、皇太子妃	午後5時	直衣／黄丹袍／五衣・小袿・長袴
1月30日	孝明天皇例祭	小祭	皇霊殿	天皇、皇后、皇太子、皇太子妃	午前10時	黄櫨染御袍／黄丹袍／五衣・小袿・長袴
	孝明天皇山陵例祭		陵所	掌典		
2月17日	祈年祭	小祭	三殿	天皇、皇太子	午前10時	黄櫨染御袍／黄丹袍
春分の日	春季皇霊祭	大祭	皇霊殿	天皇、皇后、皇太子、皇太子妃	午前10時	黄櫨染御袍／黄丹袍／五衣・小袿・長袴
	春季神殿祭	大祭	神殿			
4月3日	神武天皇祭	大祭	皇霊殿	天皇、皇后、皇太子、皇太子妃	午前10時	黄櫨染御袍／黄丹袍／五衣・小袿・長袴
			陵所	勅使		
	皇霊殿御神楽		皇霊殿	天皇、皇后、皇太子、皇太子妃	午後5時	直衣／黄丹袍／五衣・小袿・長袴
6月16日	香淳皇后例祭	小祭	皇霊殿	天皇、皇后、皇太子、皇太子妃	午前10時	黄櫨染御袍／黄丹袍／五衣・小袿・長袴
	香淳皇后山陵例祭		陵所	掌典		
6月30日	節折		宮殿・竹の間	天皇	午後2時	小直衣
	大祓		神嘉殿前庭			
7月30日	明治天皇例祭	小祭	皇霊殿	天皇、皇后、皇太子、皇太子妃	午前9時	黄櫨染御袍／黄丹袍／五衣・小袿・長袴
	明治天皇山陵例祭		陵所	掌典		
秋分の日	秋季皇霊祭	大祭	皇霊殿	天皇、皇后、皇太子、皇太子妃	午前10時	黄櫨染御袍／黄丹袍／五衣・小袿・長袴

秋分の日	秋季神殿祭	大祭	神殿			
10月17日	神嘗祭	大祭	賢所	天皇、皇后、皇太子、皇太子妃	午前10時05分	黄櫨染御袍／黄丹袍／五衣・小袿・長袴
11月23日	新嘗祭　夕の儀	大祭	神嘉殿	天皇、皇太子	午後6時（出御）	御祭服（純白の生絹）／斎服（純白）
	新嘗祭　暁の儀	大祭	神嘉殿	天皇、皇太子	午後11時（出御）	御祭服（純白の生絹）／斎服（純白）
12月中旬	賢所御神楽	小祭	賢所	天皇、皇后、皇太子、皇太子妃	午後5時	黄櫨染御袍／黄丹袍／五衣・小袿・長袴
12月23日	天長祭	小祭	三殿	天皇、皇太子	午前9時	黄櫨染御袍／黄丹袍
12月25日	大正天皇例祭	小祭	皇霊殿	天皇、皇后、皇太子、皇太子妃	午前10時	黄櫨染御袍／黄丹袍／五衣・小袿・長袴
	大正天皇山陵例祭		陵所	掌典		
12月31日	節折		宮殿・竹の間	天皇	午後2時	小直衣
	大祓		神嘉殿前庭			

〔注〕　天皇、皇后、皇太子、同妃が拝礼するのは、大祭（新嘗祭を除く）と小祭のうち式年祭、例祭、御神楽である。すなわち元始祭（1月3日、大）、神武天皇祭・御神楽（4月3日、大、御神楽は午後5時から）、春秋の皇霊祭、神殿祭（計四祭祀、大）、香淳皇后例祭（6月16日、小）、神嘗祭（10月17日、大）、賢所御神楽（12月中旬、小）、先帝四代（昭和天皇祭のみ大祭、大正・明治・孝明天皇祭は小祭）。

天皇の祭祀は年に22回で、ほかに旬祭（毎月1の日で1月を除いて11回、直衣を着用）、式年祭が数回あり、三十数回を数える。皇后、皇太子妃の宮中祭祀は13回と式年祭。祭祀の回数は一覧表と同じだが、新嘗祭は夕と暁をひとつとして数え、10月17日午前10時から天皇のみの「神嘗祭神宮遥拝の儀」があり、これをひとつとして数える（皇后、皇太子妃の祭服は同じ様式だが、生地の質や文様に違いがある）。

天皇、皇太子が拝礼する祭は、歳旦祭（1月1日、小）、祈年祭（2月17日、小）、天長祭（12月23日、小）である。

天皇、皇后、皇太子、同妃以外の皇族が三殿に上がるのは結婚式のときだけである。皇族女子は結婚に際して「お別れ」のあいさつで上がる。

三殿の拝礼順は、賢所、皇霊殿、神殿。神嘉殿は平常は空殿で新嘗祭のときのみ使用する。四方拝、大祓は神嘉殿前庭で行う。なお、四方拝、節折、奏事始は祭祀ではなく儀式である。天皇が出られなければ行われない。

なお、平成29年（二〇一七）制定された「天皇の退位等に関する皇室典範特例法」により、新天皇の次の皇位継承第一位の秋篠宮文仁親王は「皇嗣」と称され、皇太子と同様の扱いをうける。

［高橋］

[48] 靖国問題

靖国神社の起源は、明治2年（一八六九）、明治天皇の意向で東京・九段に創建された東京招魂社に始まる。祀られているのは戊辰戦争から太平洋戦争に至るまでの戦死者二四六万六千余人で、戦前は戦死者に対する国家の追悼・顕彰施設だった。戦後は一宗教法人となったが、公式参拝、A級戦犯の合祀問題など、長い間「国家と宗教」をめぐる争点になっている。

文久2年（一八六二）に、京都で「殉難志士」の招魂祭が行われ、これが幕末維新の動乱期に天皇のために「殉死」した者の供養の始めとされる。その後、戊辰戦争に際しての官軍の戦死者を弔うため、明治天皇は慶応4年（一八六八）1月、鹿児島、萩二藩に五〇〇両、広島、鳥取、高知の三藩に三〇〇両を下賜し、「忠魂」を慰め、さらに各藩に招魂社が創建された。また同年、ペリー来航当時の嘉永年間以来の「憂国の士」のために京都東山に祠《し》宇《う》を建て、鳥羽伏見の戦い以降、東征で戦死した人が合祀された。そして、江戸城西の丸大広間で招魂祭が行われた。

明治2年（一八六九）6月29日、戊辰戦争以来の戦死者三五八八人を祀るため、九段に靖国神社の前身となる東京招魂社が造営され、招魂社大祭には勅使が遣わされた。明治8年（一八七五）1月、天皇の命により京都東山に祀った「維新の殉国者」が合祀された。その後も台湾出兵、西南戦争などの戦死者の合祀が相次いだ。陸軍卿西郷従道の提唱により明治12年（一八七九）6月4日、靖国神社と改称された。以後、宮内省からの幣帛を供える別格官幣社となり、内務、陸軍、海軍の三省が管理することとなった。人事を内務省、祭事を陸海軍が統括していたが、例大祭などの行事は皇室と密接につながっていた。また、合祀は陸海軍の審査で内定するが、天皇の勅許を経て決定された。**合祀祭**には天皇あるいは勅使の弔祭を受けた。天皇が関与することで、合祀は戦死者や遺族に無上の名誉となっていった。

戦後は国家管理を離れ、単立の宗教法人になった。昭和26年（一九五一）、日本の独立が確実になった秋の例大祭に首相吉田茂が公式参拝した。その後歴代首相、衆参両院議長、最高裁長官が春秋の例大祭に参拝している。昭和27年（一九五二）、全国戦没者遺族会は靖国神社の国家護持を決議、昭和44年（一九六九）、こうした動きに押されて自民党は国営化を目指す靖国神社法案を初めて国会に提出した。五回目の法案が昭和48年（一九七三）に出されたが、参議院で審議未了となり廃案になった。

その後、日本遺族会などは首相による公式参拝を求めた。それは中国・韓国などの非難を受けたが、首相小泉純一郎は、平成18年（二〇〇六）8月15日に参拝している。

なお、誰もがわだかまりなく参拝できる国立で無宗教の「新追悼施設」を建設しようという議論もある。

遊就館《ゆうしゅうかん》

明治15年（一八八二）、幕末維新の官軍側戦没者のゆかりの品々を展示するため、境内に設置された。同43年（一九一〇）、「武器の沿革を知るべき物件を蒐集保存し、軍事上の参考に供する所」とされた。

戦後いったん廃止されたが、昭和36年（一九六一）「宝物遺品館」として再開、昭和61年（一九八六）遊就館として復活した。現在、戊辰戦争以後の近代日本の戦争における零式艦上戦闘機の実物や兵器、戦死者の遺書や遺品、絵画などが展示されている。

公式参拝

昭和50年（一九七五）の終戦記念日に、初めて首相三木武夫が「私人」として参拝した。同60年（一九八五）、中曾根は神道の「二拝二拍手一拝」を改めて「一礼」とし、玉串奉奠を供花にするなどして、政教分離をクリアして公式参拝したと強調した。しかし、中国・韓国などの猛反発を受け以後中止した。

中曾根への非難はA級戦犯が祀ってあるからだが、「昭和殉難者」として東条英機以下一四人が密かに合祀されたのは、昭和53年（一九七八）10月17日である。その事実を共同通信がスクープしたのは翌年（一九七九）4月19日朝刊用の出稿だが、当時は近隣諸国からの反響はなかった。

昭和天皇の参拝

戦前戦後を通じて二八回参拝している（天皇が親《みずか》ら拝礼するので親拝という）。平成の天皇（上皇）も戦前一回、戦後は皇太子時代に四回参拝した。戦前は一兵卒でも戦死すれば、天皇に参拝してもらえることが強調された。戦後の天皇参拝は、例大祭や靖国創建九〇年、終戦から一〇年おきの節目の年で、最後は昭和50年（一九七五）の秋、「終戦三〇年」に際して行われた。現在も、毎年春秋の例大祭には、天皇からの幣物が奉納され、勅使が天皇の祭文を本殿大前で奏上し、玉串をささげる。

昭和殉難者

一四人は東条以下、板垣征四郎、土肥原賢二、松井石根、木村兵太郎、武藤章、広田弘毅（以上絞首刑）、白鳥敏夫、小磯国昭、梅津美治郎、平沼騏一郎、東郷茂徳（服役中死亡）、松岡洋右、永野修身（いずれも拘禁中死亡）。

富田メモ

平成15年（二〇〇三）死去した元宮内庁長官富田朝彦のメモ。昭和天皇崩御九か月前の昭和63年（一九八八）4月、靖国参拝について「私は或る時に、A級が合祀され、その上、松岡、白取（鳥）までもが」「だから、私あれ以来参拝していない。それが私の心だ」と、天皇が言ったとある。掲載されたのは平成18年（二〇〇六）7月20日付の「日本経済新聞」朝刊で、見出しは「A級戦犯靖国合祀　昭和天皇が不快感　参拝中止『それが私の心だ』」だった。

靖国神社は当初から戦死者以外に刑死者や戦病死者も祀るが、基本的には「戦場で倒れた軍人」を祀っている。天皇が合祀を知ったのは、昭和53年（一九七八）秋の例大祭のときだ。解釈をめぐっては、絞首刑の七人はともかく、獄中で亡くなった人や外交官までも祀ってもいいのか、とも読める。中曾根の参拝中止は、首相参拝が公人か私人かで国内論議が分かれたためとする論もある。

玉串訴訟

春秋の例大祭の玉串料や「みたま祭り」の献灯料として、自治体が公費を支出したことに対し、〝玉串訴訟〟が起こされた。平成9年（一九九七）4月2日、愛媛玉串訴訟で最高裁大法廷は、支出は「戦没者の遺族に応える儀礼」と理解を示したものの、県はこれまで他の宗教団体に公金を支出した例はなく、「靖国神社や護国神社という特定の宗教団体との間にのみ、意識的に特別のかかわりあいを持った」として、多数意見により違憲判断を下している。

合祀

戦前は陸海軍省、戦後は厚生省で調査確認した戦死者＝祭神名票が靖国神社に送付される。靖国神社ではその名票に従って、氏名、所属部隊、死亡地、年月日などを霊璽簿に記入し、招魂祭を経て合祀祭（戦後「霊璽奉安祭」という）により合祀され、一体（一座）の「靖国大神」となる。したがって、ご神体から一四人を別に取り出す（分祀）ことなどできないというのが神社側の説明である。

護国神社

各地にあった明治以来の戦没者を祀った招魂社は、昭和14年(一九三九)内務省令により護国神社と改称した。原則として各道府県ごとに一社ある。現在は大多数が神社本庁に所属する宗教法人。

千鳥ケ淵戦没者墓苑

第二次世界大戦の戦没者のうち、遺族の分からない遺骨を納めた無宗教の国立墓苑。政府の遺骨収集は昭和28年(一九五三)から始まり、現在約三七万人の遺骨を納める。昭和34年(一九五九)、五七〇〇万円で竣工した。広さは一万六〇〇〇平方メートル。敷地は旧皇族賀陽宮《かやのみや》邸跡。〔高橋・小田部〕

[49] 天皇と仏教信仰

天皇と仏教

日本における仏教信仰は、渡来人による先行移植と積極的受容があったとしても、[29]欽明《きんめい》天皇朝における百済《くだら》国からの「公伝」以来、実質的には天皇・朝廷の主導によって始まり、9世紀に至るまでは国策による受容に終始したのが実情である。仏教は、世俗の権威に対立するどころか、大局的には国家秩序に組み込まれている。[33]推古《すいこ》天皇朝において、在位2年目（五九四）に**三宝興隆の詔《みことのり》**が出され、また摂政の地位にあった**聖徳太子**が**憲法十七条**を制定して、その第二条に「篤く三宝を敬へ」と示した。のち乙巳《いつし》の変《へん》によって成立した新政府も、大化元年（六四五）に**仏法興隆の詔**を出して、これを継承した。

律令国家は仏教を大いに保護して興隆を図り、多数の僧尼が養成されて教学の研究も盛んに行われたが、一方で人民への布教を禁止するなど厳しく管理を加えた（「僧尼令」）のは、**鎮護国家**を目的としたからである。その場合の「国家」とは、天皇の統治する国土と人民とを意味した。しかし[45]聖武《しょうむ》天皇朝における**国分寺**（僧寺・尼寺）の造営や盧舎那《るしゃな》大仏造立などは、土地制度の大転換や政情・社会の不安を背景とした大事業で、天平勝宝元年（七四九）東大寺に行幸した天皇は、造顕中の大仏に礼拝して、みずから「**三宝の奴**」と称している。48称徳《しょうとく》天皇が、百万基の木製三重塔（**百万塔**）を十大寺に分置することを発願したのも、恵美押勝《えみのおしかつ》の乱が終息した直後のことであった。

平安時代初頭、最澄《さいちょう》・空海《くうかい》の入唐によって天台・真言両宗が移植されると、とりわけ真言密教の神秘的魅力が関心を集め、大内裏内に**真言院**が設けられて天皇のための**御修法**《みしほ》が盛んとなり、皇室と**真言宗**との結び付きは、さらに中世・近世にも継承されて、皇室はあたかも真言宗の檀家《だんか》のようになった。

一方「**密教**」は、天台宗や南都の諸宗にも浸透して、仏教は総じて「顕密（顕教と密教）」として理解されるに至った。平安時代後期以降に顕著に唱えられるようになった「**王法仏法**」**相依**ないし**相即論**において、「**王法**」とは天皇を含む中世王権全体を、「**仏法**」とは「顕密」仏教を指すのが中世の実態であった。たとえば院政を始めた白河《しらかわ》・鳥羽《とば》両法皇にとって、宝蔵安置の**宝珠**（**如意宝珠**）を本尊とする**宝珠法**は、院権力の宗教性の象徴であった。

また「密教」は天皇の即位儀礼にも採り入れられ、平安時代後期の71後三条《ごさんじょう》天皇以降断続的に、鎌倉時代後期の92伏見《ふしみ》天皇から江戸時代末の121孝明《こうめい》天皇までは、ほぼ途切れることなく**即位灌頂**《かんじょう》が行われた。これは、摂関家（ほぼ二条家に固定）から即位予定の天皇に**印明**《いんみょう》（手に印契《いんげい》を結ぶことと、口に真言を唱えること）が伝授され、即位儀礼の当日に、天皇が高御座で伝授された印を結び、**明呪**《みょうじゅ》を唱える行為である。

【天皇・皇室と仏教儀礼】

天皇・皇室と関係の深い恒例の仏事・仏教儀礼のうち、まず宮中で行われたものを略述する。

御斎会《ごさいえ》

宮中年中行事で第一の大事とされた仏事。『金光明最勝王経《こんこうみょうさいしょうおうきょう》』を講讃して国家安穏と天皇の息災延命を祈願する法会を**最勝会**《さいしょうえ》と称し、特に宮中と奈良薬師寺・京都円宗寺のものが著名であった。毎年正月8日から七日間、天皇出御のもと、僧を大極殿などに招いて行われた。奈良時代に始まり、9世紀に入ると恒例化し、後には結願の14日に**内論義**と称する問答形式の論義を加えて盛大に行われたが、室町時代には廃絶した。

後七日御修法《ごしちにちみしほ》

御斎会と並んで正月8日から七日間、平安宮内裏西の**真言院**で天皇や国家の安泰を祈願して行われた密教の修法。単に**御修法**《みしほ》（みしゅほう・みずほう）とも称した。空海が54仁明《にんみょう》天皇に上奏して、承和2年（八三五）に始まった。何度かの中絶期間もあり、紫《し》宸《しん》殿に場所を移すこともあったが続行され、明治16年（一八八三）以降は東寺（教王護国寺）灌頂院で行われて今日に至っている。もとは、14日の結願に**東寺長者**が参内して、天皇の身体を加持する**玉体加持**を行うのがならわしであったが、明治再興以後は**御衣加持**に改められている。

大元帥《たいげんの》法《ほう》

毘《び》沙門《しゃもん》天の眷属《けんぞく》の一つ大元帥明王を本尊として修する、玉体安穏・怨敵調伏の修法。日本へは、承和6年（八三九）に唐から帰朝した真言僧の常暁《じょうぎょう》によってもたらされ、以後、宮中において正月8日～14日の間、後七日御修法と並ぶ護国法会として長く行われたほか、大旱《たいかん》や外敵の迫った時など臨時にも行われた。

季《きのみ》御読経《どきょう》

毎年春秋の二季（2月と8月）に四日間、多数（通例一〇〇人）の僧を大極殿（または紫宸殿か清涼殿）に招いて、『大般若経』六〇〇巻を読誦させ、三日目か四日目に論義を行って、国家や天皇の安穏を祈願した行事。8世紀初頭に始まるとされ、貞観4年（八六二）からは、それまでの年一回から四季ごとに行われるようになったが、元慶元年（八七七）以降は春秋二季となった。鎌倉時代には廃絶した。

仁王会《にんのうえ》

『仁王般若波羅蜜経』『仁王護国般若波羅蜜多経』の経説に基づき、一〇〇人の僧に同経を講じさせた法会。天皇即位時の一代一度の**大仁王会**と、春秋二季の**定季仁王会**および**臨時仁王会**があった。大仁王会は、元慶8年(八八四)の58光孝《こうこう》天皇の即位に際して行われたのが最初。88後嵯峨天皇の代まで行われたことが知られる。

灌仏会《かんぶつえ》

仏生会・誕生会とも称し、4月8日に釈迦誕生を祝って、清涼殿に安置された誕生仏を洗浴する法会。日本では33推古天皇14年(六〇六)以来諸寺で行われ、承和7年(八四〇)からは宮中でも毎年修された。

最勝講《さいしょうこう》

毎年5月の五日間に、宮中の清涼殿で、東大寺・興福寺・延暦寺・園城寺の四大寺の僧が『金光明最勝王経』を講じて、天皇・国家の安穏を祈願した法会。66一条《いちじょう》天皇の長保4年(一〇〇二)に始まり、京都法勝寺《ほっしょうじ》の**御八講**、院の御所の最勝講とともに**三講**の一つに数えられた。

盂蘭盆会《うらぼんえ》(供)

『盂蘭盆経』の所説に基づき、毎年7月15日に先祖や死者の霊に供物をそなえて供養する行事。推古天皇14年(六〇六)以降、寺院で恒例化し、また斉明《さいめい》天皇3年(六五七)に盂蘭盆会を設けた記録が初見。平安時代には朝廷の行事としても整備され、7月14日に東寺・西寺以下七か寺に朝廷から供物が送られたが、同中期頃には、その日に天皇や貴族が亡き父母のために供物を用意して拝し、父母の氏寺（天皇の場合は先帝の御願寺）に送る拝盆行事が成立した。

仏名会《ぶつみょうえ》

仏名懺悔《ざんげ》・**御仏名**とも称し、毎年12月15日（後には19日）から三日間、『仏名経』を読誦し、三世諸仏の**仏名**（古くは一万三千仏）を唱え、年内に犯した罪障を懺悔し、滅罪生善を祈願した法会。日本では53淳和《じゅんな》天皇の天長7年（八三〇）に宮中で行われたのが最初で、54仁明《にんみょう》天皇の承和5年（八三八）からは宮中恒例の仏事となった。ほどなく諸国の国庁や大宰府政庁、上皇の院や東宮・中宮、さらには一部の寺院などでも行われたが、宮中ではやがて一夜だけとなり、南北朝時代には廃絶した。

なお、宮中にて毎月行われる仏教的な「月中行事」としては次のようなものがある。毎月の**六斎日《ろくさいにち》**（8日・14日・15日・23日・29日・30日）の**御精進**は、早く令制に規定があり、公私ともに殺生を禁じ、魚肉を避けて精進することになっていた。

観音供《かんのんぐ》

宮中仁寿殿において、毎月18日に観音を本尊として玉体安穏のために修せられた法。**二間《ふたまの》観音**、**二間の供**、あるいは**仁寿殿観音供《じじゅうでんかんのんぐ》**とも称する。その起源は定かではないが、応和2年(九六二)に東寺長者観空が仁寿殿の聖観音を開眼供養して以後恒例化し、代々東寺長者によって執行された。のちに観音像が東寺に安置されると、後七日御修法の時に宮中に移して行われたりしたが、さらに後世には正月12日に東寺灌頂院の道場に安置して行われた。

次に、朝廷から勅使などが差遣された寺院の仏事や、それに準じる行事を略述する。

国忌《こっき》(こき)

国家による顕賞・追善の対象として選定された特定の天皇・皇后の忌日。持統《じとう》天皇元年(六八七)の40天武《てんむ》天皇一周忌が初見で、当日は音楽をなさず、廃朝・廃務とされた(「雑律」「儀制令」)。また神事を避け、所定の寺で斎会が行われた。その後、数が増加したため、延暦10年(七九一)に廃置され、『延喜式』以降は九忌に固定した。国忌の斎会は、奈良時代では東大寺や興福寺などに、平安時代には東寺または西寺(38天智天皇のみ近江の崇福寺)に、衆僧を率いた治部省《じぶしょう》の官人らが赴いて行われた。

そのほか天皇の**御願寺**で執り行われる**法華八講**(『法華経』八巻を朝夕四日間で講説する法会)に勅使が差遣される場合もあり、その際には、清涼殿において天皇は亡き先帝・先后のために斎食し、参列の公卿らに精進酒食を給わった。

千部会《せんぶえ》

祈願・追善などのために、一〇〇〇部の経典を読誦する法会。同じ経典を一〇〇〇人の僧侶で一部ずつ読む場合と、一人で一〇〇〇回読む場合とがあり、**千部経・千部・千部経供養・千僧読経**などとも称した。天平20年(七四八)、その4月に崩御した44元正《げんしょう》天皇のために、45聖武天皇が『法華経』一〇〇〇部を書写供養したのが早く、以後、江戸時代に至るまで、朝廷や天台宗・浄土宗・浄土真宗などで行われた。

勅封心経会《ちょくふうしんきょうえ》

京都大覚寺で行われる『般若心経』慶讃の法会。弘仁9年(八一八)、疫病流行に際して、52嵯峨天皇が紺紙金泥『般若心経』を書写して祈願したことに始まると伝え、以後、六〇年ごとの戊戌《つちのえいぬ》の年に行われている。

長日御修法

天台宗延暦寺の根本中堂で、一年三六五日を通じて行われている玉体安穏・国家安泰の祈禱をいう。**御修法大法**とも称し、50桓武《かんむ》天皇の頃より始められたと伝える。一時中断したが、大正9年(一九二〇)に復活。毎年4月4日から11日まで、滋賀県知事が宮内庁から奉持した御衣を根本中堂に安置して御修法を行い、翌12日に返上される。

祝聖《しゅくしん》

皇帝や天皇の聖寿万歳を祈る、禅宗寺院独特の法会。『荘子』天地編の「請祝聖人、使聖人寿」に基づき、誕生日や元日、毎月1日と15日などに行われ、**祝禱諷経**《しゅくとうふぎん》とも称した。日本では鎌倉時代以降に行われる。［竹居］

[50] 僧侶・寺院の格付け

【天皇・皇族の出家】

歴代天皇の出家は、奈良時代の43元明《げんめい》天皇から室町時代の103後土御門《ごつちみかど》天皇まで、北朝も含めると、計四五代の多数に及ぶ。**法皇**は、太上法皇の略称で、太上天皇（略して上皇）が出家した場合の呼称。法王とも表記し、禅定仙院（禅院）とも称した。昌泰2年（八九九）、仁和寺で出家した宇多《うだ》上皇が初例で、平安時代後期に院政を行った白《しら》河《かわ》・鳥羽《とば》・後白河《ごしらかわ》の三上皇は、いずれも出家し、法皇として権勢をふるった。

皇族の出家は、枚挙に遑《いとま》ないほど多く、後世には皇族や公家出身の貴種が出家して入寺する特定の寺院や、その人物を指して**門跡**《もんぜき》と称することが行われた。

平安時代初めから、親王が出家する例が見え始めた。**法親王**《ほっしんのう》は、その一般的呼称の一つであったが、康和元年（一〇九九）に、すでに仁和寺で出家を遂げていた覚行《かくぎょう》（白河上皇第三皇子）が親王宣下を受けて法親王を称して以後、親王が出家した場合を**入道親王**と称し、出家後に親王宣下を受けた場合を**法親王**と称する区別が生じた。僧籍にあった孫王が親王宣下を受けたような特殊な例も生じたが、時代を経るにしたがって、両者の区別は曖昧となっていった。

【師号（賜号）】

高徳の僧に対し天皇から贈られる称号。大師・国師・禅師のほか、和尚・上人・菩薩などの号があり、生前に贈られる場合を特賜《とくし》・徽号《きごう》、没後に追贈するものを諡号《しごう》・勅諡《ちょくし》、さらに重ねて贈られる場合を重諡《ちょうし》・加諡《かし》と称した。**大師**《だいし》は、偉大な師・大導師の意。原則として、没後その高徳を称え贈られる諡号として用いられた。日本では貞観8年（八六六）最澄に伝教大師、円仁に慈覚大師が贈られたのが最初。空海の弘法大師は特に著名で、単に「大師」と言えば空海を指した。また各宗の宗祖などにも贈られた。**国師**《こくし》は、鎌倉時代以降に、国家の師表とすべき高僧に贈られた称号で、95花園《はなぞの》天皇の応長元年（一三一一）に、円爾《えんに》弁円《べんねん》に下賜された聖一国師を初例とする。禅僧に限られ、禅師《ぜんじ》の上位とされてきた。**禅師**は、もと法師・律師・経師の対語で、禅定に秀でた僧を称したが、高徳の禅僧に対して天皇から贈られる称号としては、91後宇多《ごうだ》天皇の弘安元年（一二七八）に蘭渓道隆《らんけいどうりゅう》に贈られた大覚禅師が初例。国師と同じく、これも禅僧に限られ、太平洋戦争後にも例がある。

紫衣《しえ》

紫色の袈裟と法衣の総称。中国や日本で最も尊貴な服色として天皇から下賜された。日本においては紫袈裟は天平7年(七三五)に入唐僧玄昉《げんぼう》が[45]聖武《しょうむ》天皇から、また紫法衣は永治元年(一一四一)に天台宗青蓮院の行玄《ぎょうげん》が鳥羽上皇から下賜されたのが初例とされ、以後、勅許によって法親王や僧綱《そうごう》に着用が許された。慶長18年(一六一三)、江戸幕府は特定寺院の住職について勅許以前に幕府に申請することを定めたが、寛永6年(一六二九)には、こうした幕府の仏教統制に抵抗した大徳寺の沢庵宗彭《たくあんそうほう》らが配流される、紫衣事件が起こった。

【皇室と寺院】

御願寺《ごがんじ》は、天皇や皇族などの発願によって建てられた寺院。勅命によって建立または指定された寺院を、特に**勅願寺**・**勅願所**という。古代の大寺や定額寺《じょうがくじ》に由来し、四円寺や六勝寺が代表例。東大寺・国分寺など、初期のものは官寺的・公的性格が強かったが、貴族の氏寺・家寺の増加に対応して、平安時代後期頃から天皇家の私寺的性格を強め、鎮護国家よりも願主の個人的な祈願にこたえることに主眼を置くようになった。その所領である**御願寺領**も、後白河院の長講堂領のように、事実上の皇室領と化した。室町時代には、公家などを介して地方寺院の勅願所認定が増加し、禅宗や日蓮宗寺院も指定された。

勅使門は、勅願寺において勅使を送迎するための唐門で、門扉に一六弁菊花紋章がつく。通常は閉門し、特別な重要行事の際に開門することがある。**勅額**は、特別由緒ある寺社に対して下賜された、天皇宸筆《しんぴつ》の額字。明治以降は、勅命によって天皇が下した額字（代筆）をいう。**勅封**は、貴重な宝物の散逸を防ぐために、天皇の命によって封を加えること、またその封印をいう。開封には勅許を必要とした。現在、勅封の制度が残っているのは奈良の正倉院と京都御所東山御文庫で、宮内庁が管理している。

定額寺《じょうがくじ》は、律令国家によって官寺に準じる存在として認められた寺院。「定額」の意味については、寺院の定数とみる説、国家から寺院に施される経済的保障の定額とみる説、国家から寺号を定められて額を付与される寺院とみる説など、諸説があって定まらない。いずれにしても、皇族や豪族・貴族が建てた寺院を、国家が公認して保護と統制とを加えたものと考えられ、律令国家とともに衰退していった。

以下、皇室ゆかりの寺院について略述する。

国分寺は、天平13年（七四一）の45聖武天皇の詔により、鎮護国家を祈念する場として、全国の国ごとに建立された寺院。僧寺と尼寺の一対とし、前者は『金光明最勝王経』に基づいて金光明四天王護国之寺、後者は『法華経』に基づき法華滅罪之寺を正式名称とし、僧尼を常住させて読経などを行わせた。奈良**東大寺**は、聖武天皇建立の金鐘《こんしゅ》寺《じ》に始まり、のち大和国金光明寺として本尊の盧舎那大仏が造立された。

四円寺は、平安時代中期頃に、現京都市右京区の御室仁和寺付近に建立された四つの御願寺の総称で、最初に円の字がつくのが共通する。64円融《えんゆう》天皇の円融寺、66一《いち》条《じょう》天皇の円教寺、69後朱雀《ごすざく》天皇の円乗寺、71後三条《ごさんじょう》天皇の円宗寺の四か寺だが、すべて廃絶した。

六勝寺は、平安時代後期に京都白河の地にあいついで建立された六つの御願寺の総称。72白河天皇が院御所白河殿の近傍に造営した法勝寺《ほっしょうじ》以下、73堀河《ほりかわ》天皇の尊勝寺、74鳥羽天皇の最勝寺、待賢門院（鳥羽天皇中宮）の円勝寺、75崇徳《すとく》天皇の成勝寺、76近衛《このえ》天皇の延勝寺をいう。各寺院とも密教と浄土教を主軸として、数量功徳主義的に王権護持や現当二世（現世と来世）を祈願するため、多数の堂塔や仏像を配置し、また膨大な寺領荘園群を擁した。

白河の地には、そのほかにも白河院御願の**蓮華蔵院**《れんげぞういん》、鳥羽院御願の**得長寿院**《とくちょうじゅいん》（本堂は、平忠盛造進の千体観音堂）、美福門院（鳥羽天皇皇后）の御願になる**歓喜光院**《かんきこういん》・**金剛勝院**《こんごうしょういん》などの寺堂の造営を見ている。なお京都市東山区の**三十三間堂**は、正しくは**蓮華王院**《れんげおういん》と称し、もとは77後白河院の御願として、院御所法住寺殿内に建立された寺院。平清盛が造進した本堂は、白河得長寿院のそれと同規模の三十三間堂であった。

また、現在は京都市下京区所在の**長講堂**《ちょうこうどう》（法華長講弥陀三昧堂の略称）は、同じく後白河院が、御所六条殿に設けた持仏堂に由来する。この堂に付属する膨大な荘園群は

長講堂領と称され、院から娘の宣陽門院に、さらに後には持明院統に伝えられた。

他方、同じ平安時代後期には、平安京南郊の鳥羽の地に、白河・鳥羽・後白河の三代の上皇によって離宮ないしは院御所が営まれた。広大な園池に面して**南殿**（**証金剛院**《しょうこんごういん》）・**北殿**（**勝光明院**《しょうこうみょういん》）・**泉殿**・**東殿**（**成菩提院**《じょうぼだいいん》・**安楽寿院**《あんらくじゅいん》）・**田中殿**（**金剛心院**《こんごうしんいん》）などが次々に建てられたが、いずれにも**御堂**と称する寺院（右の括弧内）が付属して建てられたのが特徴である。現在も法灯を伝えるのは安楽寿院のみ。

次に陵墓関係寺院としては、まず第一に**泉涌寺**《せんにゅうじ》があげられる。同寺の草創は未詳であるが（古くは法輪寺・仙遊寺と称したと伝える）、鎌倉時代に俊芿《しゅんじょう》が入寺して再興。寺号も改めて天台・律など諸宗兼学の道場となった。仁治3年（一二四二）、みずからを俊芿の生まれ変わりであるとした[87]四条《しじょう》天皇の葬礼が同寺で執行され、陵が寺内に営まれて以来、皇室の菩提寺とされて「**御寺**《みてら》」と称され、室町時代前期の[北4]後光厳《ごこうごん》天皇から江戸時代末の[121]孝明《こうめい》天皇に至るまで、歴代天皇の葬儀は同寺で営まれた。

この間、江戸時代初期の[107]後陽成《ごようぜい》天皇まで歴代天皇の荼毘所《だびしょ》ともなったが、[108]後水尾《ごみずのお》天皇から天皇家の葬礼が土葬に変わると、それ以後の天皇と女院の遺骸は四条天皇陵のかたわらに埋葬された。明治以降、宮内省の管轄となった旧境内の月輪陵や後月輪陵がこれである。近世には皇室唯一の菩提寺として幕府の保護も篤く、堂塔伽藍も修理再造されて寺運の安定をみた。

舎利殿背後の本坊内の御座所は、明治時代に京都御所の皇后宮**御里御殿**を移した建物で、月輪陵参拝の際に天皇・皇后の休憩所とされた。御座所に隣接する**霊明殿**には四条天皇以下の歴代の天皇や皇后の尊像や位牌が奉安され、もと宮中の**御黒戸**《おくろど》（**黒戸**《くろど》**御所**《ごしょ》）を移したと伝える海会堂《かいえ》には歴代の天皇・皇后の念持仏を安置している。

大原法華堂《おおはらほっけどう》は、82後鳥羽《ごとば》天皇の遺骨を安置した大原勝林院の傍らに設けられた法華堂に由来する。この堂には、後に84順徳《じゅんとく》天皇の遺骨も納められたが、荒廃して所在不明となり、江戸時代になって勝林院の子院にあった十三重石塔を後鳥羽天皇陵に定めて、幕末に大原法華堂と称し、さらにその背後の高台を順徳天皇陵に定めて大原陵と称している（京都市左京区大原勝林院町所在）。

金原法華堂《かねがはらほっけどう》は、83土御門《つちみかど》天皇の遺骨を納めた御堂で、天皇の生母が、遺詔に従って京都西南郊の金原（現京都府長岡京市内）に造営したもので、金原御堂とも称されたが、今は八角形の跡地が金原陵となっている。

亀山殿法華堂《かめやまどのほっけどう》は、90亀山《かめやま》天皇の遺骨が院御所亀山殿封内の浄金剛院に納められた後に造営された法華堂に由来する。中世には所在を失ったが、江戸時代末に宝形造の法華堂が再興されて亀山殿法華堂と称し、その横には同形の88後嵯峨《ごさが》天皇陵が並ぶ。現在は亀山陵と称する（京都市右京区嵯峨天竜寺所在）。

般舟三昧院《はんじゅざんまいいん》は、般舟院とも称し、もとは103後土御門《ごつちみかど》天皇が京都伏見に創建した寺院。

当初は四宗兼学として禁裏道場になぞらえられたが、天皇の典侍源朝子《あさこ》を葬って以後、皇室の香華院《こうげいん》（菩提寺）となった。豊臣秀吉の伏見築城に際して、京都市上京区に移転したが、現在は単立寺院の西圓寺となっている。

門跡は、もとは一門の法脈を継承する寺院、また祖師の法灯を継ぐ僧侶の門流を称したが、平安時代後期以降には、皇族や貴族など貴種の住む寺院として**寺格**化し、その出身者が寺院の長を独占するようになった。仁和寺・大覚寺・延暦寺の**三門跡**、興福寺の一乗院・大乗院などが、その代表例である。

やがて天皇、皇族、堂上の出家が増加すると、江戸時代には、親王などが入室した**宮門跡**《みや》、摂家の子弟が入室した**摂家門跡**《せっけ》、門跡に準じる**准門跡**《じゅん》（**脇門跡**）の区分が用いられた。明治時代に公的な門跡制度は廃止された。

由緒寺院（御由緒寺院）は、皇女や王女、摂家の女子などが尼となって入室した由緒ある寺院で、**尼門跡**《あま》・**比丘尼御所**《びくに》とも称し、一五か寺ある。［竹居］

［51］陰陽道など

【道教と陰陽道】

道教は、不老長寿を主な目的とする現世利益的な中国の民間宗教である。中国古代の自然宗教に、神仙思想や老荘思想、易・陰陽五行説《いんようごぎょうせつ》、讖緯《しんい》説・医術・占星術など種々の要素が組み合わさって生み出された。

日本へは6世紀代に儒教や仏教と相前後して道教的信仰にかかわる学問や技術が伝えられ、徐々に影響を広げて、40天武天皇朝に行われた**大祓行事**（毎年6月・12月の晦日）にも道教的要素が濃厚に見られる。大和朝廷の支配者であったオオキミ（大王）を後に**天皇**と称するようになったのも、道教思想に基づくとする説が有力である。

また、道教でいう神仙境とも見なされた大和国**吉野**の地には、41持統《じとう》天皇の三四回を筆頭として、37斉明《さいめい》天皇から45聖武《しょうむ》天皇に至る歴代天皇の行幸があった（**吉野行幸**）。

なお律令国家は、中務省《なかつかさしょう》の陰陽寮《おんみょうりょう》・内薬司、宮内省の典薬寮でのみ、道教的信仰にかかわる呪法・技術を認めた。

卜占《ぼくせん》は、占い具に現れた占形によって神意の所在を察知し、事の吉凶や未来を予知しようとする方法・技術をいう。日本では弥生時代に**鹿占**《しかうら》、古墳時代後期には**亀卜**《きぼく》が行われていたことが知られているが、6世紀後半頃には、本格的な亀卜や易占・式《しき》占《せん》・天文占など中国起源の占術が伝来した。律令国家では、**神祇官**の卜部《うらべ》が亀卜を、**陰陽寮**が易占などをつかさどり、占書や陰陽五行説などの理論に基づき、所定の道具を用いて行われた。

陰陽道は、陰陽五行説に基づいて成立した天文・暦数・卜筮《ぼくぜい》・相地などの技術・学問をいう。日本へは中国から伝来して7世紀頃から次第に影響を与え、祥瑞や災異の判定のほか、平安時代になると、金神《こんじん》・太白《たいはく》・天一《てんいち》などの諸神の遊行する方角に基づく物忌や方違《かたたがえ》、また厭日《えんにち》・凶会《くえ》日・衰日《すいにち》などといった日の吉凶にともなう禁忌、さらには邪気をはらうための反閉《へんばい》や呪詛《じゆそ》が貴族社会で流行した。

律令国家では、中務省被管の**陰陽寮**によって実修・教育され、種々の呪法を担当する陰陽師、暦を作る暦博士、天変を監視する天文博士、水時計を管理する漏刻《ろうこく》博士などが所属した。

四角四堺祭《しかくしかいのまつり》**（四角四境祭）**は、鬼魅《きみ》を駆逐する陰陽道の祭祀。大内裏外の四隅と京師の四隅で行うものを**四角祭**、山城国の国境四か所で行うものを**四堺祭**と称した。宮城および畿内堺の疫神を防ぐ神祇官の祭祀が平安時代中期以降、移行していったものと考えられ、吉日を選んで勅使や陰陽寮官人が派遣された。

軒廊御卜《こんろうのみうら》は、天変地異が発生した際、また大嘗祭の悠紀《ゆき》国・主基《すき》国の卜定《ぼくじょう》に際して、宮中紫《し》宸殿《しんでん》の東軒廊《こんろう》において行われた卜占をいう。神祇官に**亀卜**を、陰陽寮に式占を行わせて、それぞれの結果を上奏させた。

【中国伝来の多様な祭事】

郊祀《こうし》は、冬至に、天子が都城の南郊で天帝を祭る儀式。中国では王朝交替時の最初の皇帝が盛大に行った。日本でも延暦4年(七八五)に50桓武《かんむ》天皇、斉衡3年(八五六)に55文《もん》徳《とく》天皇が河内国交野《かたの》で行った例があるが、永続していない。

孔子とその弟子たちを祭る**釈奠**《せきてん》は、大宝元年(七〇一)施行の『大宝令』で、毎年2月と8月の上丁《じょうてい》(または中丁)の日に大学寮と国学で行うことが法文化された。『延喜式』によると、大学寮では、廟堂院で孔子以下を祭る饋享《ききょう》が、ついで都堂院で講論(『孝経』以下の「七経輪転」)および宴座、紀伝道の文人賦詩、明法・明経・算道の論義が行われた。天皇には、翌日に「**胙**《そ》」が献上された。

同じく令制で定められた**節日**《せちにち》と称する祝祭日には、天皇のもとに群臣を集めて公式行事があり、それぞれ特有の儀礼、歌舞演奏、賜宴・賜禄があった。これを節会《せちえ》という。当初は七節日であったが、3月3日と、51平城天皇の国忌と重なった7月7日が除かれ、平安時代には正月の**元日**・**白馬**《あおうま》（7日）・**踏歌**《とうか》（16日）、5月の**端午**、11月の**豊明**《とよのあかり》（新嘗祭の翌日）の**五節会**となり、そのほか恒例の**相撲節会**、**重陽節会**などが加えられた。これらの行事には、中国から輸入されたもののほかに、民間行事を宮廷でとりいれたもの、両者を折衷したものもある。

正月7日を「人日《じんじつ》」と称するのは、古代中国でこの日に一年間の人事を占ったことに由来するとされ、中国の古風にならって、七草の若菜を羹《あつもの》にした七種若菜《ななくさのわかな》を天皇に供する。今日の七草粥の起源とされる。なお平安時代中期以降は、これとは別に正月の子日《ねのひ》に種々の若菜を献じたり、正月15日に七草粥を食したりする行事もあり、後者は今日の小豆粥の起源とされる。

同じく正月7日に行う**白馬節会**《あおうまのせちえ》は、古代中国で「馬は陽を主《つかさど》り、青は春を主る」として青馬を引き、春陽の気を整えたことに由来する。平安時代には紫宸殿（初期は豊楽殿）に天皇が出御し、南庭を左右馬寮官人が率いる白馬（もとは青馬）が渡るのを観覧し、その後に群臣に宴を賜った。

正月16日の**踏歌**《とうか》は、男女が足を踏みならして歌い舞う儀式。唐の民間行事の観灯会が導入されたもので、宮廷では内教坊主催で14日に男踏歌《おとこ》、16日に女踏歌《おんな》が行われて天皇の延寿と五穀豊穣を祈ったが、男踏歌は早くに廃絶した。

3月3日の**上巳祓**《じょうしのはらえ》は、古代中国で水辺においてその年の邪気を祓った風習に由来するもので、贖物《あがもの》の「人形《ひとがた》」に穢《けがれ》を吹きつけて川や海に流す。それとともに行われた曲《きょく》水宴《すいのえん》も中国伝来で、庭園内の流水に盃を浮かべ、文人らが盃が流れる間に詩歌を詠んだ行事。公的な宴では天皇も出御した。

5月5日の**端午節会**は、古代中国で悪月とされた5月初めに薬草を摘むなどして邪気を払った風習に由来する。日本でも、古くからこの日に薬猟《くすりがり》の行事があり、宮廷では天皇に邪気を払う菖蒲が献上され、群臣は**菖蒲縵**《あやめのかずら》（菖蒲で作ったかずら）をつけて参上し、宴を張り騎射が行われた。

7月7日の**乞巧奠**《きこうでん》は、牽牛と織女の二星を祭って裁縫の上達を願う中国伝来の行事で、平安時代の宮廷では、清涼殿東庭に七種の供物のほか酒杯・蓮房、五色の糸を通した針を刺した楸《ひさぎ》の葉などを供え、天皇が出御して二星の会合を眺めて管絃・賦詩などが行われた。

9月9日の**重陽**《ちょうよう》は、陽数（奇数）の極である九が重なる意で、この日に高山に登り菊酒を飲んで災厄を払った中国の故事にちなみ、平安時代以降には、天皇が紫宸殿に出御して作詩や賜宴を中心とする行事が恒例化した。

以上のほか、正月元日に屠蘇・白散《びゃくさん》などを天皇に供する**供御薬**《みくすりをくうず》、正月上卯の日に天皇などに邪気を払う杖を献上する**卯杖**《うづえ》、3月と9月の3日に北山の霊巌寺などに使者を派遣して北辰（北極星）を祭った**御燈**《ごとう》、12月晦日に方相氏《ほうそうし》らが疫鬼を宮中の門外に追い払う**追儺**《ついな》（**大儺**《たいな》）も、古代中国に由来する行事である。

さらに10月初亥日に天皇や貴族が餅を食した**亥子**《いのこ》**餅**《もち》の風習は、3月3日の**桜花餅**、5月5日の**五色餅**、7月7日の**索餅**《さくべい》と同様、中国伝来の風習と日本古来の行事が習合したものとされている。

【日本古来の民俗的祭事】

立春の早朝に**主水司**が献じた**立春水**を天皇が飲む儀式は、日本古来の「**若水**」の信仰によるものとされる。

9世紀初め以降行われた**雷鳴陣**は、旧暦5月～6月頃の雷の季節に、雷鳴が三度以上あると、衛府の官人が清涼殿ほか宮中の諸所に陣を敷き、**鳴弦**を行って雷を追い払い、天皇を守護した行事。なお、平安京北郊の「北野」では、元慶年間（八七七～八八五）以来、五穀豊穣を祈る**雷公祭**《らいこうさい》が行われていた記録もある。雷公祭は59宇多《うだ》天皇の『寛《かん》平御遺誡《びょうのごゆいかい》』（『政事要略』所収逸文）にも「新嘗祭・神今食丼に九月の伊勢御幣使の日、必ず八省の中院に幸し、以てその儀を行ふべし。雷公祭、年来験あり。これを欠くべからず」（原漢文）と見えているから、宮中でもこれに類した祭があった可能性もある。

7月7日（のち7月下旬）に行われた**相撲節**《すまいのせち》は、天皇が宮中で相撲を観覧し、参列の諸臣と饗宴を催す儀式で、各地から召集した**相撲人**を左右近衛府に分属させて対抗させせた。もともとは豊凶を占い豊穣を祈る年占行事と、地方から強者を集めて天皇に奉仕させる服属儀礼との両面をあわせもったが、次第に娯楽的となった。毎年あらかじめ諸国から選び出された相撲人は、二日前に仁寿殿（後に清涼殿）東庭で下稽古である「**御前の内取**」を行い、当日には紫宸殿の南庭で二〇番（のち一七番）の「**召**《めし》**合**《あわせ》」（取組）があった。さらにその翌日には、天皇に指名された者と新たな白丁（無位無官の公民）が相撲をとり、これを**抜出**《ぬきで》または**追相撲**《おいずまい》と称した。［竹居］

［52］神仏分離と廃仏毀釈

慶応4年(一八六八)3月、明治新政府は仏像を神体とすることなどを禁じた**神仏判然令**《しんぶつはんぜんれい》を発布し、神仏分離を進めた。その結果、各地で神道家らが寺院や仏像を破壊した。同年閏4月、古代律令制にならい政体書にて太政官制《だじょうかんせい》がしかれ、七官のひとつとして神祇官《じんぎかん》が復興した。明治2年(一八六九)新政府は太政官の上に**神祇官**を置き、同4年(一八七一)、廃藩置県に伴って神祇官は**神祇省**に格下げとなった。その後、神社行政は**教部省**《きょうぶしょう》、祭祀は**式部寮**《しきぶりょう》へ移管された。さらに神道《しんとう》は国家の宗祀《そうし》と定められ、神社は国家の管理下に置かれることとなった。宮中でも、仏事が全面的に廃止され、重要な神事は天皇みずから行うこととなり、**神殿**を**禁苑**(皇居内の庭園)に創建し、歴代天皇、皇族が祀られる**皇霊殿**と天照大神の**賢所**《かしこどころ》がひとつにまとまり、いわゆる**宮中三殿**が成立した。

しかし、こうした神社神道と皇室神道は、のちに軍国主義や国家主義と結びつけられ、天皇を現人神《あらひとがみ》とする国民思想の形成につながった。皇紀二六〇〇年とされた昭和15年(一九四〇)には、**内務省神社局**が**神祇院**となり、戦争の長期化の中でさらなる国民の敬神思想普及につとめた。

第二次世界大戦後、GHQは日本軍国主義の根源が神道にあるとみなし、神道指令で国家と神道との関係を解体させた。

大教宣布《たいきょうせんぷ》

明治3年（一八七〇）1月3日、八神、天神地祇、皇霊を神祇官に鎮座した理由を示し、大教の布教を宣示したこと。**大教**とは、従来の神道とは異なる、神道国教化をめざして新たに体系化された天皇崇拝中心の神道であり、キリスト教進出の防止のために、この普及が神祇官などによって全国的に展開された。しかし、効果は少なく、政府は明治5年（一八七二）3月14日に神祇省を廃して教部省を新設し、大教宣布運動の変換を図った。この結果、教部省は神仏二教の教義や社寺、神官、僧侶を統括管理し、祭祀の式典は太政官式部寮に移管した。

神仏判然令

慶応4年（一八六八）3月17日の「神祇事務局より諸社へ達」で、神仏習合により「別当」「社僧」と呼ばれた僧侶に還俗を命じたことに始まる一連の布達の総称。神社から仏教色を取り去ることを目的とした。

廃仏毀釈運動

神仏分離の動きは全国的な廃仏毀釈運動となり、膨大な数の寺院が廃止され、仏像や仏具などが焼却された。政府が行き過ぎを警告したにもかかわらず、廃棄され放置された寺院や仏像などが安価に売却され、海外に流出するものもあり、のちに古社寺保存の必要性が叫ばれた。

宮中三殿

吹上御苑の一角にある賢所《かしこどころ》・皇霊殿・神殿の総称。明治21年（一八八八）竣工、翌年遷座した。宮域は八二〇〇平方メートル。殿舎は白木の檜造り、当初は檜皮葺だったが、火災に備えて銅葺きに改修された。中央は天照大神を祀る**賢所**で、神体は鏡で二座ある。広さは七〇平方メートルほどあり、西側の**皇霊殿**、東側の**神殿**は各四〇平方メートルほどで、皇霊殿の神体は歴代天皇と皇家のものが二座、神殿は一座で、全体で神体は五座になる。皇霊殿の西側の**神嘉殿**は広さ約二〇〇平方メートル。ふだんは空殿だが、新嘗祭《にいなめさい》が行われる。神殿の祭神は天神地祇八百万神で、明治2年（一八六九）鎮座式を行い、東座に天神地祇、中央に神産日神《かみむすびのかみ》、高御産日神《たかみむすびのかみ》、玉積産日神《たまつめむすびのかみ》、生産日神《いくむすびのかみ》、足《たる》産日神《むすびのかみ》、大宮売神《おおみやのめのかみ》、御食津神《みけつかみ》、事代主神《ことしろぬしのかみ》の**八神**、西座に歴代皇霊を鎮座した。当初、**八神殿**と称していたが、明治5年（一八七二）に八神と天神地祇を合祀して神殿と改称した。歴代天皇の霊は同5年、賢所の相殿に遷され、同10年（一八七七）そこに歴代皇妃・皇親も合祀、同22年（一八八九）新御殿に遷座した後、宮中三殿が成立した。同33年（一九〇〇）から皇霊殿と称した。（→資［5］）

これまで関東大震災や第二次大戦の際、耐震補強するなどのため六回動座している。

また、明治37年（一九〇四）避難所として三殿の構外の西南側に賢所仮殿が建設されている。

掌典職《しょうてんしょく》

宮中三殿において宮中祭祀を担当した。明治40年（一九〇七）制定の宮内省官制においては式部職に掌典部がおかれ、**掌典長**（親任官または勅任官）、掌典次長（勅任官）、掌典、内掌典、掌典補を配置し、掌典の定員は一二人とされた。昭和14年（一九三九）に掌典職官制が制定されて、宮内省に掌典職がおかれ、事務官や属も配置されたが、昭和21年（一九四六）に廃止された。

戦後の宮中祭祀の奉仕をするのは、掌典長以下一五人の掌典職員で、掌典のほか内掌典が四人おり、内廷費でまかなわれている。内掌典は全員が三殿北側の詰め所に住み、賢所と皇霊殿に仕え、神殿は男子の職員が奉仕する。

［小田部・髙橋］

5 皇室の伝統文化

〔53〕天皇・皇族の著作

天皇や皇族の著作は、決して少なくない。それらを網羅的に調査・考証したのが、和田英松の大著『皇室御撰之研究』（昭和8年〈一九三三〉初版、同61年〈一九八六〉復刻）である。

【著作の概数】

和田は、天皇の御撰（六一名で計三二三部）、追尊天皇・太上天皇の御撰（五名で計一五部）、后宮・女院の御撰（一七名で計二五部）、親王・内親王・法親王の御撰（一二九名で計四九三部）、それ以外の皇族・元皇族の御撰（七名で計一〇部）、合計二一四名で八六八部（他に存疑七一部）をとりあげ、それぞれの略伝と全著作の略解説を加えている。

その内容を九種に分類し、天皇の御撰に限って左に各部数を示す（逸文しかないものも一部と数える）。

教訓書の類……一〇部　日記の類……四八部

有職故実書……四五部　仏教関係書……一五部
物語注釈書……一四部　漢詩文集……六部
和歌連歌書……一三三部　歌学歌論書……二三部
その他（伝記・楽書など）……三九部

これをみると、和歌連歌書などが圧倒的に多く四〇％以上を占める（内訳は、**御製《ぎょせい》集**の三九部、**百首御歌**三一部、**御撰歌集**一六部など）。それに歌学歌論書も加えれば五〇％近い。

ついで**日記**（**御記《ぎょき》**）と有職故実書を合わせれば三〇％近くになる。さらに**教訓書**の類は、数こそ少ないが、帝王学のテキストとして重要な意味をもつ。

なお、仏教関係書は、天皇に限れば多くないが、親王（特に法親王《ほっしんのう》）の著作が大量にある。

このうち、代表的な著作のみを簡略に紹介する。原文の大部分は『列聖全集』＝『皇室文学大系』に収録されている（漢文は書き下して引用する）。

【帝王の教訓書】

52嵯峨《さが》天皇による『**嵯峨《さが》遺誡《ゆいかい》**』一巻は現存しないが、『続日本後紀』承和11年（八四四）8月乙酉条に「先帝の遺誡に曰《いわ》く、世間の事、物怪《もののけ》ある毎《ごと》に、祟《たたり》を先霊に寄するは、これ甚だ謂《いわれ》なきなり」とか、『三代実録』貞観8年(八六六)3月2日条に「嵯峨遺旨に、母氏もし過《あやまち》あらば、その子は源氏と為すをえず、と聞けり」と逸文が引かれている。

59宇多《うだ》天皇には『寛平御遺誡《かんぴょうのごゆいかい》』一巻がある。これは寛平9年(八九七)7月3日、皇太子敦仁《あつぎみ》親王＝60醍醐《だいご》天皇への譲位に際し書き与えられたもの。完本は伝存しないが、残闕本(『群書類従』などに所収)と逸文が伝わる。

95花園《はなぞの》天皇には、元徳2年(一三三〇)甥の皇太子量仁《かずひと》親王＝北1光厳《こうごん》天皇に書き与えた『誡太子書《かいたいしのしょ》』がある。このなかに、懸命に学問(儒学)を習得し君徳を積む必要性が次のごとく説かれている。

> 吾が朝……中古以来、兵革連綿、皇威遂に衰ふ。……内に哲明の叡聡あり外に通方の神策あるに非ざれば、則ち乱国に立つをえず。これ朕の強《しい》て学を勧むる所以なり。……詩書礼楽に非ざるよりんば得て治むべからず。これを以て寸陰を重んじ、夜を以て日に続ぎ、宜しく研精すべし。……
>
> もし学功立ち徳義成らば……上《かみ》大孝を累祖《るいそ》に致し、下《しも》厚徳を百姓に加へん。……
>
> 余、性拙く智浅しと雖も、粗々《あらあら》典籍を学び徳義を成して王道を興さんと欲するは、また宗廟《そうびょう》の祀《まつり》を絶やさざるためなり。宗廟の祀を絶やさざるは太子の徳に在り。
>
> ……

室町時代の102後花園《ごはなぞの》天皇には、皇太子成仁《ふさひと》親王＝103後土御門《ごつちみかど》天皇へ贈った仮名交じり書状（『群書類従』は「消息《しょうそく》」と題す）がある。このなかに「御進退などは、如何《いか》にもしづかに重々と候はん」「御こは（声）色……やはらかにのどやかに仰付られ候べき」「御連歌の時……そこつに難を入られ候事しかるべからず」「御学文《(問)》を先本とせられ……能々御稽古《けいこ》候べく」「公事かた・詩歌・管弦・御手跡など御能にて候」「御心だてなど、いかにも柔和に御慈悲ぶかく候て、人をはごくまれ候はん」「かまへて当時後代の謗《そしり》をのこされぬやうに御心をもたれ候はん」など、こまごまとした注意が示されている。

108後水尾《ごみずのお》天皇には、三種類の**仮名御教訓書**がある。後継の三皇子（110後光明《ごこうみょう》・111後《ご》西《さい》・112霊元《れいげん》の各天皇）に書き与えられたものとみられる。

その第一には「御若年の間、御慎み干《(肝)》要の御事に候か」「今程万端武家（幕府）のはからひ候時節に候へば、禁中とても……万事御心を付られ、御慎み専用候か」「下の放埒は即ち上の御恥辱になり候事にて候へば、正道に引かへさまほしき事に候」などとある。

また第二にも「御憍《おごり》の心を御慎みあるべき事」「御短慮を深く慎まるべき事」「いかにも御柔和にありたき事」とあり、続けて「敬神は第一に遊ばし候事」「御芸能の事、和歌第一御心にかけられ、御稽古あるべき事」「天変地妖出現の時、前非を改め弥々深く慎まる事」とある。

さらに第三には「毎朝の御拝、御懈怠《けたい》あるべからざるの事」「女色の誡、干要の事」「近習の衆、悪事を申し進め候ば退けらるべき事」「御行跡軽からざる様に御進退御心に付けられて然るべき事」などとある。

117後桜町《ごさくらまち》上皇が再従姉弟にあたる119光格《こうかく》天皇（閑院宮家出身）に宛てた教訓「仰《おおせ》」は、現存しない。しかし、天皇から上皇あての返書により一端を窺うことができる。たとえば、「仰《おおせ》の通り、人君は仁を本といたし候事……常に私も心に忘れぬ様、仁徳の事を第一と存じたてまつり候事に候……仰の通り、身の欲なく天下万民をのみ慈悲仁恵に存じ候事、人君たる物の第一の教へ、『論語』はじめ、あらゆる書物に皆々この道理書きのべ候事、則ち仰と少しもちがひなき事……仰の通り、何分自身を後にし天下万民を先とし、仁恵誠信の心、朝夕昼夜に忘却せざる時は、神も仏も御加護を垂れ給ふ事、誠に鏡に掛け影をみるがごとくに候……」などと記されている。

【平安時代以来の天皇の日記】

天皇の日記は、御記《ぎよき》とも宸記《しんき》ともいう。奈良時代までのものは現存せず、平安時代の日記も逸文しかない。中世・近世の日記は、部分的でも原本か写本が残っている。ここには最も早い平安前期の59宇多・60醍醐・62村上三天皇の**三代御記**について略述する。

宇多天皇の『**寛平御記**《かんぴょうぎょき》』は、仁和3年（八八七）の践祚《せんそ》日から寛平9年（八九七）の譲位日まで在位中一〇年近くに及ぶ。即位早々に直面した阿衡《あこう》の紛議の経緯とその解決直後から始めた「毎朝四方拝」や、即位を予言し冥助《めいじょ》した（ひそかに助けた）賀茂明神に感謝するため始められた「賀茂臨時祭」の成立事情など、貴重な記事が少なくない。

醍醐天皇の『**延喜御記**《えんぎぎょき》』は、寛平9年（八九七）の即位直後から崩御前年の延長7年（九二九）まで、ほぼ在位中三二年余りに及ぶ。延喜元年（九〇一）大宰府へ左遷された菅原道真《すがわらのみちざね》の様子を調べて来た藤原清貫《ふじわらのきよつら》の報告や、延長4年（九二六）商船で入宋《にっそう》求法《ぐほう》に行く僧寛建《かんけん》に「菅大臣（道真）、紀中納言《きのちゅうなごん》（長谷雄）、橘贈中納言（広相）、都良香《よしか》等の詩九巻」および「（小野）道風行草書各一巻」を托し「唐家（宋朝）に流布せしめ」たことなど、注目すべき記事が多い。

村上天皇の『**天暦御記**《てんりゃくぎょき》』は、即位翌年の天暦元年（九四七）から康保4年（九六七）の崩御直前まで、ほぼ在位中二〇年に及ぶ。天徳4年（九六〇）9月の大火で「宜陽《ぎよう》殿の累代宝物、温明殿《うんめいでん》の神霊鏡・太刀・節刀・契印……仁寿殿《じじゅうでん》の太一式盤《たいいつしきばん》、皆灰燼と成」りながら、「神鏡」は焼失を免れたと聞いての喜びや、康保元年（九六四）最愛の中宮安子が選子内親王出産の際に亡くなる様子を聞いての深い悲しみなどが記されている。

これら三代の日記は、それ以降の歴代天皇や宮廷貴族たちに重視された。保元三年（一一五八）成立の「貫首《かんず》秘抄」も、摂関や蔵人の必読書として『寛平御記』と二代御記をあげている。延喜・天暦の二代御記は、すでに66一条《いちじょう》天皇の長保・寛弘年間（九九九〜一〇三）ころ、藤原行成などにより記事を儀式・行事の項目別に分類した『**延喜天暦御記抄**』五〇巻が編纂され、その一揃いが清涼殿の「**日記御厨子**」に納められていた。しかし、その原御記も御記抄（部類記）も中世に入ると散逸し、逸文と残闕しか現存しない。

平安時代の日記としては、これ以外に一条・69後朱雀《ごすざく》・70後冷泉《ごれいぜい》・71後三条《ごさんじょう》・72白《しら》河《かわ》の五天皇のものがあった。とくに後三条天皇の『**延久**《えんきゅう》**御記**』は、藤原忠実の編纂した部類記（年中行事・臨時・神事・仏事）二〇巻もあり重宝されたが、中世に散逸して、わずかな逸文しかない。

【有職故実書】

天皇の重要な役割は、宮廷における儀式・行事を主宰し可能なかぎり臨席することである。そのため、みずから儀式・行事の来歴や作法などを日記に書き留め、大小の解説書を著した方が少なくない。

62村上天皇の『**清涼記**《せいりょうき》』は、康保年間（九六四〜九六八）ころの成立で、年中行事と臨時儀式を説明したもの。異母兄の源高明編『**西宮記**《さいきゅうき》』より簡略ながら、『**新儀式**』に類似するものであったことが、逸文により知られる。

82後鳥羽《ごとば》天皇の『**世俗浅深秘抄**《せぞくせんしんひしょう》』は、譲位後の建暦年間(一二一一〜一三)ころの成立で、朝儀などの作法故実を二八五項目にわたり書き綴ったもの。84順徳《じゅんとく》天皇の『**禁秘抄**《きんぴしょう》』は、承久3年(一二二一)ころの成立で、宮中の殿舎・文物・官職・儀式・行事などの故実を約一〇〇項目に分けて懇切に解説したもの。長らく帝王学の教科書とされ、近世には注釈書も数多く作られている。96後醍醐《ごだいご》天皇の『**建武年中行事**』は、建武元年(一三三四)ころの成立で、宮廷の年中行事を初めて仮名まじり文で簡潔に説明したもの。これと並んで書かれた『**日中行事**』も、以後の天皇がよく参照している。108後水尾天皇の『**当時年中行事**』は、寛永6年(一六二九)の譲位後、皇子である110後光明天皇のために書かれたものが内裏の火災により焼失した後、幼い112霊元天皇のために再び書き直されたものが伝存する。上巻に『建武年中行事』のように仮名まじり文で年中行事を列挙し、下巻に『禁秘抄』のように宮中の心得を数十項目あげ、略記している。

その教えを受けた霊元天皇には、在位中にも譲位後にも書き綴った日記がある。また朝儀を分類した『**公事部類**《くじぶるい》』や上皇の心得をまとめた『**院中雑事**』、さらに「**仰**《おおせ》」などを書き留めた『**乙夜随筆**《いつやずいひつ》』などもある。117後桜町天皇にも、即位前から譲位後までに及ぶ**仮名の日記**や、年中行事を略記した『禁中年中の事』などがある。

【歌論書と物語注釈書】

歴代天皇には『万葉集』の昔から、すぐれた和歌の作者が多い。また『古今和歌集』以来、和歌集の勅撰や「歌合《うたあわせ》」を催すなど、君臣ともに歌道の発展に努めてきた。さらに歌学・歌論の書を著した例もある。

後鳥羽上皇は、承久の乱で隠岐《おき》に流されてから、和歌の心得を『御口伝《ごくでん》』（『遠島御消息』ともいう）としてまとめた。

84順徳天皇には、承久の乱以前から起稿し、配流《はいる》された佐渡で完成した『八雲御《やくもみ》抄《しょう》』がある。本書は、正義・作法・枝葉・言語・名所・用意の六部（約一二〇項目）に分けて、古来の諸書を引証しながら、詠歌の法式などを網羅的に詳説したもので、長らく重要な歌学書と高く評価されている。

後水尾法皇は、譲位後の万治初年（一六五八・五九）ころ廷臣を集めて藤原定家の歌論書『詠歌大概』を講述し、その注釈を『詠歌大概御抄』にまとめている。また『百人一首』を注釈した『百人一首御抄』がある。父後水尾法皇の講釈を111後西天皇が聞き書きした『百人一首聞書』や、それらを承けて次の霊元上皇が元禄15年（一七〇二）に講述した記録『百人一首御講釈聞書』（『百人一首御講釈』・『百人一首御抄』ともいう）などもある。

また平安時代に著された主要な物語の注釈書が、江戸時代に入るころから数多く作られている。107後《ご》陽成《ようぜい》天皇は、慶長9年(一六〇四)から数年間『源氏物語』を講釈し(その皇子良恕《りょうじょ》親王によるその聞書『**源氏物語聞書**』がある)、同12年(一六〇七)に『伊勢物語』の諸注釈(三条西実隆・一条兼良など数種類)をふまえて『**伊勢物語御愚案抄**』をまとめている。

後水尾天皇は『**源氏物語御書入**』『**源氏物語伏屋の塵**』や『**伊勢物語御抄**』『**伊勢物語不審条々**』を、また後西天皇は『**源氏聞書**』(父法皇御講義録)など、さらに霊元天皇は『**源語詞要**』(動植物名分類)などを著している。

総じて平安時代から中世・近世の天皇は、和歌や物語(ほかに音楽・書道なども)を愛好し研究することにより、貴族・公家社会で文化的な指導者の役割を果たしてきた。

【后妃・皇子らの著作】

后妃の著作は少なく、ほとんど和歌の詠草であるが、それ以外で注目すべきものを二例あげる。

60醍醐天皇の皇后藤原穏子《やすこ》(基経の娘)の『**太后御記**』は、『河海抄《かかいしょう》』に引く逸文に「延長七年(九二九)三月二十八日、おとど(忠平)の御賀を実頼の中将つかうまつれり。……」などとあり、仮名まじり文になっている。ただ『西宮記』皇后産養事などに引く逸文は漢文体で、両様あったとみられる。

121孝明《こうめい》天皇の女御九条夙子《あさこ》(英照《えいしょう》皇太后)は、先代の『**新朔平門院**(**鷹司祺子**《たかつかさやすこ》)**御日記**』を書写している。女御となった文政8年(一八二五)から院号宣下を受けた弘化4年(一八四七)まで、主要な記事が四冊に麗筆で抄録されている。英照皇太后には、『**御詠草**』三種八巻などもある。

皇族(親王・内親王)の著作は極めて多い。ただ、その大半は出家した法親王《ほっしんのう》の仏教関係書である。

59宇多天皇の皇子**斉世**《ときよ》**親王**(**法名真寂**)は、『**慈覚大師伝**』(未完のため子の源英明が完成)など五三部、また77後白河《ごしらかわ》天皇の皇子**守覚**《しゆかく》**法親王**には、仁和寺に入ってからの『北院御室日次記』や『**北院御室拾要集**』など八七部もある。92伏見《ふしみ》天皇の皇子**尊**《そん》**円**《えん》**入道親王**が青蓮院《しょうれんいん》門跡《もんぜき》の歴代事蹟や御修法《みしほ》・灌頂《かんじょう》・法会《ほうえ》などについてまとめた『**門葉記**』は一八四巻、108後水尾天皇の皇子**堯恕**《ぎようじよ》**入道親王**が中国の名僧の小伝をまとめた『**僧伝排韻**《そうでんはいいん》』は一〇八巻にものぼる。

33推古《すいこ》天皇の摂政**聖徳太子**《しょうとくたいし》(31用明《ようめい》天皇の皇子)の作と伝えられる『**十七条憲法**』や『**三経義疏**《さんぎようぎしよ》』(勝鬘経《しようまんぎよう》・維摩経《ゆいまぎよう》・法《ほ》華経《けきよう》の注釈書)は、太子の関与を疑問視する説もあるが、太子のもとで編纂されたとみてよいと思われる。

醍醐天皇の皇子**重明《しげあきら》親王**には、延喜20年（九二〇）から天暦7年（九五三）までの日記**『吏《り》部《ほう》王記』**がある。その記事を年中行事ごとに部類した「李部王記類聚」も作られていた。

皇子彦仁《ひこひと》親王（102後花園天皇）の即位により「後崇光院」の尊号を奉られた**貞成《さだふさ》親王**は、**『看聞《かんもん》御記』**（宸筆四二巻現存）に、応永23年（一四一六）四五歳から文安5年（一四四八）七七歳までの間「宮中の親事、世間の巷説」などを詳しく記録している。ほかに、父栄仁《よしひと》親王（伏見宮家初代）から伝授された琵琶や元服のこと、101称光《しょうこう》天皇の大嘗会《だいじょうえ》、および皇子即位の事情などを記した**『椿葉記《ちんようき》』**（旧名「正統廃興記」）もある。

後水尾天皇の皇女**常子《つねこ》内親王**の**『上日記』**（自筆三六巻現存）は、近衛《このえ》基熙《もとひろ》のもとへ嫁して二年後の寛文6年（一六六六）から元禄13年（一七〇〇）までの日記。

後西天皇の皇女益子内親王の**『心華《しんか》光院殿《こういんどの》御日記』**（自筆四一冊現存）は、九条輔《すけ》実《ざね》のもとへ嫁して二二年後の宝永5年（一七〇八）から享保19年（一七三四）までの日記。身辺雑事を仮名まじり文で丁寧に記録している。

一乗寺尊覚《そんかく》入道親王と妙法院堯慕《ぎょうぼ》入道親王および有栖川宮職仁《ありすがわのみやよりひと》親王は和歌の師範でもあったから、**『詠歌覚悟』『（和歌）御教訓』**などがある。

幕末から明治にかけて**皇族の日記**が数多く現存する。たとえば有栖川宮熾仁《たかひと》親王の三冊（明治4年〈一八七一〉・9年〈一八七六〉・15年〈一八八二〉）、一四代将軍家茂に嫁いだ和宮親《かずのみやちか》子《こ》内親王の『静寛院宮《せいかんいんのみや》御日記』六冊（明治元年〈一八六八〉～6年〈一八七三〉）、久邇宮朝彦《くにのみやあさひこ》親王の三〇冊（天保13年〈一八四二〉・14年〈一八四三〉、文久2年〈一八六二〉、元治元年〈一八六四〉～慶応2年〈一八六六〉、明治元年〈一八六八〉・5年〈一八七二〉～14年〈一八八一〉）、有栖川宮熾仁《たるひと》親王の一〇冊（明治元年〈一八六八〉～28年〈一八九五〉）、同威仁《たけひと》親王の三六冊（明治12年〈一八七九〉～43年〈一九一〇〉）などである。なお、近くは高松宮宣仁《のぶひと》親王の日記（大正10年〈一九二一〉～昭和22年〈一九四七〉）が刊行されている。［所］

◆宮内省図書寮編『天皇・皇族実録』

歴代の天皇（[1]神武天皇～[121]孝明天皇と北朝五代）と皇族（上記歴代の后妃・皇子・皇女など）に関する基本的な原史料を集成し、年月日に綱文ごとに列挙した膨大な編纂記録。宮内庁所蔵の版本一二九三冊、活字本二八六冊から成り、近年後者の合本複製が刊行されつつある。その編修記録をみると、すでに明治41年〈一九〇八〉宮内省図書寮で「列聖の御事績を記述する」歴代ごとの「天皇実録」を立案したが、まもなく『皇統譜』の作成などが優先された。そこで大正8年〈一九一九〉図書頭森林太郎（鷗外）が構想を練り直して、編年体の『天皇・皇族実録』を一〇年で編修することになった。

この壮大な計画は、昭和11年（一九三六）に一応完成し、同19年（一九四四）までに印刷も完了した。その内容は、天皇一二四名（二名重複）、后妃六八五名、皇子以下四世孫までの皇親二三四一名、合計三〇五〇名に及び、各天皇の事績を中心に后妃・皇親の行跡も収録している（ただ、伏見・桂・有栖川・閑院の四親王家は別に実録を編修）。本実録の特色は、未刊の天皇・公家の日記や各所の古文書類まで精査・解読し、簡潔な綱文のもとに原文を引載しており、信頼度が高い点があげられる。

これとは別に、本格的な個別の天皇紀・天皇実録が宮内省・宮内庁で編纂されてきた。まず『明治天皇紀』は、大正3年（一九一四）から昭和14年（一九三九）までかけて編纂され、昭和43年から一〇年かけ全12巻と索引が吉川弘文館より出版された（付図は平成24年刊）。ついで『大正天皇実録』は、昭和12年（一九三七）までに一応編纂されたが、近年あらためて補訂され、平成28年（二〇一六）からゆまに書房より出版されている（未完）。さらに『昭和天皇実録』は、平成2年（一九九〇）から同26年（二〇一四）までかけて編纂され、同27年（二〇一五）から東京書籍より全18巻と索引が出版された。

［54］和歌の勅撰と歌会始

和歌と皇室の関係は極めて深く、すでに記紀・万葉の昔から、天皇・皇族の作歌が多い。ただ、平安時代初期（9世紀前半ころ）には、52嵯峨《さが》天皇と53淳和《じゅんな》天皇により**勅撰の漢詩集**（『凌雲集《りょううんしゅう》』『文華秀麗集《ぶんかしゅうれいしゅう》』『経国集《けいこくしゅう》』）が編纂されるほどの唐風全盛時代もあった。しかし、まもなく宮廷で屛風《びょうぶ》の大和絵に和歌を添えたり、しばしば**歌合**《うたあわせ》も催されるようになり、和風全盛時代を迎える。

【平安時代の勅撰和歌集】

まず60醍醐《だいご》天皇の勅命により、延喜5年（九〇五）に編纂されたのが『**古今和歌集**』である。撰者は御書所《ごしよどころ》預《あずかり》の紀貫之《きのつらゆき》ら四人で、貫之作の「仮名序」に「古《ふ》りにしことをも興《おこ》し給ふとて、今も見そなはし後《のち》の世にも伝はれとて……万葉集に入らぬ古き歌、（撰者）自らのをも、奉らしめ給ひてなむ」と記されている。

その部立《ぶだて》（構成）は、全二〇巻のうち、四季の歌と恋の歌が各六巻を占める。このような四季と恋の歌を重視する編成は、以後の**勅撰集**に受け継がれている。

ついで62村上《むらかみ》天皇の勅命により、天暦5年（九五一）後宮の昭陽舎（梨壺《なしつぼ》）に「**撰和歌所**」が置かれ、源 順《したごう》ら五人を**寄人**《よりうど》（撰者）として『**後撰和歌集**』二〇巻が編纂された。さらに寛弘三年（一〇〇六）ころ花山《かざん》法皇により、藤原公任《きんとう》の私撰『拾遺抄』などを基として編纂されたのが『**拾遺和歌集**』二〇巻である。

この**三代集**から少し間を置いて、72白河《しらかわ》天皇が応徳3年（一〇八六）藤原通俊《みちとし》に『**後拾遺和歌集**』二〇巻を撰ばせ（翌年再訂本奏進）、また譲位後の天治元年（一一二四）源俊頼《としより》に『**金葉和歌集**』一〇巻を撰ばせた（翌々年三奏本奏進）。ついで崇徳《すとく》上皇の院宣により、仁平元年（一一五一）藤原顕輔《あきすけ》が『**詞花和歌集**』を撰進した。つぎに77後白河《ごしらかわ》法皇の院宣により、寿永2年（一一八三）藤原俊成《としなり》（一一一四―一二〇四）の手で編纂されたのが『**千載和歌集**』二〇巻である。さらに『**古今和歌集**』から三〇〇年を意識した82後鳥羽《ごとば》天皇は、藤原定《さだ》家《いえ》などを和歌所の寄人に任じ、元久2年（一二〇五）『**新古今和歌集**』二〇巻を一応完成させたが、その後も再三「切り継ぎ」（削除と追補）を行い、隠岐へ配流されてからも改訂を加えている。

以上の**八代集**は、まさに天皇・上皇のもとで樹立された平安和歌文学の金字塔といえよう。そのなかに採録されている皇室関係者の詠んだ歌の数は、相当数にのぼる。

古来の秀歌を選び抜いた『**百人一首**』（撰者は藤原定家説が有力）には、天皇八名（38天智・41持統・57陽成・58光孝・67三条・75崇徳・82後鳥羽・84順徳）と皇族二名（元良《もとよし》親王・式子《しきし》内親王）の計一〇名が含まれる。

【鎌倉～室町時代の勅撰和歌集】

承久の乱（一二二一）以後、鎌倉幕府が全国支配を確立したが、朝廷は伝統文化を受け継ぎながら権威を保ち、和歌集の勅撰も続けている。

まず86後堀河《ごほりかわ》天皇の勅を奉じて嘉禎元年（一二三五）藤原定家が『**新勅撰和歌集**』を撰進した（これ以下いずれも二〇巻）。ついで後嵯峨《ごさが》上皇の院宣により、建長3年（一二五一）藤原為家《ためいえ》が『**続《しょく》後撰和歌集**』を奏覧、また文永2年（一二六五）反為家派の真観《しんかん》（葉室光《はむろみつ》俊《とし》）らも加わり『**続古今和歌集**』を完成したが、後者は鎌倉へ下った宮将軍宗尊《むねたか》親王（88後嵯峨天皇の皇子）の歌を最も多く採っている。

その後、為家の三子は、為氏《ためうじ》が二条家、為教《ためのり》が京極家、為相《ためすけ》が冷泉《れいぜい》家の三家を立て争ったが、勅撰集の編纂は二条家の人々を中心に続けられた。すなわち、亀山《かめやま》上皇の院宣により、二条為氏が弘安元年（一二七八）『**続拾遺和歌集**』を撰進。次の『**新後撰和歌集**』は、後宇多《ごうだ》上皇の院宣により、嘉元元年（一三〇三）京極為兼《ためかね》が奏覧した。次の『**続後拾遺和歌集**』は、96後醍醐《ごだいご》天皇の勅命により、嘉暦元年（一三二六）、二条為藤らが撰進している。

南北朝期の南朝は、次第に追いつめられて和歌集を勅撰するような状況になかった。

わずかに宗良《むねよし》親王（後醍醐天皇の皇子）が弘和元年（一三八一）『**新葉《しんよう》和歌集**』二〇巻を編纂し勅撰集に準ずる扱いを受けている。

一方、足利氏の擁した北朝では、勅撰事業を積極的に進めた。とくに光厳《こうごん》上皇は花園上皇の監修により、貞和5＝正平4年（一三四九）ころ『**風雅《ふうが》和歌集**』を完成。ついで足利尊氏の執奏に応えて北4後光厳《ごこうごん》天皇の勅命により、延文4＝正平14年（一三五九）二条為定《ためさだ》が『**新千載《せんざい》和歌集**』を撰び、足利義詮《よしあきら》の執奏に応えて、貞治3＝正平19年（一三六四）二条為明《ためあき》が『**新拾遺和歌集**』を編んでいる。さらに足利義満《よしみつ》の執奏に応えた北5後円融《ごえんゆう》天皇の勅命により、至徳元＝元中元年（一三八四）二条為重《ためしげ》らが『**新後拾遺和歌集**』二〇巻を奏覧した。しかし、まもなく二条家の途絶により継続が難しくなる。そのため、両朝合一後の永享11年（一四三九）、足利義政の執奏に応えた102後花園《ごはなぞの》天皇の勅命により、二条家と関係の深い飛鳥井雅世《あすかいまさよ》が『**新続古今和歌集**』を撰進して、これを最後に、五百余年の和歌集勅撰事業は廃絶した。

【近世堂上の古今伝授】

江戸時代の朝廷は、幕府に制約を受けながらも、京都で権威を持ち続けた。その代表例が、堂上《とうしよう》（広く公家《くげ》）社会の独特な**和歌の秘伝と歌会《うたかい》**である。

いわゆる**古今伝授《こきんでんじゅ》**は、『古今和歌集』の難読部分の解釈などを切紙に記して特定の人物に口伝《くでん》する流儀で、二条派の道統を継ぐ東常縁《とうのつねより》ないし飯尾宗祇《そうぎ》により創始された。その主流は、三条西家《さんじようにしけ》（実隆《さねたか》―公条《きんえだ》―実枝《さねき》）から細川幽斎《ほそかわゆうさい》を経て、八条宮（桂宮）智《とし》仁《ひと》親王（107後陽成《ごようぜい》天皇の弟）から甥の108後水尾《ごみずのお》天皇へと伝えられた。それが**御所伝授**や**堂上伝授**と称される。

その秘伝は、後水尾上皇から111後西《ごさい》天皇を経て尭然《ぎようねん》入道親王・道晃《どうこう》法親王および五人の堂上歌人に授けられ、ついで後西上皇から継いだ112霊元《れいげん》天皇が、「てにをは伝授」より「一事伝授」まで五段階の儀式を整えた。それが有栖川宮職仁《よりひと》親王から117後桜町天皇を経て119光格《こうかく》天皇に伝授され、さらに120仁孝《にんこう》天皇から121孝明《こうめい》天皇へと受け継がれている。

【歌会の来歴】

和歌を詠む人々が一堂に会して披露しあう歌会は、古くからさまざまな形で行われてきた。詠んだ歌を一首ずつ組み合わせて優劣を競う「歌合《うたあわせ》」は、平安時代初期から宮廷社会で盛んに行われている。

また、すぐれた歌を披講する**歌会**の作法も、中世から近世にかけて整えられた。それは、天皇の内裏でも上皇の仙洞《せんとう》御所などでも開かれ、さまざまの名目（年始・月《つき》次《なみ》・五節・算賀・追善および内侍所や賀茂・聖廟〈北野〉・水無瀬《みなせ》・住吉・春日各社の法楽など）で行われている。

　そのうち、年始に天皇か上皇が催す歌会を**歌御会始**などと称する。起源は明らかではないが、鎌倉時代中期の90亀山天皇は文永4年（一二六七）の正月15日に**内裏御会始**を行っている。当時まだ恒例の行事ではないが、室町時代中後期から正月の18日か19日に開いた例が多い。江戸時代前期に入ると、霊元天皇の貞享元年（一六八四）から正月の24日が定例となっている。


【歌会始と披講】


　内裏で堂上の人々により催される歌御会始は、江戸時代末に中断していたが、明治2年（一八六九）復興された。その上、明治天皇の勧めにより、同7年（一八七四）から一般国民にも**詠進**が認められた。同12年（一八七九）から**預選歌**（選抜秀歌）が歌御会始で披講されることになり、同15年（一八八二）から**御製**をはじめ預選歌まで新聞に発表されている。

　その選者も**披講**（古式の朗詠）の諸役も、明治2年から**歌道御用掛**《かどうごようがかり》、やがて同21年（一八八八）から宮内省**御歌所**《おうたどころ》の人々が奉仕してきた。また大正15年（一九二六）公布の「皇室儀制令」により、名称を**歌会始**《うたかいはじめ》と改め、その「附式」で儀式次第を詳しく定めている。

　この御歌所は戦後の昭和21年（一九四六）廃止された。代わりに翌年から**歌会始（詠進歌）委員会**を設置し、**選者**も民間の歌人に委嘱するなど、さまざまの改革を進めてきた。

毎年の**勅題＝お題**は、委員会から選者を経て複数案を出し、天皇が最善案を決め、歌会始の当日、次の年の題として公表する。戦前は多く漢語で数文字だったが、戦後は平易な漢字の一文字か平仮名に改めている。

平成の歌会始は、正月中旬の吉日（午前一〇時半から）、宮殿の正殿（松の間）で、正面に天皇・皇后と成年皇族、中央に披講の諸役、その後に**召人**《めしうど》（指名され**召歌**《めしうた》を詠む人）と選者（複数）および**預選者**（一〇人）、その左右に**陪聴者**《ばいちょうしゃ》（各界からの推薦で天皇に招かれた約一〇〇人）が着座する。そして披講席の**読師**《どくじ》（進行役一人）と**講師**《こうじ》（発声役一人）に従って、講頌（吟誦役五人）が、まず預選歌（一〇首）と召歌（一首）、ついで宮家皇族代表と皇太子妃・皇太子の御歌（以上各一回）、さらに皇后の御歌（二回）と天皇の**御製**（三回）を、順々に独得の節廻しで披講する、という形で行われてきた。

このような披講は、和歌（短歌）が雅《みやび》やかに声で読みあげ歌われる（歌うの語源は声で訴《うった》う）、という古来の伝統を今によく残している。　［所］

[55] 講書始

【前近代の講書】

講書とは本来、書物を講説することである。主要な漢籍（『史記』・『漢書』・『論語』・『孝経』など）や日本の古典（『日本書紀』・律令など）を、宮廷の大学寮の博士（教官）などが、天皇ないし貴族たちに進講したり、終わると竟宴《きょうえん》も行われた例は、奈良・平安時代から数多く見られる。しかし、時期も対象も一定していない。

それが中世・近世の武家社会にも受け継がれた。鎌倉幕府三代将軍源実朝が建久4年（一一九三）正月12日に中原仲章から『孝経』を進講されたとか、江戸幕府五代将軍徳川綱吉が天和2年（一六八二）元旦「御読書始の式」を行った例がみえる。新井白石も『折たく柴の記』に、「毎年正月の初に講筵を開かるゝの儀あり。……その儀は、年の初めの御事なれば、『大雅』の中、めでたき詩を撰びて進講する事、例とはなりき」と記してある。

【明治以来の講書始】

しかし、ここにいう**講書始**は、明治天皇が明治2年（一八六九）正月23日、京都御所の小御所で行った「**御講釈始**」（のち**御講書始**）に由来する。その時は国学者の玉松操と平田大角が『日本書紀』の、漢学者の東坊城（菅原）任長と中沼了三が『論語』を進講しており、ついで同4年（一八七三）正月7日には漢学者の元田永孚《ながざね》が『書経』を、洋学者の加藤弘之が『国法汎論』（ドイツ政治学者ブルンチュリー著）を進講している。やがて国書・漢書・洋書を三人の学者から進講することが慣例となった。また大正15年（一九二六）公布の「皇室儀制令」第五条に「講書始の式及び歌会始の式は、一月宮中に於て之を行ふ」と明文化されている。その付式によれば、通常礼装の天皇と皇后の前で、皇太子・同妃以外の男女皇族、宮内大臣以下の勅任官・奏任官および陪聴者も列席して、燕尾服の**進講者**（三名）が順次進講する定めであった。

【戦後の講書始】

これが戦後も正月10日前後に行われている。進講の内容は、昭和28年（一九五三）から、人文・社会・自然科学の三分野にわたることになった。ただ、当初は各分野一人ずつとされたが、のち人文科学で一人、社会科学と自然科学の両分野で二人とされている。

いずれも第一線で活躍する研究者などが多年の研究の要旨を各一五分で講述することになっている。その際、天皇から的確な質問もあり、深い理解力に驚かされることが少なくないという。なお、次年度進講予定者も陪聴することになっている。

平成31年（二〇一九）の例をあげれば、正月11日午前10時半から、宮殿の正殿「松の間」において、天皇・皇后の前で、男女皇族と参議院議長・最高裁長官・日本学術会議会長・日本学士院会員など四〇名近くが陪聴するなか、左の三名から進講があった。

小松和彦　国際日本文化研究センター所長
「日本妖怪文化再考」
江頭憲治郎　東京大学名誉教授
「日本のコーポレート・ガバナンス」
本庶佑　京都大学高等研究院特別教授
「免疫の力でがんを治せる時代」

［所］

［56］宸翰

天皇の直筆による文書を宸翰《しんかん》と総称し、宸筆《しんぴつ》とか御筆《ぎょひつ》ともいう。宸は帝王の宮殿であるが、むしろ天皇関係の冠辞に用いられる。翰は手紙であるが、広く公私の書状や詩歌・日記・著作なども含む。その書風は、奈良時代から宮廷内外で特に王羲之《おうぎし》の書法が重んじられた。そこから平安時代の**三筆**（52嵯峨天皇・弘法大師・橘逸勢《はやなり》）が現われ、やがて**三跡**（小野道風・藤原佐理《すけまさ》・藤原行成）のような和様が生まれた。しかも鎌倉時代には、行成流の**世尊寺《せそんじ》流**に宋代の書法を加味した**宸翰流**の書風ができた。

【奈良・平安時代の宸翰】

現存する最古の宸翰は、45聖武《しょうむ》天皇が天平3年（七三一）中国（六朝・隋・唐）の詩文を抄写した『**雑集**』一巻（全長二一メートル、一万八六四〇字）と、天平感宝元年（七四九）の大安寺等への施入《せにゅう》文に加えた**御画《ぎょかく》**（裁可のサイン）「勅」字である。続いて46孝《こう》謙《けん》天皇が天平勝宝九年（七五七）造東大寺司からの申請文に加えた御画「宜」などがある。

ついで平安時代前期には、まず52嵯峨《さ》《が》天皇の宸筆が四点、李嶠《りきょう》（唐）の詠詩を抄写したもの、『般若心経《はんにゃしんぎょう》』一巻を書写したもの（『法華経《ほけきょう》』七巻は焼失）、弘仁13年（八二二）最澄への追悼文「**哭澄上人**《こくちょう》」、翌年その高弟光定に賜った「**菩薩戒**《ぼさつかい》」の**牒状**《ちょうじょう》がある。また59宇多《うだ》天皇は『周易《しゅうえき》』の章句を摘録し、60醍醐《だいご》天皇は『白氏文集《はくしもんじゅう》』の律詩を抄写したものが現存する。

さらに平安時代中後期の宸翰が数点ある。69後朱雀《ごすざく》天皇の日記の断簡（即位前と晩年の各一条）、また77後白河《ごしらかわ》天皇が養和元年（一一八一）皇嘉門院（藤原聖子）に宛てた仮名の消息（手紙）と元暦2年（一一八五）文覚《もんがく》の「神護寺起請文」に加えた奥書（御手印も）と文治2年（一一八六）鑁阿《ばんな》の「高野山大塔起請文」に加えた署名（御手印も）、および80高倉《たかくら》天皇の仁和寺守覚法親王に宛てた漢文の消息である。

【鎌倉・南北朝時代の宸翰】

鎌倉時代以降の宸翰は数多く伝存する。まず82後鳥羽《ごとば》天皇だけでも、和歌の懐紙八幅以上と色紙一帖、隠岐《おき》配流《はいる》後の賀茂氏久に宛てた仮名の消息と仏事の覚書と水無瀬親成に賜った絶筆の置文（御手印《ごしゅいん》あり）が水無瀬神宮に伝わる。また89後深草《ごふかくさ》天皇には、和漢両文の消息一〇通と譲状二通、亀山《かめやま》上皇には幼少恒明《つねあき》親王への消息と南禅寺への祈願文と賀茂社競馬《くらべうま》の臨時召合《めしあわせ》文と春日宮曼荼羅に加えた法文がある。ついで91後宇多《ごうだ》天皇からは著しく多いので、主な例に限るが、元亀元年（一五七〇）の日記断簡があり、簡略な『弘法大師伝』や晩年の詳細な『**御遺告**《ごゆいごう》』一巻なども存する。また92伏見《ふしみ》天皇には、在位中の日記八巻と譲位後の『**花園天皇大嘗祭御禊行幸御覧記**』一巻、晩年の「**御事書**」（遺言）二通や歌集三巻などがある。次の93後伏見《ごふしみ》天皇には、社寺への告文《こうもん》・願文《がんもん》が多い。さらに95花園《はなぞの》天皇は、全四七巻もの日記をはじめ、量仁《かずひと》親王への『**誡太子書**《かいたいしのしょ》』や『**学道之御記**』各一巻を残し、消息も数十通にのぼる。

つぎに96後《ご》醍醐《だいご》天皇は、建武中興の前後に夥《おびただ》しい数の綸旨《りんじ》・消息や願文・置文（子孫への遺訓）などや四天王寺と高野山の縁起奥書が残っている。また97後《ご》村上《むらかみ》天皇は、願文や消息も一〇通以上ある。しかし、98長慶《ちょうけい》天皇の宸筆は高野山天野社への願文一通と薬仙寺蔵の写経一巻、99後《ご》亀山《かめやま》天皇のものも写経と奥書しかない。それに対して北朝五代（光厳《こうごん》・光明《こうみょう》・崇光《すこう》・後光厳《ごこうごん》・後円融《ごえんゆう》の各天皇）は、すべて日記があり、懐紙や消息なども多い。

【室町〜江戸時代の宸翰】

南北朝合一により正統性を回復した100後小松《ごこまつ》天皇には、消息などが数多くあり、雅楽の「**笙秘曲伝授書**」四通も存する。次の101称光《しょうこう》天皇には『**論語**』の抄写と奥書がある。また、伏見宮家から入った102後《ご》花園《はなぞの》天皇には、『**建武年中行事**』を書写して「**近代中絶公事等**」の注記を加えたものなどが存する。次の103後《ご》土御門《つちみかど》天皇には、二条家流の堯憲《ぎょうけん》講述『伊勢物語』御聞書一冊などがある。また104後柏原《ごかしわばら》天皇は、『真如堂縁起絵詞』の上巻詞書や「何曽《なぞ》」(謎歌)の書写本が存する。次の105後奈良《ごなら》天皇には、伊勢神宮に大嘗祭遅延を謝する宣命案や、万民救済を祈り主な寺と国に奉納した『般若心経《はんにゃしんぎょう》』(現存一〇巻)と『大仏御縁起』上巻詞書の写本、および天文4年(一五三五)の日記『**天聴集**《てんちょう》』などがある。

ついで安土・桃山時代の106正親町《おおぎまち》天皇には、天文13年(一五四四)と天正3年(一五七五)の日記各一冊や、皇嗣に与えた儀式等の「御覚書」四通などが存する。その次の107後陽成《ごようぜい》天皇には、定家流の『仮名文字遣』や御撰の『**和歌方輿勝覧**』各一冊、『**源氏物語**』三条西実隆書写本の奥書や「**伊勢物語秘説御伝授状**」、および「南無天満大自在天神」号や飛白《ひはく》(刷毛《はけ》書き)の達磨《だるま》絵などがある。

江戸時代前期の宸翰は極めて多い。まず108後水尾《ごみずのお》天皇は、皇嗣への「**御教訓書**」三通、習字の「**入木道**《じゅぼく》**御切紙**」(免状)、および『東照宮真名縁起』上巻(仮名縁起の一部分)書写などが存する。次の女帝109明正《めいしょう》天皇には、「渡唐天神像」や「随求陀羅《ずいぐだら》尼《に》」(金泥経)などが数多くある。また110後光明《ごこうみょう》天皇には慶安2年(一六四九)の「**御日課表**」や漢詩の詠草、布袋《ほてい》絵などがある。つぎに111後西《ごさい》天皇は、定家の『詠歌大概』『百人一首』(清濁伝授)書写本、『**源氏聞塵**』(講義聞書)五冊、「**賀茂神宮寺観音縁起**」一巻などを存する。ついで112霊元《れいげん》天皇には、天和3年(一六八三)再興した『**立太子並**

初観之事』一冊、伏見宮家にあった「記録御目録」一冊、歌道の心得を記した『**一歩抄**』一冊（ほかに歌論書も多い）、勉学記録の『**乙夜随筆**』一冊、『**八十算賀の御記**』一冊などがある。

江戸時代中後期では、[114]中御門《なかみかど》天皇に『**後醍醐院宸記**』以下の「**公事御抜書**」一通、『**和漢朗詠集**』詩の「**御かるた**」六五〇枚以上などがある。次の[115]桜町《さくらまち》天皇には、『**尊号御謙（辞）退記**』『**女御尚侍位次御問答**』などがある。また[116]桃園《ももぞの》天皇は、宝暦8年（一七五八）から四か年の日記五冊、宝暦事件に関する御沙汰書、『**禁中例規御心覚書**』などが存する。その姉[117]後桜町《ごさくらまち》天皇には、即位前から譲位後までの**仮名日記**四一冊や、書き下しの『**仮名論語**』などがある。[118]後桃園《ごももぞの》天皇には、安永4年（一七七五）から四か年の日記五冊、『**論語**』序に傍訓を施したものなどがある。

さらに閑院《かんいん》宮家から入った[119]光格《こうかく》天皇には、寛政9年（一七九七）と翌年（一七九八）の日記二冊、石清水と賀茂の臨時祭再興に関する御沙汰書などがある。その後の[121]孝明《こうめい》天皇は、即位前に記した『**坊中御日次案**』『**学問備忘**』各一冊、嘉永7年＝安政元年（一八五四）の内裏焼失により賀茂社などへ避難した道中の『**御幸記**』一巻などが存する。

【近現代の宸翰】

維新政府の意向もあって、明治天皇は宸筆の宸翰「**御沙汰書**」を次々と出している。

そのうち『宸翰英華』収載の分は、明治元年(一八六八)閏10月に東方鎮定を命じ、また翌年には、「史局」を開いて修史に努めさせ(4月)、輔相《ゆうしょう》・議定・参与を置き「公選の法」を設けさせ(5月)、ついで同4年正月、薩長に岩倉具視《ともみ》を遣わして藩主に廃藩置県などへの協力を求め、さらに同6年12月、三条実美《さねとみ》に太政大臣の辞任慰留を伝えるなどの御沙汰書である。しかし、その後は、ほとんど和歌の懐紙・短冊しかない。

ついで大正天皇には、和歌の短冊や漢詩の草稿や数文字の一行書などがある。また昭和天皇も平成の天皇も、詔書や勲記などに「裕仁《ひろひと》」「明仁《あきひと》」と署名したものが数多くある。

宮中では、明治以降も、気品のある大らかな有栖川流《ありすがわ》の書風が皇族に受け継がれている。　［所］

［57］皇室と音楽

【君主は礼と音楽に通ず】

古来、音楽は人々の心を鼓舞し、悲しみを癒す効果がある。すぐれた音楽は人々の心に「こだま」するという。中国の古典の『礼記《らいき》』によると、音を知るだけでは禽獣・衆庶にすぎず、楽を知るもののみが君主となると。すなわち楽は、声を出し、音を聞き分けるだけではなく、倫理に通じることによって、楽を理解することができ、それが政治を理解することになり、国を治めるのに必要な統治能力を備えることになるという。つまり楽とは八音《はちおん》並びに作って克《よ》く諧《かい》をいうともいわれ、倫理に通じるものので、さらにそれは礼を体得することにもなる。だからこそ孔子は礼と楽が君主にとって必須のものと考えている。孔子は、楽は天地の和、礼は天地の秩序といい、君主のあるべき姿は礼楽相備わるものとする。

【楽の受容と天皇】

『大宝令』の成立に先立つ[40]天武《てんむ》天皇朝に**楽官**《がっかん》が置かれている。その頃、天皇は、畿内近国の百姓で歌舞や雑芸の巧みなものを献上するように命じ、また歌い手や笛吹の才を持つものに技術の伝習を命じている。おそらく『近江令』に**雅楽寮**の前身官司である楽官が成立し、それまで地方で独自に演奏していた**楽人**が中央に集められ、国家的な管理下に置かれたのであろう。

『大宝律令』とともに雅楽寮が作られると、日本古来の伝統的な楽として、**久米舞**、**五節舞**《ごせち》（田《た》舞・倭《やまと》舞）、**楯伏舞**《たてふし》、**筑紫舞**《つくし》等が教習されていた。この中、五節舞を除くと、古くから大和の王権に**服属したことを示す楽**であった。五節舞は[46]孝謙《こうけん》天皇が皇太子の時に舞ったことでも知られているが、その舞に際して、[45]聖武《しょうむ》天皇は、[44]元正《げんしょう》太上天皇に、天下安穏、上下相和するは、礼と楽二つ並び平らけくあるべしとのことから、この楽が作られ舞われるようになったとのべている。伝承によると、この曲は天武天皇の作と伝えられ、大嘗祭などで舞われている。まさに舞は王権のあるべき姿を示している。

改めて雅楽寮とは何かと考えたとき、国内外の音楽を教習し、それら教習を受ける多くの演奏者を品部《しなべ》として身分的に拘束し、天皇の主催する行事や儀式において、このような人々をして演奏させ、行事・儀式の荘厳化、あるときは娯楽性を演出するための組織であったといえる。しかし楽は雅楽寮で演奏されるだけではなく、天皇や貴族は、『礼記』のいうように、みずから体現することで、国を治める能力を身につけると考えられた。

【正倉院に伝来の楽器】

正倉院には、現在も大量の宝物が納められている。その中には、世界中のどこにも現存しない「螺鈿《らでん》紫檀《したん》五絃《ごげん》琵琶《びわ》」をはじめとする琵琶、阮咸《げんかん》・琴《きん》・笙《しょう》・竽《う》・笛《ふえ》などの楽器が伝えられている。これらは当時最高の芸術作品であるが、鑑賞用ではなく、実際に演奏に用いられている点では最高の実用品である。それらの中には、聖武天皇自身が手元に置いていたものも含まれており、楽器が単なる遊具ではなく、『礼記』のいう人民統治の装置の一つであったことをうかがわせる。

しかし正倉院宝物を見ると、聖武天皇の遺愛の品だけではなく、大仏開眼会《かいげんえ》などに用いられた楽器も多数納まっている。開眼会においては雅楽寮の楽人らが演奏したものもあるが、南都の諸大寺に所属していた楽人たちもその儀式に参列し、その時用いられた楽器の一部が東大寺に納められたと考えられる。

正倉院に伝来の楽器の中には、9世紀前期に宮中に持ち出されたとする記録があるが、9世紀半ば以降、正倉院の楽器はほとんど取り出されることはなく、奈良時代の楽器として今日に伝えられている。

【宮中の音楽と演奏家】

平安時代以降も、宮中では詩歌の会が催され、その後の宴会で**管絃**が行われるなど、楽器の演奏は天皇以下貴族たちには必須の教養であった。記録によると、大井川に、あるいは寝殿造の邸宅の庭に舟を浮かべ、管絃を行い舟遊びに興じている上皇や廷臣たちの姿が見える。また物語の世界であるが、『源氏物語』には、源氏の君はもとより、男女を問わず管絃に興じている様子が記されている。

平安時代から鎌倉時代にかけて多芸多才と称される天皇・上皇、あるいは皇族・貴族たちが詩歌管絃に興じていた。舞の名人尾張浜主《おわりのはまぬし》、笛の達人大戸清上《おおとのきよかみ》、その弟子の和邇《わに》部宿禰《べのすくね》太田麻呂、唐から琵琶や箏の**楽譜**や演奏方法を学んできた藤原貞敏《さだとし》のほか、ついで**管絃の仙**といわれる56清和《せいわ》天皇の皇子貞保《さだやす》親王、60醍醐《だいご》天皇の孫源博雅《ひろまさ》は横笛・篳篥《ひちりき》・琵琶・箏に通暁している。演奏だけではない。52嵯峨《さが》天皇や54仁明《にんみょう》天皇はみずから**雅楽曲**を作曲しており、音楽の造詣は本物である。また平安時代中期から後期にかけても優れた演奏家は枚挙に暇《いとま》がないが、中でも妙音院太政大臣と称された藤原師長《もろなが》は琵琶と箏の奥義を究め、琵琶譜の『三五要録』、箏曲の『仁智《じんち》要録』を著している。これらはその後の琵琶・箏の基本楽譜になっている。

鎌倉時代のはじめ84順徳《じゅんとく》天皇は『禁秘抄《きんぴしょう》』の中で、天皇のあるべき姿として、第一に学問諸芸に、第二に管絃にすぐれていることを挙げている。まさに『礼記』の世界そのものである。

【雅楽寮の衰退と楽所の成立】

平安時代前期ごろまで**雅楽寮**は機能していたが、次第にその機能が低下し、9世紀末から10世紀にかけて、蔵人所の**楽所**に雅楽寮の機能が移行、五・六位の官人や近衛府の府生《ふせい》らが楽所において舞楽・管絃の教習を受けている。

その頃から雅楽寮の官人らが南都や大坂に流出、室町時代までは、京都の**御所楽所**・奈良の**南都楽所**・大坂の**天王寺楽所**を**三方楽所**といい、それぞれに活動を続けていたが、応仁の乱以降、御所楽所の人々が四散し、宮廷内における雅楽演奏はほかの二楽所が支えていた。

【楽所の再編から楽部へ】

安土桃山時代に、106正親町《おおぎまち》天皇は天王寺楽所の楽人三人を京都に移住させ、107後陽成《ごようぜい》天皇も南都楽所の楽人三人を同じく京都に移住させて、御所楽所の再興を図るとともに、引き続き三方楽所は互いに切磋琢磨して江戸時代末に至っている。その間、江戸幕府は、寛永19年(一六四二)に、江戸城内の紅葉山にあった家康廟に奉仕させるために三方楽所の楽人を江戸に呼び寄せ、**紅葉山楽人**と称している。しかし明治維新によって、紅葉山楽人を廃止、明治3年(一八七〇)には三方楽所も廃止した。当時、三方楽所に所属の人々は、**御所楽人**には**多**《おお》・**安倍**・**豊**《ぶん》(豊原《とよはら》)・**山井**《やまのい》(大神《おおが》)の各氏、**南都楽人**には**狛姓**《こま》の**東**《ひがし》・**辻**《つじ》・**奥**《おく》・**窪**《くぼ》・**上**《うえ》の各氏、**天王寺楽人**は**秦姓**の**薗**《その》・**林**・**東儀**《とうぎ》・**岡**の各氏が所属しており、奈良時代に系譜をたどることができる人々が多い。明治13年(一八八〇)現行の「君が代」曲を作ったのも、**楽部**の人々である。これらの人々は、太政官に**雅楽局**が設けられると、上京してその所属となった。のちにこれが宮内省の**式部職楽部**に引き継がれ、現在は**宮内庁式部職楽部**がその任務を果たしている。　[米田]

［58］皇室の御物と宝物

東山御文庫《ひがしやまごぶんこ》

京都御所の北東にある東山御文庫（約九〇平方メートル）には、歴代天皇の宸筆《しんぴつ》、皇室に縁《ゆかり》の図書類を納めている。同文庫の成立は、江戸時代の承応2年（一六五三）に京都御所が火災に遭ったのをきっかけに111後西《ごさい》天皇が、皇室伝来の図書・記録などの焼失を懸念して、父108後水尾《ごみずのお》天皇が始めた**禁裏《きんり》文庫**の蔵書や公家や寺社に収蔵の貴重本などの写しを作らせた。

当初、禁裏文庫に善本《ぜんぽん》があるのに、なぜ複本《ふくほん》を作るのかとの批判が廷臣の間から挙がったが、万治4年（一六六一）正月に、前の火災で焼失を免れていた禁裏文庫が炎上。幸い後西天皇の複製本は被災を免れたことから、複製本作成の意義が認められ、天皇はさらに図書・文書の収集や複製本の作成を進め、ついで112霊元《れいげん》天皇も同事業を継承した。かくして収集されたものの中には、平安時代の宸翰《しんかん》にかぎっても、52嵯峨《さが》天皇宸翰と伝える「李嶠雑詠《りきょうざつえい》断簡」、59宇多《うだ》天皇宸翰「周易抄《しゅうえきしょう》」、60醍醐《だいご》天皇宸翰「白居易詩断簡」などの貴重なものがあり、歴代天皇の宸翰類の一大宝庫である。

また複製本の中にも、現在すでに原本がなくなっているが、平安時代以来の貴重な記録の実態を知ることができるものもある。藤原行成《ゆきなり》の「新撰年中行事」、源有仁《ありひと》の「叙位抄《じょいしょう》」などは、近年までその存在が知られていなかった貴重本である。このほか明治時代に旧公家や旧大名華族から献納されたものもある。ちなみに、東山御文庫の名称は、明治維新後に、近衛《このえ》忠熙《ただひろ》が自邸にあった「東山の御庫」を宮内省に献上、現在地へ移築した際に名付けられたものである。秋になると、侍従は侍従職の職員とともに、二百数十ある箱、長持のうち、毎年五〇箇くらいに納められている文書・記録を、京都御所参内殿で**曝涼**《ばくりょう》している。なおこれらの函類の各々に**勅封**が施されている。

御池庭御文庫《おいけにわ》　京都御所には、もう一つ貴重な御池庭御文庫（約九〇平方メートル）がある。同文庫には明治11年（一八七八）に法隆寺から献上された「聖徳太子画像（唐本御影）」とよばれる肖像画がある。この肖像画とともに法隆寺から献上された三〇〇点ばかりの宝物のほとんどは、現在、東京国立博物館に納められているが、同肖像画は手元に留められ、いまも**御物**として御池庭御文庫に保管されている。このほか鎌倉時代の制作という「聖武天皇御影」、「嵯峨天皇御影」がある。書跡類には聖徳太子筆の「法華義疏」、伝橘逸勢《はやなり》筆「伊都内親王願文」、伝紀貫之筆『桂本万葉集』などがある。御服類も見逃せない。とくに御即位関係の御礼服《ごらいふく》は後西天皇の着用したものなど、歴代天皇の御礼服が納められている。

正倉院宝物

正倉院宝物とは、現在も東大寺大仏殿の北方に存在する正倉院に収納されている宝物のこと。同宝物は、8世紀の半ば、[45]聖武《しょうむ》天皇の七七忌に、光明《こうみょう》皇后が天皇遺愛の品々を大仏に献納、東大寺の倉である**正倉**に納められた。その倉には、ほかにも大仏開眼会を始め、東大寺での聖武天皇の葬送、四十九日、一周忌などの行事関係品、あるいは東大寺関係の文書・記録や東大寺の子院に伝来の什器《じゅうき》類なども納められている。ほとんどは奈良時代を代表する宝物で、遠く中東のペルシャからシルクロードを経て伝えられたもの、中国・唐や朝鮮半島の新羅や百済などからのものもある。それらの中には、「螺鈿紫檀五絃琵琶《らでんしたんごげんびわ》」や「螺鈿紫檀阮咸《げんかん》」のように、世界のどこにも伝わらないもの、また「木画紫檀碁局《ききよく》」、「漆胡瓶《しつこへい》」、「漆金薄絵盤《うるしきんはくのえばん》」、「犀角如意《さいかくのにょい》」のように、世界のどこにも存在しない細工が施されているものもあり、正倉院宝物によって、8世紀ごろの世界の技術水準の高さを窺うことができるものがある。正倉院宝物が世界の宝庫と呼ばれる所以である。

【正倉院宝物の保存と勅封】

正倉院宝物が一三〇〇年にわたって伝えられてきた理由として、倉の材質や構造に原因を求めるものもあるが、**勅封**《ちょくふう》の形式によったとの説も古くからある。この倉は南北に細長い一棟三室の構造の倉で、北の部屋を**北倉**といい、北倉には聖武天皇にゆかりの宝物が納められている。当初からこの倉全体の管理は東大寺に委ねられているが、北倉の開閉については中務省の監物が立ち会うこととなっている。その前に天皇の許可を必要とし、前摂政藤原道長のように宮廷内で隆盛たる勢力をもっていたものでも、この倉の開扉には天皇の許可を求めたほどである。

平安時代末には勅使が封をし、さらに天皇がみずから封紙に墨書したものを倉の鍵に結び付ける**勅封の制**が行われるようになった。一方、南の端の倉、つまり**南倉**は当初から東大寺の管轄下にあり、**綱封倉**《ごうふうそう》と呼んでいた。真ん中の部屋は**中倉**と呼んでいるが、倉の創建当時は部屋になっていたかどうかについては議論がある。しかし、平安時代末にはこの中倉も**勅封倉**になっている。

明治時代の初めに、正倉院は東大寺の管轄から国の管理下に移り、倉の開扉は一元化されてすべての倉は勅封となった。かくして正倉院宝物はすべて天皇のもの、**御物**となった。ところが昭和22年(一九四七)に正倉院御物は天皇の私物ではなくなり、国家の所有、国有財産として登録されることになった。ただこれらの宝物は長く皇室とともに伝えられてきたという経緯に鑑み、皇室用財産として、従来通り宮内府（後に宮内庁）の管理に委ねることとなり、御物ではなく宝物と呼ぶことになった。なお現在、正倉院宝物は、その宝物を伝えてきた校倉《あぜくら》とともに宮内庁正倉院事務所が管理している。

毎年、秋冷の候に、侍従を迎えて開封の儀が行われる。前年12月初旬ころに勅封によって宝庫の扉を閉じたが、その封を侍従立会いのもとに解くのが開封の儀である。それから二か月ばかり宝物の点検・調査を行っている。かつて開封後は曝涼と称して虫干しと点検を行っていたが、現在は完全空調の鉄筋鉄骨のコンクリート造宝庫に宝物を移納しているため、曝涼の語は用いていない。

【三の丸尚蔵館蔵品】

三の丸尚蔵館に収納されている蔵品は、かつて御物として、皇室に伝えられてきた財産である。平成元年（一九八九）に国に移管された。このため宮内庁では皇室用財産として、その適切な保存と活用を目的に三の丸尚蔵館を開館し、あわせて可能な限り一般公開している。それらの中には、「蒙古襲来絵詞《もうこしゆうらいえことば》」、「春日権現験記絵巻《かすがごんげんけんきえまき》」、伊藤若冲《じやくちゆう》の「動植綵絵《どうしよくさいえ》」、伝小野道風《おののとうふう》の「屛風土代《びようぶどだい》」など、美術品として平安時代から江戸時代に及ぶ間の各時代を代表する優品が少なくない。

三の丸尚蔵館に収納の作品は、江戸時代以前のものばかりではない。明治天皇は、若い作家のものでも、展覧会などに出陳され評価されたものは購入し、あるいは寄贈を通じて、さまざまな分野の美術工芸品の収集を図っていた。また当代の代表的美術工芸家を帝室技芸員として美術品の制作と、新たな作家の育成にも当たらせるなど、美術工芸界のパトロンの役割をも果たしていた。これらの美術工芸品を含め、平成元年に昭和天皇の遺品として国に移管されたものは六〇〇〇点あまりに及ぶが、秩父宮家伝来の宝物が加わり、香淳《こうじゅん》皇后の遺品、さらに高松宮家伝来の遺物、三笠宮家の寄贈品が収納されており、これらを合わせると館蔵品はほぼ九八〇〇点に及ぶ。なお三の丸尚蔵館は宮内庁長官官房用度課の所管である。　［米田］

［59］皇室ゆかりの絵画館・記念館

ヨーロッパの王室には、国王・女王を宮廷画家などが描いた豪華な肖像画が数多くある。それに較べると、日本の天皇や皇族を描いたものは少ない。近代に入ると、むしろ天皇の権威を内外に示すため、**御真影**《ごしんえい》を作って全国に広めるようになり、特別に絵画館や記念館も造られている。

【天皇・皇族の肖像画】

由来の確かな肖像としては、奈良時代の作とみられる**聖徳太子像**、鎌倉時代の作といわれる45**聖武**《しょうむ》**天皇像**・52**嵯峨**《さが》**天皇像**（以上、御物）、および74鳥羽《とば》・75崇徳・77後白河・78二条・80高倉・82後鳥羽・83土御門・84順徳・86後堀河・87四条・88後嵯峨・89後深草・90亀山・91後宇多・92伏見・93後伏見・94後二条・95花園・96後醍醐の各天皇と追補の北4後光厳天皇（旧説では後堀河天皇の父の守貞親王＝後高倉院）を描いた『**天皇図巻**』（『**天子摂関御影**』）がある。

また50桓武《かんむ》天皇像は延暦寺、嵯峨《さが》天皇像は大覚寺、55文徳《もんとく》天皇像は法金剛院、59宇《う》多《だ》法皇像は仁和寺、[65]花山《かざん》法皇像は天慶寺、[66]一条《いちじょう》天皇像は真正極楽寺、[77]後白河《ごしらかわ》法皇像は神護寺、[90]亀山《かめやま》天皇像は天龍寺、[91]後宇多《ごうだ》天皇像は大覚寺、[96]後醍醐《ごだいご》天皇像は清浄光寺、[97]後村上《ごむらかみ》天皇像は来迎寺、[北5]後円融《ごえんゆう》天皇像は雲龍院、[102]後花園《ごはなぞの》天皇像は大応寺、そして近世の[106]正親町《おおぎまち》天皇から[121]孝明《こうめい》天皇まで一四名の像は泉涌寺《せんにゅうじ》にある（女帝二名のものはない）。それぞれゆかりの寺で、内々に礼拝の対象ともされてきた。

それに対して、**明治天皇像**は、内田九一の撮影した洋装の写真などにより、明治21年（一八八八）キヨッソーネ（イタリア人画家）の肖像画を基にした写真が**御真影**として全国の学校へ下付された。肖像画は多くの家庭でも掲げられるようになった。ついで大正天皇と昭和天皇の像は、洋装の写真が御真影とされた。

【明治神宮の聖徳記念絵画館】

明治天皇の崩御直後から盛り上がった多くの有志の熱望により、大正9年（一九二〇）官《かん》幣《ぺい》大社**明治神宮**が創建された。それに先立ち、明治神宮奉賛会では、維新史料編纂会（文部省）の金子堅太郎と臨時帝室編修局（宮内省）の藤波言忠らの協力をえながら、明治天皇と昭憲《しょうけん》皇太后の「御事績図」（壁画）を作り、神宮外苑の一角に展示する「**聖徳記念絵画館**」の建設計画を進めた。

まず絵画館委員会で明治天皇の降誕から崩御までの主要な画題を選び、ついで宮廷画家の**五姓田芳柳《ごせだほうりゅう》（二世）**が下絵八〇図を作り、さらに当代一流の画家五十余名が分担して描きあげ、昭和11年（一九三六）ようやく完成した。全八〇面の各壁画は縦三メートル、横二・五メートルの大きなもので、いずれも画題有縁の個人か団体が奉納者となっている。

【伊勢神宮徴古館の国史絵画】

昭和8年（一九三三）皇太子（平成の天皇）が誕生したことを記念する事業として、東京府（のち都）が少年育成の「**養正館**」を南麻布の有栖川《ありすがわ》宮記念公園内に建て、その中に「国史絵画」展示室を設けることにした。これは当時完成間近の聖徳記念絵画館を参考にしたものとみられる。

画題は「国史」全体から重要な場面が選ばれ、全七八点が五五人の画家により八年かけて描かれた。ほとんど一・五メートルに一・八メートル前後の大きな額装である。

その内容は、建国の物語一〇点、王朝の進展九点、武家の活躍八点、建武の中興一〇点、天下の統一九点、王政の復古二点、明治の躍進一三点、大正・昭和七点から成る。

全絵画が完成したのは第二次大戦中の昭和17年（一九四二）で、展示されないまま敗戦を迎え、都の倉庫に眠っていた。それを知った伊勢神宮崇敬者総代の北岡善之助らの努力により、同36年(一九六一)、全絵画が神宮へ運ばれ、東京都から伊勢市を介して神宮へ譲渡された。そこで、二〇年ほど内宮宇治橋脇の休憩所を「神宮国史絵画館」としていたが、今では**神宮徴古館**に移し、順次展示している。

【昭和記念公園の昭和天皇記念館】

昭和天皇の即位五〇年を記念して国営の**昭和記念公園**が東京都立川市に開設された。その完成は昭和58年(一九八三)秋であるが、それから五年余り後に昭和天皇が崩御すると、まもなく**昭和天皇崇敬会**と**昭和聖徳記念財団**が設立された。この両者(のち後者に一体化)が中心となり全国有志に浄財を募って、平成17年(二〇〇五)11月、同公園の一角に開館したのが**昭和天皇記念館**である。

本館の常設展示には、「八十七年のご生涯」を偲ぶ物(学習院初等科の制服、東宮御学問所の特製教科書、愛用の文房具など)と「生物学ご研究」を偲ぶ物(研究用の机・椅子・顕微鏡、幼少時からの多様な採集標本など)がある。また毎年の特別展示には、宮内庁などから昭和天皇、香淳皇后ゆかりの格別な品々(即位礼・大嘗祭や普段使用された和洋の衣服、儀装馬車の実物、御召列車の模型、天皇の御製集・皇后の絵画集など)が展示されている。〔所〕

［60］前近代の帝王教育

【皇族・皇嗣《こうし》の教育】

いわゆる帝王学は、将来天皇となるに必要な資格や見識などを身につける学問であるから、むしろ帝王教育と呼ぶほうがふさわしい。それには、いくつもの要素が含まれる。

そのひとつは、皇室に生まれる人々は、皇族として育てられ、皇族である限り（男性は宮家を立てても皇族、女性は一般人と結婚すれば皇籍を離れるのが現行制度）、その品位を養い保つために、幼少期より親族や側近などから相応の指導を受ける。いわば皇族教育である。

もうひとつは、いずれ皇位を受け継ぐ皇子は、皇嗣と定められ、立太子の儀を経て即位するまでに、天皇となる心得を親族や側近などから修得する、いわば皇嗣教育である。ただ、皇嗣は第一位が皇太子であり、また万一に備えて第二位以下の有資格者（皇統に属する男系の男子と定めるのが現行制度）たちも、皇太子に準ずる教育を受ける。また皇嗣は天皇となってからも、国内外の公務や祭祀を遂行するために、みずから勉学を続けている。

その教育に当たった側近は、多様で一定しない。ただ8世紀初めに完成した『大宝令』では、東宮（皇太子）に仕える職員のうち、**東宮傅**《とうぐうふ》一人が「道徳を以て東宮を輔《たす》け導くこと」、**東宮学士**二人が「経を執り説き奉ること」と定められ、また親王に仕える文学一人も「経を執り講授すること」が職務とされている。

【中国伝来の帝王学】

前近代の日本では、中国から伝来した書籍、とりわけ儒教の経典や漢詩文集などを尊重し規範とする傾向が長らく続いた。帝王学の教科書も例外ではない。

それは『論語』や『千字文《せんじもん》』などがもたらされた5世紀初めころの⑮応神《おうじん》天皇朝から、そうであったと思われる。前述の『大宝令』や『日本書紀』などをみれば、歴然としているが、一層明確にわかるのは、平安初期の9世紀代に入ってからである。たとえば、菅原是善《これよし》（道真の父）の門下生の藤原佐世《すけよ》編『日本国見在書《げんざいしょ》目録』は、そのころ宮廷の文庫などにあった一六〇〇部近い漢籍のなかに、『帝範』『群書治要』『貞観政要』などを載せている。

このうち、『**帝範**』は、初唐の太宗がみずから編集して、太子（のち高宗）に帝王となる者の心得を示した教科書で「君体・建親・求賢・審官・納諫《のうかん》・去讒《きょざん》・誠盈《せいえい》・崇倹・賞罰・務農・閲武・崇文」の一二篇から成る。それが日本で注釈を加え進講された例として、56清和《せいわ》天皇の**侍読**《じとう》を務めた**大江音人**《おおえのおとんど》が『勅を奉じて……『**弘帝範**』三巻を撰す」（『三代実録』）と伝えられる。

また『**群書治要**』は、唐の太宗が諫議《かんぎ》大夫《たいふ》（天子に諫言する高官）の**魏徴**《ぎちょう》らに勅命して、先秦から初唐までの群書（道徳・歴史・思想の典籍数十部）から帝王の政治に必要な名文を抄出し五〇巻にまとめたものである。これが宮中で格別に重視されたことは、59**宇多**《うだ》**天皇**が次の幼帝に書き与えた『寛平御遺誡《かんぴょうのごゆいかい》』に「天子は経・史・百家（多くの典籍）を窮めずと雖《いえど》も、何ぞ恨む所あらんや、唯《ただ》『群書治要』のみ早く誦習《しょうしゅう》（暗誦できるほど学習）すべし」と強く勧めていることからもわかる。

さらに『**貞観政要**《じょうがんせいよう》』は、太宗が貞観年間（六二七〜六四九）に、後世「貞観の治」と称されるほどの善政を行ったので、その太宗と廷臣との問答を崩後に歴史家の呉兢《ごきょう》が四〇篇にまとめたものである。

これも宮中で必読書とされた。**文章博士**《もんじょうはかせ》が**進講**したことの確認できる例は、平安時代中期から数多くある。近代に入ってからも、元田《もとだ》永孚《ながざね》が明治天皇に、また三島中《みしまちゅう》洲《しゅう》が大正天皇に進講している。

【天皇の日常心得】

一方、日本の天皇が自身の備忘と子孫への教授を含みとして編集した著作がある。また、それを後代の天皇や皇族・廷臣たちは、身近な帝王学の教科書としている。そのうち、天皇の日常的な心得を網羅したのが84順徳《じゅんとく》天皇の『禁秘抄』である。

本書は承久の乱(一二二一)直前ころの成立とみられる。その篇目は、賢所・宝剣・神璽・清涼殿・南殿/恒例毎日次第・毎月事・御膳事・御装束事・神事次第・臨時神事・仏事次第・諸芸能事・御書事/御使事・近習事・御《(護)》持僧事・御侍読事・殿上人・蔵人事・地下者・医道・陰陽道・尚侍・典侍・掌侍・女房・采女・女官・女孺/詔書・勅書・宣命・論奏・勅答・改元・薨奏・配流・解官・除籍・勅勘・赦令/御物忌・日月蝕・止雨・祈雨・御卜・解除・御禊・御修法・御読経・明経内論義/犬狩・鳥・虫など一〇〇項目近い。この冒頭に宮中の心得が、次のごとく記されている。

> およそ禁中(宮中)の作法、神事を先にし、他事を後にす。旦暮《たんぼ》(朝夕)敬神の叡慮、懈怠《けたい》なかるべし。あからさまにも神宮ならびに内侍所《ないしどころ》(賢所《かしこどころ》)の方を以て御跡の方となさず……。

神事を何よりも優先して日々敬神を怠らず、とりわけ皇祖神の天照大神を祀る伊勢の神宮と賢所の方向には足を向けることさえしないよう慎むことが示されている。

また、同抄の「諸芸能事」には、「第一、御学問なり。それ学ばざれば、即ち古道に明らかならず。……第二、管絃（音楽）なり。……（第三）和歌、わが国の習俗なり。……（第四）詩情（漢詩）、能書（習字）なども、同じく殊に能《よ》きなり。……」と、理想的な古道を明らかにする儒学をはじめ、心を和ませる音楽や和歌・漢詩・習字などの嗜《たしな》みも身につけるべきことが記されている。

それゆえ、同抄は、中世・近世を通じて、天皇や廷臣などが数多く書写し講読もしている。たとえば、[103]後土御門《ごつちみかど》天皇は、文明11年（一四七九）前関白二条政嗣《まさつぐ》に本抄の書写と校正を命じている。ついで[106]正親町《おおぎまち》天皇朝の永禄5年（一五六二）には、宮中で「きんぴしやうの御だんぎ（談義）」が行われ、前右大臣三条西公房《さんじょうにしきんふさ》により進講のあったことが『御湯殿上日記《おゆどののうえのにっき》』などにみえる。さらに寛文12年（一六七二）若い[112]霊元《れいげん》天皇が中心となり、権大納言以下一五人の比較的若い廷臣とともに本抄を分担して書写と校合をしたものが現存する（旧高松宮家本）。

また[96]**後醍醐《ごだいご》天皇**は建武元年（一三三四）以前に『**年中行事**』と『**日中行事**』を仮名まじり文でまとめ「指図《さしず》」（絵図）も加えていたとみられる。このうち特に『**建武年中行事**』は、[102]後花園《ごはなぞの》天皇によって書写され、現況との対比を注記したものが現存する（京都御所東山御文庫本）。

ついで[108]**後水尾《ごみずのお》天皇**は、みずから『**当時年中行事**』を著して後継の皇子らに与えたが、その中に「順徳院の禁秘抄、後醍醐院の仮名年中行事など……寔《まこと》に末の世の亀鑑《きかん》なり」と評している。さらに霊元上皇は後醍醐天皇の『日中行事』によって清涼殿の昼御座《ひのおまし》に御剣を出す儀を改めており、この両書は、江戸時代の天皇や公家たちに宮中行事の教科書として活用されていたことが知られる。

【皇太子に対する訓誡】

帝王学の教科書には、こうした『禁秘抄』や『建武年中行事』『日中行事』のような、宮中における必須の知識を網羅したものだけでなく、時の天皇が後継の皇太子に対して書き与えた訓誡も少なくない。

たとえば、59宇多天皇は寛平9年（八九七）譲位に際し、皇太子敦仁《あつぎみ》親王（60醍醐天皇）に次のような日常心得などを記した『寛平御遺誡』を与えた。

①朕聞く、昧旦《まいたん》（早朝）……服を整へ盥《てあら》ひ漱《くちすす》ぎて神を拝す。又、近く公卿を喚《よ》び、議し洽《あわ》すことあらば、治術を訪（問）ふ。亦（夕）、本座に還り、侍臣を招き召し、六経（儒教の経典）の疑ひを求む。聖哲の君、必ず輔佐に依り、以て事を治む。……新君これを慎め。

②万事に淫《いん》することなく、躬《み》を責《せ》めて節せよ。賞罰を明らかにして、愛憎に迷ふことなかれ。意を平均に用ひて、好悪に由ることなかれ。能く喜怒を慎みて、色に

形《あらわ》すことなかれ。

このうち、①によれば、天皇の日常は、毎朝早く、服装を整え洗面してから「神を拝す」ことより始まる。しかも、これが宇多天皇の時から励行されていたことは、その日記（『江次第抄』所引）の仁和4年(八八八)10月19日条に「我が国は神国なり。因りて毎朝、四方・大中小の天神地祇を敬拝す。敬拝の事、今より始む。後一日も怠ること無けん。」と明記されている。

また、天皇が政事を親裁するには、公卿（閣僚）などを殿上に呼んで具体的に治術を尋ね、先例があれば諸司に調べさせ、慎重に考慮して行う必要があるとしている。ついで、天皇は政務の後（夕方）、本座に還って侍臣（菅原道真のような文人官吏）たちを招き「六経」（易経・書経・詩経・春秋・礼記・楽経に代表される儒書）の疑問点を尋ねて、聖人の道を明らかにする。立派な君主は、必ず有能な輔佐《ほさ》に協力をえて事を治めてきたのだから、新君もそのように心がけよと誡めている。

さらに②によれば、天皇は何事にも溺《おぼ》れないため、心を引きしめ節制に努めること、賞すべき事と罰すべき事を明確にするため、愛憎に迷ってはならないこと、気配りを公平にするため、好悪に引きずられてはならないこと、できるだけ喜びも怒りも慎むため、顔色を変えてはならないこと、などを教示している。

このように天皇は毎日、側近たちの意見に耳を傾け、あくまで公正な政事に努める

ことが求められている。これを受け取った醍醐天皇が、父君の教訓を実践していたこ
とは、『大鏡』にも「延喜の帝《みかど》、つねに笑《え》みてぞおはしましける。そのゆへは、まめ
だちたる（気難しい）人にはもの言ひにくし。打ちとけたるけしきにつきてなん、人
はもの言ひよき。されば、大小の事きかんがためなり、とぞ仰せ事ありける」と伝え
られている。

つぎに中世の例としては、元徳2年（一三三〇）花園《はなぞの》上皇が96後醍醐天皇の皇太子に立て
られていた量仁《かずひと》親王（のち北1光厳《こうごん》天皇）に書き与えた『誡太子書《かいたいしのしょ》』がある。

この中で上皇は、まず皇太子に諂《へつら》う「愚人」などは、「吾が朝、皇胤《こういん》一統（皇祖の
子孫が一系に連続している）……故に徳微なりと雖《いえど》も、隣国窺覦《きゆ》の危無く、政乱ると
雖も、異姓簒奪《さんだつ》の恐無し。……」などと思っているようだが、甚しい誤りであって、
「もし主（君主）賢聖に非ざれば、則ち唯、乱数年の後に起らんことを恐る」「内に啓
明の叡聡有り、外に通方の神策有るに非ざれば、則ち乱国に立つことを得ざらん」と
警告する。それゆえ「朕強《し》いて学を勧むる」とともに「儒教の奥旨」修得を力説する。
そして自分自身「ほぼ典籍を学び、徳義を成して、王道を興さん」と努めてきたが、
今後に向け「もし学功立ち、徳義成らば……上は大孝を累祖《るいそ》（全祖先）に致し、下は
皇徳を百姓《ひゃくせい》（全国民）に加へん。……」ことになると期待を寄せている。

このような訓誡を記した花園上皇は、幼少時から勉学に力を入れ、詳細な御記（宸

筆四七巻）ものこしている。また譲位後も六国史を読み、律令法の講義を聴き、『帝範』や『論語』『尚書』などの研究会を催すほど学問に精励し、皇嗣にも廷臣らにも範を示したのである。

さらに近世の例は数多くある。たとえば後水尾上皇から皇嗣の110後光明《ごこうみょう》天皇に書き与えた教訓書だけでも三通現存する（京都御所東山御文庫本）。その一通に、帝王として「御憍《（驕）》心」（傲慢さ）と「御短慮」（軽率さ）を慎んで「御柔耎《（和）》（温和）」を心がけ、「敬神」を第一とし、また「御芸能」（和歌・手習・音楽など）にも通ずべきことなどが諭されている。もう一通にも「禁中は敬神第一」で「毎朝の御拝」を怠らぬこと、「女色」は大乱の基にて自粛すること、「近習の衆」の人選を慎重にすること、などが具体的に示されている。

なお、117後桜町《ごさくらまち》天皇は甥の118後桃園《ごももぞの》天皇が早世したので、閑院宮家から再従姉弟の119光格《こうかく》天皇が擁立されると、教訓の手紙を何度も遣わしている。それに対する天皇からの返書に、「仰せの通り、人君は仁を本といたし候事……仁徳の事を第一と存じまいらせ候。……仰せの通り、身の欲なく天下万民をのみ慈悲仁恵に存じ候事、人君たる物《（者）》の第一のおしへ……」などとあり、これが大きな影響を与えたものとみられる。

［所］

[61] 近現代の帝王教育

【明治天皇の受けた教育】

明治天皇は、五歳前後の幼少期から121孝明《こうめい》天皇に和歌の添削指導を受け、また学友裏松《うらまつ》良光らと「四書五経」の素読《そどく》に励んだ。ついで慶応3年(一八六七)数え一六歳で践祚《せんそ》したころ、外祖父中山忠能《ただやす》の勧めで84順徳《じゅんとく》天皇の『禁秘抄』や96後醍醐《ごだいご》天皇の『建武年中行事』などを学んでいる。東京へ遷《うつ》って間もない明治3年(一八七〇)からは、「御手習」「御乗馬」『史記』『保建大記』『神皇正統記』『資治通鑑《しじつがん》』などの学習が日課となった。和漢洋の教養と学問の兼習に努め、侍読《じとう》(のち侍講)の秋月種樹《あきづきたねたつ》や国学者の福羽美静《ふくばびせい》らから『古事記』『日本書紀』『十八史略』『皇朝史略』『貞観政要《じょうがんせいよう》』など和漢の書を学んだ。とくに『貞観政要』は、帝王学の教科書とされた書であり、儒学者で侍講《じこう》の元田永孚《もとだながざね》が進講した。さらに『西国立志篇』や『国法汎論』(ドイツの政治学者ブルンチュリー著)などの洋学や政治学も国法学者の加藤弘之《かとうひろゆき》などから学んでいる。

明治7年(一八七四)には、新御学問所を設置した。また、同年、侍従長の東久世通禧《ひがしくぜみちとみ》が

「君徳培養」に関する上奏をなし、臣下への愛、軽率さや些末さの抑制、飲酒の制限など天皇の帝王としての態度を進言した。さらに、御談会《ぎょだんかい》が開催され、宮内大臣や侍従長、侍読らと歴史上の人物の治績などの談論を重ねた。

明治10年（一八七七）以後には、御歌所長の高崎正風《たかさきまさかぜ》（一八三六〜一九一二）を師として和歌の修練を積み、ほとんど毎日、公務の合間に詠み続けた。六〇年近い生涯で作られた御歌の清書が、九万三〇三二首あり、とくに日露戦争の起きた同37年（一九〇四）には七五二六首（一日平均約二〇首）詠んでいる。

【大正天皇の受けた教育】

大正天皇は幼少から病気がちであったため学習院入学前に特設された御学問所で個人教育を受けた。教育を担当する傅育官《ふいくかん》には、文部省編輯局《へんしゅうきょく》の湯本武比古《ゆもとたけひこ》があたり、みずからが編集した『読書《よみかき》入門』を講義した。その後、学習院に編入学し、邦芳王《くにかおう》らを学友とした。しかし、病気のために学習は遅れたので、東京帝国大学の国学者本居《もとおり》豊穎《とよかい》（本居宣長《のりなが》の曾孫）や漢学者三島中洲《みしまちゅうしゅう》らを東宮職御用掛として個人教授をしたが、これも効果がなく、有栖川宮威仁《ありすがわのみやたけひと》親王を東宮賓友《とうぐうひんゆう》として、全国行啓による体力回復と学力向上をめざした。三島の影響で漢詩などの才を伸ばした。

【昭和天皇の受けた教育】

昭和天皇（迪宮裕仁《みちのみやひろひと》親王）は、誕生の後、皇室の旧来の慣行に従い、皇子養育のため七〇日目から三年余り、鹿児島出身の海軍大将で宮中顧問官だった伯爵川村純義《すみよし》家に預けられた。川村家では、「①健康な御体に育て、天性を曲げぬこと、②ものに恐れず、人を尊ぶ性格を養うこと、③困難に耐へ、我儘《わがまま》を言はぬ習慣をつけること」などの養育方針を定め、家族ぐるみで幼児の迪宮を厳しく躾けた。

日露戦争直後の明治38年（一九〇五）4月に満四歳になると、三年近くの間、赤坂の皇孫仮御殿において、弟の淳宮《あつのみや》（のち秩父宮）および五人の学友とともに、幼稚教育を施された。このころに、御養育係の足立《あだち》たか（東京女子師範学校附属幼稚園保母、のち鈴木貫太郎《かんたろう》夫人）の影響で生物学に関心をもつようになったといわれる。

明治41年（一九〇八）4月、満七歳となってからの六年間は、学習院の初等科で男子一二人の学友たちと学んだ。当時の院長は、明治天皇の信任篤かった陸軍大将乃木希典《まれすけ》で、「皇族といへども、良くない行状があれば叱り、なるべく質素で勤勉な習慣を身につけられるやう訓育すること」という教育方針を教職員に徹底させ、みずからも率先実行した。

たとえば、乃木は、登下校の際には、雨の日でも（馬車に乗らず）外套《がいとう》を着て歩いて通うようにと誡め、また昼休みなどには、真冬でも火鉢《ひばち》にあたっているより、運動場を駆け足した方がよいと勧め、さらに服装を見て、継《つぎ》の当たったものを着るのは、ちっとも恥でないなどと具体的に諭したという。昭和天皇は後に院長の乃木を偲び「質実剛健・質素倹約の大切さを教えてもらいました」と語っている。

迪宮は学習院初等科を卒業後、中等科には進級せずに、乃木の構想で高輪《たかなわ》（品川）の東宮御所内に設けられた東宮御学問所において、大正3年（一九一四）春から同10年（一九二一）春までの七年間、南部信鎮、堤経長、久松定孝、松平直国、大迫（永積）寅彦ら五名の学友とともに教育を受けた。東宮御学問所は、総裁を海軍大将東郷平八郎《とうごうへいはちろう》、副総裁を東大総長浜尾新《はまおあらた》、幹事（事務局長）を東郷の副官小笠原長生《おがさわらながなり》、教務主任（兼歴史担当）を東大兼学習院教授の白鳥庫吉《しらとりくらきち》が引き受け、また各教科を東大や学習院などの教授が、さらに馬術や軍事講話を陸軍・海軍の将官が務める、という構成であった。迪宮たちは、倫理、国文、漢文、歴史のほか博物、フランス語、美術史、馬術、軍事講話などの科目を学んだ。

昭和天皇のいわゆる帝王学とされる倫理を担当したのは、私立日本中学校校長の杉浦重剛《じゅうごう》であった。杉浦は明治の初めに大学南校で理学を専攻し、英国留学中も理系で優秀な成績をとったが、帰国後は教育者の道を歩み、その実績により御用掛に抜擢されたのである。杉浦は東宮御学問所御用掛として七年間その任にあたり、「三種神器」にはじまり徳目、箴言《しんげん》、名句、自然現象、人物、史実、社会事象などに関する二八一回の講義をした。杉浦は御進講に際して、まず「倫理の教科たるもの……必ずや実践躬行、身を以て之を証するにあらざれば其の効果を収むること難し」との決意を述べ、「三種の神器に則り、皇道を体し給ふべきこと」「五条の御誓文を以て、将来の標準と為し給ふべきこと」「教育勅語の御趣旨の貫徹を期し給ふべきこと」などの方針を示した。その講義内容の大部分は猪狩又蔵《いかりまたぞう》編『倫理御進講草案』にまとめられている。

昭和天皇の三人の弟宮（のち秩父宮・高松宮・三笠宮）は、皇族としてノーブレス・オブリージ noblesse oblige（高い身分に伴う貴い倫理的な義務）の精神を体現するように、という明治天皇の意向に従って、学習院中等科から陸軍・海軍の学校へ進み、やがて軍務に就いた。他の宮家皇族（成年男子）も同様の教育を受けた。

なお、平成の天皇は、昭和20年（一九四五）学習院初等科六年生で終戦を迎えた。戦後は特別な御学問所は設けず、私立学校で再出発した学習院の中等科・高等科から大学（政経学部）に進んだ。ただ、21年（一九四六）から25年（一九五〇）まで米国のエリザベス・ヴァイニングが英語の教師を務め、また同24年（一九四九）から41年（一九六六）まで慶應義塾大学塾長の小泉信三が東宮御教育常時参与として貢献した。

［所・小田部］

［62］忠誠心の訓育

近代における天皇への忠誠心の訓育は、主に公的教育機関である学校での行事の中で行われた。明治期の主な学校行事をあげれば、**祝日大祭日儀式**として、天長節（天皇誕生日）祝賀式、新年拝賀式、紀元節祝賀式、神武天皇祭があった。また、祝日大祭日儀式以外の儀式もあり、このうち国家に関する儀式として、たとえば**国民記念式**とされる教育勅語奉読式、地久節《ちきゆうせつ》（皇后誕生日）などがあり、皇太子殿下「御誕辰」日なども催された。そして、入学式、卒業証書授与式、朝礼、遠足、学芸会、運動会などさまざまな機会に、天皇や国家への忠誠を誓ったのであった。なかでも「御真影」への最敬礼と教育勅語奉読とは、学校行事の支柱であった。

四大節《しだいせつ》

明治6年（一八七三）の太政官布告「年中祭日祝日の休暇を定む」より昭和23年（一九四八）の祝日法（「国民の祝日に関する法律」）施行の間の重要な祝日の総称。明治期以後、四方拝《しほうはい》、紀元節、天長節の三大節があり、昭和2年（一九二七）になると、明治天皇誕生日の明治節を加えて四大節となった。四方拝は1月1日に行われる宮廷行事であり、元日の朝に天皇が山陵や四方の神々を遥拝して万民安寧などを祈った。紀元節は明治5年（一八七二）に『日本書紀』が伝える[1]神武《じんむ》天皇即位の2月11日を祝日とした。第二次大戦後、廃止されたが昭和42年（一九六七）に建国記念の日となる。

天長節

天皇誕生日。天長節は、宝亀6年（七七五）と同10年（七七九）に[49]光仁《こうにん》天皇が天長節を行い、宴を設けたことがはじめとされる。しかし、以後、天長節の記録はなく、明治元年（一八六八）9月26日に太政官布告で復活した。天長節は、四方拝、紀元節とともに三大節（のち明治節を入れ四大節）と称し、国家の重要な祝日であった。皇后誕生日は**地久節**と称され、女学校などは休日とした。明治天皇と昭和天皇はそれぞれ誕生日の11月3日、4月29日が天長節であったが、大正天皇は誕生日の8月31日ではなく「大暑中」の理由で祝賀行事の祝日は10月31日とされた。

御真影

元首たる天皇皇后の肖像写真。[121]孝明《こうめい》天皇の代までは、天皇は御所の御簾《みす》の奥にいた「見えない天皇」であったが、明治天皇になって、全国に行幸をするなど「見える天皇」へと変貌した。そうした「見える天皇」を象徴したのが天皇の「御写真」、いわゆる御真影であった。明治天皇の最初の写真は、明治4年（一八七一）11月21日からの海軍演習の折に横須賀で撮ったものとされる。天皇の写真が公的に必要とされるのは、明治5年(一八七二)2月に、条約改正の予備交渉のために欧米に渡っていた特命全権大使の岩倉具視《ともみ》が、外交上、元首の写真を交換する習わしがあるため、天皇の写真を送付するように求めたときからである。その後、明治6年(一八七三)10月8日、天皇の軍服写真が新たに撮影され、内外に配布された。明治21年(一八八八)になると、天皇の写真も古くなり、キヨッソーネに依頼して肖像画をもとに新しい写真を作成。翌年(一八八九)には皇后美子《はるこ》の洋装立姿も撮影された。天皇皇后の写真は、各学校などへ下付され、御真影として昭和20年(一九四五)の敗戦まで掲げられた。

教育勅語

明治23年(一八九〇)10月30日に明治天皇が下し、全国の学校に配付された「教育に関する勅語」。原案は天皇親政論者である元田永孚《もとだながざね》と、伊藤博文の下で法制官僚として活躍していた井上毅《こわし》によって作成され、両者の合作的性格が強い。教育勅語の内容は、父母への孝行、夫婦の和合などの徳目を述べたものであり、「一旦緩急《かんきゅう》あれば、義勇公に奉じ、以て天壌無窮《てんじょうむきゅう》の皇運を扶翼《ふよく》すべし」と、天皇と国家への忠誠を命じたものであった。

教育勅語は、国務大臣の副署のない勅語として下賜され、法的拘束力がなかった。しかし、実際には、発布された翌年(一八九一)に、キリスト教者内村鑑三が教育勅語への拝礼を軽んじたとして不敬とされ職を追われるなど、かえって法律よりも強い拘束力をもつ結果となった。明治33年(一九〇〇)には文部省令小学校令施行規則によって、**修身**は教育勅語に基づいた道徳の実践を指導すること、三大節には、御真影への最敬礼と教育勅語奉読、勅語に基づいた学校長の**誨告**《かいこく》(教え告げること)が義務づけられた。教育勅語と御真影、およびそれらを保管する**奉安庫**・**奉安殿**は、天皇の「分身」であり、その管理は厳格になされた。

奉安殿《ほうあんでん》

天皇皇后の御真影や教育勅語謄本などを納めた学校敷地内の施設。御真影や教育勅語は、はじめは講堂や校長室などにある**奉安所**に置かれたが、地震や火災などから保護することが難しく、保管を厳重にするために、校舎内に金庫型の**奉安庫**が設けられたり、学校敷地内に独立した奉安殿が建築されたりするようになった。四大節では、**御真影への最敬礼**や**教育勅語奉読**がなされたが、奉安殿設置により、職員や生徒が登下校などで通過するときは最敬礼をすることとなり、日常的に天皇皇后への敬意を示すようになった。

[小田部]

資料編

［1］天皇系図

・この系図は太田亮『姓氏家系大辞典』（角川書店）、所載「皇室御系図」などを参考に作成した。
・天皇の代数は大正15年に確定された『皇統譜』によった。
・歴代天皇とともに主な后妃（皇后、天皇の生母など）、皇子、皇女などを簡略に示した。
・天皇の名前は□で囲んだ。
・配偶関係については＝で、血縁関係については—で示した。
・追尊天皇など特に重要な称号については〈　〉で示し、即位前の名前など別名については（　）で示した。
・A～Xは前ページからの続きを示す。
・特に重要な皇子、皇女については強調して示した。

［所］

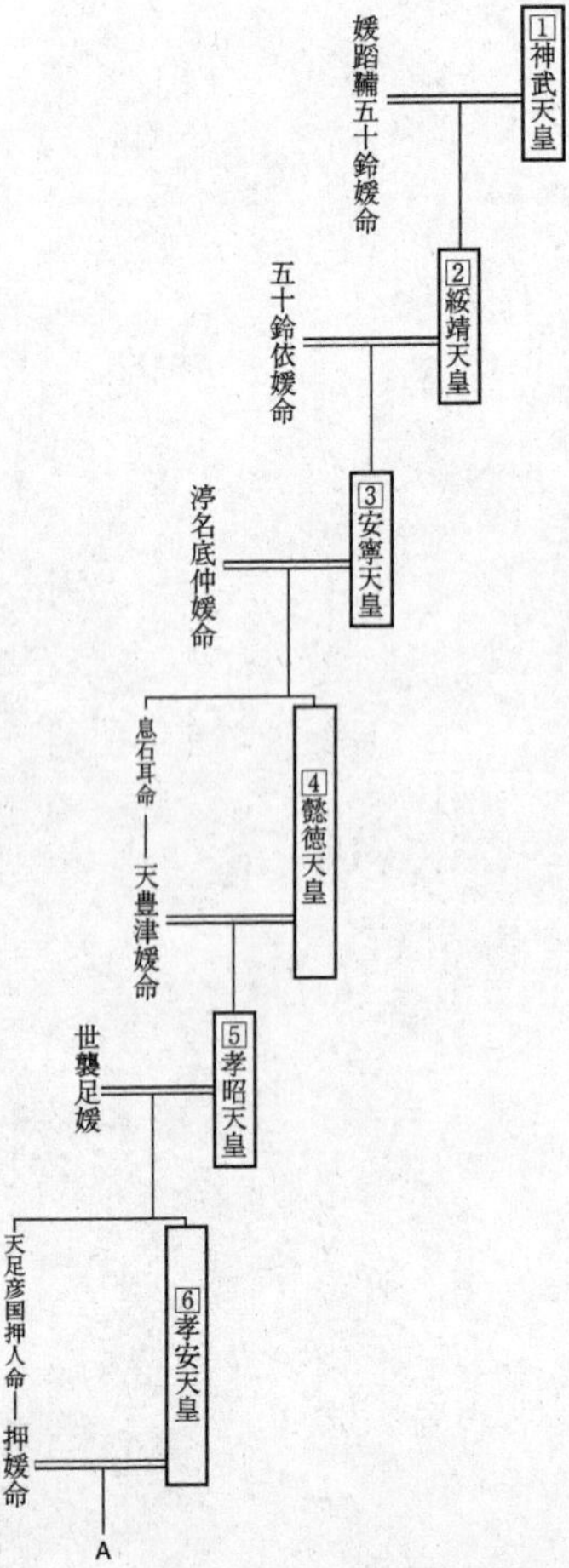

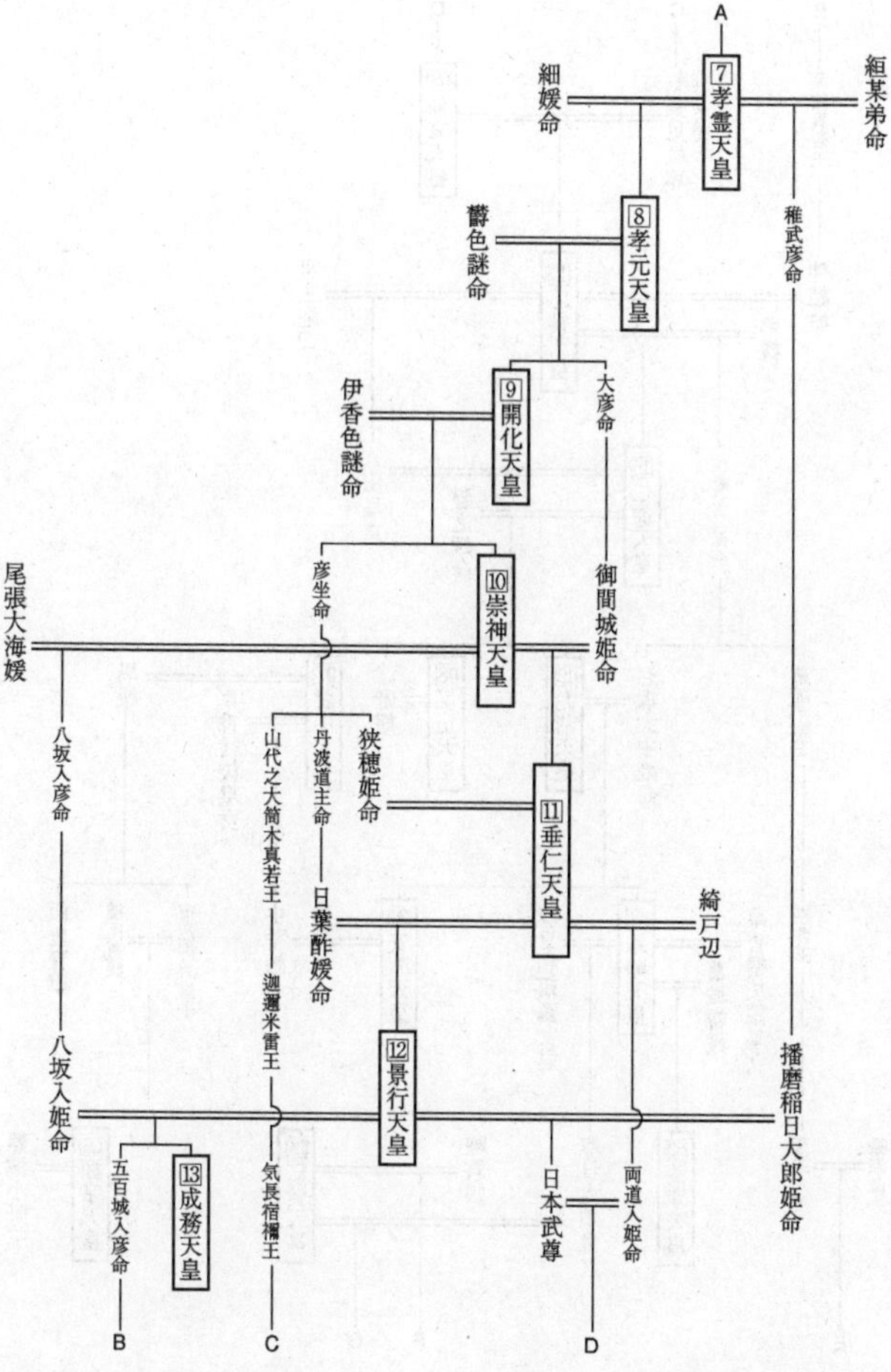
A
7 孝霊天皇
絙某弟命
細媛命
稚武彦命
8 孝元天皇
欝色謎命
大彦命
9 開化天皇
伊香色謎命
御間城姫命
10 崇神天皇
彦坐命
尾張大海媛
狭穂姫命
丹波道主命
山代之大筒木真若王
八坂入彦命
11 垂仁天皇
綺戸辺
日葉酢媛命
迦邇米雷王
播磨稲日大郎姫命
12 景行天皇
八坂入姫命
両道入姫命
日本武尊
気長宿禰王
13 成務天皇
五百城入彦命
B
C
D

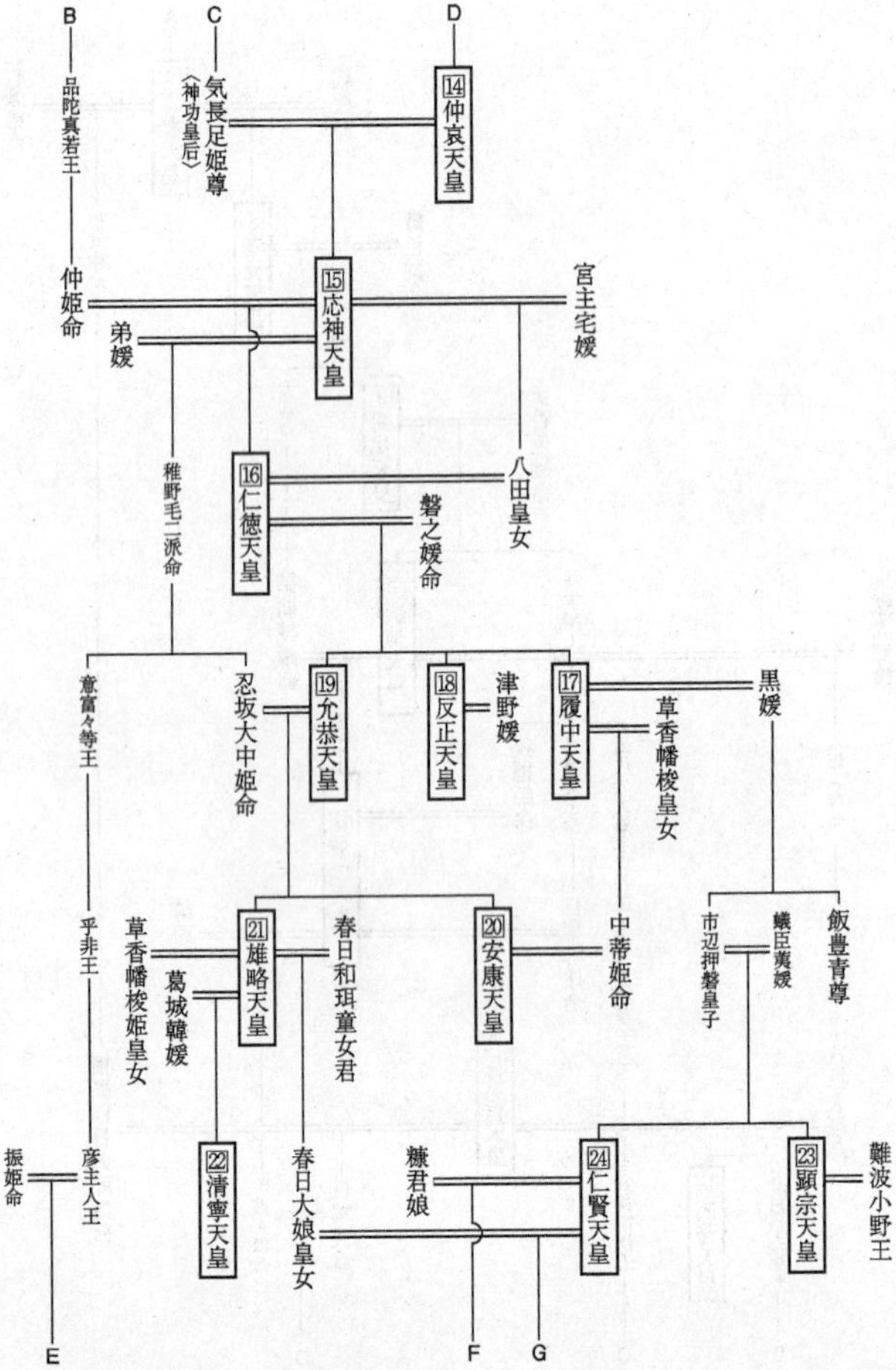
B
C
D
品陀真若王
気長足姫尊
〈神功皇后〉
14 仲哀天皇
仲姫命
弟媛
15 応神天皇
宮主宅媛
稚野毛二派命
16 仁徳天皇
八田皇女
磐之媛命
意富々等王
忍坂大中姫命
19 允恭天皇
18 反正天皇
津野媛
17 履中天皇
黒媛
草香幡梭皇女
乎非王
草香幡梭姫皇女
葛城韓媛
21 雄略天皇
春日和珥童女君
20 安康天皇
中蒂姫命
市辺押磐皇子
蟻臣荑媛
飯豊青尊
振姫命
彦主人王
22 清寧天皇
春日大娘皇女
糠君娘
24 仁賢天皇
23 顕宗天皇
難波小野王
E
F
G

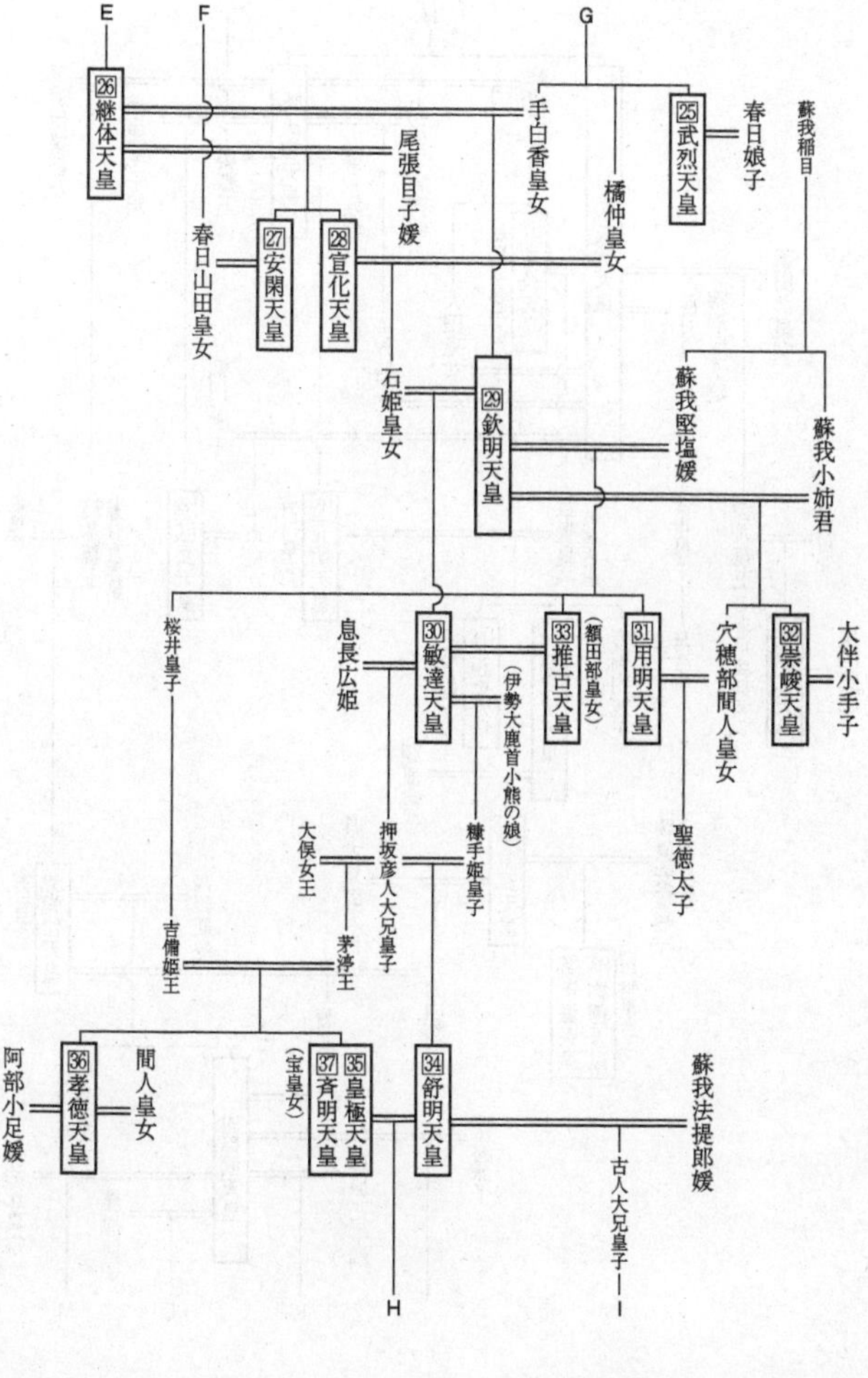
E
F
G
26 継体天皇
手白香皇女
橘仲皇女
25 武烈天皇
春日娘子
蘇我稲目
尾張目子媛
春日山田皇女
27 安閑天皇
28 宣化天皇
石姫皇女
29 欽明天皇
蘇我堅塩媛
蘇我小姉君
桜井皇子
息長広姫
30 敏達天皇
(伊勢大鹿首小熊の娘)
33 推古天皇
(額田部皇女)
31 用明天皇
穴穂部間人皇女
32 崇峻天皇
大伴小手子
聖徳太子
大俣女王
押坂彦人大兄皇子
糠手姫皇子
吉備姫王
茅渟王
阿部小足媛
36 孝徳天皇
間人皇女
(宝皇女)
37 斉明天皇
35 皇極天皇
34 舒明天皇
蘇我法提郎媛
古人大兄皇子
H
I

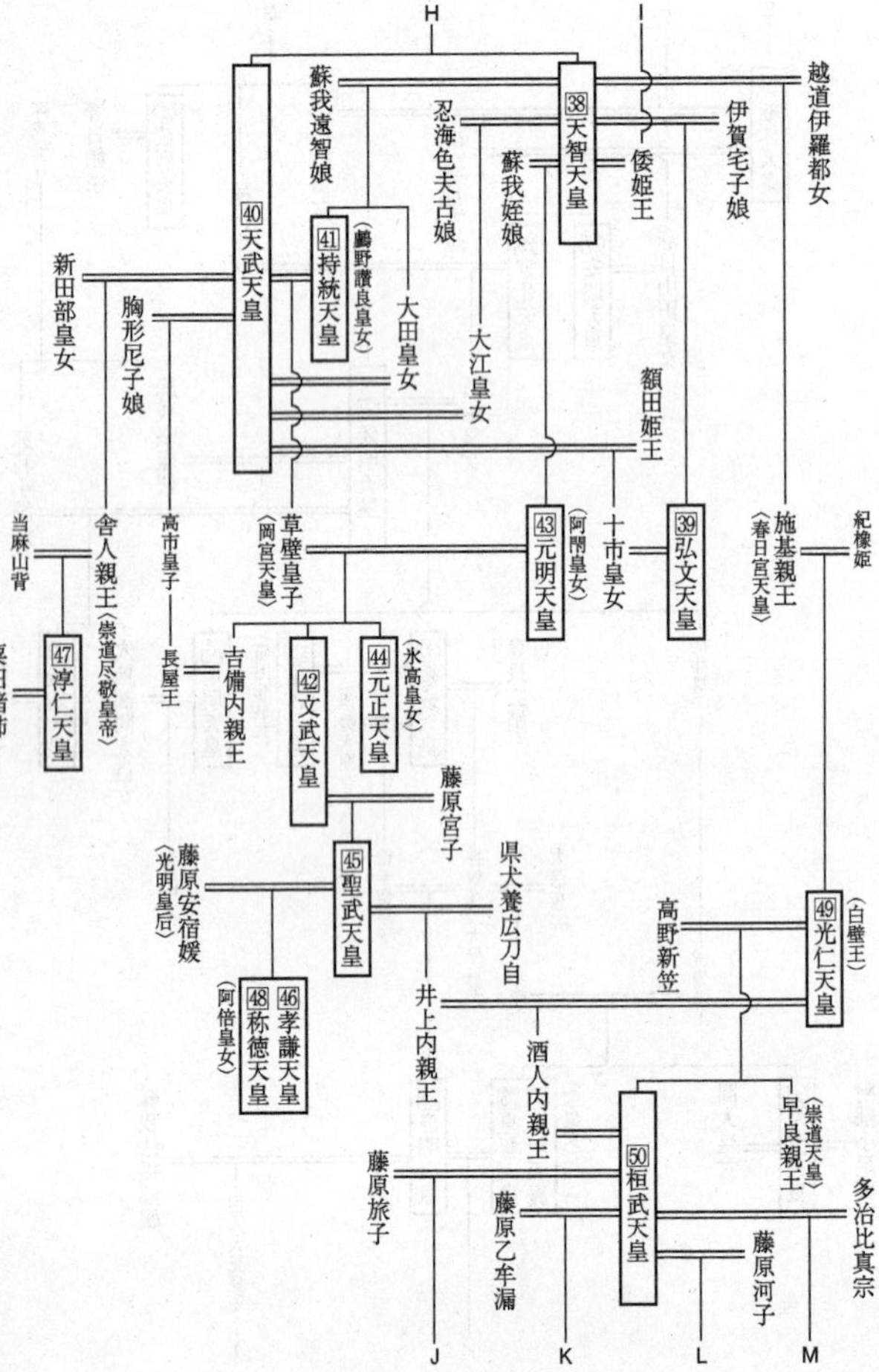
H
I
越道伊羅都女
伊賀宅子娘
倭姫王
38天智天皇
蘇我姪娘
忍海色夫古娘
蘇我遠智娘
40天武天皇
41持統天皇
（鸕野讃良皇女）
大田皇女
大江皇女
額田姫王
新田部皇女
胸形尼子娘
施基親王
（春日宮天皇）
紀橡姫
39弘文天皇
十市皇女
43元明天皇
（阿閇皇女）
草壁皇子
（岡宮天皇）
高市皇子
舎人親王（崇道尽敬皇帝）
当麻山背
47淳仁天皇
粟田諸姉
長屋王
吉備内親王
42文武天皇
44元正天皇
（氷高皇女）
藤原宮子
45聖武天皇
藤原安宿媛
（光明皇后）
県犬養広刀自
48称徳天皇
46孝謙天皇
（阿倍皇女）
井上内親王
49光仁天皇
（白壁王）
高野新笠
酒人内親王
早良親王
（崇道天皇）
50桓武天皇
藤原旅子
藤原乙牟漏
藤原河子
多治比真宗
J
K
L
M

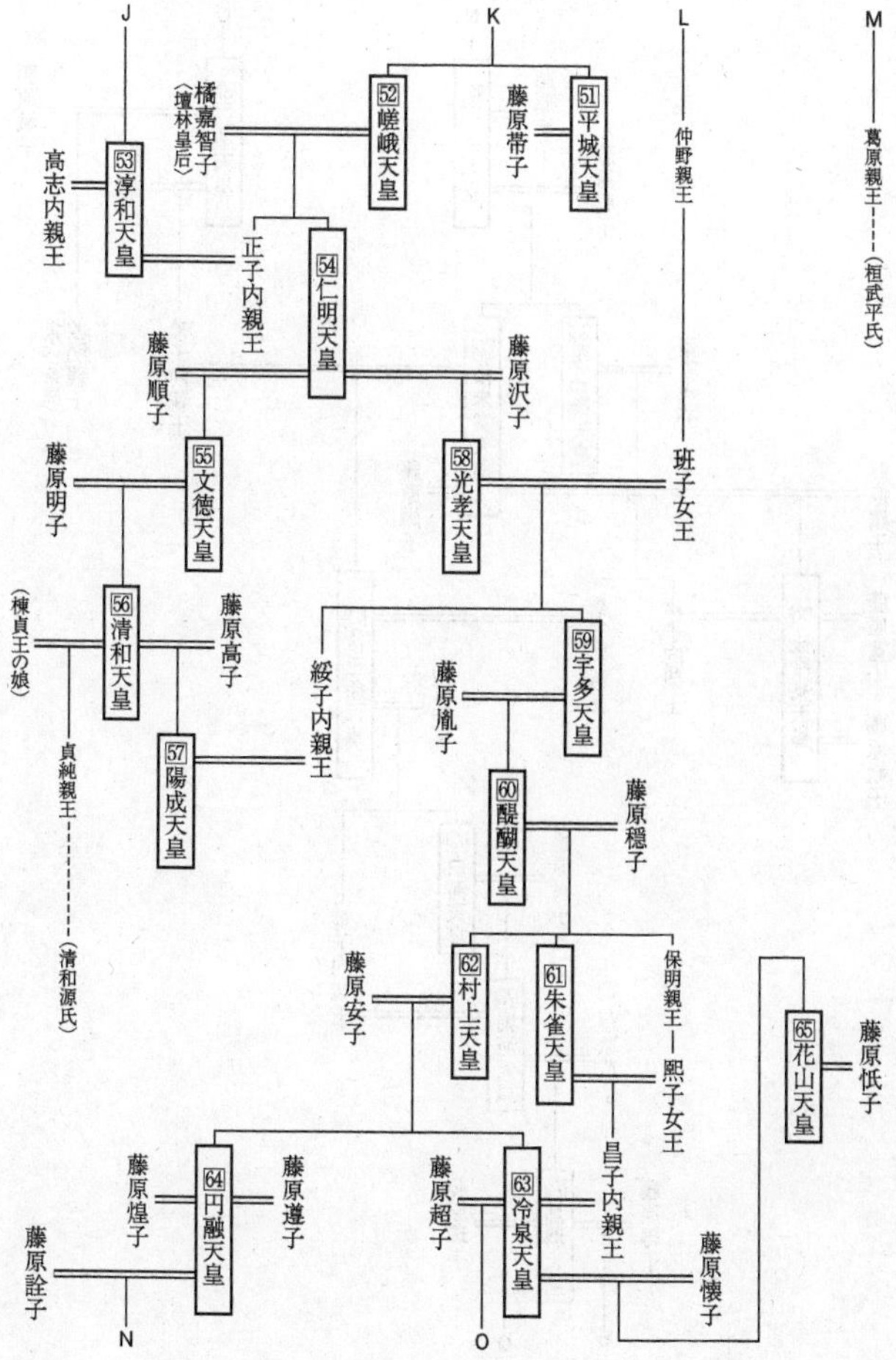
J
K
L
M
52 嵯峨天皇
51 平城天皇
藤原帯子
橘嘉智子
（壇林皇后）
53 淳和天皇
高志内親王
正子内親王
54 仁明天皇
仲野親王
葛原親王
（桓武平氏）
藤原順子
藤原沢子
55 文徳天皇
58 光孝天皇
藤原明子
班子女王
56 清和天皇
藤原高子
（棟貞王の娘）
貞純親王
（清和源氏）
57 陽成天皇
綏子内親王
藤原胤子
59 宇多天皇
60 醍醐天皇
藤原穏子
62 村上天皇
61 朱雀天皇
保明親王
熙子女王
藤原安子
65 花山天皇
藤原忯子
64 円融天皇
藤原煌子
藤原遵子
藤原超子
63 冷泉天皇
昌子内親王
藤原懐子
藤原詮子
N
O

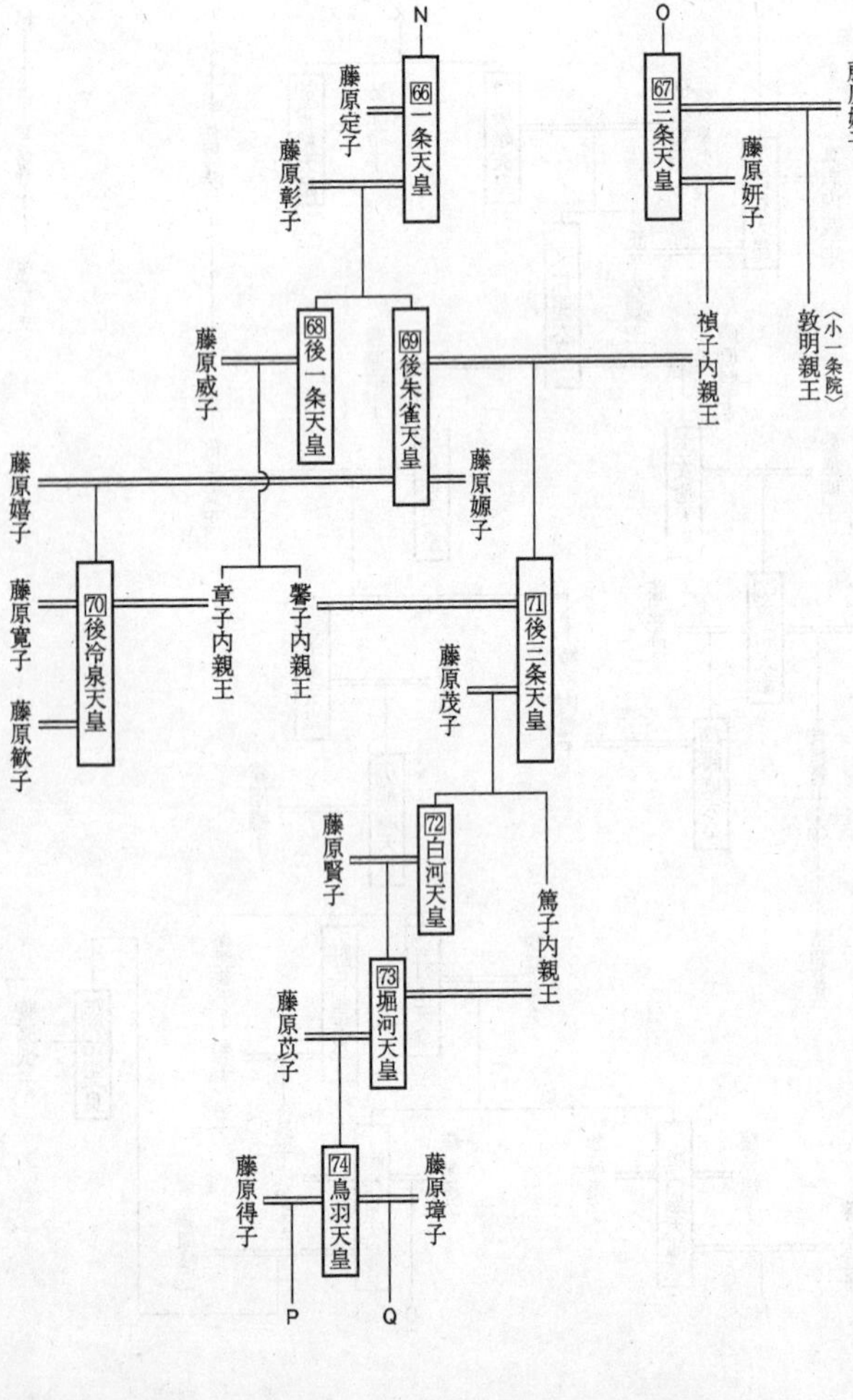
N
O
66 一条天皇
藤原定子
藤原彰子
67 三条天皇
藤原娍子
藤原妍子
禎子内親王
敦明親王
〈小一条院〉
68 後一条天皇
69 後朱雀天皇
藤原威子
藤原嬉子
藤原嫄子
70 後冷泉天皇
藤原寛子
藤原歓子
章子内親王
馨子内親王
71 後三条天皇
藤原茂子
72 白河天皇
藤原賢子
篤子内親王
73 堀河天皇
藤原苡子
74 鳥羽天皇
藤原得子
藤原璋子
P
Q

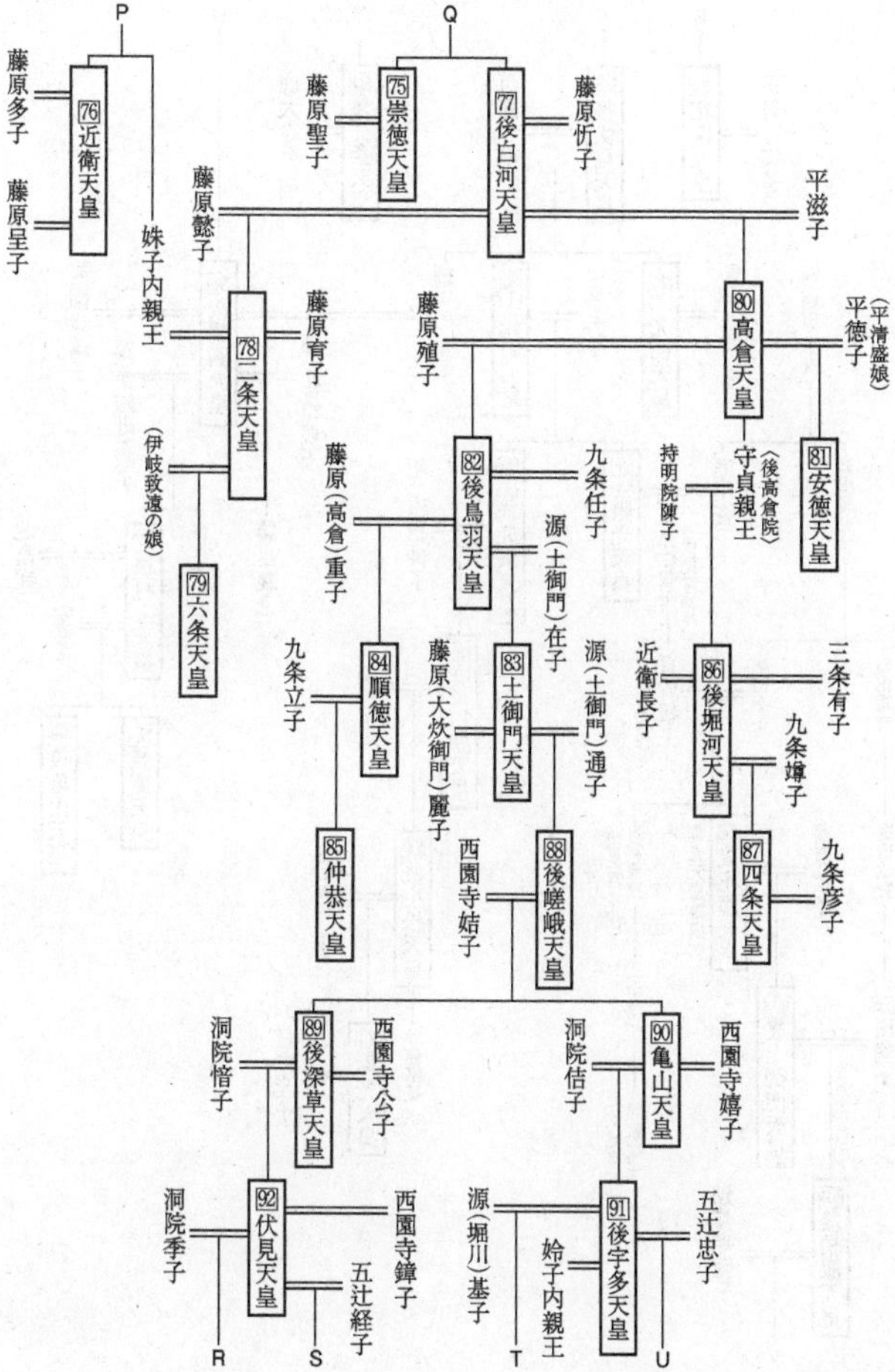
P
Q
藤原多子
76 近衛天皇
藤原呈子
姝子内親王
藤原聖子
75 崇徳天皇
77 後白河天皇
藤原忻子
藤原懿子
平滋子
78 二条天皇
藤原育子
(伊岐致遠の娘)
79 六条天皇
藤原殖子
80 高倉天皇
平徳子
(平清盛娘)
82 後鳥羽天皇
九条任子
藤原(高倉)重子
源(土御門)在子
持明院陳子
守貞親王
(後高倉院)
81 安徳天皇
九条立子
84 順徳天皇
藤原(大炊御門)麗子
83 土御門天皇
源(土御門)通子
近衛長子
86 後堀河天皇
三条有子
九条竴子
85 仲恭天皇
西園寺姞子
88 後嵯峨天皇
87 四条天皇
九条彦子
洞院愔子
89 後深草天皇
西園寺公子
洞院佶子
90 亀山天皇
西園寺嬉子
洞院季子
92 伏見天皇
西園寺鏱子
五辻経子
源(堀川)基子
91 後宇多天皇
五辻忠子
姈子内親王
R
S
T
U

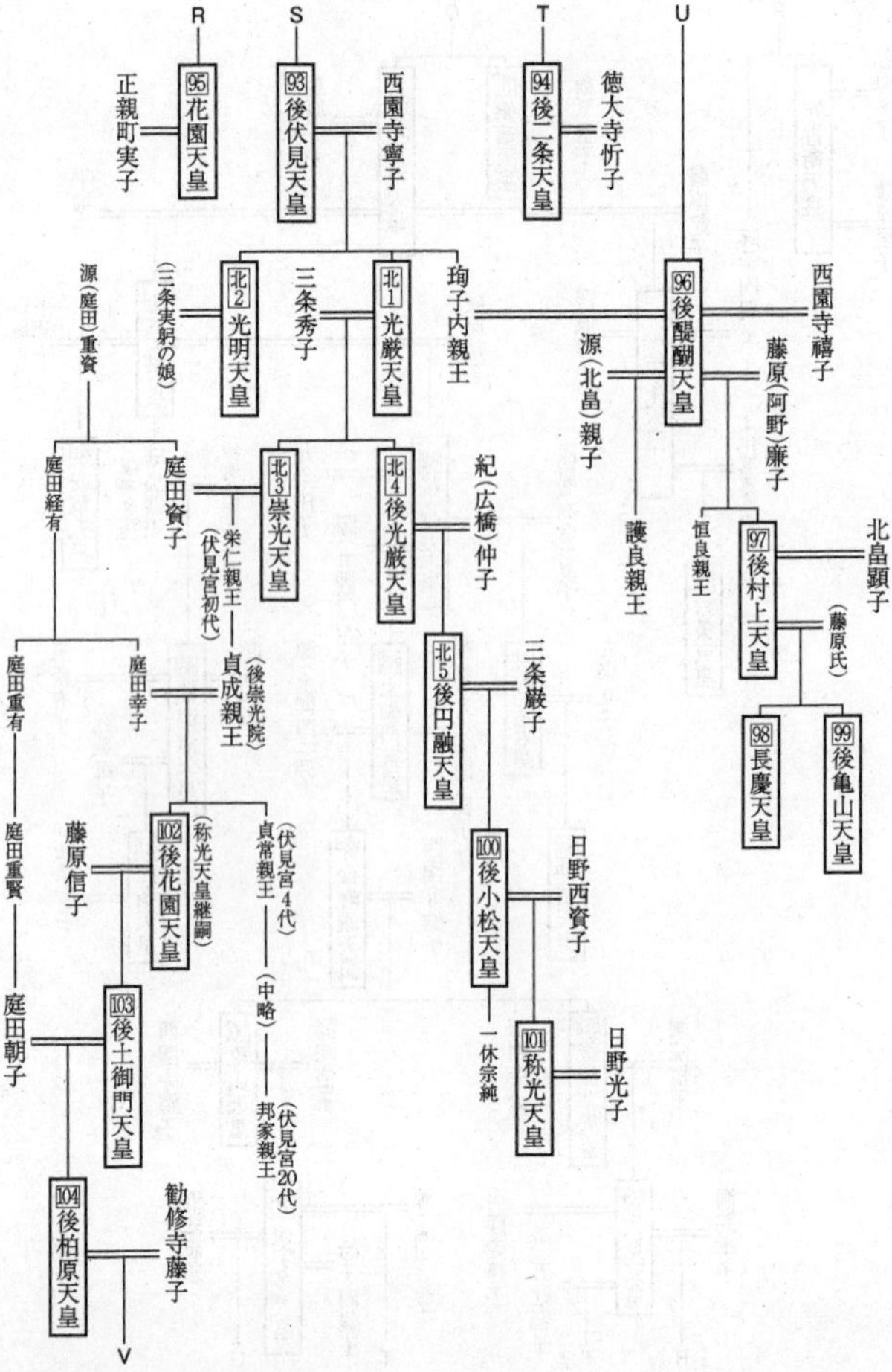
R
S
T
U
95 花園天皇
正親町実子
93 後伏見天皇
西園寺寧子
94 後二条天皇
徳大寺忻子
96 後醍醐天皇
西園寺禧子
源(北畠)親子
藤原(阿野)廉子
護良親王
恒良親王
97 後村上天皇
北畠顕子
(藤原氏)
98 長慶天皇
99 後亀山天皇
珣子内親王
北1 光厳天皇
三条秀子
北2 光明天皇
(三条実躬の娘)
北3 崇光天皇
北4 後光厳天皇
紀(広橋)仲子
北5 後円融天皇
三条厳子
100 後小松天皇
日野西資子
一休宗純
101 称光天皇
日野光子
源(庭田)重資
庭田経有
庭田資子
栄仁親王
(伏見宮初代)
貞成親王
(後崇光院)
庭田幸子
庭田重有
庭田重賢
庭田朝子
102 後花園天皇
(称光天皇継嗣)
貞常親王
(伏見宮4代)
(中略)
邦家親王
(伏見宮20代)
藤原信子
103 後土御門天皇
104 後柏原天皇
勧修寺藤子
V

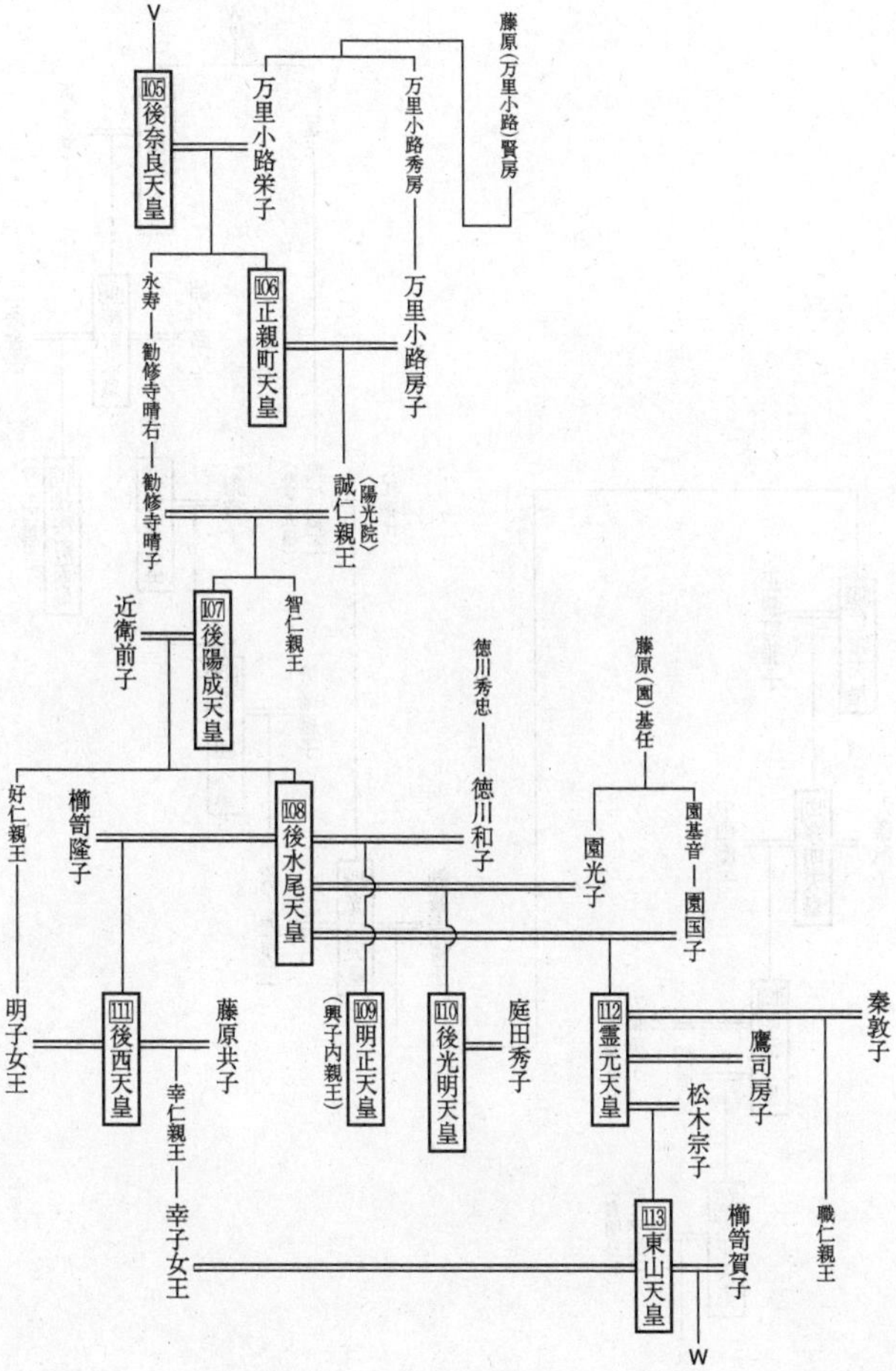
V
藤原（万里小路）賢房
万里小路秀房
万里小路栄子
105 後奈良天皇
万里小路房子
106 正親町天皇
永寿
勧修寺晴右
勧修寺晴子
誠仁親王〈陽光院〉
智仁親王
近衛前子
107 後陽成天皇
徳川秀忠
徳川和子
藤原（園）基任
園光子
園基音
園国子
好仁親王
櫛笥隆子
108 後水尾天皇
明子女王
111 後西天皇
藤原共子
幸仁親王
幸子女王
109 明正天皇（興子内親王）
110 後光明天皇
庭田秀子
112 霊元天皇
秦敦子
鷹司房子
松木宗子
職仁親王
113 東山天皇
櫛笥賀子
W

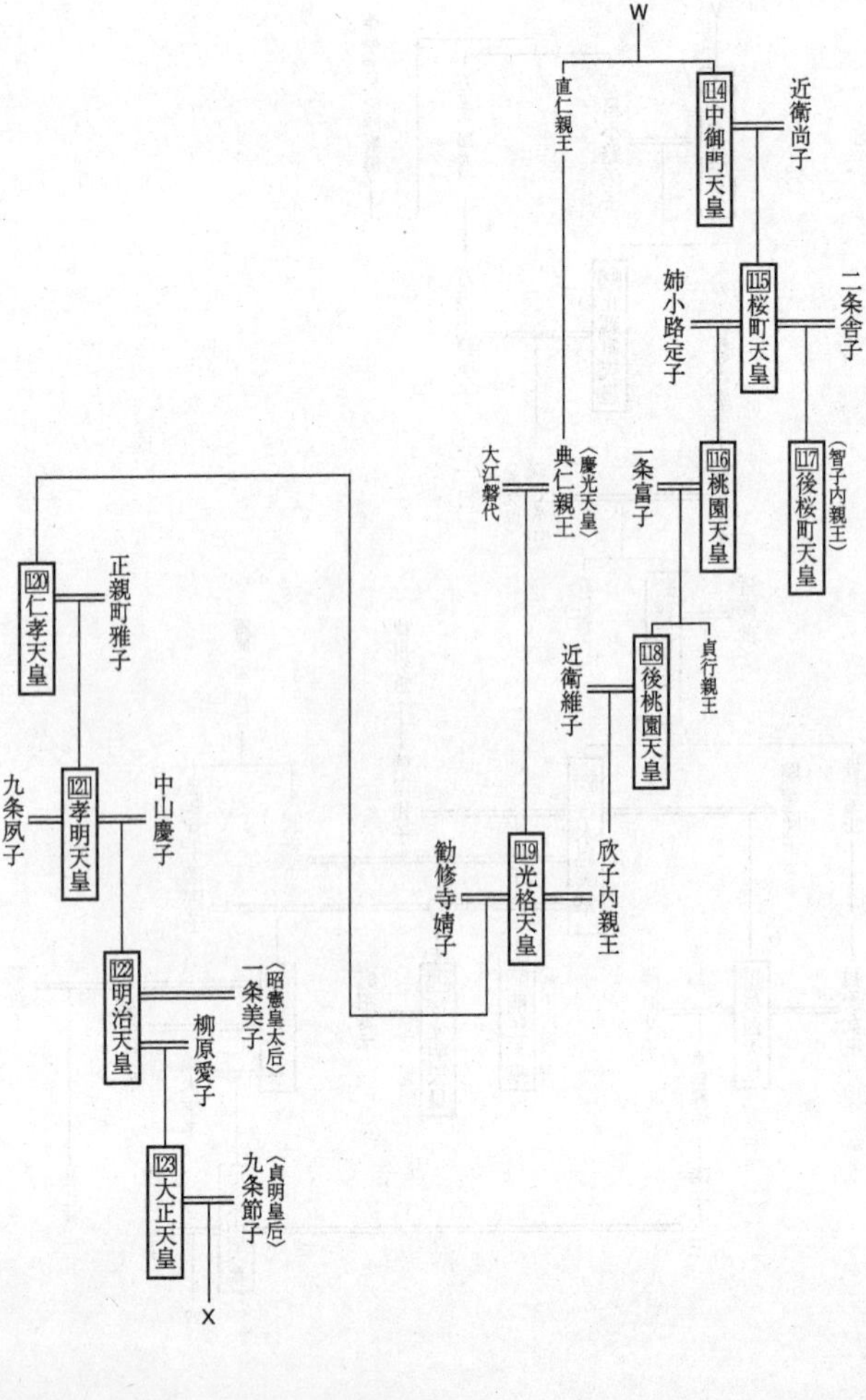
W
直仁親王
114 中御門天皇
近衛尚子
115 桜町天皇
姉小路定子
二条舎子
116 桃園天皇
一条富子
117 後桜町天皇
（智子内親王）
典仁親王
（慶光天皇）
大江磐代
118 後桃園天皇
近衛維子
貞行親王
119 光格天皇
勧修寺婧子
欣子内親王
120 仁孝天皇
正親町雅子
121 孝明天皇
九条夙子
中山慶子
122 明治天皇
一条美子
（昭憲皇太后）
柳原愛子
123 大正天皇
九条節子
（貞明皇后）
X

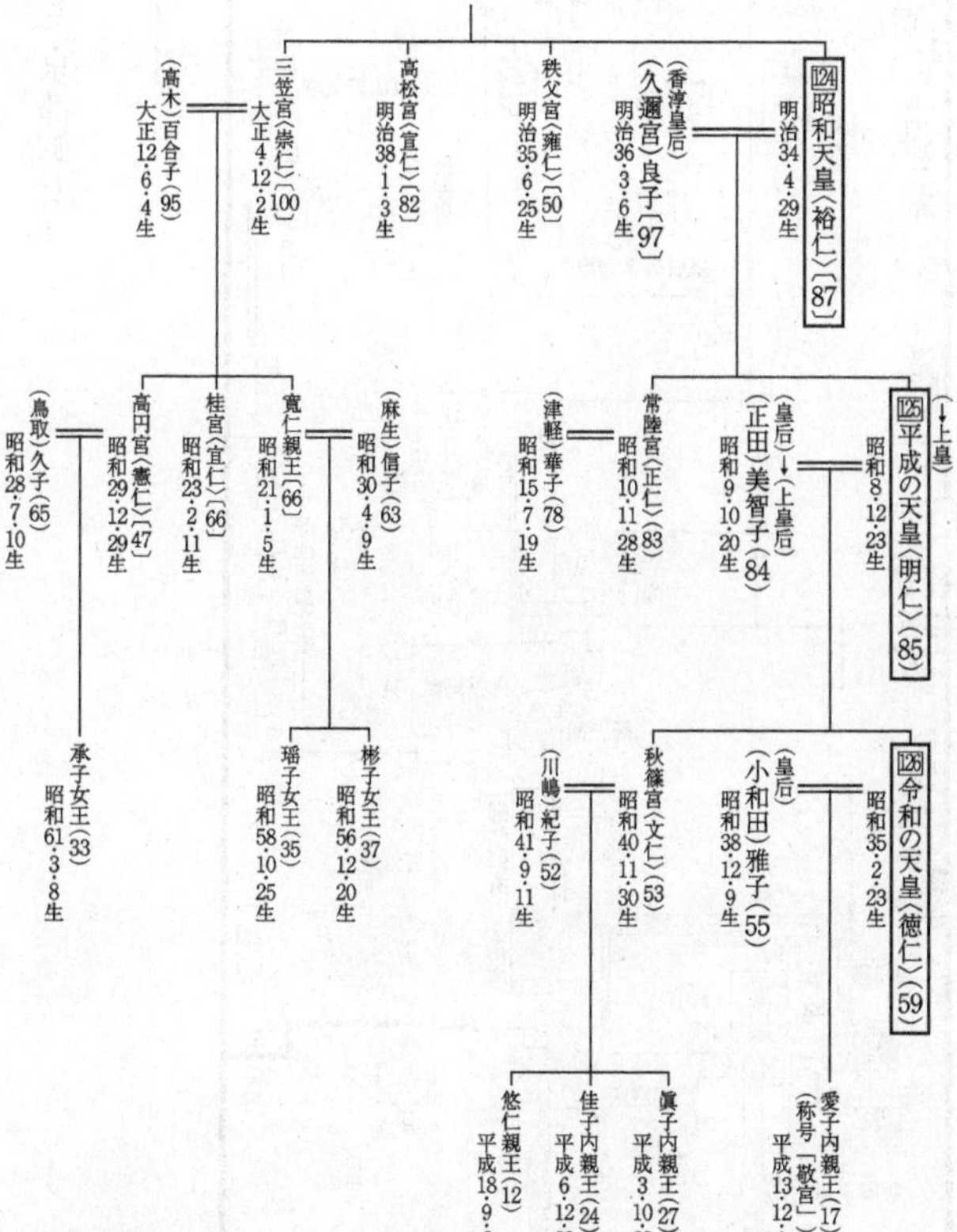

注1 新元号令和元年（2019）5月1日の皇室を構成する天皇と皇族は、男性5名、女性13名。
2 結婚により皇室を離れた現存者は、7名（昭和天皇の皇女2名、平成の天皇の皇女1名、三笠宮の王女2名、高円宮の王女2名）。
3 故人は〔没年齢〕、現存者は（4月30日現在の満年齢）。一部親王・内親王・女王の敬称を追記した（他省略）。［所］

[2] 京都御所

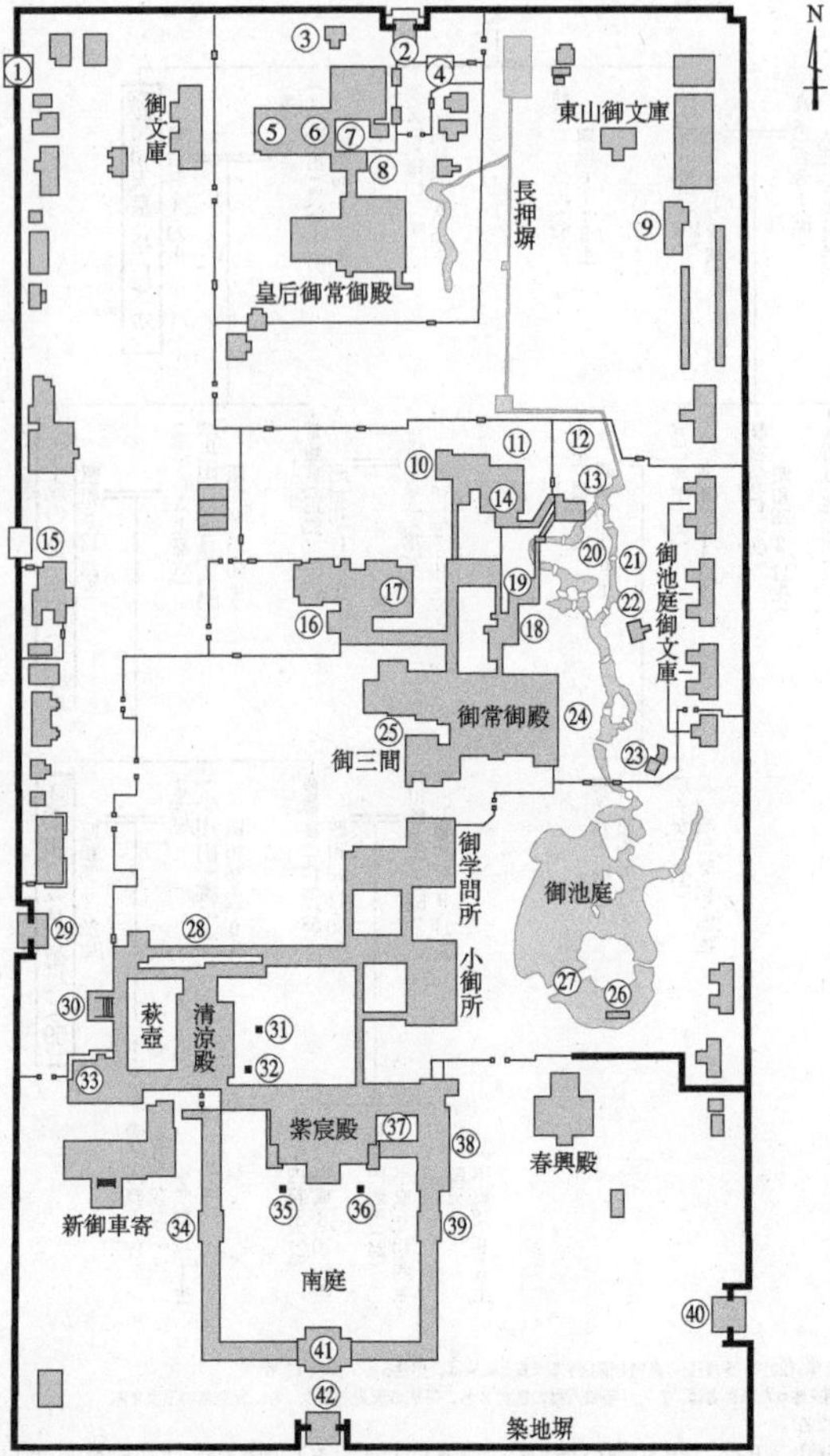
N
御文庫
東山御文庫
長押塀
皇后御常御殿
御池庭御文庫
御常御殿
御三間
御学問所
小御所
御池庭
萩壺
清涼殿
紫宸殿
春興殿
新御車寄
南庭
築地塀

①皇后御門
②朔平門
③飛香舎
④玄輝門
⑤姫宮御殿
⑥若宮御殿
⑦藤壺
⑧御黒戸
⑨御馬見所
⑩御新建
⑪御花御殿
⑫枯山水
⑬聴雪
⑭床の間

⑮清所門
⑯参内殿
⑰長橋局
⑱迎春
⑲御涼所
⑳龍泉
㉑御内庭
㉒地震殿
㉓錦台
㉔御常御殿東庭
㉕御献の間
㉖舟屋形
㉗欅橋
㉘御拝道廊下

㉙宜秋門
㉚御車寄
㉛呉竹
㉜河竹
㉝諸大夫の間
㉞月華門
㉟右近橘
㉖左近桜
㊲陣の座
㊳宜陽殿
㊴日華門
㊵建春門
㊶承明門
㊷建礼門

㉙旧西の丸
㉚伏見櫓
㉛正門鉄橋
㉜坂下門
㉝正門石橋
㉞正門
㉟桜田門
㊱北桔橋門
㊲狐坂
㊳天守台
㊴書陵部庁舎
㊵桃華楽堂
㊶楽部庁舎
㊷西桔門
㊸呉竹寮
㊹天神濠
㊺平川門
㊻平川橋
㊼覆馬場
㊽富士見多聞
㊾松の廊下跡
㊿旧本丸
51 白鳥濠
52 汐見坂
53 旧二の丸
54 宮内庁病院
55 旧三の丸
56 三の丸尚蔵館
57 大手門
58 皇宮警察学校
59 済寧館
60 同心番所
61 百人番所
62 皇宮警察本部
63 辰巳櫓
64 桔梗門
65 富士見櫓
※(　)は現存しない建物

[3]皇居図

①代官町通
②寒香亭
③観瀑亭
④乾門
⑤桜並木
⑥御文庫
⑦吹上大宮御所
⑧花蔭亭
⑨林鳥亭
⑩半蔵門
⑪大池
⑫霜錦亭
⑬生物学御研究所
⑭水田
⑮賢所〈宮中三殿〉
⑯参集所
⑰御府
⑱下道灌濠
⑲紅葉山
⑳御養蚕所
㉑百間廊下
㉒中道灌濠
㉓宮殿
㉔宮内庁庁舎
㉕お局
㉖お局門
㉗上道灌濠
㉘山里御文庫

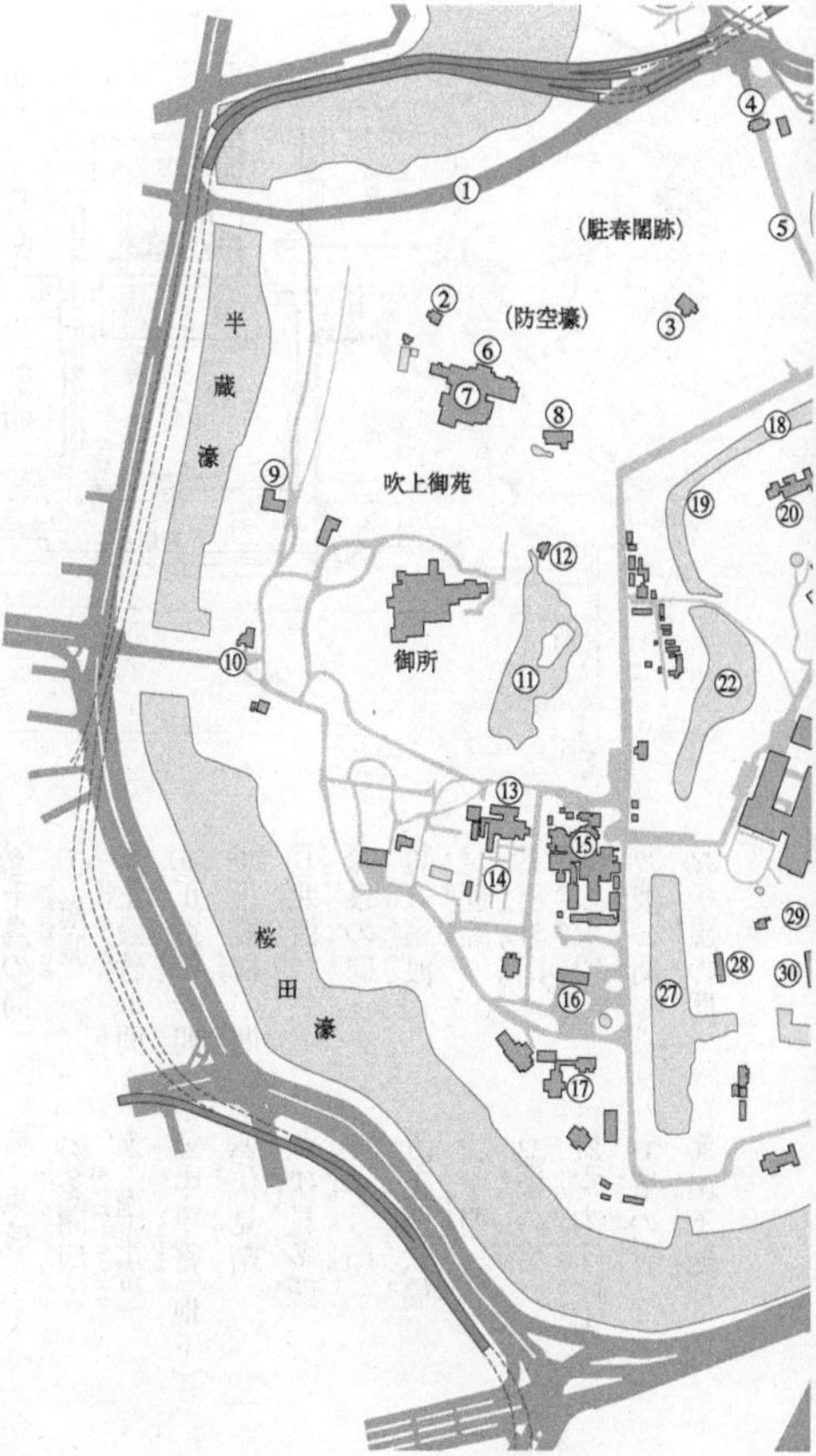

[4]宮殿図

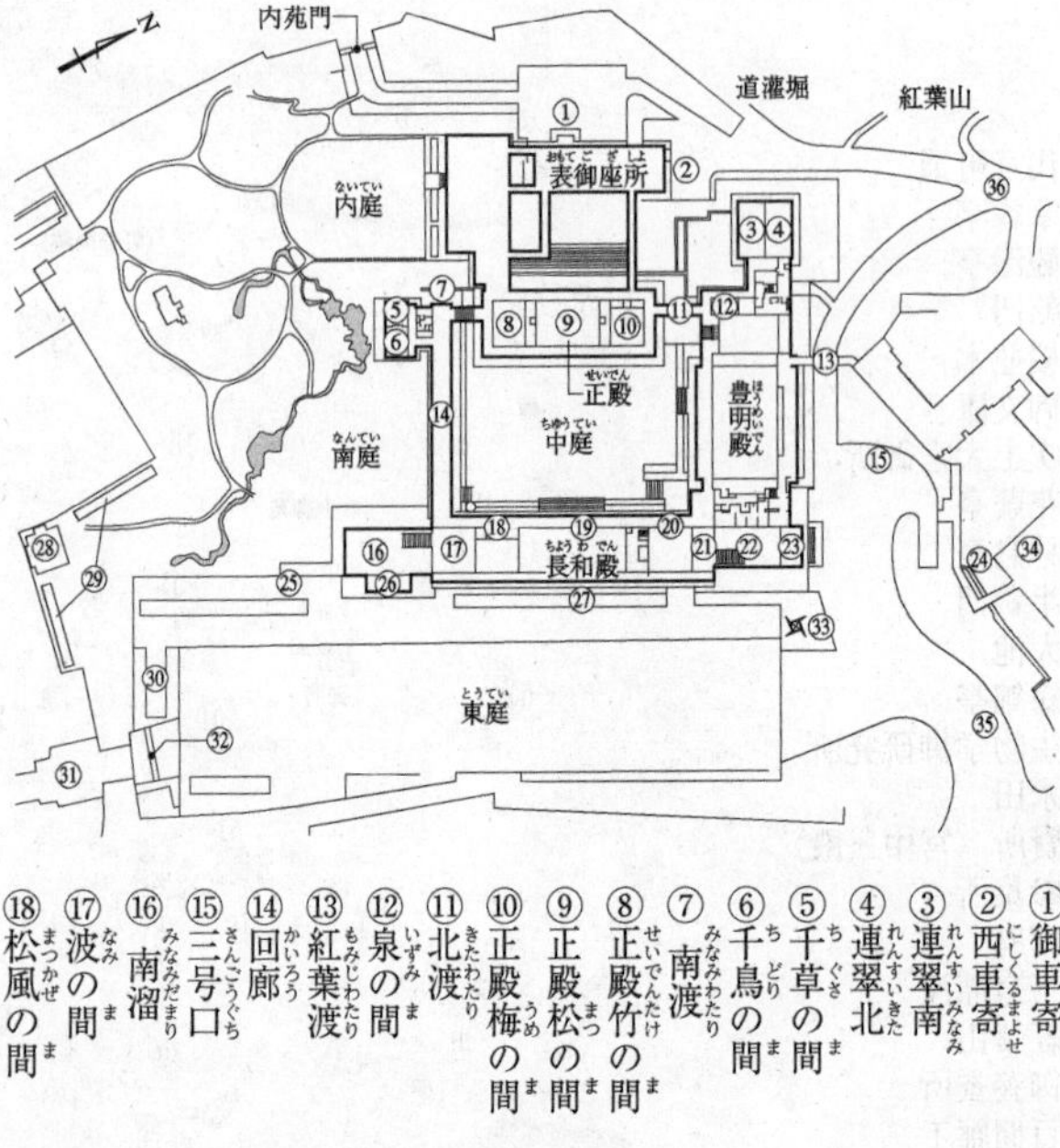

①御車寄《みくるまよせ》
②西車寄《にしくるまよせ》
③連翠南《れんすいみなみ》
④連翠北《れんすいきた》
⑤千草《ちぐさ》の間《ま》
⑥千鳥《ちどり》の間《ま》
⑦南渡《みなみわたり》
⑧正殿竹《せいでんたけ》の間《ま》
⑨正殿松《まつ》の間《ま》
⑩正殿梅《うめ》の間《ま》
⑪北渡《きたわたり》
⑫泉《いずみ》の間《ま》
⑬紅葉渡《もみじわたり》
⑭回廊《かいろう》
⑮三号口《さんごうぐち》
⑯南溜《みなみだまり》
⑰波《なみ》の間《ま》
⑱松風《まつかぜ》の間《ま》
⑲春秋《しゅんじゅう》の間《ま》
⑳石橋《しゃっきょう》の間《ま》
㉑北《きた》の間《ま》
㉒北溜《きただまり》
㉓北車寄《きたくるまよせ》
㉔東渡《ひがしわたり》
㉕多聞口《たもんぐち》
㉖南車寄《みなみくるまよせ》
㉗中車寄《なかくるまよせ》（地下）
㉘伏見櫓《ふしみやぐら》
㉙伏見多聞《ふしみたもん》
㉚一号口《いちごうぐち》
㉛正門鉄橋《せいもんてっきょう》
㉜中門《ちゅうもん》
㉝松《まつ》の塔《とう》
㉞宮内庁庁舎《くないちょうちょうしゃ》
㉟塔《とう》の坂《さか》
㊱山下通《やましたどお》り

[5] 宮中三殿図

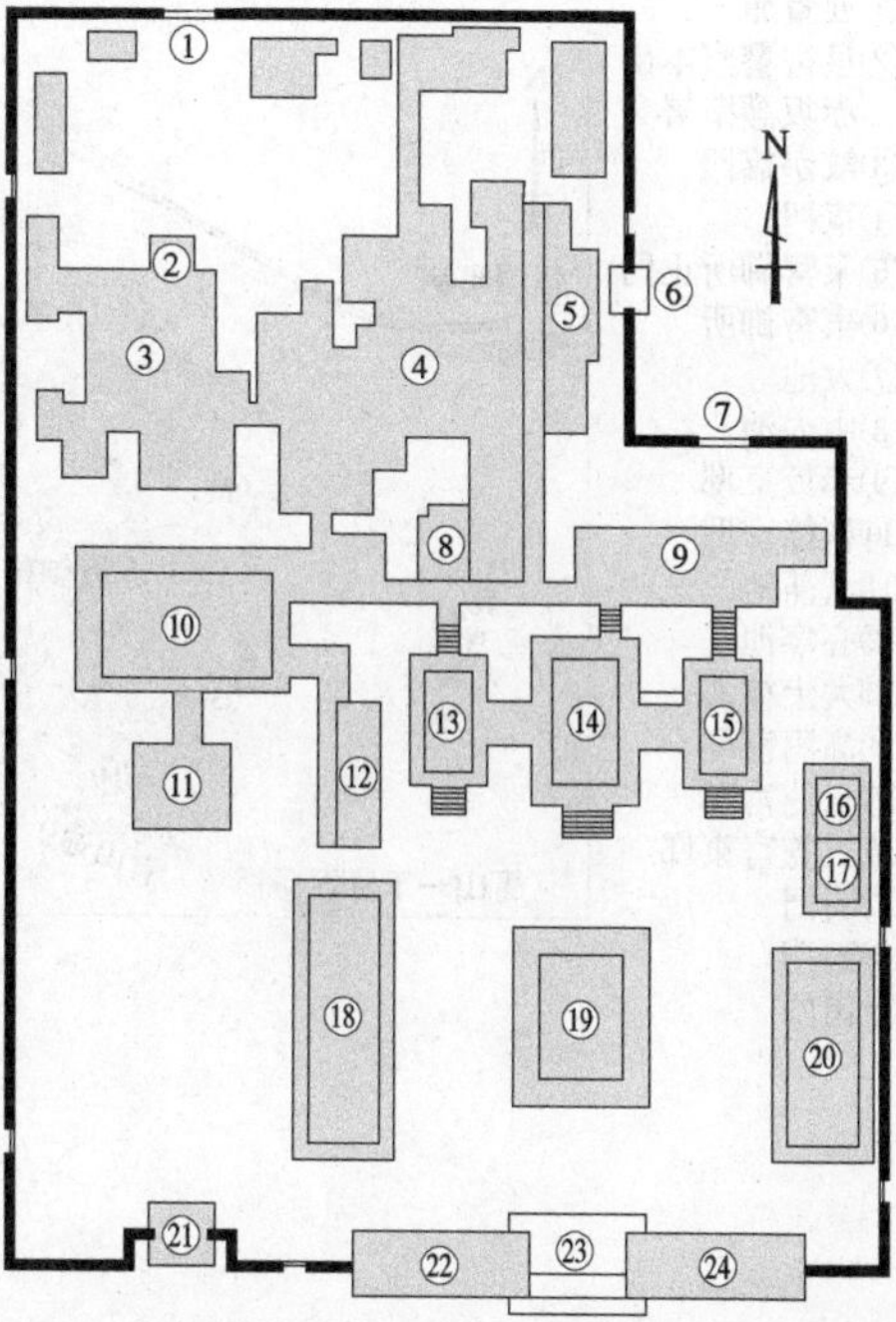

① 通用門
② 玄関
③ 広間
④ 賢所詰所《けんしょつめしょ》
⑤ 東宮便殿《とうぐうびんでん》
⑥ 東門
⑦ 北門
⑧ 御饌殿《みけでん》
⑨ 綾綺殿《りょうきでん》
⑩ 神嘉殿《しんかでん》
⑪ 御遙拝所《ごようはいしょ》
⑫ 膳舎《かしわしゃ》
⑬ 皇霊殿《こうれいでん》
⑭ 賢所《かしこどころ》
⑮ 神殿《しんでん》
⑯ 御羽車舎《おはぐるましゃ》
⑰ 奏楽舎《そうがくしゃ》
⑱ 右幄舎《みぎあくしゃ》
⑲ 神楽舎《かぐらしゃ》
⑳ 左幄舎《ひだりあくしゃ》
㉑ 神嘉門《しんかもん》
㉒ 右廻廊
㉓ 正門
㉔ 左廻廊

[6]赤坂御用地図

①迎賓館
②皇宮警察本部
　赤坂護衛署
③鮫が橋門
④東門
⑤東宮御所正門
⑥東宮御所
⑦大池
⑧中の池
⑨赤坂東邸
⑩秋篠宮邸
⑪菖蒲池
⑫心字池
⑬大土橋池
⑭高円宮邸
⑮三笠宮邸
⑯三笠宮東邸
⑰巽門
⑱西門
⑲南門

[7] 陵墓一覧

・主として天皇と皇后など（贈后、女院など）および天皇の父となった親王、王を示した（宮内庁編『陵墓要覧』より）。
・皇族でも、世襲親王家、近代宮家については初代のみを示し、それ以下は省略した。
・藤原氏出身以外の皇后などについては、氏を「 」で示した。
・名前の後に〈 〉で歴史的に重要な追号、別名も補った。
・陵墓参考地（46か所）は省略した。
・[35]皇極天皇については[37]斉明天皇、[46]孝謙天皇については[48]称徳天皇を参照のこと。

名前	陵墓名（所在地）
天津日高彦火瓊瓊杵尊	可愛山陵（鹿児島県薩摩川内市宮内町）
天津日高彦火火出見尊	高屋山上陵（鹿児島県霧島市溝辺町麓）
天津日高彦波瀲武鸕鷀草葺不合尊	吾平山上陵（鹿児島県鹿屋市吾平町上名）
[1]神武天皇	畝傍山東北陵（奈良県橿原市大久保町）
[2]綏靖天皇	桃花鳥田丘上陵（奈良県橿原市四条町）
[3]安寧天皇	畝傍山西南御陰井上陵（奈良県橿原市吉田町）
[4]懿徳天皇	畝傍山南纖沙溪上陵（奈良県橿原市西池尻町）
[5]孝昭天皇	掖上博多山上陵（奈良県御所市三室）
[6]孝安天皇	玉手丘上陵（奈良県御所市玉手）
[7]孝霊天皇	片丘馬坂陵（奈良県北葛城郡王寺町本町）
[8]孝元天皇	剣池嶋上陵（奈良県橿原市石川町）
[9]開化天皇	春日率川坂上陵（奈良県奈良市油阪町）

10 崇神天皇	山辺道勾岡上陵（奈良県天理市柳本町）
11 垂仁天皇	菅原伏見東陵（奈良県奈良市尼辻西町）
皇后　日葉酢媛命	狭木之寺間陵（奈良県奈良市山陵町）
12 景行天皇	山辺道上陵（奈良県天理市渋谷町）
皇后　播磨稲日大郎姫命	日岡陵（兵庫県加古川市加古川町大野日岡山）
皇子　日本武尊	能褒野墓（三重県亀山市田村町）
13 成務天皇	狭城盾列池後陵（奈良県奈良市山陵町）
14 仲哀天皇	恵我長野西陵（大阪府藤井寺市藤井寺）
皇后　神功皇后	狭城盾列池上陵（奈良県奈良市山陵町）
15 応神天皇	恵我藻伏崗陵（大阪府羽曳野市誉田）
皇后　仲姫命	仲津山陵（大阪府藤井寺市沢田）
16 仁徳天皇	百舌鳥耳原中陵（大阪府堺市堺区大仙町）
皇后　磐之媛命	平城坂上陵（奈良県奈良市佐紀町）
17 履中天皇	百舌鳥耳原南陵（大阪府堺市西区石津ヶ丘）
皇子　市辺押磐皇子	磐坂市辺押磐皇子墓（滋賀県東近江市市辺町）
皇孫女　飯豊天皇〈飯豊青尊〉	埴口丘陵（奈良県葛城市北花内）
18 反正天皇	百舌鳥耳原北陵（大阪府堺市堺区北三国ヶ丘町）
19 允恭天皇	恵我長野北陵（大阪府藤井寺市国府）
20 安康天皇	菅原伏見西陵（奈良県奈良市宝来）
21 雄略天皇	丹比高鷲原陵（大阪府羽曳野市島泉）
22 清寧天皇	河内坂門原陵（大阪府羽曳野市西浦）
23 顕宗天皇	傍丘磐坏丘南陵（奈良県香芝市北今市）
24 仁賢天皇	埴生坂本陵（大阪府藤井寺市青山）

25 武烈天皇	傍丘磐坏丘北陵（奈良県香芝市今泉）
26 継体天皇	三嶋藍野陵（大阪府茨木市太田）
皇后　手白香皇女	衾田陵（奈良県天理市中山町）
27 安閑天皇	古市高屋丘陵（大阪府羽曳野市古市）
皇后　春日山田皇女	古市高屋陵（大阪府羽曳野市古市）
28 宣化天皇	身狭桃花鳥坂上陵（奈良県橿原市鳥屋町）
皇后　橘仲皇女（宣化天皇と合葬）	身狭桃花鳥坂上陵（奈良県橿原市鳥屋町）
29 欽明天皇	檜隈坂合陵（奈良県高市郡明日香村平田）
皇后　石姫皇女	磯長原陵（大阪府南河内郡太子町太子）
30 敏達天皇	河内磯長中尾陵（大阪府南河内郡太子町太子）
皇后　広姫	息長陵（滋賀県米原市村居田）
31 用明天皇	河内磯長原陵（大阪府南河内郡太子町春日）
32 崇峻天皇	倉梯岡陵（奈良県桜井市倉橋）
33 推古天皇	磯長山田陵（大阪府南河内郡太子町山田）
34 舒明天皇	押坂内陵（奈良県桜井市忍阪）
36 孝徳天皇	大阪磯長陵（大阪府南河内郡太子町山田）
皇后　間人皇女	越智崗上陵（奈良県高市郡高取町車木）
37 斉明天皇	越智崗上陵（奈良県高市郡高取町車木）
38 天智天皇	山科陵（京都府京都市山科区御陵上御廟野町）
皇子　施基親王〈春日宮天皇〉	田原西陵（奈良県奈良市矢田原町）
贈皇太后　橡姫	吉隠陵（奈良県宇陀市榛原区角柄）
39 弘文天皇	長等山前陵（滋賀県大津市御陵町）
40 天武天皇	檜隈大内陵（奈良県高市郡明日香村野口）

皇子　草壁皇子〈岡宮天皇〉	真弓丘陵（奈良県高市郡高取町森）
41持統天皇	檜隈大内陵（奈良県高市郡明日香村野口）
42文武天皇	檜隈安古岡上陵（奈良県高市郡明日香村栗原）
43元明天皇	奈保山東陵（奈良県奈良市奈良阪町）
44元正天皇	奈保山西陵（奈良県奈良市奈良阪町）
45聖武天皇	佐保山南陵（奈良県奈良市法蓮町）
皇后　天平応真仁正皇太后〈光明皇后〉	佐保山東陵（奈良県奈良市法蓮町）
47淳仁天皇	淡路陵（兵庫県南あわじ市賀集）
48称徳天皇	高野陵（奈良県奈良市山陵町）
49光仁天皇	田原東陵（奈良県奈良市日笠町）
皇后　井上内親王	宇智陵（奈良県五條市御山町）
贈太皇太后　天高知日之子姫尊〈新笠〉	大枝陵（京都府京都市西京区大枝沓掛町）
皇子　早良親王〈崇道天皇〉	八嶋陵（奈良県奈良市八島町）
50桓武天皇	柏原陵（京都府京都市伏見区桃山町永井久太郎）
皇后　天之高藤広宗照姫之尊〈乙牟漏〉	高畠陵（京都府向日市寺戸町大牧）
贈皇太后　旅子	宇波多陵（京都府京都市西京区大枝中山町乳母堂）
51平城天皇	楊梅陵（奈良県奈良市佐紀町）
52嵯峨天皇	嵯峨山上陵（京都府京都市右京区北嵯峨朝原山町）
皇后　嘉智子〈檀林皇后〉	嵯峨陵（京都府京都市右京区嵯峨鳥居本深谷町）
53淳和天皇	大原野西嶺上陵（京都府京都市西京区大原野南春日町）
54仁明天皇	深草陵（京都府京都市伏見区深草東伊達町）
尊称太皇太后　順子	後山階陵（京都府京都市山科区御陵沢ノ川町）
贈皇太后　沢子	中尾陵（京都府京都市東山区今熊野宝蔵町）

55文徳天皇	田邑陵（京都府京都市右京区太秦三尾町）
56清和天皇	水尾山陵（京都府京都市右京区嵯峨水尾清和）
57陽成天皇	神楽岡東陵（京都府京都市左京区浄土寺真如町）
58光孝天皇	後田邑陵（京都府京都市右京区宇多野馬場町）
59宇多天皇	大内山陵（京都府京都市右京区鳴滝宇多野谷）
中宮　温子	宇治陵（京都府宇治市木幡）
贈皇太后　胤子	小野陵（京都府京都市山科区勧修寺北大日町）
60醍醐天皇	後山科陵（京都府京都市伏見区醍醐古道町）
皇后　穏子	宇治陵（京都府宇治市木幡）
61朱雀天皇	醍醐陵（京都府京都市伏見区醍醐御陵東裏町）
62村上天皇	村上陵（京都府京都市右京区鳴滝宇多野谷）
皇后　安子	宇治陵（京都府宇治市木幡）
63冷泉天皇	桜本陵（京都府京都市左京区鹿ヶ谷法然院町、鹿ヶ谷西寺ノ前町）
皇后　昌子内親王	岩倉陵（京都府京都市左京区岩倉上蔵町）
贈皇太后　懐子	宇治陵（京都府宇治市木幡）
贈皇太后　超子	宇治陵（京都府宇治市木幡）
64円融天皇	後村上陵（京都府京都市右京区宇多野福王子町）
皇后　媓（煌）子	宇治陵（京都府宇治市木幡）
皇后　遵子	宇治陵（京都府宇治市木幡）
尊称皇太后　詮子	宇治陵（京都府宇治市木幡）
65花山天皇	紙屋川上陵（京都府京都市北区衣笠北高橋町）
66一条天皇	円融寺北陵（京都府京都市右京区龍安寺朱山　龍安寺内）
皇后　定子	鳥戸野陵（京都府京都市東山区今熊野泉山町）

皇后　彰子	宇治陵（京都府宇治市木幡）
67三条天皇	北山陵（京都府京都市北区衣笠西尊上院町）
皇后　妍子	宇治陵（京都府宇治市木幡）
皇后　娍子	宇治陵（京都府宇治市木幡）
68後一条天皇	菩提樹院陵（京都府京都市左京区吉田神楽岡町）
皇后　威子	宇治陵（京都府宇治市木幡）
69後朱雀天皇	円乗寺陵（京都府京都市右京区龍安寺朱山　龍安寺内）
皇后　禎子内親王	円乗寺東陵（京都府京都市右京区龍安寺朱山　龍安寺内）
贈皇太后　嬉子	宇治陵（京都府宇治市木幡）
70後冷泉天皇	円教寺陵（京都府京都市右京区龍安寺朱山　龍安寺内）
皇后　章子内親王	菩提樹院陵（京都府京都市左京区吉田神楽岡町）
皇后　寛子	宇治陵（京都府宇治市木幡）
皇后　歓子	宇治陵（京都府宇治市木幡）
71後三条天皇	円宗寺陵（京都府京都市右京区龍安寺朱山　龍安寺内）
贈皇太后　茂子	宇治陵（京都府宇治市木幡）
72白河天皇	成菩提院陵（京都府京都市伏見区竹田浄菩提院町）
皇后　賢子	上醍醐陵（京都府京都市伏見区醍醐醍醐山　醍醐寺内）
73堀河天皇	後円教寺陵（京都府京都市右京区龍安寺朱山　龍安寺内）
贈皇太后　苡子	宇治陵（京都府宇治市木幡）
74鳥羽天皇	安楽寿院陵（京都府京都市伏見区竹田浄菩提院町）
皇后　璋子	花園西陵（京都府京都市右京区花園扇野町）
皇后　得子	高野山陵（和歌山県伊都郡高野町高野山蓮花谷　不動院内）
75崇徳天皇	白峯陵（香川県坂出市青海町）

皇后　聖子	月輪南陵（京都府京都市伏見区深草本寺山町）
76 近衛天皇	安楽寿院南陵（京都府京都市伏見区竹田浄菩提院町）
77 後白河天皇	法住寺陵（京都府京都市東山区三十三間堂廻り町）
78 二条天皇	香隆寺陵（京都府京都市北区平野八丁柳町）
79 六条天皇	清閑寺陵（京都府京都市東山区清閑寺歌ノ中山町）
80 高倉天皇	後清閑寺陵（京都府京都市東山区清閑寺歌ノ中山町）
皇后［平］徳子	大原西陵（京都府京都市左京区大原草生町）
81 安徳天皇	阿弥陀寺陵（山口県下関市阿弥陀寺町）
82 後鳥羽天皇	大原陵（京都府京都市左京区大原勝林院町）
83 土御門天皇	金原陵（京都府長岡京市金ヶ原金原寺）
84 順徳天皇	大原陵（京都府京都市左京区大原勝林院町）
85 仲恭天皇	九条陵（京都府京都市伏見区深草本寺山町）
86 後堀河天皇	観音寺陵（京都府京都市東山区今熊野泉山町　泉涌寺内）
87 四条天皇	月輪陵（京都府京都市東山区今熊野泉山町　泉涌寺内）
88 後嵯峨天皇	嵯峨南陵（京都府京都市右京区嵯峨天龍寺芒ノ馬場町　天龍寺内）
皇后　姞子	粟田山陵（京都府京都市左京区南禅寺福地町　南禅寺内）
89 後深草天皇	深草北陵（京都府京都市伏見区深草坊町）
90 亀山天皇	亀山陵（京都府京都市右京区嵯峨天龍寺芒ノ馬場町　天龍寺内）
皇后　佶子	蓮華峯寺陵（京都府京都市右京区北嵯峨朝原山町）
91 後宇多天皇	蓮華峯寺陵（京都府京都市右京区北嵯峨朝原山町）
皇后　姈子内親王	今林陵（京都府京都市右京区嵯峨大覚寺門前六道町）
92 伏見天皇	深草北陵（京都府京都市伏見区深草坊町）
93 後伏見天皇	深草北陵（京都府京都市伏見区深草坊町）

94 後二条天皇	北白河陵（京都府京都市左京区北白川追分町）
95 花園天皇	十楽院上陵（京都府京都市東山区粟田口三条坊町）
96 後醍醐天皇	塔尾陵（奈良県吉野郡吉野町吉野山字塔ノ尾　如意輪寺内）
97 後村上天皇	檜尾陵（大阪府河内長野市寺元　観心寺内）
中宮　顕子	笠間山陵（奈良県宇陀市榛原区笠間）
98 長慶天皇	嵯峨東陵（京都府京都市右京区嵯峨天龍寺角倉町）
99 後亀山天皇	嵯峨小倉陵（京都府京都市右京区嵯峨鳥居本小坂町）
北1 光厳天皇	山国陵（京都府京都市右京区京北井戸町丸山　常照皇寺内）
北2 光明天皇	大光明寺陵（京都府京都市伏見区桃山町泰長老）
北3 崇光天皇	大光明寺陵（京都府京都市伏見区桃山町泰長老）
皇子　栄仁親王（伏見宮）	栄仁親王墓（京都府京都市伏見区深草坊町）
皇孫　貞成親王〈後崇光太上天皇〉	伏見松林院陵（京都府京都市伏見区丹後町）
北4 後光厳天皇	深草北陵（京都府京都市伏見区深草坊町）
北5 後円融天皇	深草北陵（京都府京都市伏見区深草坊町）
100 後小松天皇	深草北陵（京都府京都市伏見区深草坊町）
101 称光天皇	深草北陵（京都府京都市伏見区深草坊町）
102 後花園天皇	後山国陵（京都府京都市右京区京北井戸町丸山　常照皇寺内）
103 後土御門天皇	深草北陵（京都府京都市伏見区深草坊町）
104 後柏原天皇	深草北陵（京都府京都市伏見区深草坊町）
105 後奈良天皇	深草北陵（京都府京都市伏見区深草坊町）
106 正親町天皇	深草北陵（京都府京都市伏見区深草坊町）
皇子　誠仁親王〈陽光太上天皇〉	月輪陵（京都府京都市東山区今熊野泉山町　泉涌寺内）
皇孫　智仁親王（桂宮）	智仁親王墓（京都府京都市上京区相国寺門前町　相国寺内）

107 後陽成天皇	深草北陵（京都府京都市伏見区深草坊町）
皇子 好仁親王（有栖川宮）	好仁親王墓（京都府京都市北区紫野大徳寺町 大徳寺竜光院内）
108 後水尾天皇	月輪陵（京都府京都市東山区今熊野泉山町 泉涌寺内）
皇后［徳川］和子	月輪陵（京都府京都市東山区今熊野泉山町 泉涌寺内）
109 明正天皇	月輪陵（京都府京都市東山区今熊野泉山町 泉涌寺内）
110 後光明天皇	月輪陵（京都府京都市東山区今熊野泉山町 泉涌寺内）
111 後西天皇	月輪陵（京都府京都市東山区今熊野泉山町 泉涌寺内）
112 霊元天皇	月輪陵（京都府京都市東山区今熊野泉山町 泉涌寺内）
皇后 房子	月輪陵（京都府京都市東山区今熊野泉山町 泉涌寺内）
113 東山天皇	月輪陵（京都府京都市東山区今熊野泉山町 泉涌寺内）
皇后 幸子女王	月輪陵（京都府京都市東山区今熊野泉山町 泉涌寺内）
皇子 直仁親王（閑院宮）	直仁親王墓（京都府京都市上京区北ノ辺町 廬山寺陵域内）
皇孫 典仁親王〈慶光天皇〉	廬山寺陵（京都府京都市上京区北ノ辺町 廬山寺内）
114 中御門天皇	月輪陵（京都府京都市東山区今熊野泉山町 泉涌寺内）
贈皇太后 尚子	月輪陵（京都府京都市東山区今熊野泉山町 泉涌寺内）
115 桜町天皇	月輪陵（京都府京都市東山区今熊野泉山町 泉涌寺内）
尊称皇太后 舎子	月輪陵（京都府京都市東山区今熊野泉山町 泉涌寺内）
116 桃園天皇	月輪陵（京都府京都市東山区今熊野泉山町 泉涌寺内）
尊称皇太后 富子	月輪陵（京都府京都市東山区今熊野泉山町 泉涌寺内）
117 後桜町天皇	月輪陵（京都府京都市東山区今熊野泉山町 泉涌寺内）
118 後桃園天皇	月輪陵（京都府京都市東山区今熊野泉山町 泉涌寺内）
尊称皇太后 維子	月輪陵（京都府京都市東山区今熊野泉山町 泉涌寺内）
119 光格天皇	後月輪陵（京都府京都市東山区今熊野泉山町 泉涌寺内）

皇后 欣子内親王	後月輪陵（京都府京都市東山区今熊野泉山町 泉涌寺内）
120 仁孝天皇	後月輪陵（京都府京都市東山区今熊野泉山町 泉涌寺内）
贈皇后 繋子	後月輪陵（京都府京都市東山区今熊野泉山町 泉涌寺内）
尊称皇太后 祺子	後月輪陵（京都府京都市東山区今熊野泉山町 泉涌寺内）
121 孝明天皇	後月輪東山陵（京都府京都市東山区今熊野泉山町 泉涌寺内）
尊称皇太后 英照皇太后（夙子）	後月輪東北陵（京都府京都市東山区今熊野泉山町 泉涌寺内）
122 明治天皇	伏見桃山陵（京都府京都市伏見区桃山町古城山）
皇后 昭憲皇太后（美子）	伏見桃山東陵（京都府京都市伏見区桃山町古城山）
123 大正天皇	多摩陵（東京都八王子市長房町 武蔵陵墓地）
皇后 貞明皇后（節子）	多摩東陵（東京都八王子市長房町 武蔵陵墓地）
皇子 雍仁親王（秩父宮）	雍仁親王墓（東京都文京区大塚五丁目 豊島岡墓地）
皇子 宣仁親王（高松宮）	宣仁親王墓（東京都文京区大塚五丁目 豊島岡墓地）
皇孫 憲仁親王（高円宮）	憲仁親王墓（東京都文京区大塚五丁目 豊島岡墓地）
124 昭和天皇	武蔵野陵（東京都八王子市長房町 武蔵陵墓地）
皇后 香淳皇后（久邇宮良子）	武蔵野東陵（東京都八王子市長房町 武蔵陵墓地）

〔8〕前近代の祭事一覧

・『年中行事御障子』（→〔46〕）所載の神事と仏事・その他の行事を中心に示した。
・〔 〕内の行事は『年中行事御障子』にないが、平安以降の記録に見える主な祭事として補った。
・明治5年（一八七二）までの太陰太陽暦（旧暦）では、1・2・3月を春、4・5・6月を夏、7・8・9月を秋、10・11・12月を冬としていた。
・一か月は上・中・下旬に分けられ、行事日が十二支で定められていることもある。月末の晦日は大の月なら30日、小の月なら29日である。

神事

月日		神事	備考
正月	朔日	天地四方・属星及び二陵を拝する事（元旦四方拝）	
	晦日	神祇官、御麻を奉る事／御巫、御贖物を奉る事	
2月	4日	祈年祭	
	（日不定）	〔祈年穀奉幣〕	7月にも
	上卯／上申	大原野祭／春日祭	11月にも
	上酉／中丑	率川祭（三枝祭）／〔園韓神祭〕	11月にも
3月	中午	石清水臨時祭	
4月	4日	広瀬・龍田祭	7月にも
	上卯	大神祭	12月にも

4月	上巳	山科祭	11月にも
	上申	平野祭／松尾祭／杜本祭	
	上酉	当宗（麻）祭／梅宮祭	
	中子	吉田祭	
	中午・中未	斎院禊・御覧御馬	
	中酉	賀茂祭（中戌　解陣）	
6月	朔日	神祇官、御贖を奉る事	11・12月にも
		内膳司、忌火御膳を供する事	
	10日	御体御卜を奉する事	12月にも
	11日	月次祭・神今食	
	14日・15日	［祇園御霊会］・［祇園臨時祭］	
	晦日	東西文部、祓刀を奉する事	12月にも
		縫殿寮、荒世・和世の御服を奉る事	
		神祇官、荒世・和世の御贖を奉る事	
		［大祓］神祇官、御贖を奉る事	
		鎮火祭	
	（日不定）	［道饗祭］	12月にも
7月	（日不定）	［祈年穀奉幣］	2月にも
	4日	広瀬・龍田祭	4月にも
8月	5日	北野宮祭	
	15日	［石清水放生会］	
9月	朔日	新嘗に醸す黒白二酒を奉する事	
	11日	伊勢大神に奉幣の事（例幣）	

月	日	祭事	備考
11月	朔日	神祇官、御贖を奉る事	6・12月にも
		内膳司、忌火御膳を供する事	
	上丑／上卯	[園韓神祭]／大原野祭	2月にも
11月	上巳	山科祭	4月にも
	上申	平野祭／松尾祭／杜本祭	
		春日祭	2月にも
	上酉	率川祭(三枝祭)	2月にも
		当宗(麻)祭／梅宮祭	4月にも
	中子	吉田祭	
	中寅／下寅	鎮魂祭	
	中卯／下卯	新嘗祭	
	中辰／下辰	豊明節会	
	下酉	賀茂臨時祭	
12月	朔日	神祇官、御贖を奉る事	6・11月にも
		内膳司、忌火御膳を供する事	
	上卯	大神祭	4月にも
	10日	御体御卜を奏する事	6月にも
	11日	月次祭・神今食	
	13日	荷前使に参議以上を点定の事	
	晦日	東西文部、祓刀を奏する事	6月にも
		縫殿寮、荒世・和世の御服を奉る事	
		神祇官、荒世・和世の御贖を奉る事	
		[大祓] 神祇官、御贖を奉る事	

12月	（日不定）	［内侍所御神楽］

月中祭事　毎朔日…内侍所御供の事／御麻・御贖を奉る事
　　　　　正月など…七瀬御祓の事
臨時祭事　毎20年…伊勢神宮の式年遷宮
　　　　　毎代始…伊勢斎王の卜定／宇佐使の発遣
　　　　　天候不順…祈雨・祈晴の奉幣

仏事

月	日	仏事	備考
正月	8〜14日	大極殿御斎会・内論議 ［真言院（後七日）御修法］／［大元帥法］	
2月	（日不定）	御読経	7月にも
3月	7〜13日	薬師寺最勝会	
	中下旬	（東大寺）授戒	
	17日	（桓武天皇）国忌	他の国忌省略
4月	8日	灌仏会	
5月	（日不定）	［最勝講］（5日間）	
7月	8日	文殊会	
	14日・15日	盂蘭盆供・七寺盂蘭盆供	
	（日不定）	御読経	2月にも
9月	15日	東大寺大般若経（会）	
	30日	山階寺法華会始の事	

10月	10日	興福寺維摩会始の事	
	17日	維摩会の文を奏する事	
12月	19〜21日	御仏名	

月中仏事　毎六斎日…御精進・殺生禁断の事
　　　　　毎18日…二間の観音供の事
臨時仏事　臨時…仁王会（代始めは大仁王会）

その他（外来・古来の行事）

月日		その他（外来・古来の行事）	備考
正月	元日	所司、屠蘇・白散を供する事	
	上卯	御卯杖を献ずる事	
	7日	［白馬の節会］	
	立春	主水司、立春水を献ずる事	
	15日	御薪を進る事	
		主水司、七種の御粥を献ずる事	
	16日	［踏歌］	
2月	上丁・明日	釈奠・大学寮、胙を献ずる事	8月にも
3月	3日	［上巳の祓］（曲水宴）／御燈	9月にも
5月	5日	（端午）節会の事／［騎射・走馬］	
		内膳司、早瓜を献ずる事	
	（日不定）	雷鳴陣	

7月	7日	［七夕］（乞巧奠）	
	28日	相撲召合の事	
8月	上丁	釈奠	2月にも
9月	3日	御燈	3月にも
	9日	（重陽）節会の事	
10月	初亥	内蔵寮、亥子餅を進る事	
11月	中旬	陰陽寮、元日童女衣色を択び定め奏する事	
12月	10日	陰陽寮、来年の御忌を勘録し内侍に進る事	
	大寒	陰陽寮、土牛童子の像を立つる事	
		瑞の有無を奏する事	
	晦日	追儺	

れ

ろ

わ

57陽成天皇　415
31用明《ようめい》天皇　410
腰輿《ようよ》　190, 191
『養老令』　333
節折《よおり》　338, 352
浴湯《よくとう》　204
　―の儀　204
横大路　83
吉田　335
良成《よしなり》親王　321
吉野行幸　387
吉野神宮　315
由奉幣《よしのほうべい》　326
　―使　326
栄仁《よしひと》親王　411
嘉仁《よしひと》親王　200, 220
預選歌　419
預選者　420
嫁入　222
嫁迎え婚　222
縒糸《よりいと》　192
寄人《よりうど》　415
夜《よる》の御殿《おとど》　98

ら

礼冠《らいかん》　161
雷公祭《らいこうさい》　392
礼服《らいふく》　160
雷鳴陣　382
襴《らん》　161
藍綬褒章《らんじゅ》　58

り

力者《りきしや》　190
離宮　120
離宮院　300
陸軍式御服　174
立春水　392
立太子宣明の儀　216, 217
『立太子並初観之事』　427
立太子（の）礼　172, 215, 359
『吏部《りほう》王記』　411
略綬　51
略装　160, 162
竜尾道《りゆうびどう》　90
諒闇《りようあん》　237
陵戸《りようこ》　257
陵誌　248
良恕《りようじよ》親王　409
陵所の儀　244, 247
両部神道《りようぶしんとう》　300
陵墓《りようぼ》　254
　―課　259
　―守長　259
緑綬褒章　58
臨時祭　357
臨時仁王会《にんのうえ》　375

る

誄歌（るいか／しのびうた）

馬道《めどう》　99

も

裳《も》　161
裳唐衣《もからぎぬ》　160
殯宮（もがりのみや／ひんきゅう）　235
帽額《もこう》　156
文字詞《もじことば》　183
喪主　238
元良親王《もとよし》　416
物《もの》の具《ぐ》　166
物部氏《もののべ》　270
百日《ももか》の祝　206
[116]桃園《ももぞの》天皇　105, 428
紋章　38
文章博士《もんじようはかせ》　205
門跡《もんぜき》　386
[55]文徳《もんとく》天皇　113, 389, 442
[42]文武《もんむ》天皇　219, 292
『門葉記』　410

や

夜会　133, 187
『八雲御抄《やくもみしよう》』　408
八坂瓊《やさかに》（の）曲玉《まがたま》　281, 286
靖国《やすくに》神社　322, 365
靖国問題　365
八瀬童子《やせどうじ》　242
八咫烏《やたがらす》　270
八咫鏡《やたのかがみ》　281, 283
八代宮《やつしろぐう》　321
柳原光愛　258
山里御文庫《やまざとおぶんこ》　141
山科家《やましな》　178
山田道　83
やまと／ヤマト／大和　32, 33, 270
ヤマト王権　270
倭大国魂神《やまとおおくにたまのかみ》　272
日本武尊／倭建命（やまとたけるのみこと）　273, 291
大和朝廷　270
大和朝廷の建国伝承　270
倭比売命／倭姫命（やまとひめのみこと）　274
山鳩色《やまばといろ》の袍《ほう》　164
遣水《やりみず》　154

ゆ

唯一神明造《ゆいいつしんめいづくり》　296
由緒寺院　386
結納《ゆいのう》　222
優遇　64
遊就館《ゆうしゆうかん》　367
[21]雄略《ゆうりやく》天皇　79
泔坏《ゆするつき》　158

よ

夕《よい》の儀　348

254
御修法（みしほ／みしゅほう／みずほう）　372, 373
御簾《みす》　154, 191
御厨子所《みずしどころ》　178
御厨子所別当　178
禊祓《みそぎはらい》　265
鎮魂《みたましずめ》の儀《ぎ》　348
迪宮《みちのみや》裕仁《ひろひと》親王　→裕仁親王
密教　372
御寺《みてら》　384
御堂《みどう》　384
みどりの日　232
水無瀬《みなせ》神宮　315
水無瀬法華堂　315
湊川《みなとがわ》神社　321
南車寄《みなみくるまよせ》　132
南廂《みなみびさし》　156
源俊頼　415
源博雅　433
御八講　375
実仁《みひと》親王（〔101〕称光天皇）　289
(御）三間《みま》　107
都／京（みやこ）　78
宮崎神宮　312
美夜受比売《みやずひめ》　274
宮簀媛命《みやずひめのみこと》　308
宮《みや》門跡　386
明経博士《みようぎようはかせ》　205
明呪《みようじゆ》　373
名神祭《みようじんさい》　324
名神大社　324
三輪　271

む

武蔵陵《むさしりよう》墓地　247
睦仁《むつひと》親王（〔122〕明治天皇）　226
宗尊《むねたか》親王　416
宗良（むねよし／むねなが）親王　321, 417
村上社　321
〔62〕村上《むらかみ》天皇　94, 113, 404, 415

め

鳴弦　205, 392
明治宮殿　121, 130, 133, 135
明治神宮　315
明治節　232
　—祭　352
〔122〕明治天皇　133, 226, 237, 256, 315, 443, 455
〔109〕明正《めいしよう》天皇　427
名分論　279
命名の儀　200, 202
名誉官　66
名誉守部　259
廻粥《めぐりがゆ》　205
召合《めしあわせ》　393
召歌《めしうた》　420
召人《めしうど》　420

ま

み

藤原鎌足　255
藤原公任《きんとう》　114, 415
藤原定家《さだいえ》　415, 416
藤原貞敏《さだとし》　433
藤原季綱《すえつな》　115
藤原佐理《すけまさ》　424
藤原佐世《すけよ》　447
藤原高子　255
藤原高藤　255
藤原為家《ためいえ》　416
藤原俊成《としなり》　415
藤原不比等《ふひと》　219, 255
藤原通俊《みちとし》　415
藤原通憲《みちのり》（信西）　95
藤原宮子　255
藤原基経《もとつね》　219
藤原師実《もろざね》　115
藤原師長《もろなが》　433
藤原穏子《やすこ》　409
藤原行成《ゆきなり》　424, 437
婦人服制　177
襖《ふすま》　155
二間《ふたま》　99
　—の供　376
二間観音《ふたまの》　376
仏堂（法華堂）　255
経津主命《ふつぬし》　309
仏法　372
仏法興隆の詔《みことのり》　371
仏名《ぶつみよう》　376
仏名会《ぶつみようえ》　376
仏名懺悔《ざんげ》　376
扶余神宮《ふよ》　317
豊楽院《ぶらくいん》　89
文化勲章　48, 56
文化功労者　57
文化の日　57
文官　176

へ

平安京　81, 85, 114
平安神宮　90, 91, 314
平城京　81, 84
平常服　174
平成の天皇　51, 137, 202, 204, 207
平成の皇后　143, 176, 234, 350
51平城天皇《へいぜい》　79, 389
別忌詞《いみことば》　302
別格官幣社　328
別裾《べつきよ》　161
別宮　295, 317
冕冠《べんかん》　161

ほ

袍《ほう》　161, 163
坊　87
奉安殿《ほうあんでん》　463
縫腋《ほうえき》　161
法皇　379

栢梁殿《はくりようでん》　114
半蔀《はじとみ》　192
馬車　196
橋廊《はしろう》　154
『八十算賀の御記』　428
八条宮　117
八条宮智仁《としひと》親王 →桂宮《かつらのみや》智仁親王
八代集　415
八幡宮《はちまんぐう》　303
八幡信仰　303
始馭天下之天皇《はつくにしらすすめらみこと》　271
八省院《はつしよういん》　90
八神　396
　—殿　396
初宮参《はつみやまいり》と御箸初《おはしぞめ》の儀　205
鳩杖《はとづえ》　69
95花園《はなぞの》天皇　102, 380, 402, 426
『花園天皇大嘗祭御禊行幸御覧記』　426
蛤御門《はまぐりごもん》　110
浜床　156
林広守《はやしひろもり》　36
葉山御用邸　147
祓刀《はらえがたな》　338
張輿《はりこし》　191
張袴《はりばかま》　165
晴《はれ》の御膳《ごぜん》　185
般舟三昧院《はんじゆざんまいいん》　385
万世一系　277
「万世一系」論　277
半蔵門　139
半臂《はんぴ》　161

ひ

檜扇《ひおうぎ》　165
日蔭蔓《ひかげのかずら》　172
東殿《ひがしどの》　384
東対《ひがしのたい》　151
東伏見宮《ひがしふしみのみや》邸　145
東山御文庫《ひがしやまごぶんこ》　148, 436
氷川《ひかわ》神社　320, 324
飛香舎《ひぎようしや》　101
比丘尼《びくに》御所　386
披講　419
英彦山神宮《ひこさんじんぐう》　313
彦仁《ひこひと》親王（102後花園天皇）　411
彦火火出見尊《ほほでみのみこと》　266
廂車《ひさしぐるま》　192
廂の間　99, 152
悠仁《ひさひと》親王（秋篠宮家）　202, 204
妃氏入第《ひしじゆだい》の儀　225
常陸宮《ひたちのみや》　144
　—杯　61
日嗣《ひつぎ》　32
単《ひとえ》　161
火取　158
火取香炉　158
昼《ひ》の御座《おまし》　98
　—の御剣　288

瓊瓊杵尊《ににぎのみこと》　266, 269, 282
日本／ニホン　32, 33, 292
日本国　32
『日本書紀』　264, 271, 347, 421
二枚格子　153
乳牛院　180
入道親王　379
如意宝珠　372
女御《にょうご》　226
『女御尚侍位次御問答』　428
女房詞《にょうぼうことば》　183
女房装束《しょうぞく》　165
女王《にょおう》　225
庭火忌火祭《にわびいみびのまつり》　342
[120]仁孝天皇《にんこう》　236, 418
[16]仁徳天皇陵《にんとく》　255
仁王会《にんのうえ》　375
[54]仁明天皇《にんみよう》　113, 219, 278, 374, 433

ぬ

抜出《ぬきで》　393
塗籠《ぬりごめ》　98, 152

ね

根古志形《ねこじがた》　158
『年中行事絵巻』　102
年中行事御障子《みしょうじ》　99, 155, 335

の

幅《の》　155
納采《のうさい》　225
　—の儀　223, 228
　—・告期の儀　225
(御) 直衣《のうし》　160, 360
荷前《のさき》　257
　—使《のつかい》　343
幅筋／野筋（のすじ）　155
野宮《ののみや》　300
能煩野《のぼの》　274

は

拝謁　51, 71
拝訣《はいけつ》（お別れ）の儀　241
廃朝　238, 336
陪塚《ばいちよう》　255
陪聴者　420
廃仏毀釈運動　395
墓　254
萩戸《はぎのと》　99
伯家《はつけ》　335
博士　421
白色帛御五衣《はくおんいつつぎぬ》・同御唐衣《おんからぎぬ》・同御裳《おんも》　171
「薄葬令《はくそう》」　255
帛衣《はくのきぬ》　336
帛御服《はくのごふく》　171
白袍《はくほう》　172

内侍所《ないしどころ》　100
内侍所御神楽《ないしどころのみかぐら》　100, 339
内掌典　348, 360, 397
内陣　356
内親王　51, 125, 143, 192, 210, 219, 225, 226, 300, 306
内膳司（ないぜんし／ないぜんのつかさ）　93, 178
内槽《ないそう》　245
内着帯《ないちやくたい》　200
内廷《ないてい》皇族　202, 206
内務省神社局　394
長岡京　81, 85
中七社　328
中臣氏《なかとみ》　334
中陪《なかべ》　167
114中御門《なかみかど》天皇　428
中山忠能　258
長柄豊碕宮《ながらとよさきのみや》　82
ナショナル・デー　233
那須《なす》御用邸　147
南殿《なでん》　97, 115, 384
七瀬《ななせ》の御祓《おはらえ》　339
難波宮《なにわのみや》　80
徳仁《なるひと》親王／浩宮《ひろのみや》 徳仁親王　202, 206, 207, 212, 213, 216, 217, 228
縄御纓《なわごえい》　171
南庭（なんてい／だんてい）　96
南洋神社　317
南都楽所　434

に

新嘗祭（にいなめさい／にいなめのまつり）　342, 348
新浜鴨場《にいはまかもば》　149
二階厨子《にかいずし》　157
二階棚　157
饒速日命《にぎはやひのみこと》　266, 268
錦襪《にしきのしとうず》　161
錦《にしき》の御旗《みはた》　34, 40
西対《にしのたい》　151
二十一社　334
二十二社　324, 327, 328
二重橋　138
二重櫓《やぐら》　123
二条為明　417
二条為氏　416
二条為定　417
二条為重　417
二条為藤　416
78二条《にじょう》天皇　95
日華門　97
日記（御記《ぎょき》）　401
日記御厨子《につきのみずし》　406
日供《につく》　241, 360
日章旗　34
日神　265
『日中行事』　407, 450, 451
ニッポン　33

と

踏歌《とうか》　390
東雅院　91
桃華楽堂《とうかがくどう》　139
桐花大綬章《とうかだいじゅしょう》　49
登華殿《とうかでん》　101
道灌濠《どうかんぼり》　121
道教《どうきょう》　387
童形服《どうぎょうふく》　206
春宮／東宮（とうぐう）　90
東宮雅院　91
東宮仮御所《かりごしょ》　144
東宮御所　90, 143
東宮侍従　206
東宮大夫《だいぶ》　143, 207
東宮杯（摂政杯）　60
春宮坊《とうぐうぼう》　91
東京城　122
道晃法親王《どうこうほっしんのう》　418
東西市　87
当色《とうじき》　163
東寺長者　374, 377
『当時年中行事』　407, 450
堂上《とうしょう》　417
　―伝授　418
東征　270
灯台　158
東大寺　377, 382, 438
斉世《ときよ》親王　410
常盤松《ときわまつ》御用邸　145
徳川綱吉《つなよし》　258
徳川茂承《もちつぐ》　136, 144
読師《どくじ》　420
読書《どくしょ》・鳴弦《めいげん》の儀　200, 204
得長寿院《とくちょうじゅいん》　383
智忠《としただ》親王　117
智仁《としひと》親王　117, 418
豊島岡墓地　260
土葬　235, 256
戸田忠至《ただゆき》　256, 258
取香《とっこう》種畜場　150
舎人《とねり》親王　264
宿直装束《とのいしょうぞく》　162
74鳥羽《とば》天皇　95, 383
鳥羽殿《とばどの》　112, 114
帳《とばり》　155, 156
鵄《とび》　271
富田朝彦《とみたともひこ》　368
寛仁《ともひと》親王邸　143
豊受《とようけ》大神宮　295
豊玉姫《とよたまひめ》（尊）　312
豊明《とよのあかり》（節会《のせちえ》）　342, 390

な

内印《ないいん》　28
内外の賓客　188
内郭　93
内宮《ないくう》　295, 317
内行花文《ないこうかもん》鏡　284

築地《ついじ》　89, 151
衝立《ついたて》　155
追儺《ついな》（大儺《たいな》）　392
通常礼服　175
使部《つかいべ》　334
月次祭（つきなみさい／つきなみのまつり）　341
継宮明仁親王《つぐのみやあきひと》　216
土居《つちい》　155
[83]土御門《つちみかど》天皇　102, 288, 306, 315, 385
土御門東洞院《つちみかどひがしのとういん》内裏　102, 104
恒明親王　425
常子《つねこ》内親王　411
常御座所《つねのござしょ》　136
常御所《つねのごしょ》　104
恒良《つねよし》親王　320
壺《つぼ》　154
妻戸《つまど》　153
釣殿《つりどの》　152
鶴岡《つるがおか》八幡宮　304

て

ティアラ　176
帝王学　401, 407, 446, 451, 458
帝紀旧辞　264
定季仁王会《にんのうえ》　375
帝室技芸員　66
帝室制度調査局《ていしつせいどちょうさきょく》　237
剃髪《ていはつ》　205
貞明《ていめい》皇后　143
輦車《てぐるま》　190, 193
[38]天智《てんじ》天皇　257, 313, 415
天守閣　124
殿上の間　99
殿上人　99
天壌無窮《てんじょうむきゅう》の神勅　282
天神《てんしん》　→天神（あまつかみ）
天孫降臨《てんそんこうりん》　266, 268
伝達　51
天長祭　351
『天聴集《てんちょう》』　427
天長節《てんちょうせつ》　232, 461
　—祭《さい》　232
　—祝日　232
天皇　387
　—旗　39
　—御璽　29, 31
　—賞　60
　—成年式　211
　—誕生日　232
　—杯　60
　—服　174
　—陵　260
天王寺楽所　434
『天皇・皇族実録』　412
[40]天武《てんむ》天皇　80, 264, 285, 387, 431
『天暦御記《てんりゃくぎょき》』　405

ち

つ

大祀《たいし》　334, 335
大師《だいし》　380
大社《たいしゃ》　323,327
大嘗会《だいじょうえ》　190
太政官院　90
大嘗祭　334, 358, 431
大床子御膳《だいしょうじのおもの》　179
[123]大正天皇　240, 429, 456
大神宮司《だいじんぐうじ》　298, 300
「大政匡輔《たいせいきょうほ》の勅語」　65
大膳課　188
大膳職《だいぜんしき》　178
大仙陵古墳　255
大喪　237
大喪儀　238
大喪儀委員会　244
大喪使　236, 238
大喪の礼　244, 247
大内裏　89, 96
『大内裏図考証』　105
大日如来　300
大日本国璽　31
大仁王会《だいにんのうえ》　375
対屋《たいのや》　151
台盤《だいばん》　181
　—所　99
　—所の壺《つぼ》　100
大宝律（令）　257, 431
ダイヤモンド婚式　231
内裏《だいり》　93
　—御会始《ごかいはじめ》　419
大礼服《たいれい》　175, 176
台湾神宮　316
高倉第（たかくらだい／たかくらてい）　95
[80]高倉《たかくら》天皇　88, 101, 425
多賀大社　320
高千穂峰《たかちほのみね》　266, 270
高坏《たかつき》　182
高輪《たかなわ》皇族邸　145
高輪御殿　145
高橋氏　178
高天原《たかまがはら》の神々　264
高松宮宣仁《たかまつのみやのぶひと》親王　412
高円宮《たかまどのみや》邸　143
高御座《たかみくら》　97, 373
尊良《たかよし》親王　320
威仁《たけひと》親王　412
唾壺《だこ》　158
手輿《たごし》　191
只《ただの》御膳　179
畳　153, 155
橘《たちばな》　56
橘逸勢　424
巽櫓《たつみやぐら》　123
楯《たて》　60
楯伏舞　431
田中殿　384
谷森善臣《たにもりよしおみ》　258
玉串訴訟　369

そ

た

下鴨《しもがも》神社　304
下社《しもしや》　304, 305
下ツ道《しもつみち》　83
下八社　328
社《しや》　303
笏《しやく》　162
錫紵《しやくじよ》　336
錫紵御服《しやくじよのごふく》　171
社家《しやけ》　305
麝香間《じやこうのま》　65
—祗候《しこう》　65
石橋《しやつきよう》の間　132
社頭の儀　306
綬《じゆ》　161
『拾遺和歌集』　415
就学　359
秋季皇霊祭　354
従軍記章　54
周濠《しゆうごう》　255
習合神道　301
『十七条憲法』　410
十二単《じゆうにひとえ》　166
守覚法親王《しゆかくほつしんのう》　410, 425
手巾（しゅきん／たのごい）　158
祝賀パレード　229
祝聖《しゆくしん》　378
祝禱諷経《しゆくとうふぎん》　378
守戸《しゆこ》　257
主水司（しゆすいし／もいとりのつかさ）　392
儒葬　236
入内《じゆだい》　222
入木道《じゆぼくどう》御切紙　427
春季皇霊祭　354
春季神殿祭　354
春興殿《しゆんこうでん》　96
旬祭《しゆんさい》　360
[84]順徳《じゆんとく》天皇　258, 288, 307, 315, 385, 408, 415, 433, 449, 455
[53]淳和《じゆんな》天皇　114, 169, 376, 414
[47]淳仁《じゆんにん》天皇　314
准門跡《じゆんもんぜき》　386
「叙位条例」　44
「叙位進階内則」　44
書院造　156
条　87
上円下方墳　257
定額寺《じようがくじ》　382
貞観殿　101
承久《じようきゆう》の乱《らん》　408, 416
昭憲《しようけん》皇太后　144, 237, 315
称号　202, 203, 204
[101]称光《しようこう》天皇　289, 411, 426
勝光明院《しようこうみよういん》　384
証金剛院《しようこんごういん》　384
小祭　345, 350, 353
小祭式　345
小祀《しようし》　334, 336
障子（しょうじ／そうじ）　155

三代集　415
参内朝見の儀　215, 223
三勅祭　324
三の丸尚蔵館　140, 440
三筆　424
三門跡　386
山陵《さんりょう》　235, 254
『山陵志』　258
山陵奉行　256

し

璽《じ》　28
紫衣《しえ》　380
四円寺　383
鹿占《しかうら》　388
寺格　386
四角四堺祭／四角四境祭（しかくしかいのまつり）　388
紫香楽宮《しがらき》　82
『詞花和歌集』　415
磯城県主《しきあがたぬし》　272
式子《しきし》内親王　416
式内社　323, 327, 334
式年　354
式年祭　355, 356
式年遷宮　296, 317, 358
シキの宮　79
式部職楽部　435
式部寮　394
重明《しげあきら》親王　411
淑景舎《しげいしゃ》　101
地鋪《じしき》　156
轜車《じしゃ》　241, 246
侍従　231, 360
仁寿殿《じじゅう》　94, 100, 376
—観音供《かんのんぐ》　376
紫綬褒章《しじゅほうしょう》　58
87四条《しじょう》天皇　236, 384
紫宸殿（ししんでん／ししいでん）　93, 96, 104, 389, 390
四大節《しだいせつ》　460
時代祭　92, 314
下簾《したすだれ》　192
下袴《したばかま》　162
七五三　208
七支刀　311
七殿　101
日月《じつげつ》の間　143
ジッポン　33
四道将軍　273
襪（しとうず／したぐつ）　161
41持統《じとう》天皇　83, 255, 387, 415
茵《しとね》　153
誄（しのびごと／るい）　235
四方輿《しほうごし》　191
四方拝《しほうはい》　350
持明院統《じみょういんとう》　279, 288, 384
下総《しもうさ》御料牧場　150
下総種畜場　150
下総牧羊場　150

金剛勝院《こんごうしょういん》　383
金剛心院《こんごうしんいん》　384
紺綬褒章《こんじゅほうしょう》　58
権殿《ごんでん》・山陵の儀　239
誉田山古墳　255
袞冕《こんべん》　161
昆明池障子《こんめいちのしょうじ》　99
軒廊《こんろう》　97
軒廊御卜《こんろうのみうら》　389

さ

斎院　306
斎院司　301
斎王（さいおう／いつきのひめみこ）　299, 305, 306
斎王代《さいおうだい》　306
『西宮記《さいきゅうき》』　406
斎宮《さいくう》　299
最勝会《さいしょうえ》　373
最勝講《さいしょうこう》　375
埼玉鴨場《さいたまかもば》　149
歳旦祭《さいたんさい》　351
祭服《さいふく》　168
[37]斉明《さいめい》天皇　387
祭文《さいもん》　325
嵯峨院《さがいん》　114
坂下門　139
[52]嵯峨《さが》天皇　88, 113, 170, 219, 306, 337, 378, 401, 414, 424, 433, 436
『嵯峨遺誡《さがゆいかい》』　401
左京職《さきょうしき》　86
索餅《さくべい》　181, 392
桜田櫓《やぐら》　123
[115]桜町《さくらまち》天皇　428
左近陣《さこんのじん》　98
指貫《さしぬき》　162, 164, 172
貞成《さだふさ》親王（後崇光院）（伏見宮）　411
貞保《さだやす》親王　433
雑穢《ざつえ》　336
雑袍《ざつぽう》　164
　一の宣旨《せんじ》　165
札幌神社　316
薩摩琉球国勲章　46
里帰《さとかえり》　222
里内裏　94, 96
人康《さねやす》親王　219
清子《さやこ》内親王　202
猿《さる》が辻《つじ》　110
『三経義疏《さんぎょうぎしょ》』　410
三講　375
三時《さんじ》祭　297
三社奉幣　326
傘寿　233
三十三間堂　383
[67]三条天皇　415
三種神器《さんしゅのじんぎ》　281, 308
三跡　424
三代御記《さんだいぎょき》　404

御座所《ござしよ》　135
午餐《ごさん》　187
71後三条《ごさんじよう》天皇　95, 331, 372, 383
輿《こし》　190
巾子《こじ》　169
『古事記』　264, 346
後七日御修法《ごしちにちみしほ》　373
五七の桐　39
五舎　101
『後拾遺和歌集』　415
御所　125, 130
　一詞《ことば》　183
古書院《こしよいん》　117
77後白河《ごしらかわ》天皇　95, 410, 425
御真影《ごしんえい》　461
69後朱雀《ごすざく》天皇　383, 425
五節会　390
御前会議　128
御前の内取　393
『後撰和歌集』　415
御束帯黄櫨染御袍《こうろぜんのごほう》　169, 170
御束帯帛御袍《はくのごほう》　169
小袖　161
96後醍醐《ごだいご》天皇　34, 39, 279, 315, 321, 331, 407, 416, 426, 443, 453, 455
ご昼餐　188
国忌（こっき／こき）　236, 377
告期《こつき》の儀　225, 228
『国憲按』　280
103後土御門《ごつちみかど》天皇　379, 402, 426, 450
別天神《ことあまつかみ》　265
82後鳥羽《ごとば》天皇　38, 102, 314, 385, 407, 415, 425
105後奈良《ごなら》天皇　427
御日課表　427
（御《お》）小直衣《このうし》　170, 172
76近衛《このえ》天皇　95, 383
木花咲耶姫《このはなさくやひめ》（尊《のみこと》）　312
102後花園《ごはなぞの》天皇　258, 402, 417, 426, 443, 450
89後深草《ごふかくさ》天皇　102, 236, 256, 279, 425
93後伏見《ごふしみ》天皇　426
86後堀河《ごほりかわ》天皇　416
108後水尾《ごみずのお》天皇　109, 116, 236, 384, 403, 410, 418, 427, 436
97後村上《ごむらかみ》天皇　426, 443
118後桃園《ごももぞの》天皇　428, 454
『御遺告《ごゆいごう》』　426
ご夕餐《ゆうさん》　188
御養蚕所　126, 140
107後陽成《ごようぜい》天皇　236, 256, 384, 409, 418, 427, 434
御用邸　119
御料車　195
御料タバコ　72
70後冷泉《ごれいぜい》天皇　95, 331
袞衣《こんえ》　161

[49]光仁天皇《こうにん》　232, 461
公賓　187
[39]弘文天皇《こうぶん》　259, 278
[北2]光明天皇《こうみよう》　289
[121]孝明天皇《こうめい》　109, 236, 256, 314, 331, 355, 372, 384, 410, 418, 428, 443, 455, 461
閤門《こうもん》　93
高麗縁《こうらいべり》　155
後涼殿《こうりようでん》　99
皇霊関係の祭祀　353
皇霊祭　353
皇霊殿　356, 394, 396
　—・神殿に謁するの儀　225
鴻臚館《こうろかん》　87
黄櫨染《こうろぜん》　163
『御詠草』　410
ご会釈　71
[北5]後円融天皇《ごえんゆう》　417, 443
評《こおり》　84
[104]後柏原天皇《ごかしわばら》　427
[99]後亀山天皇《ごかめやま》　279, 289, 426
小烏丸《こがらすまる》　73
御願寺《ごがんじ》　376, 381
御願寺領　381
古稀《こき》　233
弘徽殿《こきでん》　101
弘徽殿の上御局《うえのみつぼね》　99
古今伝授《こきんでんじゆ》　417
『古今和歌集』　408, 414, 417
国号　32
国祭　305
国司　327
国師　380
国事行為　244
国章　42
哭澄上人《こくちよう》　425
『御口伝《ごくでん》』　408
国賓　186
国分寺　371, 382
国幣社《こくへいしや》　327, 334
国幣小社　324
国幣大社　324
「御軍服の制」　174
『御幸記』　428
[北4]後光厳天皇《ごこうごん》　384, 417, 442
御講釈始　422
御講書始　422
[110]後光明天皇《ごこうみよう》　256, 407, 427, 454
護国神社　370
小御所《こごしよ》　107
[100]後小松天皇《ごこまつ》　279, 289, 426
御斎会《ごさいえ》　373
[111]後西天皇《ごさい》　408, 418, 427, 436
御祭服《ごさいふく》　169
御祭服の制　168
[88]後嵯峨天皇《ごさが》　375, 416
[117]後桜町天皇《ごさくらまち》　407, 418, 428, 454

闕腋《けつてき》　161
結髪《けつぱつ》　210
気比神宮《けひじんぐう》　311
建安府《けんあん》　127
巻纓《けんえい》　162
元勲優遇　64
剣璽《けんじ》　287
元始祭《げんしさい》　346
『源氏物語御書入』　409
『源氏物語伏屋の塵』　409
『源氏聞塵』　409, 427
賢所《けんしょ》参集所　126
元正《げんしょう》太上天皇　431
[44]元正天皇　264, 378
賢聖障子《けんじょうのしょうじ》　97, 155
元帥刀《げんすいとう》　73
[23]顕宗《けんぞう》天皇　259
元服式　209
憲法十七条　371
『建武年中行事』　407
[43]元明《げんめい》天皇　83, 264, 379
建礼門　93

こ

小安殿《こあどの》　90
後院《ごいん》　112
[119]光格《こうかく》天皇　404, 418, 428, 454
皇居　121, 124
—東御苑《ひがしぎょえん》　121, 123
[46]孝謙《こうけん》天皇　424, 431
皇后御常御殿《こうごうおつねごてん》　108
[58]光孝《こうこう》天皇　375
皇后杯　61
[北1]光厳《こうごん》天皇　102, 288, 402, 453
格子《こうし》　152
皇嗣《こうし》　216, 219, 364, 427, 446, 447, 454
郊祀《こうし》　389
講師《こうじ》　420
合祀《ごうし》　366, 369
公式実務訪問賓客　187
「皇室儀制令」　419, 422
「皇室婚嫁《こんか》令」　220, 226, 359
「皇室祭祀《さいし》令」　345, 350
「皇室成年式令」　211
「皇室喪儀《そうぎ》令」　237
「皇室誕生令」　359
「皇室服喪《ふくも》令」　237
「皇室陵墓《りょうぼ》令」　257
紅綬褒章《こうじゅほうしょう》　58
講書　421
皇城《こうじょう》　122
講書始　421
皇族旗　39
皇族杯　61
皇大神宮《こうたいじんぐう》　295
[91]後宇多《ごうだ》天皇　380, 425, 443
小袿《こうちき》　166
皇統　277
[36]孝徳《こうとく》天皇　80

公卿勅使　325
公家町　109
供御人《くごにん》　178
草薙剣（くさなぎのたち／くさなぎのつるぎ）　274, 281
『公事部類《くじぶるい》』　407
薬子《くすこ》の変　88
供膳《くぜん》の儀　230
宮内省御用達　73
邦芳《くにか》王（伏見宮）　456
恭仁京《くにきょう》　84
「国思歌《くにしのびうた》」　274
地祇（くにつかみ／ちぎ）　264, 269, 272
久邇宮朝彦《くにのみやあさひこ》親王　412
「九年酒《くねんしゅ》」　218
軛《くびき》　191
供奉《ぐぶ》車　195
熊曾建《くまそたける》　274
熊野御幸《ごこう》　332
熊野精進　332
熊野那智大社　332
熊野速玉大社　332
熊野本宮大社　332
熊野詣《もうで》　331
公文《くもん》　28
位　44
烏皮舃《くりかわのくつ》　161
呉竹《くれたけ》　98
蔵人所　178
黒酒《くろき》・白酒《しろき》　342
黒戸御所《くろどごしょ》　385
郡《ぐん》　84
勲位　323
勲記　49
勲章　45, 46, 58
勲章制度　46
軍籍　174
裙帯《くんたい》　166
勲等　46
軍服　174
「（御）軍服の制」　174

け

笄冠《けいかん》　209
⑫景行天皇　242, 273, 282, 291, 308
袿袴《けいこ》の制　177
「継嗣令《けいしりょう》」　219
競馬　60
警蹕《けいひつ》　349
迎賓館　144
外印《げいん》　28
外宮《げくう》　295, 298
牙笏《げしやく》　161
月華門　97
結婚式　230, 359
結婚の儀　225
闕史八代《けつしはちだい》　272
月中神事　340

宮中顧問官　457
宮中三殿　126, 208, 233, 358, 396
宮中祝宴の儀　230
宮中席次　66
宮中杖《きゆうちゆうづえ》　69
宮中の儀　306
宮中晩餐《きゆうちゆうばんさん》　186
宮中服　175
宮中名誉官　65
宮中喪　237
宮都　78
宮門《きゆうもん》　93
裾《きよ》　161
校書殿《きようしよでん》　96
堯恕《ぎようじよ》入道親王　410
宜陽殿《ぎようでん》　96
京都御苑　109
京都御所　102, 106
堯然《ぎようねん》入道親王　418
教部省《きようぶしよう》　394
堯慕《ぎようぼ》入道親王　411
御画《ぎよかく》　424
御記《ぎよき》　404
玉音《ぎよくおん》　129
玉座《ぎよくざ》　132
曲水宴《きよくすいのえん》　391
玉珮《ぎよくはい》　161
御剣（ぎょけん／おつるぎ）　202, 284
御剣庫《ぎよけんこ》　141
御璽《ぎよじ》　28, 286
御製《ぎよせい》　419
御製集　401
御府《ぎよふ》　127
御物《ぎよぶつ》　73
霧島《きりしま》神宮　312
桐竹鳳凰文様　164
桐紋　39
禁苑　394
錦旗　40
錦鶏間祗候《きんけいのましこう》　65
金婚式　231
銀婚式　231
金鵄《きんし》　54
禁色《きんじき》　160
金鵄《きんし》勲章　54
禁省《きんしよう》　80
「近代中絶公事等」　426
『禁中年中の事』　408
『禁中例規御心覚書』　428
『禁秘抄《きんぴしよう》』　407
㉙欽明《きんめい》天皇　371
『金葉和歌集』　415
禁裏《きんり》　105
禁裏御所　105
勤労奉仕　75

く

宮《ぐう》　303, 308

神嘗祭《かんなめさい》　347
神嘗祭使　327
観音供《かんのんぐ》　376
観瀑亭《かんばくてい》　125
『寛平御記《かんぴょうぎょき》』　405
『寛平御遺誡《かんぴょうのごゆいかい》』　392, 402
灌仏会《かんぶつえ》　375
神戸《かんべ》　299, 334
神部《かんべ》　334
官幣社《かんぺいしゃ》　323, 327, 334
官幣小社　324
官幣大社　315, 319
50桓武《かんむ》天皇　79, 91, 314, 378, 389, 442
冠　161
　—を賜るの儀　214
『看聞《かんもん》御記』　411
還暦　233

き

桔梗門《ききょう》　139
菊型　158
菊御作《きくごさく》　38
麴塵の袍《きくじんのほう》　164
菊作太刀《きくつくりのたち》　38
紀元節祭　347
乞巧奠《きこうでん》　391
階《きざはし》　97
儀式　66
儀式食　185
喜寿　233
記章　54
儀装馬車　196
『北院御室拾要集』　410
北浦定政《きたうらさだまさ》　258
北車寄　132
北白川宮能久親王《きたしらかわのみやよしひさ》　316
北新御所　115
北殿　115, 384
北対《きたのたい》　151
北辺坊《きたのべぼう》　84
北桔橋門《きたはねばし》　139
北廂《きたびさし》　156
几帳《きちょう》　153, 154, 156
杵築《きづき》大社　319
牛車《ぎっしゃ》　191
　—の宣旨《せんじ》　193
後朝使《きぬぎぬのつかい》　222
祈年穀奉幣《きねんこくほうべい》　327, 340
祈年祭（きねんさい／としごいのまつり）　340, 351
記念章　54
季御読経《きのみどきょう》　374
亀卜《きぼく》　388, 389
君が代　36
旧青山御殿　136
宮城《きゅうじょう》　87, 106, 122
　—十二門　89
宮中饗宴の儀　218
宮中午餐　187

—智仁《としひと》親王（八条宮）　418
—家　141
桂離宮《かつらりきゆう》　117
歌道御用掛《かどうごようがかり》　419
香取神宮《かとりじんぐう》　309
仮名御教訓書　403
金崎宮《かねがさきぐう》　320
金原法華堂《かねがはらほつけどう》　385
懐良（かねよし／かねなが）親王　321
靴《かのくつ》　161
壁代《かべしろ》　155
髪上　210
上賀茂神社　304
上七社　328
上社《かみしや》　304
上ツ道《かみつみち》　83
神世七代　265
神今食（かむいまけ／じんこじき）　341
神日本磐余彦尊《かむやまといわれひこのみこと》　266
冠直衣《かむりのうし》　165
90亀山《かめやま》天皇　279, 385, 419, 443
亀山殿法華堂《ほつけどう》　385
賀茂社行幸　331
蒲生君平《がもうくんぺい》　258
賀茂斎院　306
賀茂御祖《みおや》神社　304
鴨場　149
賀茂祭　305
鴨猟　149
賀茂六郷　305
賀茂別雷《わけいかずち》神社　304
窠文《かもん》　192
駕輿丁《かよちよう》　190
唐菓子《からがし》　181
唐衣《からぎぬ》　166
唐車《からぐるま》　192
唐破風《からはふ》　192
樺太《からふと》神社　317
仮宮殿　130
仮皇居　122, 130, 144
河竹《かわたけ》　98
蝙蝠扇《かわほりおうぎ》　165
翰《かん》　424
官位相当表　44
閑院　96
—内裏《だいり》　101
閑院宮《かんいんのみや》
—載仁《ことひと》親王　240
—家　428, 454
官記　31
歓喜光院《かんきこういん》　383
管絃　434
元日　390
官社　327, 334, 340
官職　43
官人　80
官等　44
関東神宮　316

恩賜　71
御師《おんし》　→御師《おし》
恩賜組　73
恩賜公園　73
恩賜の煙草《たばこ》　72
陰陽道（おんようどう／おんみょうどう）　388
御誄《おんるい》　241

か

銙《か》　161
懐遠府《かいえんふ》　127
外郭　93
外京《がいきょう》　84
海軍式御服　174
会見《かいけん》　71
外交団午餐　187
会昌門《かいしょうもん》　90
『誡太子書《かいたいしのしょ》』　402
解任の辞令　31
回廊　90
雅院《がいん》　91
花蔭亭《かいん》　125
還立《かえりだち》の儀　306
雅楽寮　431
鏡筥《かがみのはこ》　158
加冠　209
　—の儀　212
廓《かく》　93
楽人　431
『学道之御記《がくどうのぎょき》』　426
楽部　139
『学問備忘』　428
鹿児島神宮　312
飾太刀《かざたち》　162
襲《かさね》の色目　166
香椎宮《かしいぐう》　304
賢所（かしこどころ／けんしょ）　287, 394, 396
　—・皇霊殿《こうれいでん》・神殿に謁《えつ》するの儀　206, 215, 225
　—・皇霊殿・神殿に誕生命名奉《ほう》告《こく》の儀　203
　—・皇霊殿・神殿に奉告の儀　215
　—大前《おおまえ》の儀　212, 215, 221, 223, 229
　—に期日奉告の儀　171
　—御神楽《みかぐら》　352
橿原宮《かしはらぐう》　271
橿原《かしはら》神宮　313
鹿島《かしま》神宮　309
春日《かすが》行幸　331
春日大社　319
和宮親子《ちかこ》内親王　412
量仁《かずひと》親王（[北1]光厳天皇）　402, 426
火葬　235, 255
片山東熊《とうくま》　146
桂宮《かつらのみや》　117

443, 450
大口袴《おおぐちばかま》　161
おおすべらかし　171
「仰《おおせ》」　404, 407
大袖　161
大手門　123, 139
大殿祭《おおとの》　342
大中臣《おおなかとみ》　335
御麻《おおぬさ》・御贖《みあが》による祓え清め
337
大祓《おおはらえ》　339, 353, 387
—の儀　239
大原野《おおはらの》行幸　331
大原法華堂《ほつけどう》　385
オープンカー　196
大道《おおみち》庭園　125
御体御卜《おおみまのみうら》　338
大宮　109
大宮御所　109, 143
大宮土壇　83
大物主神《おおものぬし》　271
大八洲《おおやしま》　292
御学問所《おがくもんじょ》　108, 145
奥好義《おくよしいさ》　36
御黒戸《おくろど》　385
お声かけ　71
御小直衣《おこのうし》　169, 170
御里御殿　385
御師（おし／おんし）　296, 299
折敷《おしき》　182
おしつけ　189
お印《しるし》　204
お告文／御告文《おつげぶみ》　248, 345, 349
お土かけ　248
御常御殿《おつねごてん》　106, 130
お局《つぼね》門　126
弟橘比売命《おとたちばなひめのみこと》　274
御直衣《おのうし》　169, 170
御箸初《おはしぞめ》の儀　206
小墾田宮《おはりだ》　80
帯　161
御引直衣《おひきのうし》　165, 169, 170
御舟入《おふないり》　245
御書使《おふみづかい》　222
御文庫《おぶんこ》　122, 130, 136
小忌衣《おみごろも》　172
御三間《おみま》　107
御召艦　197
お召し機　197
お召し列車／御召列車　194
表北の間　135
表御座所　132
—・芳菊の間　246
御湯殿上《おゆどののうえ》　99
『御湯殿上日記《おゆどののうえのにつき》』　183
小和田雅子　227, 228
御五衣《おんいつつぎぬ》・御唐衣《おんからぎぬ》・御裳《おんも》　171
御五衣・御小袿《おんこうちき》・御長袴《おんながばかま》　171
音楽　430, 433
御斎衣《おんさいい》　169

451
袿《うちき》 166
打衣（うちぎぬ／うちぎ） 161, 166
有《う》智《ち》子《こ》内親王 306
内命婦《うちのみょうぶ》 192
打乱筥《うちみだりのはこ》 158
内論義《うちろんぎ》 373
卯杖《うづえ》 391
鵜《う》戸《ど》神宮 311
采女《うねめ》 93, 449
采女町 93
産着祝《うぶぎいわい》 205
産養《うぶやしない》 205
卜部《うらべ》 334, 341, 388
盂蘭盆会《うらぼんえ》 375
表着《うわぎ》 166
繧繝縁《うんげんべり》 156

え

緌《えい》 169
『詠歌大概御抄』 408
英照《えいしょう》皇太后 109, 136, 144, 147, 410
詠進 419
栄典制度 43, 61
栄典大権 43
叡念《えいねん》の儀 243
掖門《えきもん》 93
エッケルト 36
謁見の間 135
宴会の儀 232
『延喜御記《えんぎぎょき》』 405
『延喜式』 323, 327, 334, 337, 341, 377, 389
『延喜天暦御記抄《てんりゃくぎょきしょう》』 406
『延久御記《えんきゅうぎょき》』 406
燕尾緌《えんびえい》の抜巾子《ぬきこじ》 210
64円融《えんゆう》天皇 94, 331, 383

お

おあさ 73
緌《おいかけ》 162
御池庭《おいけにわ》御文庫 437
追相撲《おいずまい》 393
御祈始《おいのりはじめ》 205
王子 332
皇子に御剣《ぎょけん》を賜る儀 201, 202
黄綬褒章《おうじゅほうしょう》 58
15応神《おうじん》天皇 275, 280, 303, 312, 447
小碓命《おうすのみこと》 273
「王政復古」建議書 280
御歌所《おうたどころ》 419
応天門《おうてんもん》 90
黄丹《おうに》 163
近江《おうみ》神宮 313
近江大津宮 80
大炊殿《おおいどの》 96
106正親町《おおぎまち》天皇 117, 427, 434,

板輿《いたこし》　191
出衣《いだしぎぬ》　165
戴餅《いただきもち》　207
一条院　94
66一条天皇　94, 329, 331, 375, 383, 406, 443
一条美子《はるこ》（昭憲皇太后）　226
一宮《いちのみや》（制）　309, 329
一枚格子《いちまいごうし》　153
乙巳《いつし》の変（大化改新）　371
五瀬命《いつせのみこと》　270
（御）五衣《いつつぎぬ》　166
—・（御）唐衣《からぎぬ》・（御）裳《も》　171
—・（御）小袿《こうちき》・（御）長袴《ながばかま》　171
—の制　166
『一歩抄《いつぽしよう》』　428
糸毛車《いとげのくるま》　192
稲荷《いなり》・祇園《ぎおん》行幸　331
稲荷山古墳鉄剣銘　79
乾門《いぬい》　139
井上毅《いのうえこわし》　462
亥子餅《いのこもち》　392
射場殿《いばどの》　97
伊吹山《いぶき》　274
位袍《いほう》　162
忌詞《いみことば》　300, 301
忌火《いみび》（の）御膳／忌火《いみび》（の）御飯《ごはん》　341
入母屋造《いりもや》　193
倚廬殿《いろでん》の儀　171, 239
斎鏡《いわいのかがみ》　282
石清水《いわしみず》行幸　331
石清水八幡宮《はちまんぐう》　303
石清水放生会《ほうじようえ》　303
磐余《いわれ》　271
引見　71
『院中雑事』　407
院御所《いんのごしょ》　112
忌部氏／斎部氏（いんべし）　326, 334
印明《いんみよう》　373

う

表袴《うえのはかま》　161
鵜飼《うかい》　150
鸕鷀草葺不合尊／鵜葺草葺不合尊（うがやふきあえずのみこと）　266, 311, 312
右京職《うきようしき》　87
誓約《うけい》　265
右近陣《うこんのじん》　98
宇佐神宮　303
宇佐八幡《はちまん》（宮）　303, 326
歌合《うたあわせ》　408, 414
歌《うた》（御《ご》）会《かい》　417, 418
歌《うた》（御《ご》）会始《かいはじめ》　419
59宇多《うだ》天皇　114, 325, 337, 360, 392, 402, 404, 425, 436, 448,

天神（あまつかみ／てんしん）　264, 269, 272
　—の寿詞《よごと》　283
天《あま》（つ）日嗣《ひつぎ》　32, 278, 346
天照大神《あまてらすおおみかみ》　265, 269, 281, 316, 339, 348
　—の神勅　281
天の岩戸（あまのいわと／あめのいわと）　265
天穂日尊《あまのほひのみこと》　265
天叢雲剣《あまのむらくものつるぎ》　281
雨眉車《あままゆのくるま》　192
尼門跡《あまもんぜき》　386
阿弥陀寺《あみだじ》　314
天児屋根命《あめのこやねのみこと》　309, 319
菖蒲縵《あやめのかずら》　391
荒海障子《あらうみのしょうじ》　99
荒木田《あらきだ》氏　298
アラヒトガミ／現人神《あらひとがみ》　291, 394
荒世《あらよ》の祓《はらえ》　353
有栖川宮《ありすがわのみや》
　—記念公園　444
　—幟仁《たかひと》親王　411
　—熾仁《たるひと》親王　412
　—職仁《よりひと》親王　411, 418
有栖川流　429
行始《あるきぞめ》　206
81安徳《あんとく》天皇　88, 102, 287, 314
　—社　314
安楽寿院《あんらくじゅいん》　384

い

井伊谷宮《いいのやぐう》　320
位階　44, 323
位階令　44
五十日《いか》の祝　206
衣冠《いかん》　160, 162
　—・直垂《ひたたれ》　176
衣冠単《ひとえ》　172
位記《いき》　28
生駒《いこま》の孔舎衛《くさえ》　270
伊弉諾《いざなき》（尊《のみこと》）　265
　—神宮《じんぐう》　312
伊弉冉《いざなみ》（尊《のみこと》）　265
石灰壇《いしばいのだん》　99
泉殿《いずみどの》　152, 384
出雲《いずも》氏　270
出雲大社《たいしゃ》　319
出雲建《たける》　274
伊勢斎王《いせのさいおう》　299
伊勢神宮　→伊勢の神宮
伊勢神道　298, 301
伊勢の神宮　284, 286, 295, 308, 317, 324, 326, 335, 343, 347, 361
『伊勢物語御愚案抄』　409
「伊勢物語秘説御伝授状」　427
『伊勢物語御抄』　409
伊勢例幣使《れいへいし》　327
石上神宮《いそのかみじんぐう》　310

索引

〔注〕本文に太字で示した用語および人名、書名を中心に掲げた。複数の読みや表記のあるものは／で列挙した。天皇・皇后に関することなど特別な場合に御（お／おん／ご／み）などのつく用語は、「御」のない位置にも配置した。

あ

愛子《あいこ》内親王（敬宮《としのみや》） 202, 204
葵祭《あおいまつり》 306
青色袍《あおいろのほう》 164
白馬《あおうま》 390
—（の）節会《せちえ》 390
青白橡《あおしろつるばみ》の袍《ほう》 164
青山御所 144
赤色袍《あかいろのほう》 164
赤坂御用地 122, 143
赤坂離宮 144, 145
暁《あかつき》の儀 348
赤間神宮 314
明障子《あかりしょうじ》 156
秋篠宮《あきしののみや》 143
—文仁《ふみひと》親王 202
—家 202
—邸 143
アキツミカミ 291
—（アラヒトガミ）天皇観 293
—の用例 291
明仁《あきひと》親王（継宮《つぐのみや》） 211, 216
上土門《あげつちもん》 87
総角《あげまき》 157
衵《あこめ》 161
—扇 166
朝香宮《あさかのみや》邸 146
朝餉《あさがれい》
—（の）御膳《おもの》 179
—の壺 100
—の間 99
夙子《あさこ》 →英照《えいしょう》皇太后
足利義詮《あしかがよしあきら》 417
足利義政《よしまさ》 417
足利義満《よしみつ》 279, 289
朝《あした》の御膳《みけ》 341
葦原中国《あしはらのなかつくに》 266
網代車《あじろぐるま》 192
網代輿《あじろごし》 191
飛鳥浄御原宮《あすかきよみはらのみや》 80
預《あずかり》 178
足立《あだち》たか 457
敦仁《あつぎみ》親王 →60醍醐天皇
熱田神宮 285, 308

皇室事典編集委員会（五十音順。＊は代表編者）

小田部雄次（おたべ　ゆうじ）
昭和27年（一九五二）生。静岡福祉大学名誉教授。専門は日本近現代史で、皇室と政治・軍事・国民意識との関係を研究。著書に『梨本宮伊都子妃の日記』（小学館）、『華族』『皇族』（中公新書）、『李方子』『昭憲皇太后・貞明皇后』（ミネルヴァ書房）他。

五島邦治（ごしま　くにはる）
昭和27年（一九五二）生。京都造形芸術大学教授。専門は日本文化史、とくに時代を通じた京都都市民の歴史研究。著書に『京都　町共同体成立史の研究』（岩田書院）、『菅原道真の史跡をめぐる』（淡交社）、編著に『京都の歴史がわかる事典』（日本実業出版社）他。

＊髙橋　紘（たかはし　ひろし）
昭和16年（一九四一）生。元共同通信記者。宮内記者会に所属。社会部長、ラジオ・テレビ局長、（株）共同通信社取締役などを歴任。専門は皇室の近現代史。著書に『人間　昭和天皇』（講談社）、共著に『皇位継承』（文春新書）他。平成23年（二〇一一）没。

竹居明男（たけい　あきお）
昭和25年（一九五〇）生。同志社大学名誉教授。専門は日本文化史。とくに天神信仰を研究。著書に『日本古代仏教の文化史』（吉川弘文館）、編著に『天神信仰編年史料集成』（国書刊行会）、『北野天神縁起を読む』（吉川弘文館）他。

＊所　功（ところ　いさお）
昭和16年（一九四一）生。京都産業大学名誉教授。モラロジー研究所教授。専門は日本法制文化史。法学博士（慶應義塾大学）。著書に『平安朝儀式書成立史の研究』『近代大礼関係の基本史料集成』（国書刊行会）、『歴代天皇の実像』『皇室に学ぶ徳育』（モラロジー研究所）他。

西川　誠（にしかわ　まこと）
昭和37年（一九六二）生。川村学園女子大学教授。専門は日本近代史、とくに明治初期政治史。著書に『天皇の歴史7　明治天皇の大日本帝国』（講談社）、共著に『日本政治史の新地平』（吉田書店）、『明治史講義【テーマ篇】』（ちくま新書）、『皇位継承』（山川出版社）他。

橋本富太郎（はしもと　とみたろう）
昭和49年（一九七四）生。麗澤大学准教授。神道学博士（國學院大學）。専門は神道学、日本の宮廷文化史。著書に『廣池千九郎』（ミネルヴァ書房）、共著に『皇位継承の歴史と廣池千九郎』（モラロジー研究所）、『日本年号史大事典』（雄山閣）他。

＊米田雄介（よねだ　ゆうすけ）
昭和11年（一九三六）生。元正倉院事務所長。県立広島女子大学・神戸女子大学名誉教授。専門は日本古代史。著書に『歴代天皇の記録』（続群書類従完成会）、『藤原摂関家の誕生』（吉川弘文館）、『奇蹟の正倉院宝物』（角川選書）、編著に『歴代天皇・年号事典』（吉川弘文館）他。

本書は、平成21年（二〇〇九）小社刊行の『皇室事典』を「制度と歴史」「文化と生活」の2巻に分け、文庫化したものです。

文庫化にあたり、初版刊行後の出来事や変化を踏まえ、内容の見直しを行ないました。加筆・修正にあたり、平成31年（二〇一九）4月末日で退位する平成の天皇の跡を5月1日から継承する新天皇即位後の状況を前提としました。

図版　オゾングラフィックス
　　　須貝稔

皇室事典《こうしつじてん》　文化《ぶんか》と生活《せいかつ》

皇室事典編集委員会《こうしつじてんへんしゅういいんかい》＝編著

平成31年 4月25日　初版発行
令和6年 9月20日　再版発行

発行者●山下直久

発行●株式会社KADOKAWA
〒102-8177　東京都千代田区富士見2-13-3
電話　0570-002-301（ナビダイヤル）

角川文庫 21584

印刷所●株式会社KADOKAWA
製本所●株式会社KADOKAWA

表紙画●和田三造

●お問い合わせ
https://www.kadokawa.co.jp/（「お問い合わせ」へお進みください）
※内容によっては、お答えできない場合があります。
※サポートは日本国内のみとさせていただきます。
※Japanese text only

ISBN 978-4-04-400489-7　C0121

◆◇◇

角川文庫発刊に際して

角川源義

第二次世界大戦の敗北は、軍事力の敗北であった以上に、私たちの若い文化力の敗退であった。私たちの文化が戦争に対して如何に無力であり、単なるあだ花に過ぎなかったかを、私たちは身を以て体験し痛感した。西洋近代文化の摂取にとって、明治以後八十年の歳月は決して短かすぎたとは言えない。にもかかわらず、近代文化の伝統を確立し、自由な批判と柔軟な良識に富む文化層として自らを形成することに私たちは失敗して来た。そしてこれは、各層への文化の普及滲透を任務とする出版人の責任でもあった。

一九四五年以来、私たちは再び振出しに戻り、第一歩から踏み出すことを余儀なくされた。これは大きな不幸ではあるが、反面、これまでの混沌・未熟・歪曲の中にあった我が国の文化に秩序と確たる基礎を齎らすためには絶好の機会でもある。角川書店は、このような祖国の文化的危機にあたり、微力をも顧みず再建の礎石たるべき抱負と決意とをもって出発したが、ここに創立以来の念願を果すべく角川文庫を発刊する。これまで刊行されたあらゆる全集叢書文庫類の長所と短所とを検討し、古今東西の不朽の典籍を、良心的編集のもとに、廉価に、そして書架にふさわしい美本として、多くのひとびとに提供しようとする。しかし私たちは徒らに百科全書的な知識のジレッタントを作ることを目的とせず、あくまで祖国の文化に秩序と再建への道を示し、この文庫を角川書店の栄ある事業として、今後永久に継続発展せしめ、学芸と教養との殿堂として大成せんことを期したい。多くの読書子の愛情ある忠言と支持とによって、この希望と抱負とを完遂せしめられんことを願う。

一九四九年五月三日

角川ソフィア文庫ベストセラー

新版 古事記 現代語訳付き
訳注／中村啓信
天地創成から推古天皇につながる天皇家の系譜と王権の由来書。厳密な史料研究成果に拠る読み下し文、平易な現代語訳、漢字本文（原文）、便利な全歌謡各句索引と主要語句索引を完備した決定版！

風土記（上） 現代語訳付き
監修・訳注／中村啓信
風土記は、八世紀、元明天皇の詔により諸国の産物、伝説、地名の由来などを撰進させた地誌。現存する資料を網羅し新たに全訳注。漢文体の本文も掲載する。上巻には、常陸国、出雲国、播磨国風土記を収録。

風土記（下） 現代語訳付き
監修・訳注／中村啓信
報告書という性格から、編纂当時の生きた伝承・社会・風俗を知ることができる貴重な資料。下巻には、現存する五か国の中で、豊後国、肥前国と後世の諸文献から集められた各国の逸文をまとめて収録。

新版 万葉集（一〜四） 現代語訳付き
訳注／伊藤　博
古の人々は、どんな恋に身を焦がし、誰の死を悼み、そしてどんな植物や動物、自然現象に心を奪われたのか——。全四五〇〇余首を鑑賞に適した歌群ごとに分類。天皇から庶民にいたる万葉人の想いが今に蘇る！

新版 古今和歌集 現代語訳付き
訳注／高田祐彦
日本人の美意識を決定づけ、『源氏物語』などの文学や美術工芸ほか、日本文化全体に大きな影響を与えた最初の勅撰集。四季の歌、恋の歌を中心に一一〇〇首を整然と配列した構成は、後の世の規範となっている。

角川ソフィア文庫ベストセラー

仏教の思想 3
空の論理〈中観〉
梶山雄一
上山春平

『中論』において「あらゆる存在は空である」と説き、論理全体を究極的に否定して根源に潜む神秘主義を肯定したナーガールジュナ（龍樹）。インド大乗仏教思想の源泉のひとつ、中観派の思想の核心を読み解く。

仏教の思想 4
認識と超越〈唯識〉
服部正明
上山春平

アサンガ（無着）やヴァスバンドゥ（世親）によって体系化の緒につき、日本仏教の出発点ともなった「唯識」。仏教思想のもっとも成熟した姿とされ、ヨーガとも深い関わりをもつ唯識思想の本質を浮き彫りにする。

仏教の思想 5
絶対の真理〈天台〉
田村芳朗
梅原猛

六世紀中国における仏教哲学の頂点、天台教学。法然・道元・日蓮・親鸞など鎌倉仏教の創始者たちは、最澄が開宗した日本天台に発する。豊かな宇宙観を湛える、天台教学の哲理と日本の天台本覚思想を解明する。

仏教の思想 6
無限の世界観〈華厳〉
鎌田茂雄
上山春平

律令国家をめざす飛鳥・奈良時代の日本に影響を与えた華厳宗の思想とは？　大乗仏教最大巨篇の一つ『華厳経』に基づき、唐代の中国で開花した華厳宗の複雑な教義をやさしく解説。その現代的意義を考察する。

仏教の思想 7
無の探求〈中国禅〉
柳田聖山
梅原猛

『臨済録』などの禅語録が伝える「自由な仏性」を輝かせる偉大な個性の記録を精読。「絶対無の論理」や「禅問答」的な難解な解釈を排し、「安楽に生きる知恵」という観点で禅思想の斬新な読解を展開する。

角川ソフィア文庫ベストセラー

仏教の思想8
不安と欣求〈中国浄土〉
塚本善隆
梅原猛

日本の浄土思想の源、中国浄土教。法然、親鸞の魂を震撼し、日本に浄土教宗派を誕生させた善導の魅力、そして中国浄土教の基礎を創った曇鸞のユートピア構想とは？　浄土思想がもつ人間存在への洞察を考察。

仏教の思想9
生命の海〈空海〉
宮坂宥勝
梅原猛

「弘法さん」「お大師さん」と愛称され、親しまれる弘法大師、空海。生命を力強く肯定した日本を代表する宗教家の生涯と思想を見直し、真言密教の「生命の思想」「森の思想」「曼荼羅の思想」の真価を現代に問う。

仏教の思想10
絶望と歓喜〈親鸞〉
増谷文雄
梅原猛

親鸞思想の核心とは何か？『歎異抄』と「悪人正機説」にのみ依拠する親鸞像を排し、主著『教行信証』を軸に、親鸞が挫折と絶望の九〇年の生涯で創造した「生の浄土教」、そして「歓喜の信仰」を捉えなおす。

仏教の思想11
古仏のまねび〈道元〉
高崎直道
梅原猛

日本の仏教史上、稀にみる偉大な思想体系を残した禅僧、道元。その思想が余すところなく展開された正伝仏法の宝蔵『正法眼蔵』を、仏教思想全体の中で解明。大乗仏教思想の集大成者としての道元像を提示する。

仏教の思想12
永遠のいのち〈日蓮〉
紀野一義
梅原猛

「古代仏教へ帰れ」と価値の復興をとなえた日蓮。永遠のいのちを説く「久遠実成」、宮沢賢治に数多の童話を書かせた「山川草木悉皆成仏」の思想など、日蓮の生命論と自然観が持つ現代的な意義を解き明かす。